U0438721

汉代郡国分治的考古学观察
——以关东地区汉代墓葬为中心

The Archaeological View of the System of Counties Coexisting with Kingdoms in Han Dynasty: Centering the Graves in Guandong Area

宋 蓉 著

上海古籍出版社

2013年度国家社科基金后期资助项目(13FKG001)

国家社科基金后期资助项目
出版说明

后期资助项目是国家社科基金项目主要类别之一，旨在鼓励广大人文社会科学工作者潜心治学，扎实研究，多出优秀成果，进一步发挥国家社科基金在繁荣发展哲学社会科学中的示范引导作用。后期资助项目主要资助已基本完成且尚未出版的人文社会科学基础研究的优秀学术成果，以资助学术专著为主，也资助少量学术价值较高的资料汇编和学术含量较高的工具书。为扩大后期资助项目的学术影响，促进成果转化，全国哲学社会科学规划办公室按照"统一设计、统一标识、统一版式、形成系列"的总体要求，组织出版国家社科基金后期资助项目成果。

全国哲学社会科学规划办公室
2014 年 7 月

序

考古学的研究对象是古代人们活动留下的物质遗存,研究者可以通过这些物质遗存来了解古代人们的物质文化与社会生活,同时考古学研究还主张"透物见人,以物论史",这个"人"不仅包括创造、使用考古学遗存的那些具体的人,也包括由那些具体的人所组成的社会,以及这个社会的经济、政治、精神文化等方方面面。这里的"史"也不仅仅是指那些历史上发生的具体事件,还包括了这些历史事件是怎样发生的,以及为什么会发生等隐含在历史事件背后的诸多问题。因此,"透物见人,以物论史",不仅是中国考古学与生俱来的使命之一,更成为历史时期的考古学研究所追求的境界。

公元前221年,秦始皇统一六国,以其自身的政治制度为范本,建立了中国历史上第一个中央集权郡县制的国家,使得以宗法制度为基础的血缘封建政治,转向以非血缘关系为基础的地缘政治,实现了中国古代国家制度从封国到帝国的转变。这是中国古代国家制度发展史上最重要的转变,正因如此,有学者指出对于秦始皇统一事业在中国历史上的意义,不论作出多么高的评价都不过分。不过秦王朝的统治仅仅维持了15年,经过秦末的楚汉战争,当西汉王朝建立之始,统治者面临着如何对广大的帝国疆域进行控制和管理时,却并不认为中央集权制的帝国是最理想的政治体制,在"封建"和"郡县"之间左右权衡,最终选择了"郡国并行",使得汉王朝的疆域内形成了东部王国、西部郡县的分治局面,这种局面从制度的层面一直延续至汉末。为什么西汉初年未能延续秦王朝所建立的郡县制度,而是出现了"郡国分治"的反复?"郡国分治"为汉王朝的统治带来了什么?这些始终都是史学家们所关注的热点问题。而《汉代郡国分治的考古学观察——以关东地区汉代墓葬为中心》一书,则是从考古学的视角,以对关东地区大量汉代墓葬的研究为基础,尝试对汉代"郡国分治"这一中国历史上关乎政治制度的重要历史事件作出考古学的解读。

在本书中,作者分别从东部王国区和西部汉郡区汉墓的墓葬形制、随葬器物的类型学分析入手,通过观察墓葬形制和随葬品的变化,建立起两个地区汉代墓葬的时空框架和层次结构。在此基础上,通过对墓葬中出现的不同文化因素进行分析,对各区的区域性文化特征和不同类别墓葬的阶段性变化等问题进行了研究,指出郡国分治对王国地区和汉郡地区的各阶层的发展产生了不同的影响;汉初的郡国分治与不同地域存在的文化差异具有一定关系;随着中央集权的加强,政治主导原则对政区设置日渐起到决定性作用。最后,作者将考古学研究与历史学解释相结合,指出汉代的郡国分治在政治层面,建立了一套适应集权统治的新制度,在社会文化层面,则平稳而有效地统合了地域差异显著的关东之地,从而得以实现汉代政治与文化的大一统。

《汉代郡国分治的考古学观察——以关东地区汉代墓葬为中心》一书最终讨论的问题与政治制度密切相关,但其基础实为踏踏实实的考古学研究,这集中地表现在作者对墓葬形制和随葬器物所进行的类型学研究上。首先,作者在具体的类型学分析中,不论是划定类型,还是确认式别,原则明确,表述清楚,为后文进行分期和文化因素分析提供了非常好的基础,并据此建立了关东地区汉代墓葬分期与年代的标尺。其次,作者根据关东地区东、西两区的差异,分别采用了不同的表述方式。东部地区划分出的冀中南、鲁北和鲁南苏北皖北豫东三区因在墓葬形制和随葬器物上表现出较多的共性,遂首先建立了统一的墓葬形制和随葬器物的类型学体系,然后分别就各区出现的墓葬形制和典型随葬器物的形态演变进行讨论。西部地区划分出的晋中南豫北区和豫西南鄂北区,在随葬器物的类型上表现出较大的差别,从而分别在两区中对该区的典型随葬器物进行类型学的分析。若将上、下篇作为一个整体来看,似乎有不甚统一的感觉,但这却是作者在对关东地区 4 000 余座汉代墓葬进行了深入的观察和分析之后,依考古学材料所表现出来的具体特点而采取的处理方式,也不失为本书的一大亮点。本书的另一大亮点是作者并没有止步于考古学研究所取得的具体成果,不仅结合相关文献记载,还积极实践了"透物见人,以物论史"的理念,如通过不同类别墓葬的发展变化看到其所反映的社会各阶层的变迁,通过汉墓共性因素与不同文化因素的消长来说明文化传统和政治因素对汉代政区设置所产生的影响等,从而对所观察到的汉代郡国分治下的政治、文化、经济等方面的发展进程都提出了颇具新意的观点。

如果说本书还存在一些不足的话,那就是作者将关于西汉初年各地在文化传统上所存在的差异与实行郡国分治这样一种政治体制之间关系的讨论置于郡国分治对社会各阶层的影响之后,而从历史发展的逻辑过程看,当是郡国分治在前,其对社会各阶层的影响在后。不过,汉代初年之所以选择郡国分治这样一种政治体制,正如作者所说,这是一个涉及汉代政治、军事、经济、文化等多方面内容的历史问题,而本书是尝试从考古学的视角对这一历史问题进行解读,选择将政治制度对社会各阶层人群及其文化的影响放在首位,也许正是作者意在说明可以透过考古学的研究去说明政治与社会、政治与文化之间关系的一种选择。当然,文化与政治的关系本身即非常复杂,也不是这一本书就能够解决的学术问题,希望通过本书的出版,使得对于这个问题的讨论能够进一步深入。

《汉代郡国分治的考古学观察——以关东地区汉代墓葬为中心》一书是以作者宋蓉的博士学位论文为基础修改而成的。宋蓉于2004年毕业于吉林大学考古学系,当年即因学习成绩优秀被免试推荐攻读硕士研究生,两年后又因在硕士学习期间表现优异直接进入博士阶段的学习。我作为宋蓉的硕士和博士的指导老师,曾担心她会因为直博而缺少撰写硕士学位论文的训练,从而影响博士学位论文的写作,事实证明我的担心是多余的。宋蓉天资聪慧,思维活跃,学习上又十分努力刻苦,在攻读博士期间她对汉文化的形成、血缘政治到地缘政治的转变、古代中国从封国到帝国发展道路的转变等问题都表现出了浓厚的兴趣,我们通过多次讨论最后决定以"通过对汉代墓葬的考古学研究探索汉代郡国分治这一政治制度"作为她博士论文的主要方向。在收集资料和撰写博士论文的过程中,她表现出了令人惊叹的对学术的执着和对问题的敏锐的观察力。作为研究的基础材料,具备条件的汉代墓葬有4 000多座,要对这些墓葬进行整理,制作卡片,建立墓葬登记表,对墓葬形制和随葬器物进行类型学分析,工作量之大是可以想象的;在进行这些基础工作的同时,她一直都在思索怎样通过考古学研究去阐释重大的历史问题,并最终抓住了解决这一问题的关键,就是在历史变迁的大背景下去阐释文化与政治的关系,一方面是文化可以影响政治决策,另一方面则是当政治决策发挥作用时反过来会主导文化。遵循着这样的研究思路,宋蓉完成了博士论文并顺利地通过了答辩。可贵的是,在她已经走向工作岗位之后,仍然没有停止对于这一问题的思考,从这本书可以看出,或是由于材料的更新,或是由于研究的深入,相比于博士论文,她对其中的许多问题都进行了相应的补充和修正,如对胶东半岛海陆交流问题的补充,对晋中南豫北区与豫西南鄂北区地域文化差异的认识等,这也从另一个侧面表现出宋蓉治学的严谨和对学术的追求。

我非常高兴看到《汉代郡国分治的考古学观察——以关东地区汉代墓葬为中心》一书的顺利出版,这是对宋蓉在漫长的学术道路上孜孜以求、不断探索的最好回报,也欣喜于透过此书的出版看到了中国考古学界又一个新秀的成长,更期盼着在不远的将来,宋蓉还会在学术的道路上走得越来越远,取得更大的成就,带给我们更多的惊喜。

滕铭予

2016 年 6 月 16 日于长春融创

目　录

序 ·· 1

绪论 ·· 1
 第一节　本文研究的史学背景 ·· 1
 第二节　史学研究成果概述 ··· 4
 第三节　本文研究目的、研究对象的界定及研究方法 ··· 7
 第四节　关东汉墓发现研究的历史与现状 ··· 14

上篇　关东东部地区汉墓研究

第一章　关东东部汉墓的形制、随葬品类型与墓葬的分类、分区 ········· 23
 第一节　墓葬形制的类型 ·· 23
 第二节　随葬品的类型 ··· 36
 第三节　关东东部汉墓的分类 ·· 50
 第四节　关东东部汉墓的分区 ·· 56

第二章　冀中南区汉墓的分期、文化因素分析及相关问题 ··················· 63
 第一节　典型随葬品类型分析与墓葬分期 ··· 64
 第二节　墓葬文化因素属性分析 ··· 75
 第三节　四类墓葬的文化因素构成分析 ··· 86
 第四节　相关问题讨论 ··· 92

第三章　鲁北区汉墓的分期、文化因素分析及相关问题 ······················· 96
 第一节　典型随葬品类型分析与墓葬分期 ··· 98
 第二节　墓葬文化因素属性分析 ·· 105

第三节　四类墓葬的文化因素构成分析 ……………………………… 115
　　第四节　相关问题讨论 …………………………………………………… 120

第四章　鲁南苏北皖北豫东区汉墓的分期、文化因素分析及相关
　　　　问题 ………………………………………………………………… 126
　　第一节　典型随葬品类型分析与墓葬分期 …………………………… 127
　　第二节　墓葬文化因素属性分析 ………………………………………… 145
　　第三节　四类墓葬的文化因素构成分析 ……………………………… 156
　　第四节　相关问题讨论 …………………………………………………… 161

第五章　上篇小结 ………………………………………………………… 166
　　第一节　关东东部各阶层的发展与政治变迁 ………………………… 166
　　第二节　关东东部的考古学文化格局与王国疆域 …………………… 170

下篇　关东西部地区汉墓研究

第一章　关东西部汉墓的形制与墓葬的分类、分区 ………………… 175
　　第一节　墓葬形制分析 …………………………………………………… 175
　　第二节　关东西部汉墓的分类 …………………………………………… 181
　　第三节　关东西部汉墓的分区 …………………………………………… 183

第二章　晋中南豫北区汉墓的分期、文化因素分析及相关问题 …… 186
　　第一节　典型随葬品类型分析与墓葬分期 …………………………… 188
　　第二节　墓葬文化因素属性分析 ………………………………………… 199
　　第三节　三类墓葬的文化因素构成分析 ……………………………… 207
　　第四节　相关问题讨论 …………………………………………………… 211

第三章　豫西南鄂北区汉墓的分期、文化因素分析及相关问题 …… 218
　　第一节　典型随葬品类型分析与墓葬分期 …………………………… 219
　　第二节　墓葬文化因素属性分析 ………………………………………… 230
　　第三节　三类墓葬的文化因素构成分析 ……………………………… 236
　　第四节　相关问题讨论 …………………………………………………… 239

第四章　下篇小结 …………………………………………………… 244
　　第一节　关东西部各阶层的发展与政治变迁 ………………… 244
　　第二节　关东西部的考古学文化格局与汉郡设置 …………… 247

结语：汉代郡国分治的考古学观察 ………………………………… 248
　　第一节　郡国分治与各阶层发展 ……………………………… 248
　　第二节　东西分异与郡国异制 ………………………………… 252
　　第三节　地域文化的整合与汉文化的形成 …………………… 254

附录 …………………………………………………………………… 259

参考文献 ……………………………………………………………… 424

后记 …………………………………………………………………… 434

绪　　论

"汉兴之初，海内新定，同姓寡少，惩戒亡秦孤立之败，于是剖裂疆土，立二等之爵。功臣侯者百有余邑，尊王子弟，大启九国"①，由此在汉王朝的统治疆域内形成了两个判然有别的地域，东半部十王国（九同姓、一异姓）和西半部十五汉郡，这两大地域疆界分明，互不交错。东部王国地区，涵盖了战国时期东方六国的大部分土地，地域上连成一片，占据了汉代疆域的一半以上。两汉四百余年历史中，这里或以郡置国，或国除为郡，此消彼长从未停止②。西半部汉郡地区，相当于战国秦之疆域与三晋部分领土，这里汉郡建置稳定，鲜有变化，与王国地区的频繁废置形成了鲜明对比。虽然王国的行政制度不断调整，实力由盛渐衰，但汉代的封国制一直延续至汉末，东部王国与西部汉郡并存的局面始终未变。因此对于汉代郡国分治的讨论也成为了史学界备受关注的研究领域之一。本书将从汉代考古学资料出发，以考古学文化的视角再度观察这一历史问题。通过对汉代考古学文化的梳理，厘清王国地区与汉郡地区考古学文化的区域特征及不同层次考古学文化的变迁轨迹，在此基础上解释所能观察到的郡国分治中的文化因素与政治因素的互动。

第一节　本文研究的史学背景

封建与郡县的消长，到公元前221年秦始皇统一六国在地方上"以诸侯为郡县"，将中央集权的郡县制推行天下而告一段落。然而"封建"的意识并没有因此而化为乌有，始皇之世，就有如淳于越依然固守"封诸侯，建屏

---

① 《汉书》卷十四《诸侯王表》，中华书局，1962年，第393页。
② 周振鹤：《西汉政区地理》，人民出版社，1987年，第20页。

卫"的思想①。秦亡后的公元前206年,项羽的大分封无疑是这种"封建"意识的一次极大满足。四年之后,汉王刘邦依靠谋臣良将的支持成为楚汉战争的胜利者,建立西汉王朝。这些辅助他得到天下的功臣此时已手握重兵,占据要地,初登王位的刘邦不得不以封建的手段来换取臣下的效忠,于是出现了汉郡与王国并立的局面。然而对于皇权专制的中央集权制而言,王国势力无疑是其最大的威胁,刘邦当然不满于半壁江山为异姓诸侯所占,因此于高祖六年(公元前201年)着手逐个翦除异姓诸侯王。但由于受到"秦亡于没有分封子弟以拱卫中央政权"观念的支配,刘邦又以分封刘氏子弟建起的同姓诸侯国取代了翦除不久的异姓王国②。至刘邦在位的最后一年,共建立了九个同姓王国,异姓王国只余下了最弱小的长沙国。此时的诸侯国在地域上连成一片,总封域占据了汉代疆域的一半以上,皇帝直属地仅十五郡。汉初的版图形成了判然有别的两个区域,东部王国、西部汉郡,二者界限分明,互不交错。这时的诸侯王是"有土之爵",有权"自置吏"、"得赋敛"。王国在行政和财政方面拥有相对的独立性,而汉郡的行政与财政则由中央直接控制。

高祖之后,吕后当政,打击刘姓诸王,分封外戚张氏、吕氏及惠帝后宫子为诸侯王。这期间,王国、郡县的数量和领域虽略有变化,但诸侯王所拥有的特权如高祖之世,仍然是对中央皇权的潜在威胁。文帝时,接受贾谊"以亲制疏"和"众建诸侯"的建议,徙亲子王梁牵制关系较疏的王国,同时又以分地之法削弱王国实力,分齐为七、分赵为六、分梁为五、分淮南为三。景帝即位之后,更进一步执行了削弱王国实力的政策,他采纳晁错"请诸侯之罪过,削其支郡"这样直接削地的办法来缩小王国疆域。这一举措触犯了诸侯王的根本利益,引发了景帝三年(公元前154年)的七国之乱。叛乱仅持续了数月即被平息,平乱之后,景帝乘势收夺王国边郡,剥夺诸侯王的行政和财政特权。经此一役,王国实力远非昔日可比,大部分王国仅有一郡之地,地位如同汉郡。不过此时王朝统治者对刘姓诸侯的态度仍是很宽容的③,并且仍存在着如代这样"连城数十,地方千里"的大国。

---

① 《史记·秦始皇本纪》:"始皇置酒咸阳宫,博士七十人前为寿。……博士齐人淳于越进曰:'臣闻殷周之王千余岁,封子弟功臣,自为枝辅。今陛下有海内,而子弟为匹夫,卒有田常、六卿之臣,无辅拂,何以相救哉?事不师古而能长久者,非所闻也。今青臣又面谀以重陛下之过,非忠臣。'"(参见:《史记》卷六,中华书局,1959年,第254页。)
② 周振鹤:《中国地方行政制度史》,上海人民出版社,2005年,第38~40页。
③ 《史记·吴王濞列传》载,吴王刘濞因吴太子之死,遂有怨恨之心,诈言有病,不到长安朝见。于法当诛,文帝不忍,舍弃前嫌而让其改过自新,赐给吴王几杖,恩准他可不必进京朝见。《汉书·景十三王传》记载,景帝时期,胶西王端"数犯法,汉公卿数请诛端,天子弗忍,而端所为滋甚"。(分别参见:《史记》卷一百六,第2823页;《汉书》卷五十三,第2418页。)

武帝时期,经过七十多年的休养生息,汉帝国逐步走向繁荣,"非遇水旱之灾,民则人给家足,都鄙廪庾皆满,而府库余货财。京师之钱累巨万,贯朽而不可校。太仓之粟陈陈相因,充溢露积于外,至腐败不可食"①。在这样富足的物质基础之上,统治思想也逐渐转为"外事四夷,内兴功利"②,遂进一步强化中央集权,削弱诸侯实力。元朔二年(公元前127年)汉武帝颁行推恩令,蚕食王国封域,使"藩国自析",大者不过十余城,小者仅三四县之地。元狩年间又罢郡国盐铁,悉禁郡国铸钱,使诸侯财政收入锐减。衡山、淮南王谋反后又颁布"左官律"和"附益法",贬低王国地位③。此后诸侯王在政治上毫无作为,不得参与政事,经济来源也仅余租税一项,逐步走向衰微。昭、宣两朝基本秉承了武帝朝的政策,在汉代疆域的东半部,王国、郡县废置离合、互有消长,王国已不再有汉初的强势,实际上已同汉郡无二。元帝以后,西汉王朝逐步走向衰落,由于推恩法蚕食的结果,王国封域远比一般汉郡为小。元帝初元三年(公元前46年),"令诸侯相位在郡守下",王国地位再次下降。成帝绥和元年(公元前8年)进一步简省王国官吏,省内史,令相治民如郡太守,中尉如郡都尉,至此王国已与汉郡毫无二致,而地位更在郡下,地方行政制度已归于实际上的郡县制④。之后的新莽政权和东汉政权在地方依然保留了王国,虽王国、郡县废置离合不定,但中央政权对王国的政策始终未再有大的改变。

公元25年,东汉王朝建立之初,光武帝面临着和高祖刘邦相似的政局,要尽快结束群雄割据、战乱频仍的局面,就需要宗室以及西汉旧贵族势力的支持,于是在建武元年开始的七年间(公元25~31年),在西汉故王国的疆域内先后有宗室和西汉故王及故王子等十人被封为王,但与西汉初年诸侯国不同的是,这些王国领域狭小,彼此互不毗邻,并且这些诸侯王也仅有经济上的食封特权而没有治民权。建武十三年至十七年的五年间(公元37~41年),光武帝也进行了一次清除旧势力、分封亲子的行动。至建武十七年,九位皇子被封为王。这些诸侯王的封域,除中山王、东海王兼食二郡,其他诸王仅有一郡之地,且彼此分散。明帝即位之后,进一步着手巩固中央政权,在分封皇子为诸侯王时更加慎重,诸侯王的食邑较光武之世又有

---

① 《史记》卷三十《平准书》,第1420页。
② 《汉书》卷二十四《食货志》,第1137页。
③ 《汉书》卷十四《诸侯王表第二》服注、颜注、应注,第396页。
④ 周振鹤:《西汉政区地理》,第19页。

所减少①。东汉时期的诸侯王多不就国,久居京师。有些王就国,往往是因为新帝即位,同新帝的关系相对疏远才离开京师,或是迫于朝中维护"上下之序"、"居臣之正"的舆论压力不得不前往王国②。由此看来,东汉的诸侯王更无治民的权力,分封实质上仅是一种崇高的荣誉以及经济上的特权。

西汉初年刘邦的分封可以说是形势所迫,不得已而为之。在汉初的几十年间围绕这一问题引发了诸多战乱,继而王国的地位、诸侯王的权力发生了很大变化,但分封这项制度、郡国并举这种局面却得以一直延续至东汉覆灭。在秦以郡县制为天下之制的十几年后,为何汉王朝再行分封,所封王国还集中于战国时期关东六国的疆域之内?这是自汉以来历代史家关注的焦点。而在这一历史背景之中,除政治因素的考量,汉郡、王国的地域文化是否也对其造成了影响。反之,这种郡国异制的局面又是否对汉郡、王国地区的不同阶层具有不尽相同的影响。

第二节　史学研究成果概述

汉代的郡国分治是历代史家讨论的焦点。近20年来的研究更是不断扩展、深入,取得了丰硕的成果,也有研究对此进行了总结性的述评③。本节在以上研究成果的基础上,将史学研究中的方向和成果概括为以下两个方面。

一、关于汉代分封的性质

这是一个已基本达成共识的论题。许多学者都认为汉代分封的性质较西周时期已发生了变化。有的学者认为汉代的分封制具有"封建性质",是封建统治阶级内部财产、权力再分配的一种手段④。还有的学者认为刘邦

---

① 《后汉书·皇后纪·明德马皇后》载:"(永平)十五年,帝案地图,将封皇子,悉半诸国。后见而言曰:'诸子裁食数县,于制不已俭乎?'帝曰:'我子岂宜与先帝子等乎?岁给二千万足矣。'"从中可以看出,明帝时期诸侯王所食之"租"比光武帝时期的诸侯王大约减少了一半,"租"的减少也意味着封域的减小。(参见:《后汉书》卷十,中华书局,1965年,第410页。)
② 柳春藩:《东汉的封国食邑制度》,《史学集刊》1984年第1期。
③ 周长山:《汉代地方政治史论:对郡县制度若干问题的考察》,中国社会科学出版社,2006年,第2~12页;罗先文:《近20年来秦汉分封制与郡县制讨论综述》,《湘潭师范学院学报(社会科学版)》2002年第24卷第5期。
④ 杨宽:《论秦汉的分封制》,《杨宽古史论文选集》,上海人民出版社,2003年,第137~144页。

的分封是袭取了西周分封的外壳并赋予了新的内容①。或认为由于汉代的分封大都比照郡县设官吏，所以实质上并未改变郡县制的基本框架②。

二、分封与郡县孰利孰弊

这是关于汉代分封制的讨论中争论最多，也最久远的论题。汉初的贾谊、晁错及后来的桑弘羊均曾对汉初的郡国分治以及王国权力过大危及中央集权进行警告并给予批判③。特别是晋代之后，反对分封的言论基本占据了主流，其中最具影响力的当属唐代著名诗人柳宗元的《封建论》。他没有盲目地认可古圣王实行的分封，而是认为"封建非圣人之意也，势也"，还指出秦之败亡"咎在人怨，非郡邑之制失也"，孤立无蔽并非其失败的主要原因。并在最后将主郡县、反封建的着眼点放在推动以彻底的官僚制代替世袭制，以实现官员的优化选择和良性循环④。《封建论》可以说是中国历史上关于郡县、封建问题长期争论的一个阶段性总结。此后明清之际的著名学者王夫之也谈及此问题，但并未超出柳宗元《封建论》的范围。此外也有支持封建的言论。如东汉末年的荀悦，在其所编《汉纪》中缅怀封建诸侯的有利之处，认为封建诸侯由来已久，可以使诸侯"各世其位"、"亲民如子，爱国如家"。至于诸侯势力强大危及中央集权仅属"末流"。汉初"承周秦之弊，故兼而用之。六王、七国之难作者，诚失之于强大，非诸侯治国之咎"⑤。顾炎武则是提出了"寓封建之意于郡县之中"的设想，主张分割君主的权力，矫正过度集权之失，变郡县守令为经营地方的动力，从而实现"天下治"的境界⑥。

---

① 曹家齐：《刘邦分封与西汉统一政权的建立和巩固》，《徐州师范学院学报（哲学社会科学版）》1993年第1期。
② 高敏：《试论西汉前期政治上的安定方针》，《史学月刊》1996年第6期。
③ 《汉书·贾谊传》："高皇帝以明圣威武即天子位，割膏腴之地以王诸公，多者百余城，少者乃三四十县，德至渥也，然其后十年之间，反者九起……故疏者必危，亲者必乱，已然之效也。其异姓负强而动者，汉已幸胜之矣，又不易其所以然。同姓袭是迹而动，既有征矣，其势尽又复然。奂祸之变，未知所移，明帝处之尚不能以安，后世将如之何！"这段论述充分表达了贾谊对王国势力强大的担忧。此外，《汉书·晁错传》中也有"（错）迁为御史大夫，请诸侯之罪过，削其支郡"的记载。（分别参见：《汉书》卷四十八、卷四十九，第2234、2300页。）《盐铁论·错币》和《盐铁论·禁耕》等篇中，桑弘羊从盐铁私营之弊的角度出发，认为这会造成诸侯王等地方势力的膨胀进而危及中央政权。（参见国学整理社辑：《诸子集成》第七册，中华书局，1954年，第5、6页。）
④ ［唐］柳宗元：《柳宗元集》第一册卷三，中华书局，1979年，第69~76页。
⑤ ［东汉］荀悦：《汉纪·前汉孝惠皇帝纪卷第五》，张烈点校《两汉纪》上册，中华书局，2002年，第73页。
⑥ ［清］顾炎武著，黄汝成集释，栾保群、吕宗力校点：《日知录集释（全校本）》卷二十二，上海古籍出版社，2006年，第1238~1244页。

清代之前的学者对于封建与郡县的讨论多与其所处的社会环境和政治环境有关，实为借历史问题抒发自己的政治见解。而近 20 年来研究者的目光多聚焦在政治层面，讨论汉初分封的原因及作用。就分封的原因绝大多数学者认为刘邦行分封为斗争形势所迫，是为了争取胜利而进行的分封。更有学者认为刘邦在不同阶段的分封是促进统一、稳定统一、维护统一的手段，具有历史的必然性①。也有学者从秦汉政治文化出发，认为秦亡的重要原因在于强制推行秦法、移风濯俗，激起了东方社会的反抗，刘邦建汉时，这种东、西的文化差异依然存在，实行郡国并行既遵循了秦制，也充分尊重了东方社会的习俗②。此外，还有学者从西周以降的封建制与郡县制交替消长的历史中分析汉代的郡国并举，认为政治上的"血缘情结"是其重要成因。皇帝不断削弱王国的同时又尽量分封亲子，是要以宗藩制衡郡县，皇子诸王制衡疏属宗藩。以此建立起的双轨一体皇帝集权制实现了政体上"尚贤"与"世袭"的统合③。

对于分封的作用也是既有肯定的声音也有否定的声音。持肯定态度的一方认为诸侯王并不都是割据势力，前期皇帝与诸侯王都是想通过分封制这个政体形式实现集中统一，其屏藩自强的目的基本达到④。有的研究甚至认为分封在一定时期内是防止分裂的一种措施，分封利用诸侯王的军事实力防守边境，经济上解决了各地生产力不平衡的矛盾，加快了地区发展，缩小了差距，为中央集权的真正实现提供了统一的基础，地方王国的存在是封建基础之上的合理现象⑤。另外还有研究通过对秦、汉进行比较分析，认为汉初的分封对安定局面，解决焚书坑儒造成的社会问题起了积极作用，汉初分封子弟解决了士人出路，巩固了朝廷统治的政治基础，是汉朝巩固统治地位的支柱之一⑥。持否定态度的一方则认为分封大大削弱了中央政府的权力，最后导致了吴楚七国之乱。汉初的分封并未达到拱卫王室的目的，反而是形成了离心势力⑦。

---

① 曹家齐：《刘邦分封与西汉统一政权的建立和巩固》，《徐州师范学院学报（哲学社会科学版）》1993 年第 1 期。
② 陈苏镇：《〈春秋〉与"汉道"——两汉政治与政治文化研究》，中华书局，2011 年，第 66~76 页。
③ 此观点详见管东贵：《秦汉封建与郡县由消长到统合过程中的血缘情结》、《封建制与汉初宗藩问题》、《汉初的"众建"与"推恩"》等文，参见氏著《从宗法封建制到皇帝郡县制的演变：以血缘解纽为脉络》，中华书局，2010 年，第 85~102、229~275 页。
④ 侯宜杰：《关于西汉前期分封制度的两个问题》，《文史哲》1979 年第 5 期。
⑤ 杨宽：《论秦汉的分封制》，《杨宽古史论文选集》，第 130~145 页。
⑥ 王德培：《怎样评价秦汉之际的郡县制与分封制》，《历史教学》1986 年第 1 期。
⑦ 左言东：《中国政治制度史》，浙江古籍出版社，1986 年，第 167 页。

第三节　本文研究目的、研究对象的
界定及研究方法

一、研究目的

如前所述,汉代在推行中央集权的郡县制的同时实行分封制,这两种看似矛盾的政体东西分治,虽历经无数的分置离合,却得以延续至汉亡①。在以往文献史学的研究中,学者们关注的焦点主要集中在社会形态与政治制度两个层面,着重讨论这项政治制度的性质与利弊,少有论及这项制度与郡、国地区社会文化的关联及其对社会各阶层的影响②。而那些生活在郡、国地区的编户齐民才是郡国分治得以实施的基础:一方面,他们长期以来形成的地域文化传统是否影响着王朝统治者的地方制度;另一方面,在郡国制的历史背景下,郡、国两地不同阶层的社会文化是否因此出现了不同的演化轨迹。本文对于汉代郡国制的探讨即以此为切入点,而这也正是本文的研究目的。正如布克哈特在《希腊文化史》中所指出的,"构成(文化)的大部分资料是以原始史料和遗迹的形式,以一种不带意图、不受利益驱使,甚至是不自觉的方式表达,相比充满不确定性的政治史,它更为可靠"③。因此也可以说,基于郡、国社会文化的考察对全面认识汉代郡国制是具有重要意义的。

需要说明的是,本文的研究主要建立在考古学资料基础之上,作为古代人类活动的最终表现形式,这些得以留存至今的遗迹、遗物能够让我们更为形象地感知古人的社会文化,但其所能呈现的并非社会文化的全部,尤其思想、信仰等精神层面难以仅凭物质遗存作出准确的诠释④。本文所探讨的

---

① 虽然武帝之后王国的地位已与汉郡毫无二致,但在官制等行政制度中汉朝始终存在着王国与郡县两套系统。由此可见,若抛开实际行政职权能力,在文书制度层面"郡国分治"是贯穿两汉始终的。关于两汉官制参见《汉书》卷十九《百官公卿表》,第 741 页;《后汉书》志第二十八《百官·王国》,第 3627 页。
② 本文中的"社会文化"借鉴匈牙利艺术史学家弗雷德里克·安托尔的观点,是指将文化作为社会的表达或反映。[英]彼得·伯克著,蔡玉辉译,杨豫校:《什么是文化史》,北京大学出版社,2009 年,第 17 页。
③ [英]彼得·伯克著,蔡玉辉译,杨豫校:《什么是文化史》,第 21、22 页。
④ 文化是一个定义非常宽泛的概念。如布罗尼斯拉夫·马林诺夫斯基定义文化包含了"继承下来的人工制造物、商品、技术加工、观念、习惯和价值观"。爱德华·泰勒也有类似的观点,认为"从广义人种学的角度看,文化包括知识、信仰、艺术、道德、法律、风俗以及作为社会成员的人所获得和接受的其他所有能力和习惯的复合整体"。参见[英]爱德华·泰勒著,连树声译,谢继胜等校:《原始文化:神话、哲学、宗教、语言、艺术和习俗发展之研究》,广西师范大学出版社,2005 年,第 1 页;[英]彼得·伯克著,蔡玉辉译,杨豫校:《什么是文化史》,第 30 页。

"社会文化"更多集中于物质层面,是以考古学文化为基础,结合文献记载以及史学研究中的风土物产、民情风俗等内容,反映郡、国两地社会的风貌。

二、研究对象的界定

汉代疆域广阔,考古学材料种类丰富、数量庞大,无法面面俱到,因此需结合研究目的,从中作出选择,以下将对本文的研究资料和研究区域予以说明。

(一)研究资料

汉代的考古资料包括墓葬、城址、各类手工业遗存以及简帛、封泥等文字资料。汉代城址虽已发现了数百座,但大多仅为调查的成果,半数以上还不能确定性质①。临沂、东海、定县、阜阳等地汉简的出土,临淄、巩县等地手工业遗址的发现,虽能为古文字学、科技史及艺术史的研究提供珍贵的实物资料,但对于社会文化,它们所展现的某一阶层或某一阶段的文化片段,并不足以说明社会文化的整体特征,也无法体现不同阶层文化的演变。与之相较,墓葬不但数量多,涵盖汉代各阶段,而且范围广,包括汉代各阶层。同时,丧葬作为人类特有的一种行为方式,在社会发展演进中逐渐形成了一套规范制度,并成为了汉代礼制的重要组成部分②。由于汉代厚葬之风日盛,人们把对生活的怀念、向往借助具体的空间、器物及图形浓缩于墓葬之中。虽然墓葬并非一个与现实完全对应的地下世界,但其建造要受制于地理环境、文化背景与社会等级等因素,因而也必然会表现出地域、时代以及阶层之间的差异。从这个意义上看,墓葬可作为探寻汉代社会文化最直接、具体的资料。

(二)研究区域

《史记·货殖列传》将全国划分为山东、山西、江南、龙门碣石以北四大区域。这种区域差异的形成与其所处的自然环境、农牧生产方式的差异以及社会经济发展的不平衡性密切相关③。其中"山西"泛指函谷关以西,包括关中盆地、泾、渭、北洛河上游以及西至黄河的广大地区。关中盆地自周秦经营以来,已是"沃野千里"、"好稼穑,殖五谷"的农耕区,但其北面的泾、渭、北洛河上游及其迤西一带,即西汉时期的天水、陇西、安定、北地、上郡地区,春秋至汉初都是一片以"畜牧为天下饶"著称的畜牧区。因此从整体而言,山西是一片

---

① 中国社会科学院考古研究所:《中国考古学·秦汉卷》,中国社会科学出版社,2010年,第245页。
② 《史记·礼书》对"礼"的界定为"上事天,下事地,尊先祖而隆君师,是礼之三本也"。对先祖的尊崇在墓葬及与之相关的葬仪中得到了充分体现。见《史记》卷二十三,第1167页。
③ 卢云:《西汉时期的文化区域与文化重心》,《历史地理》第五辑,上海人民出版社,1987年,第159页。

农牧交错区。"江南"泛指长江中下游地区,地广人稀,饭稻羹鱼,火耕水耨,是比较落后的种植兼渔猎经济区。龙门碣石以北是"多马、牛、羊、旃裘、筋角"的畜牧区。"山东"即"关东",泛指函谷关以东的黄河中下游平原,战国以来这里一直是重要的农耕区。其西端为伊、洛、河、济四水交汇地,相当于今洛阳为中心的大河南北地区,即汉代之三河;东端是黄河下游的华北平原①。

关东地区是汉代农业、经济、文化最为发达的地区②,也是人口最为密集的地区,这里的人口占到了全国总人口的60.6%③。同时,西部三河之地与东部华北平原的分界与西汉初年的郡、国分野正相吻合④。西部的三河在西汉时常与三辅并称,被视为畿辅要地,东汉时更是京师所在,政治上的突出地位自不待言。东部的华北平原是汉初所封同姓王国中赵、齐、楚、梁、淮阳五国的封域,在汉代四百余年的历史中,见证了数次"郡县"与"王国"之争,历经了无数"以郡置国"和"国除为郡"的此消彼长。因此,可以说关东地区的风云变幻是汉代郡国分治这段跌宕起伏历史的缩影。同时,正如徐苹芳先生在《中国历史考古学分区问题的思考》一文中所指出的"在研究中国历史考古学文化分区时,一定要考虑当时人们对地理分区的意见"⑤。关东作为秦汉时期已形成的地理分区,其相近的生业方式、经济发展水平在一定程度上可以避免因地区发展不均衡而带来的社会文化发展的时间差。而密集的人口分布及频繁的生产生活又保证了研究资料的相对充足与完整。综合以上原因,本文选择关东地区作为研究区域。

《史记·货殖列传》中并未明确四个区域的明确边界。从汉代文献的记载看,关东是一个宽泛的概念,依照汉代人的习惯泛指函谷关以东、江淮以北、北方诸边郡以南的区域,但具体四界并未有严格规定。考虑到本文的研

---

① 参见邹逸麟:《中国历史地理概述》,上海教育出版社,2005年,第233、241页。
② 卢云:《西汉时期的文化区域与文化重心》,《历史地理》第五辑,上海人民出版社,1987年,第159、160页。
③ 葛剑雄:《西汉人口地理》,人民出版社,1986年,第101页。
④ 这里有两点需要说明,汉高祖分封的代国范围包括了今内蒙古东南部和山西,但始封之时,代地北部的大部分地区均为匈奴所侵,实际控制区仅有今山西南部的太原郡,代国所分封之地不过是名义上的遥领而已。而且代国仅持续到汉武帝元鼎三年(公元前114年),之后太原郡属汉,晋南地区不再作为王国封域。另外,高帝十一年(公元前196年)分封的淮阳国包括颍川、陈郡二郡,但惠帝二年(公元前193年)之后的淮阳国不再领有颍川郡,即今河南中部东至平顶山,北至登丰,南至漯河,西至扶沟的地区。(参见周振鹤:《西汉政区地理》,第41、70~72页。)可见晋南及河南中部地区作为诸侯国封域的时间非常短暂,其在汉代历史中更多还是在扮演汉郡的角色。因此也可以说太行山山脉以及向北至大别山余脉这一线是汉"郡"与"国"的分界。
⑤ 徐苹芳:《中国历史考古学分区问题的思考》,《考古》2000年第7期。

究目的,这里需要对本文选定的"关东地区"的地理范围作如下几点说明:

首先,关于关东的北界,按《史记·货殖列传》所记应是龙门碣石一线,即河北昌黎至山西河津,这一线是战国时代的农牧分界线。但随着武帝时期北伐匈奴、复取河南地之后,迁徙了大量内地农耕人口安置在北部沿边诸地,于是西汉中期开始,农耕区的范围逐渐向北推进至长城沿线。但至东汉初年,匈奴南进使建立不久的东汉政权一度放弃了河套至晋北的沿边诸郡,将人口迁至内地。公元50年南匈奴内附后又有大批北方民族内迁,这样从事畜牧业的人口上升,从事农耕的人口大量下降,又导致了农牧界线内缩①。可见,汉、匈双方军事实力的消长使汉代的农牧分界线始终处于摆动的状态。此外,除经济方式的考虑外,汉代的北部诸郡还有军事方面的特殊意义。汉初的云中、雁门、上谷、渔阳、右北平、辽西、辽东诸边郡基本沿袭了秦的设置,属汉、匈交界地带,时有战事发生,故其在政治、军事方面的意义与其南部地区有所不同。综合以上两点考虑,本文将研究范围的北线划定在汉北部诸边郡的南界(图1),大致为东起秦皇岛向西至北京,再折向南至太行山东麓,之后向西至五台山、宁武一线直至黄河。

其次,关于关东的南界,考虑到汉初东部诸侯国的疆域均以淮河为界,如吴、楚以及淮阳、淮南;西部汉郡多以汉水为界,如南阳郡与江下郡、南郡。此外,自古以来淮河、汉水也是我国南北自然地理的分界线。因此,本文将研究地域的南界划定在淮河—汉水一线。

综上所述,本文所指"关东地区"为西起山西保德,东至海,北起汉初东北边郡南界,南至淮河的广大区域。需要说明的是,关东所处的黄河中下游地区,在20世纪50年代之前见诸文献记载的黄河决溢改道多达1 500余次,较大规模的就有二三十次②,黄河下游的河道变迁又造成了淮河水系的变化以及东部海岸线的推移③。因此今天所见的黄河下游河道、淮河河道以及东部海岸线位置较汉代已发生了很大变化。本文所讨论的社会文化变迁发生在汉代,应将其置于当时的自然、地理背景之中。在此期间黄河下游河道有过两次较大变化,第一次是战国至西汉时期,黄河经滑县、内黄、濮阳、冠县、高唐、平原、德州、沧州入渤海,史称"西汉大河"。第二次发生在东汉王景治河之后,黄河从荥阳至千乘海口(今山东省高青县东北)筑堤,史称"东汉大河"④。

---

① 参见邹逸麟:《中国历史地理概述》,第234~236页。
② 邹逸麟:《中国历史地理概述》,第30页。
③ 邹逸麟:《黄淮海平原历史地理》,安徽教育出版社,1997年,第107~118、188~197页。
④ 李孝聪:《中国区域历史地理》,北京大学出版社,2004年,第153页。

图1 汉初关东郡、国分布示意图

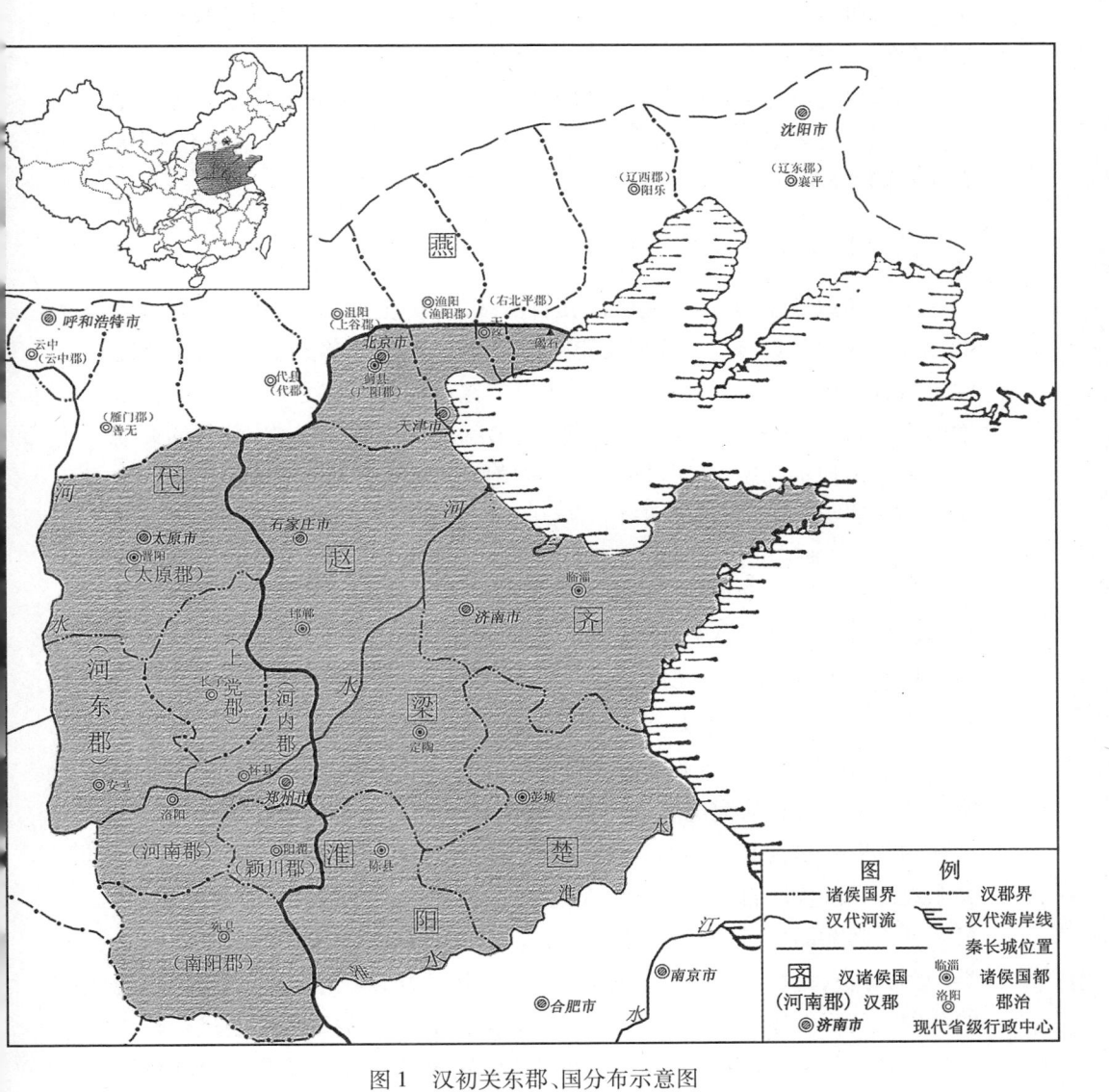

（根据周振鹤《西汉政区地理》地图二改制）

注：图中阴影部分为本文研究区域，粗线为东、西二区分界线。

"西汉大河"在公元前4世纪至公元1世纪的三百年间常常被作为分隔文化区和行政区的天然界限,如战国时期的赵、齐分界,以及西汉初年的赵、齐、梁三国分野。基于西汉大河在文化分区与行政区划中的重要作用,本文所谓"黄河"、"河水"将以"西汉大河"位置为准。

综合以上界定的研究资料与研究区域,本文收集了除帝陵之外关东地区两汉时期已发表的各类墓葬简报、报告计500余篇(部),涉及墓葬4 000余座,墓葬分布情况参见图2。

三、研究思路与方法

汉王朝地域辽阔,不同地区因其自然环境、历史沿革、生业方式等方面的原因呈现出各具特色的地域文化①。《史记·货殖列传》的区域划分多是源于对各地生业方式和风土物产的认识。在这些经济区之内,由于其他因素的差异,社会文化可能还会形成第二、第三层次的地域文化,墓葬的面貌也会随之出现不同层次的异同。为了更清晰地解析出关东地区汉代考古学文化的发展,我们可以根据研究目的的需要选择不同层面、不同细化程度的标准,对关东地区汉代墓葬进行不同层次的分区。本文首先综合考察关东地区汉代墓葬的墓葬形制及随葬品的整体特征,并参考其在自然地理及汉代行政区划方面的显著差异,将其分为东、西两区,与之对应本文在结构上也将把关东东、西两区汉墓的研究分作上、下两篇。

关于研究方法,关东东、西两区所要进行的分析工作大致相近:

第一,由于考古学研究的基本材料是具有一定形态的古代遗存,因此解析出遗存的特征是研究的基础。本文以汉代墓葬为中心。以特定空间结构存在的墓葬建筑及其内部的设计、装饰、随葬品是一组密不可分的集合体。关东地区在汉代四百余年的历史变迁中,一方面墓葬建筑的形制繁复多样,另一方面随葬品的类、型不断推陈出新。因此对该地区墓葬形制及随葬品类、型的分析,是探讨关东汉墓地域特征、时代特性以及地区间交流等问题的基础。基于上述考虑,每篇将首先对关东东、西两区的墓葬形制进行整体分析。在此基础上,再按照随葬品的组合、数量以及墓葬规模划分墓葬层

---

① 地域文化是一个地区整体特质的反映或体现。在不同的历史发展阶段影响其生成与发展的因素也会有所差异。如卢云在《文化区:中国历史发展的空间透视》一文中将影响区域文化生成演变的因素归结为自然环境、行政区划、经济类型、移民及城市发展五方面(《历史地理》第九辑,上海人民出版社,1990年,第81~92页)。本文中"地域文化"是就社会文化所呈现的地域差异而言,指一定地域内集中表现出的社会风貌的总和。结合汉代的时代背景,本文将其影响因素归结为自然环境、历史沿革与生业方式三个方面。

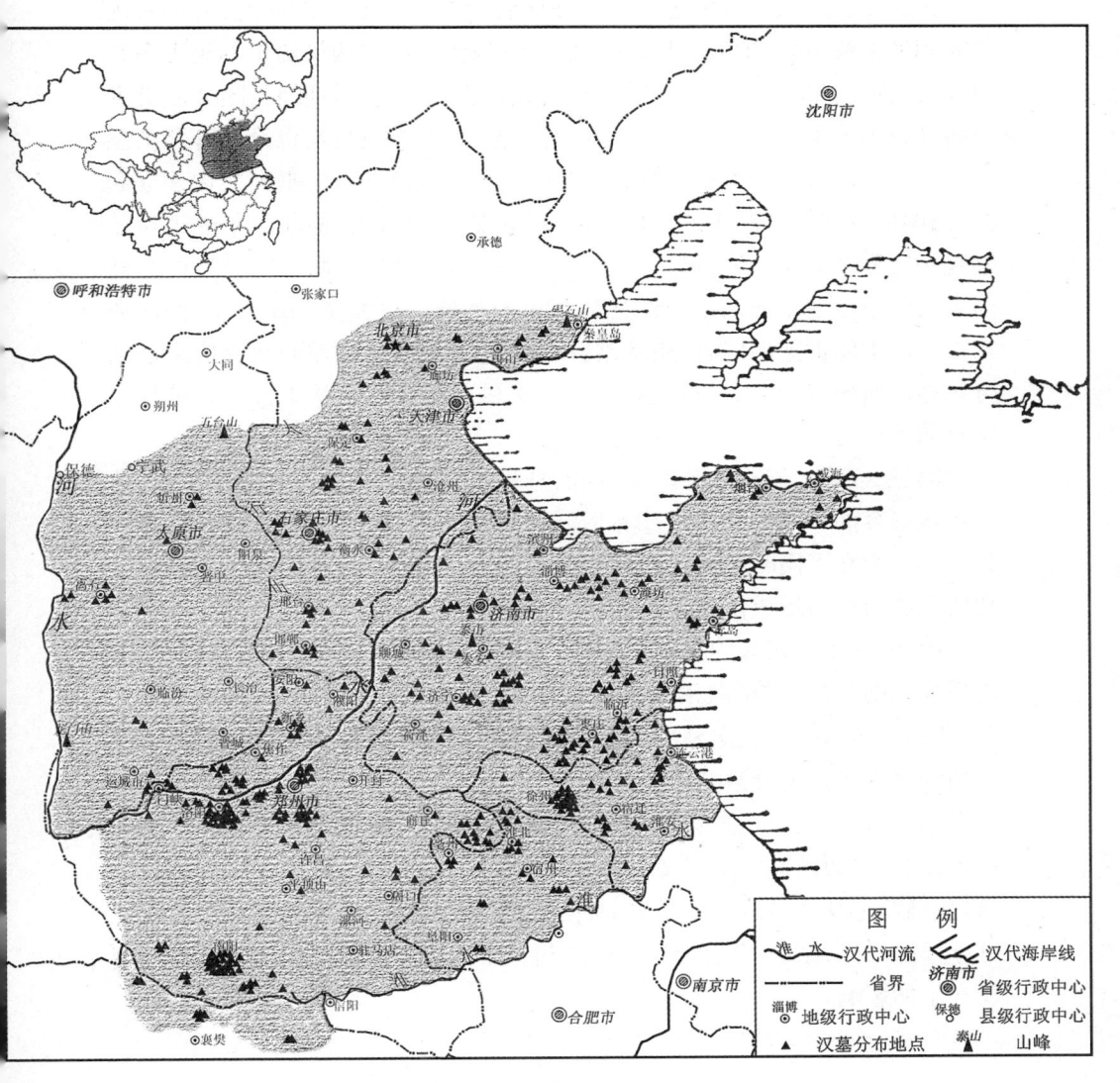

图2 关东汉墓分布示意图

次,推导墓主人所处的社会阶层。同时,考虑到关东东、西两区随葬品类、型的差异程度,上篇关东东部将在开篇即对随葬品功能、类型进行整体分析,下篇关东西部则按地域差异各成篇章进行随葬品类型的讨论。

第二,关东东、西两区之内的墓葬面貌存在着明显的地域差异,尽管随着时间的推移,这种地域差异有逐渐淡化的趋势,但在两汉历史的绝大多数时期,这种差异都是显而易见的。因此,在完成了对墓葬形制、随葬品类型分析及墓葬分类的基础上,本文通过对棺椁、墓室构筑材料以及随葬品类型等方面差异的进一步考察,在东、西两区这种粗线条的空间框架之内建立起东、西两区各自第二层次的分区。此外,正如前文所述,墓葬面貌的地域差异在一定程度上是各地自然与人文状况差异的体现,因而了解各区的自然与人文背景也是全面认识当地社会文化的基础。故本文在建立东、西区内第二层次空间框架的同时,还将结合文献史料及历史地理的研究成果厘清分区背后所蕴含的自然与人文背景,从而尽可能全面地认识关东地区社会文化的特征与地域差异。

第三,以第二层次墓葬区为基础,选取典型随葬品进行类型学排比,建立各区汉墓的年代序列。对墓葬形制和随葬品进行文化因素分析,进而探讨各类墓葬在不同时期文化因素构成的演变,揭示关东各地汉代考古学文化的发展历程与形成模式。

第四,在以上研究的基础上,通过对不同类别墓葬文化因素构成及墓葬规模变化的分析,讨论政治因素对关东东、西两区不同阶层的影响。通过东、西两大区内第二层次墓葬区与王国疆域、汉郡区划的比较,讨论地域文化格局对汉代郡国分治的影响。

第五,在总结关东东、西两区各阶层发展脉络与社会文化地域差异的基础上,通过对两区同一阶层文化特征及发展轨迹的比较,讨论汉代郡国分治给郡、国两地社会各阶层所带来的冲击;通过对关东东、西两区社会文化地域差异的对比,结合当时的政治变迁,讨论不同历史阶段文化因素对郡国制所产生的影响。

第四节　关东汉墓发现研究的历史与现状

一、发现研究历史

关东是汉代经济、文化最为发达的地区,汉墓数量众多,其中不乏规模宏大、装饰精美的大型墓葬。因此早在去汉不远的晋代，关东地区的汉画像石墓就引起了当时人们的关注，东晋末年戴延之即在《西征记》中记载了山东的鲁恭祠堂及其石刻画像。此后的数百年内有许多关于关东地区汉画像石的著录问世①。关东地区汉墓的田野考古工作，始于20世纪初法、日学者对山东、河南等地汉画像石的调查，至今已有百年的历史。根据不同时期田野工作与学术研究的重点，可以将关东地区汉墓的发现与研究历史大致划分为三个阶段。

（一）1949年之前

这一时期是关东地区汉墓发现与研究的起步阶段，战乱频仍，考古工作并未得到重视，材料的积累多是通过田野调查的方式实现，只有1933年发掘的山东滕县（现滕州市）曹王墓②。这一时期，学者们关注的仍然是画像石墓以及带有石刻画像的墓上建筑。但此时的调查研究工作与金石学相比已有了很大发展。1907年法国和日本学者对山东、河南等地的汉代石祠、石阙及其画像的调查中第一次采用了近代田野考古学的方法进行记录，使画像石的研究摆脱了金石学的束缚，走上新的研究道路。金石学家所忽略的画像石雕刻技法此时也得到了充分重视③。此外有的学者开始关注汉墓形制的多样性，并做了尝试性的研究，如丁士选在《圹砖琐言》中将汉墓分为木椁墓、空心砖墓和砖室墓三类④。

（二）20世纪50年代至70年代

20世纪50年代开始，伴随着新中国基本建设的全面开展，关东地区大规模的汉墓发掘工作逐步展开。1950年10月，中国科学院考古研究所在河南辉县的发掘拉开了关东地区汉墓大发现的序幕，汉墓的发掘和研究进入了蓬勃发展的新阶段。

这一时期关东地区汉墓的发现与研究呈现出地区间发展不平衡的状

---

① 《水经注》卷八《济水》，见[北魏]郦道元著，陈桥驿校证：《水经注校证》，中华书局，2007年，第226页；杨爱国：《山东汉画像石研究的历史回顾》，《山东大学学报（哲学社会科学版）》1992年第3期。
② 董作宾：《山东滕县曹王墓汉画像残石》，《大陆杂志》第21卷第12期，1960年。
③ 如滕固在《南阳汉画像石刻之历史的及风格的考察》中指出雕刻技法是决定画像石艺术风格的主要因素，并通过与希腊、罗马石刻的对比，总结出了汉画像石"拟绘画"与"拟浮雕"的两大类技法。容庚在《汉武梁祠画像考释》也曾表达出类似观点，认为中国古代艺术不同于欧洲"重在领会动植物之内在精神，而不求外物之精密观察，其阴阳向背之影，以渲染显之"。见《张菊生先生七十生日纪念论文集》，商务印书馆，1937年；容庚：《汉武梁祠画像考释》，燕京大学考古学社，1936年。
④ 见《考古社刊》第六期，燕京大学考古学社，1937年。

态,发现多集中在河南,尤以洛阳地区的发现最为突出。1952 年至 1959 年的短短 8 年间,在洛阳烧沟①、西郊②、涧西③、中州路④和老城西北郊⑤发现了大量汉代墓群,墓葬总数千余座。并且在汉墓的编年研究方面取得了重大突破,1959 年出版的《洛阳烧沟汉墓》系统整理了 1952 年至 1953 年烧沟墓群清理的 225 座墓葬,运用类型学的方法进行了系统的编年研究,将其划分为西汉中期至东汉晚期六期七段⑥,从而树立起了中原地区汉墓编年的标尺。此外,山东、河北也发现了一些大型的画像石墓和壁画墓,但山西、苏北和皖北的发现相对较少,尤其是皖北,这一时期仅在宿县⑦、亳州⑧等地有零星发现。

20 世纪 60 年代至 70 年代,由于受到政治运动的影响,大规模的汉墓发掘较 50 年代有所减少,而大型墓葬尤其是诸侯王墓的发掘明显增多。如 1968 年在河北满城县西南发掘的西汉中山靖王夫妇墓(满城 M1、M2),是最早发现的诸侯王崖洞墓,丰富了人们对诸侯王墓形制的认识⑨。70 年代中期发掘的北京大葆台汉墓等证实了文献中所记的"黄肠题凑"葬制⑩。根据这些墓葬材料,学者们研究了有关"黄肠题凑"葬制的一系列内容,如鲁琪

---

① 据中国科学院考古研究所编写的《洛阳烧沟汉墓》介绍,1952～1953 年的发掘中共清理墓葬 225 座(科学出版社,1959 年)。李宗道《洛阳烧沟清理西汉墓葬》一文介绍了 1959 年的发掘,发掘区位于烧沟西侧,陇海铁路以北,共清理各个时代墓葬 120 座,其中绝大部分是汉墓。不过,简报中只报道了一座西汉时期竖穴空心砖墓(《文物》1959 年第 9 期)。
② 中国科学院考古研究所洛阳发掘队:《洛阳西郊汉墓发掘报告》,《考古学报》1963 年第 2 期。
③ 翟维才《洛阳市文管会配合防洪工程清理出二千七百余件文物》一文介绍了 1954 年 6 月至 9 月间的发掘,共发现墓葬 290 座,清理了其中 203 座(《文物参考资料》1955 年第 8 期)。据河南省文物工作第二队《洛阳涧西 16 工区发掘简报》一文,涧西"共处理墓葬 430 座",但文中仅列出了其中的 14 座墓葬(《考古通讯》1957 年第 3 期)。河南省文化局文物工作队编写的《一九五五年洛阳涧西区小型汉墓发掘报告》介绍,1955 年的发掘共清理各个时期墓葬 1 000 多座,其中有汉代小型墓葬 70 座(《考古学报》1959 年第 2 期)。
④ 1954～1955 年的这次发掘共清理汉墓 24 座(中国科学院考古研究所:《洛阳中州路:西工段》,科学出版社,1959 年)。
⑤ 1957～1958 年的发掘共清理汉代墓葬 120 多座,简报中只介绍了 M81(贺官保:《洛阳老城西北郊 81 号汉墓》,《考古》1964 年第 8 期)。
⑥ 中国科学院考古研究所:《洛阳烧沟汉墓》。
⑦ 王步毅:《安徽宿县褚兰汉画像石墓》,《考古学报》1993 年第 4 期。
⑧ 葛召棠:《安徽亳县城父区发现汉墓》,《文物参考资料》1955 年第 8 期。
⑨ 中国社会科学院考古研究所:《满城汉墓发掘报告》,文物出版社,1980 年。
⑩ 北京市古墓发掘办公室:《大葆台西汉木椁墓发掘简报》,《文物》1977 年第 6 期;河北省文物研究所:《河北定县 40 号汉墓发掘简报》,《文物》1981 年第 8 期;石家庄市图书馆文物考古小组:《河北石家庄市北郊西汉墓发掘简报》,《考古》1980 年第 1 期。

《试谈大葆台西汉墓的"梓宫"、"便房"、"黄肠题凑"》①。与此同时,对诸侯王墓形制的认识及相关埋葬制度的探讨也取得了很大进展,如俞伟超《汉代诸侯王与列侯墓葬的形制分析——兼论"周制"、"汉制"与"晋制"的三阶段性》②。

除此之外,一些区域性特征鲜明的汉墓受到关注,出现了许多专题性研究,如河南地区的空心砖墓、山东地区的画像石墓等③。

(三) 20 世纪 80 年代以来

20 世纪 80 年代以来,伴随着经济建设的高速发展,迎来了关东地区汉墓大规模发掘的高峰,各地的重要发现层出不穷,不但有大型的诸侯王墓,也有大量中小型墓葬群。各地的发现虽在数量上差别较大,但此时所发现的汉墓基本涉及了关东所有地区,尤其是之前工作较薄弱的皖北、晋南地区。80 年代以来的发现为这些地区汉墓的研究补充了许多重要的新材料。如 2004 年出版的《侯马乔村墓地(1959~1996)》,收录两汉墓葬 80 余座,为晋南地区汉墓研究提供了宝贵的新材料④。另外自 80 年代中期开始陆续发掘的凤台新莽墓、固镇濠城汉墓、萧县汉墓群等改变了皖北地区汉墓发现基本空白的状况⑤。

这一时期的研究工作也是硕果累累。其中最为突出的还是有关画像石墓的研究,研究的角度不仅涉及画像本身的内容题材、雕刻技法等,还将类型学的方法运用到画像石墓形制的分析中⑥,通过区域性的个案研究,建立起了苏鲁豫皖交界区和南阳地区画像石墓的分期⑦。此外,还有学者从墓

---

① 鲁琪:《试谈大葆台西汉墓的"梓宫"、"便房"、"黄肠题凑"》,《文物》1977 年第 6 期。
② 俞伟超:《汉代诸侯王与列侯墓葬的形制分析——兼论"周制"、"汉制"与"晋制"的三阶段性》,《中国考古学会第一次年会论文集》,文物出版社,1980 年,第 332~337 页。
③ 王仲殊:《空心砖汉墓——在考古工作人员训练班讲》,《文物参考资料》1953 年第 1 期;安金槐:《郑州二里岗空心砖墓介绍》,《文物参考资料》1954 年第 6 期;蒋英炬等:《试论山东汉画像石的分布、刻法与分期》,《考古与文物》1980 年第 4 期。
④ 山西省考古研究所:《侯马乔村墓地(1959~1996)》,科学出版社,2004 年。
⑤ 王西河等:《安徽凤台县新莽时期墓葬》,《考古》1992 年第 11 期;蔡文静等:《固镇县濠城西汉墓清理简报》,《文物研究》第十一辑,黄山书社,1998 年,第 101~106 页;安徽省文物考古研究所等:《固镇县濠城东汉石室墓》,《文物研究》第十三辑,黄山书社,2001 年,第 61~65 页;安徽省文物考古研究所等:《萧县汉墓》,文物出版社,2008 年。
⑥ 王恺:《苏鲁豫皖交界地区汉画像石墓葬形制》,《汉代画像石研究》,文物出版社,1987 年,第 53~61 页;杨爱国等:《山东、苏北、皖北、豫东区汉画像石墓形制》,《刘敦愿先生纪念文集》,山东大学出版社,1998 年,第 438~449 页。
⑦ 王恺:《苏鲁豫皖交界地区汉画像石墓的分期》,《中原文物》1990 年第 1 期;赵成甫:《南阳汉画像石墓分期管见》,《汉代画像石研究》,第 12~31 页;李陈广等:《南阳汉代画像石墓分期研究》,《中原文物》1998 年第 4 期。

葬形制、随葬品着手并综合考察石材的选用、墓内画像的位置、题材内容的选择等细部特征来讨论画像石墓的源流、兴衰、地域特点以及区域间交流等问题①，这也为关东地区其他类型墓葬的研究提供了有益的参考。随着发现的不断增加，画像石墓研究的不断深入，其余类型墓葬的研究也逐渐受到关注，在画像砖墓、石椁墓、洞室墓的分期、渊源、地域特色等相关问题的研究方面取得了许多重要成果②。

  此外，关于汉墓的区域性研究不断深入，通过对墓葬形制、随葬品的类型学考察，部分地区建立起了汉墓分期编年的框架，为从宏观角度考察汉墓发展的阶段性变化奠定了基础。曲村墓地和乔村墓地的分期基本建立起了晋南地区战国晚期至西汉晚期的编年体系③。《山东汉代墓葬出土陶器的初步研究》通过对山东地区汉墓随葬器物的类型学研究，不但确立了随葬品的年代标尺，还讨论了山东各地汉墓的地域差异与联系④。随着洛阳地区汉墓发现的不断丰富，补充了西汉早期的材料，使得洛阳地区汉墓的编年在《洛阳烧沟汉墓》的基础上得以完善，建立起了贯穿两汉各个时期的汉墓编年体系⑤。

  还有学者将研究的视野扩展到东周至秦汉这个延续时间更长的历史区间中，讨论埋葬制度、社会风俗的变迁⑥。除此之外，随葬品方面的专题研究所涉及的内容也越发广泛⑦。

---

① 尤振尧：《略述苏北地区汉画像石墓与汉画像石刻》，《汉代画像石研究》，第 62~74 页；肖亢达：《汉代南阳郡与南阳汉画像石墓》，《汉代画像石研究》，第 32~44 页；孙广清：《河南汉代画像石的分布与区域类型》，《华夏考古》1991 年第 3 期；宋岩泉：《鲁东南与苏北汉画像石之比较》，《东南文化》1997 年第 4 期；李发林：《山东汉画像石研究》，齐鲁书社，1982 年。

② 黄明兰：《洛阳西汉画像空心砖概述》，《中原文物》1983 年特刊；宋治民：《论新野樊集汉画像砖墓及其相关问题》，《考古》1993 年第 8 期；樊温泉等：《密县画像砖的分期与研究》，《江汉考古》1998 年第 4 期；李如森：《略论洛阳地区战国、西汉洞室墓的源流》，《社会科学战线》1988 年第 3 期；燕生东等：《苏鲁豫皖交界区西汉石椁墓及其画像石的分期》，《中原文物》1995 年第 1 期。

③ 杨哲峰：《曲村秦汉墓葬分期》，《考古学研究（四）》，科学出版社，2000 年，第 238~265 页；山西省考古研究所：《侯马乔村墓地（1959~1996）》。

④ 郑同修等：《山东汉代墓葬出土陶器的初步研究》，《考古学报》2003 年第 3 期。

⑤ 高炜：《洛阳汉墓的发掘和编年》，《新中国的考古发现与研究》，文物出版社，1984 年，第 412~415 页。

⑥ 何德亮：《临淄两周至汉代墓葬概论》，《刘敦愿先生纪念文集》，第 342~349 页。

⑦ 马书波等：《山东长清双乳山汉墓麟趾金刻划符号的判识》，《考古》2005 年第 1 期；胡金华等：《河北汉墓出土的陶灶概述》，《河北省考古文集（二）》，北京燕山出版社，2000 年，第 403~408 页；李永敏等：《山西出土的东周两汉陶灶》，《山西省考古学会论文集（三）》，山西古籍出版社，2000 年，第 325~330 页。

80年代以来，积累了大量汉代诸侯王墓资料，发掘报告相继发表，在个例研究的基础上，学者们开始对诸侯王墓进行综合性和专题性研究①。徐州楚王墓群和永城梁王墓群的发掘与整理更为研究汉代建筑和陵寝制度提供了宝贵的实物资料②。

二、发现、研究现状

综上所述，关东地区汉代墓葬的发现与研究成果主要可概括为四方面。第一，发现丰富，从时间上贯穿西汉、东汉的各历史阶段，从地域上基本覆盖了整个关东地区。第二，各种墓葬类型的专题性研究成绩斐然，尤其是对画像石墓、画像砖墓及石椁墓的研究。其中以画像石墓的研究最为突出，不但在画像题材、雕刻技法的研究中取得了重要收获，研究的领域还扩展到画像石墓的源流、兴衰、区域特点以及区域间交流等方面。第三，区域性研究成果丰硕，大多数地区都有专题研究论及，并基本建立起了本地区汉墓的编年标尺。第四，关于诸侯王墓的考古工作获得了诸多重大发现，并以此为基础，在诸侯王葬制研究以及汉代陵寝制度的研究方面取得了明显进展。

与此同时，各地考古工作发展不均衡的状态依然存在，如洛阳地区与皖北地区就形成了鲜明的对比，这一方面可能与当时人口分布的状况有关，另一方面也反映了部分地区考古工作薄弱的情况。其次，虽已有研究尝试打破现代行政区划的界限，从文化面貌的相似性以及地理区划的角度研究汉代画像石墓，但多数的研究仍是从现今的行政区出发，缺少从当时的历史、地理等角度出发所进行的研究。另外，关东地区汉墓的研究缺乏对墓葬层

---

① 综合性研究如：黄展岳：《汉代诸侯王墓论述》，《考古学报》1998年第1期。有关汉代诸侯王墓制等专题的探讨如：单先进：《西汉"黄肠题凑"葬制初探》，《中国考古学会第三次年会论文集》，文物出版社，1984年，第238~249页；李如森：《汉代"外藏椁"的起源与演变》，《考古》1997年第12期；刘振东：《中国古代陵墓中的外藏椁——汉代王、侯墓制研究之二》，《考古与文物》1999年第4期；高崇文：《西汉诸侯王墓车马殉葬制度探讨》，《文物》1992年第2期；卢兆荫：《试论两汉的玉衣》，《考古》1981年第1期；卢兆荫：《再论两汉的玉衣》，《文物》1989年第10期。

② 南京博物院等：《铜山龟山二号西汉崖洞墓》，《考古学报》1985年第1期；南京博物院：《〈铜山龟山二号西汉崖洞墓〉一文的重要补充》，《考古学报》1985年第3期；徐州博物馆：《江苏铜山县龟山二号西汉崖洞墓材料的再补充》，《考古》1997年第2期；徐州市博物馆：《徐州石桥汉墓清理报告》，《文物》1984年第11期；徐州市博物馆等：《徐州北洞山西汉墓发掘简报》，《文物》1988年第2期；河南省商丘市文物管理委员会等：《芒砀山西汉梁王墓地》，文物出版社，2001年；李后山：《汉梁孝王王后墓车马坑发掘记》，《文物天地》1993年第1期；阎道衡：《永城芒山柿园发现梁国王壁画墓》，《中原文物》1990年第1期；河南省文物考古研究所：《永城西汉梁国王陵与寝园》，中州古籍出版社，1996年；河南省文物研究所等：《河南永城芒山西汉梁国王陵的调查》，《华夏考古》1992年第3期。

次的分类,多是将除诸侯王墓之外的所有墓葬进行综合分析。

  关东地区汉代墓葬考古工作所取得的丰硕成果,为本文的研究提供了充足的基础资料。已有的汉墓分期断代研究成果,又可成为建立关东地区汉墓年代框架的有益参考。同时,各类专题性研究也为本文分析讨论关东地区汉墓结构类型、文化因素属性等问题提供了可资借鉴的成果。而研究中略显薄弱的环节也正是本文研究需注意之处。从这一意义上,可以说这些已有的工作不但为本文提供了充足的基础资料,同时也为本文的研究提供了方法上的指导。

上 篇
关东东部地区汉墓研究

关东东部地区大致包括了今河北省中南部、山东省大部、河南省东部以及江苏、安徽的淮河以北地区。这里地处我国第二大平原——华北平原，地势平坦，土层深厚，平均海拔在50米以下，平原内水源丰富，滦河、海河、黄河、淮河以及发源于鲁中山地的中小河流纵横交错，分布其间。整个平原以黄河干道为分水脊，北面由西南向东北倾斜；南面则由西北向东南倾斜，形成一个微向渤海、黄海倾斜的大冲积平原。华北平原属暖温带半潮湿气候区，光照充足，降雨充沛，是我国重要的粮、棉、油生产基地。

优越的自然环境孕育了悠久灿烂的历史文化，从新石器时代开始，这里已是人类活动集中的地区之一，秦汉时期更是成为全国经济、文化最发达的地区。此外，关东东部地区还在汉代历史中扮演着特殊的角色。西汉王朝建立伊始，汉高祖刘邦即在此分封了燕、韩、赵、楚、梁五个异姓诸侯国。一年之后，五国先后被除，这里又相继建立起了楚、齐、赵、梁、淮阳、燕六个同姓王国。直至景帝三年（公元前154年）"七国之乱"之前的近50年中，这里王国的数量、疆域不断变化，但其相对独立的政治地位始终未变。景帝之后的各代虽然均采取措施不断抑制王国权力，强化中央集权，但分封制未废，这里作为王国封域的角色一直延续至汉王朝覆灭。

本篇将从汉代墓葬出发，解析"王国"地区考古学文化的特征及其地域差异，以及社会各阶层的发展变迁。

第一章　关东东部汉墓的形制、随葬品类型与墓葬的分类、分区

本篇所讨论的关东东部地区在其所具有的共性基础上，由于自然资源、历史沿革以及文化传统等方面的差异呈现出了第二层次的地域特征。因此，可以在对墓葬形制、随葬品类型进行研究的基础上，确立起该地区的空间框架，为进一步深入细致了解该地区汉代考古学文化的发展变迁奠定基础。此外，由于墓主生前所处社会阶层有别，墓葬会随之呈现出一定的层次差异，而这种层次结构又是探索社会各阶层考古学文化演进的重要途径。因此，本章将在全面分析关东东部地区汉墓形制与随葬品类型体系的基础上，建立起该区汉代墓葬的空间框架与层次结构。

第一节　墓葬形制的类型

目前汉墓的报道与研究中，关于墓葬形制的分类和名称尚缺乏统一的标准，相同形制的墓葬常被冠以不同名称，而有时同一名称却实际代表着不同的内涵，因此在对关东东部地区汉代墓葬的形制进行类型学分析之前，应首先明确墓葬形制、棺、椁、墓室四个概念。

1. 墓葬形制：这是一个包含了多层次内涵的概念，不仅指墓穴的结构和形状，还应包括墓穴内部的营建，如墓内设施的材料、空间结构等。所谓墓内设施是指在墓穴内部对埋葬空间的进一步构建，构筑出安放随葬品、葬具或尸体的设施，如木椁及各种形制的墓室等。

2. 棺：棺是直接安放尸体的贴身葬具，体积较小，通常仅容尸骨及简单的贴身器物，所谓"衣周于身，棺周于衣"[①]。棺的形状近似平顶或弧顶的长

[①] 《汉书》卷七十二《王贡两龚鲍传·龚胜传》，第3085页。

方形匣子,受制于礼仪制度,棺的大小、装饰有所差别。天子之棺名梓宫,"素木长丈三尺,崇广四尺"①,"表里洞赤,虡文画日、月、鸟、龟、龙、虎、连璧、偃月";"诸侯王、公主、贵人皆樟棺,洞朱,云气画。公、特进,樟棺黑漆"②;普通士卒则仅有名"槽"的小棺殓葬③。棺须先陈于葬礼之上,所谓"棺已盛尸为柩,……柩行,载之以车。贵者以辒辌。薄葬者以牛车"④。

3. 椁:椁是在墓穴内部以木、砖、石等材料搭建,收纳棺和一部分随葬品的墓内设施,"外椁足以周棺"⑤。椁的大小亦有差异,薄葬者则无椁⑥。与棺不同,椁直接建筑在墓坑之中,"土周于椁"⑦,当葬礼完成下棺和安置随葬品的仪式后,以厚重的盖板从正上方对其进行封闭,形成一个完全封闭的空间,"长就幽冥则决绝,闭圹之后不复发"⑧。即使椁外墓圹修斜坡通道,它也仅通至椁顶,而非墓内。

4. 墓室:不同于椁的纵向厢式结构,墓室横向修筑,侧面设墓门,上部修砌成平顶、券顶或穹窿顶等形式。墓室意在模仿地上房屋,希望给逝者提供一个与生前相似的环境⑨。与椁从上部悬封的方式不同,棺与随葬品从侧面的墓门送入,墓门与直通墓内的斜坡墓道底部基本持平,实现了埋葬空间的内外相通⑩。

墓葬形制受制于自然地理状况以及文化历史传统,在墓圹结构以及墓

---

① [东汉]卫宏撰,[清]孙星衍校集:《汉旧仪补遗》,[清]孙星衍等辑,周天游点校《汉官六种》,中华书局,2012年,第106页。
② 《后汉书》志第六《礼仪下》,第3141、3152页。
③ 《汉书》卷一《高帝纪》,第65页。
④ 杨树达:《汉代婚丧礼俗考》,上海古籍出版社,2009年,第89、90页。
⑤ 《后汉书》卷三十九《刘赵淳于江刘周赵列传·周磐》,第1311页。
⑥ 杨树达:《汉代婚丧礼俗考》,第74、75页。
⑦ 《汉书》卷六十七《杨胡朱梅云传·朱云》,第2916页。
⑧ 山东省博物馆、苍山县文化馆:《山东苍山元嘉元年画像石墓》,《考古》1975年第2期。
⑨ 这一观点参见蒲慕州:《墓葬与生死——中国古代宗教之省思》,中华书局,2008年,第193页。巫鸿在《黄泉下的美术:宏观中国古代墓葬》中也阐发了类似观点,指出墓室的构建意图是将隔绝的空间精致化为一个永恒的地下家园和微观世界(见氏著第13~30页,生活·读书·新知三联书店,2010年)。此外,巫文中还进一步指出,不断扩大的墓室在前室定义出了一个祭祀空间,由此实现了埋葬空间与祭祀空间的集合。此类观点在美术考古的研究中颇为流行,有研究还从陕西旬邑一座墓葬墓口处"诸观者皆解履乃得入"的铭文,提出丧礼最后哀悼者可以进入墓室观看墓中壁画的论断(参见郑岩:《一千八百年前的画展——陕西旬邑百子村东汉墓细读》,《中国书画》2004年第4期)。然而从已发现的砖(石)室墓材料看,这样的铭文仅此孤例。而大量壁画墓和画像石墓的数据显示,墓门的平均高度仅有1.3米左右,这一尺寸,成年人正常通过是有困难的,若要诸多观者同时进入墓室进行祭祀似乎不易实现。不过可以肯定的是,从墓室仿造房屋的空间结构与其中陈列的物、像都在表明这是一个与现实生活对应、充满了美好与具体寄托的生后世界。
⑩ 黄晓芬:《汉墓的考古学研究》,岳麓书社,2003年,第15页。

内棺椁、墓室的选材、构造等方面均会表现出一定差异。从埋葬空间的构造机能与设计意图宏观着眼，关东地区的汉墓形制可分为椁墓与室墓两大类①。在此基础上根据墓圹结构以及椁、室构造再作进一步的分型。

一、椁墓

A 型　竖穴土坑墓。平地向下开凿长方形墓圹，墓底砌椁置棺或直接安放尸骨。墓圹内部的结构有所差异，据此可将其分为四个亚型：

Aa 型　墓圹未经任何修整，多口大底小。简易者在底部放置单棺或尸骨，棺与人骨多已腐朽，从遗留下的朽痕看以单人葬为主。如淄博商王墓地M28，墓口长 2.9、宽 1.4、墓底长 2.5、宽 1 米（图 1－1,1）②。

稍具规模者则在底部砌筑木、砖、石或砖石、砖木混合结构的椁。木椁的形制主要有内隔式与外接式两种。内隔式即在椁内以木板分隔出数个相对独立的空间（厢），如临沂金雀山 M28，墓底长 3.9、宽 3 米，木椁中部以隔板分为东侧边厢与西侧棺厢（图 1－1,2）③；外接式则是在棺厢外紧贴其一侧再搭建长度、高度均略小的边厢，如临沂金雀山 M9，椁长 2.43、宽 0.94、高 0.88 米，椁外西侧接一长 1.4、宽 0.3、高 0.38 米的边厢（图 1－1,3）④。

石椁墓中也存在上述模式，如崂山古庙墓，石椁长 3.65、宽 2.57 米，中部以两块石板分隔为北侧头厢与南侧双棺厢（图 1－1,8）⑤；徐州小山子墓，石椁长 2.44、宽 1 米，椁外西侧接一长 1.15、宽 0.4 米的边厢（图 1－1,4）⑥。石椁墓中还有一类较简易的形式，这类墓葬依山开凿，形成所谓的"竖穴岩坑"，并在墓底留有二层台，放置棺和随葬品后再在二层台上覆盖石板。这样墓壁与二层台上所覆盖的石板之间形成的密闭空间，在功能和结构上与石椁相类，如徐州米山 M4，在距墓口 4 米的东西两侧各内收一宽 0.1 米的平台，上盖石板（图 1－1,10）⑦。此外，石椁墓中还常见一类多椁并列、

---

① 这一概念由黄晓芬在其著作《汉墓的考古学研究》中提出，其研究以类型学为基础，力图从中探究墓葬形制演变的进程及成因，提出密闭型椁墓向开通型室墓转变标志着中国古代墓制变革的观点（见氏著第 70 页）。本文将以此作为关东地区汉墓形制分类的标准，并借用"椁墓"与"室墓"这两个概念。
② 淄博市博物馆：《临淄商王墓地》，齐鲁书社，1997 年。
③ 临沂市博物馆：《山东临沂金雀山九号汉代墓葬》，《文物》1989 年第 1 期。
④ 临沂金雀山汉墓发掘组：《山东临沂金雀山九号汉墓发掘简报》，《文物》1977 年第 11 期。
⑤ 孙善德、刘璞：《青岛崂山县发现一座西汉夫妇合葬墓》，《文物资料丛刊》第 9 辑，文物出版社，1989 年。
⑥ 江苏省文物管理委员会、南京博物院：《江苏徐州、铜山五座汉墓清理简报》，《考古》1964 年第 10 期。
⑦ 徐州博物馆：《江苏徐州市米山汉墓》，《考古》1996 年第 4 期。

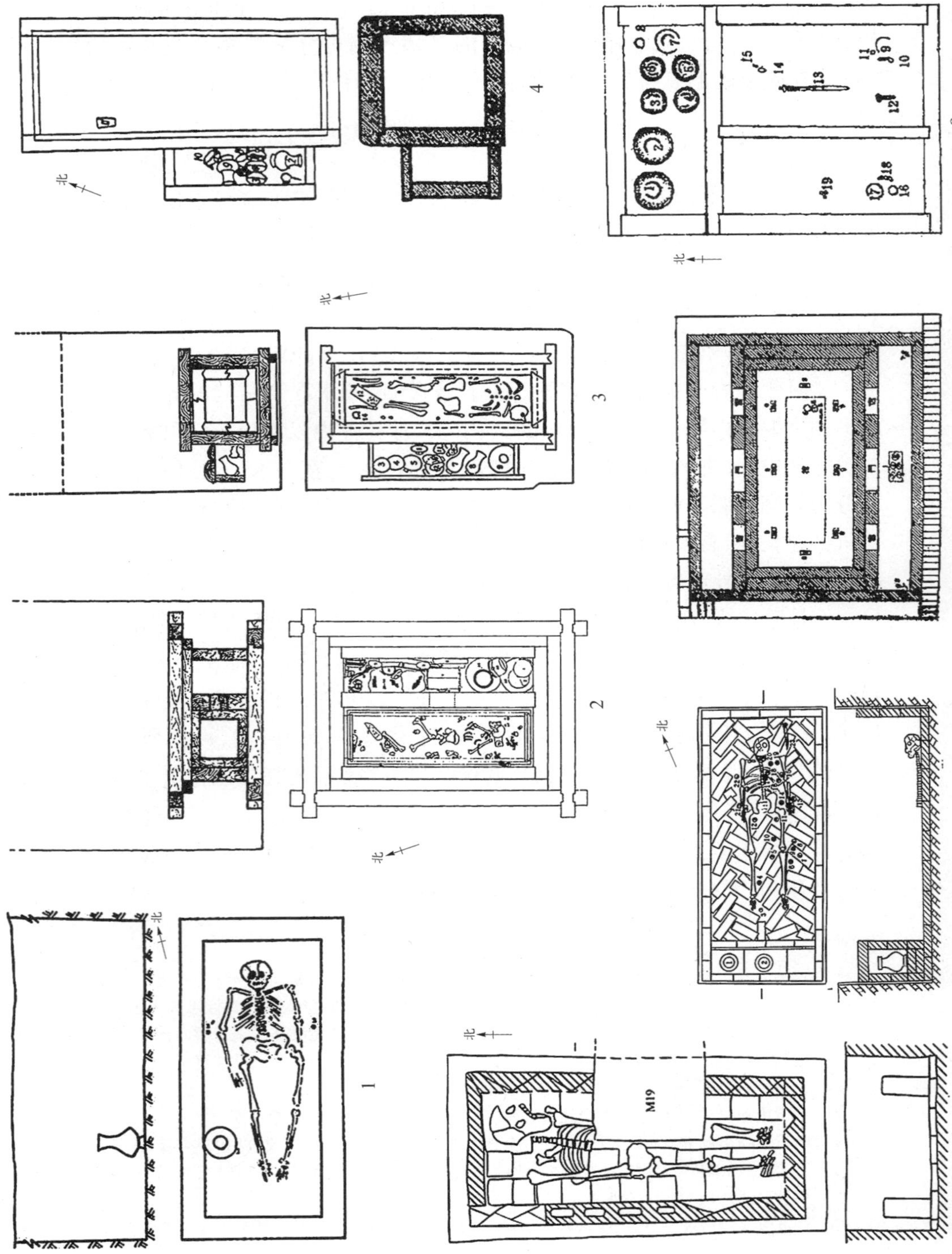
M19
北

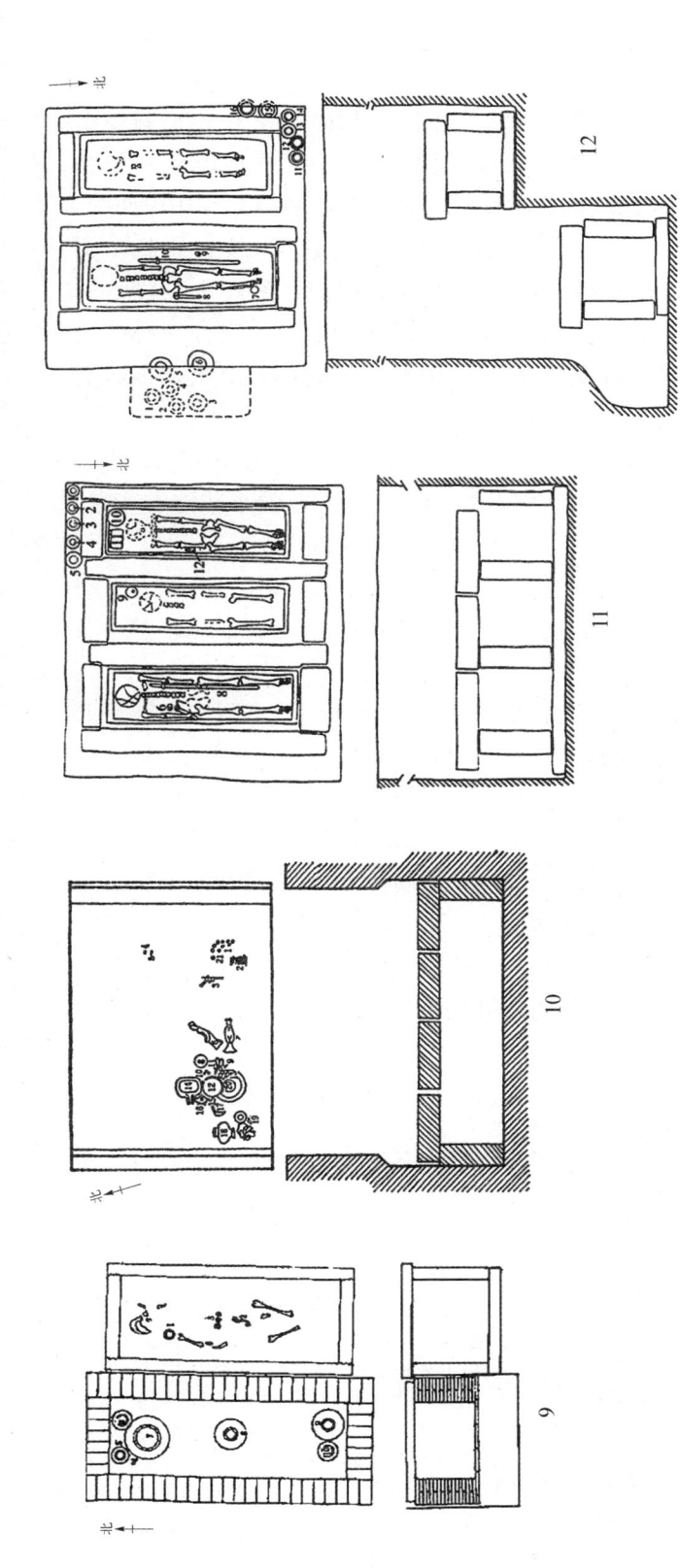

图 1-1 关东东部鲁 Aa 型墓举例图

1. 土坑墓（淄博商王 M28） 2. 木椁·内隔式（临沂金雀山 M28） 3. 木椁·内隔式（金雀山 M9） 4. 石椁·外接式（徐州小山子墓） 5. 空心砖椁（曲阜花山 M21）
6. 砖椁（章丘女西 M14） 7. 砖木椁（文登石羊墓） 8. 石椁·内隔式（崂山古庙墓） 9. 砖石椁（济宁师专 M10） 10. 简易石椁（徐州米山 M4） 11、12. 多石椁（花山 M58、M80）

多次建成的合葬墓。紧邻的两椁或共用一块壁板,如曲阜花山 M58,石椁由东、中、西三椁组成,东椁下葬较早,长 2.68、宽 1.24 米,两壁石板较厚;中椁略晚,东侧借用东椁西壁,长 2.62、宽 1.2 米;西椁最晚建成,东侧借用中椁西壁,长 2.65、宽 1 米(图 1-1,11)①。或各椁独立,如曲阜花山 M80,东椁长 2.58、宽 1.16 米,西椁后建成,长 2.06、宽 0.67 米,且墓底未及东椁深(图 1-1,12)②。

砖椁墓的墓穴底部及四壁均以砖修造,筑椁的材料有小砖与空心砖之分。以小砖最为多见。如章丘女西 M14,墓圹内以立砖砌椁室,底部铺砖呈"人"字形,内长 2.45、宽 1 米,椁外南侧紧贴椁壁围砌一足厢(图 1-1,6)③。空心砖椁数量较少,多以小砖铺地,四壁以空心砖错缝垒砌。如曲阜花山 M21,砖椁长 2.65、宽 1.3 米,先以边长 0.32 米左右的小砖铺设墓底,后再用长 1.1、宽 0.32 米的空心砖平砌椁壁(图 1-1,5)④。

砖石混构则一般是以石板砌筑棺厢,外侧再砌以砖质器物厢,如济宁师专 M10,石椁长 2.47、宽 0.95 米,椁外西侧以条砖并砌一内长 2.65、宽 0.9 米的边厢(如图 1-1,9)⑤。

砖木混合结构通常是砖椁内再套木椁,且砖椁与墓圹之间或木椁上下往往填充、覆盖或铺垫有海蛎壳,如文登石羊墓,墓底四面砌砖,长 3.8、宽 3.7 米,内砌木椁,椁内以隔板分为中部棺厢和东西边厢(图 1-1,7)⑥。

Ab 型　竖穴墓圹底部一侧、相对的两侧或四周留出生土二层台,或在墓底一侧砌筑熟土二层台⑦。墓圹内大多仅有单棺。如章丘女西 M7,墓口长 3.9、宽 2 米,墓圹南北两侧各留宽 0.25、高 0.6 米的生土二层台,墓底放置一棺(图 1-2,1)。也有的在墓底筑椁,以砖椁最为多见。如潍坊后埠下 M65,墓口长 2.75、宽 1.7 米,墓圹北侧留宽 0.36、高 0.57 米的生土二层台,

---

① 山东省文物考古研究所:《鲁中南汉墓》,文物出版社,2009 年,第 607、608 页。
② 山东省文物考古研究所:《鲁中南汉墓》,第 604、605 页。
③ 济青公路文物考古队绣惠分队:《章丘女郎山战国、汉代墓地发掘报告》,《济青高级公路章丘工段考古发掘报告集》,齐鲁书社,1993 年,第 152、153 页。
④ 山东省文物考古研究所:《鲁中南汉墓》,第 611 页。
⑤ 济宁市博物馆:《山东济宁师专西汉墓群清理简报》,《文物》1992 年第 9 期。
⑥ 山东省文物管理处:《山东文登县的汉木椁墓和漆器》,《考古学报》1957 年第 1 期。
⑦ 一般来说,如果下葬时把尸体放在相对封闭的木质棺或椁之内,然后填土掩埋,就会在墓圹内四周形成一个以椁或棺的周边木板为壁的直边,从而形成熟土二层台。从这个意义上看,熟土二层台只是墓室内葬具腐朽后遗留下来的一种特殊现象。(栾丰实:《史前棺椁的产生、发展和棺椁制度的形成》,《文物》2006 年第 6 期)。但个别墓葬的二层台,是墓圹构建完成之后,另外有意堆砌形成的,其台面铺砖并放置随葬品。这种熟土二层台的形成原因与生土二层台相似,都是人们有意而为,可看作是墓穴结构的一部分。这里所说的熟土二层台即指此种。需要说明的是,这类熟土二层台发现很少,根据简报提供的墓葬平面图,可确认的仅永城磨山 M43 等几座。

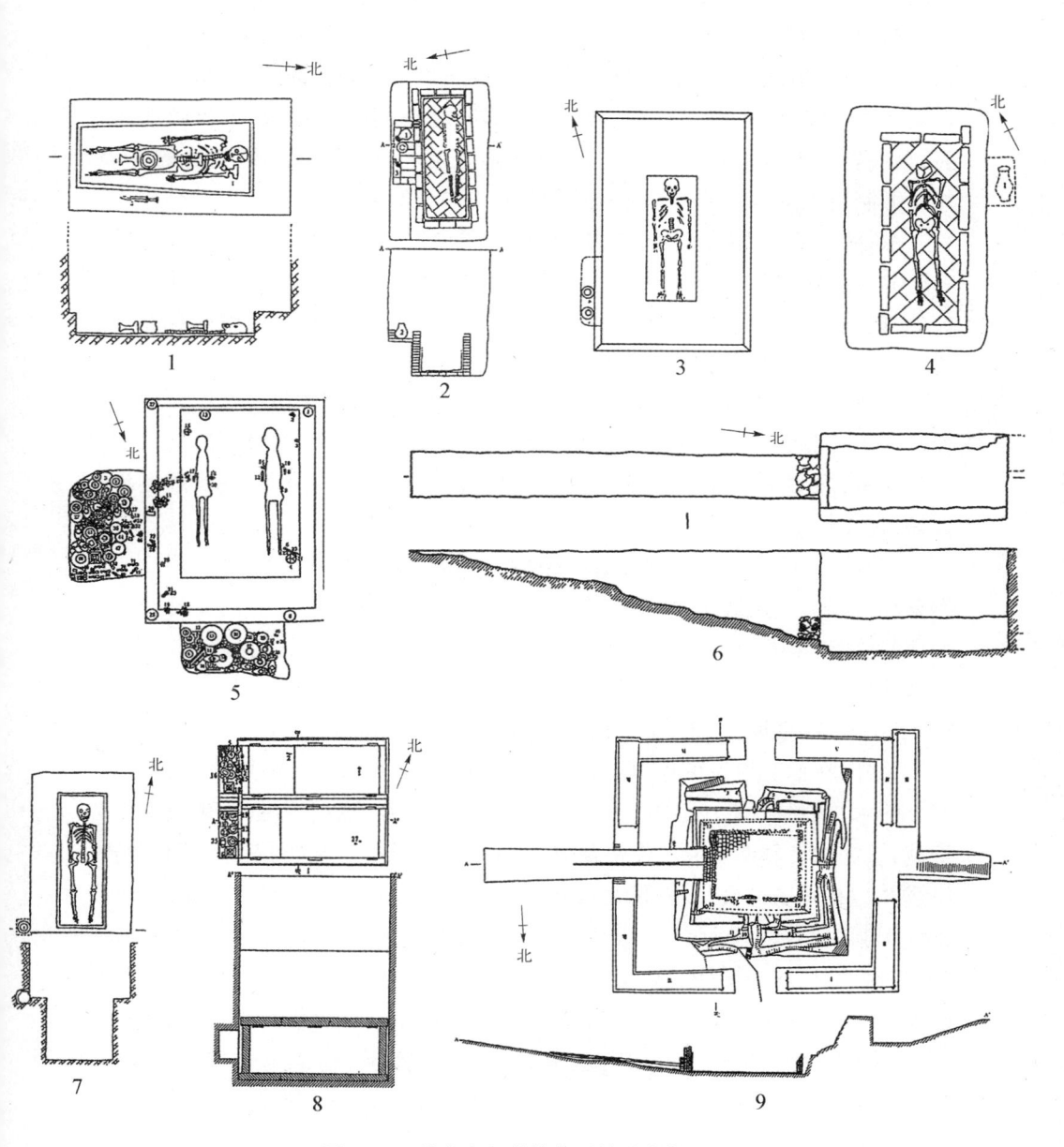

图 1-2 关东东部其他各型椁墓举例图

1. 椁 Ab 型·单棺(章丘女西 M7) 2. 椁 Ab 型·砖椁(后埠下 M65) 3. 椁 Ac 型·单棺(临淄商王 M10)
4. 椁 Ac 型·砖椁(长清小范庄 M12) 5. 椁 Ac 型·木椁(徐州东甸子 M1) 6. 椁 B 型(平度界山 M2) 7. 椁 Ad 型(章丘女东 M7) 8. 椁 Ac 型·石椁(徐州凤凰山 M1) 9. 椁 C 型(鹿泉高庄墓)

台面正中部分铺砖放置随葬品,墓底以小砖垒砌椁(如图1-2,2)①。

Ac型 竖穴近底部的一侧或多侧墓壁上开凿壁龛,壁龛内放置随葬品。棺、椁的情况与Ab型近似。大多仅有单棺为葬,如临淄商王M10,墓口长3.8、宽2.4米,西壁南部距墓底0.8米处开挖一不规则壁龛,放置两件陶壶,墓底置一木棺(图1-2,3)。也有在墓底筑木、砖、石等不同材质的椁,椁的形制与以上两型墓葬相同,兹不赘述(图1-2,4、5、8)。

Ad型 墓穴内留有生土二层台,在二层台上方或者紧贴二层台再开凿一壁龛放置随葬品,除此之外,墓内没有进一步构筑的设施。这类墓葬数量较少,典型者如章丘女东M7,墓口长2.55、宽1.75米,西侧二层台南角开一边长0.28、深0.25米的壁龛(如图1-2,7)。

B型 有一条横向墓道,墓道位于墓圹一段的中间或稍偏,墓圹面积较大。这类墓葬数量少,但结构复杂,砌椁材料各异。如平度界山M2,墓口长6、宽3米,南侧正中有一长13米的斜坡墓道,墓圹内以石块砌椁壁、木板为椁盖(图1-2,6)②。

C型 墓口相对的两侧各有一条横向墓道,墓葬平面呈"中"字形。这类墓葬仅淄博大武齐王墓、章丘洛庄汉墓、鹿泉高庄汉墓三座。墓葬规模宏大,除高庄汉墓外,另两座均未正式发掘,只对其封土外围进行了钻探。高庄墓墓口长35.3、宽32.2~33.8米,东、西正中各有一斜坡墓道,东墓道残长41.4米,西墓道长13.44~16.85米,墓底以条石砌椁(图1-2,9)③。

另外,在前文讨论的椁B、椁C型墓葬中还常见到一套结构复杂、规模宏大的木构葬具,即文献中所谓"黄肠题凑"。有学者结合考古发现及文献记载,认为这套葬具是由"黄肠题凑"、"梓宫"、"便房"和"外藏椁"四部分组成:"以柏木黄心致累棺外,故曰黄肠;木头皆内向,故曰题凑";"梓宫"即指梓木制成的棺;"便房"是模仿生人居住、宴享之所的墓内空间;外藏椁"在正藏之外,婢妾藏也,或曰厨厩之属也"④。这套葬具虽然结构复杂、规模庞大,但在本质上仍属于木椁的范畴。再加上木质不易保存,今天所见的"黄肠题凑"多已破坏严重。因此,本文不再就其细部特征作进一步的分类,只将其作为木椁墓的一种,但为与一般简单的单重椁或双重椁的木椁墓区

---

① 山东省文物考古研究所等:《潍坊后埠下墓地发掘报告》,《山东省高速公路考古报告集(1997)》,科学出版社,2000年,第234~286页。
② 青岛市文物局、平度市博物馆:《山东青岛市平度界山汉墓的发掘》,《考古》2005年第6期。
③ 河北省文物研究所、鹿泉市文物保管所:《高庄汉墓》,科学出版社,2006年,第3~22页。
④ 鲁琪:《试谈大葆台西汉墓的"梓宫"、"便房"、"黄肠题凑"》,《文物》1977年第6期;刘德增:《也谈汉代"黄肠题凑"葬制》,《考古》1987年第4期。

别,文中将其称为"黄肠题凑墓"。

二、室墓

A型 竖穴砖(石)室墓。墓葬在修建时先平地向下凿墓圹,墓圹一端多有一条横向斜坡墓道,其末端与墓室底部基本持平。由于砌筑墓室的材料有条砖、石块或砖石并用之别,故相应有砖室墓、石室墓及砖石混筑墓等名称。但这几种材质的墓葬在结构上并无实质性差异,因此本文将其作为同类墓葬,并称为砖(石)室墓。这类墓葬数量较大,规模差距悬殊,筑墓石材上有的刻有画像。根据墓室结构与布局,可分为三个亚型。

Aa型 单室墓。墓道或位于墓室短轴正中,平面呈"甲"字形;或偏向墓室一侧,平面呈刀形。单砖室墓顶部结构多样,以券顶最为常见。如邳州山头M4,墓口长5、宽3.05米,南侧正中有一长5.1米的墓道(图1-3,1)①;济南张庄M4,墓室长3.86、宽2.38~2.54米,南侧偏东有一长5.2米的墓道(图1-3,4)②。单石室墓则以平顶为主,如济宁张山M1,墓室长2.36、宽1.16米,西侧有一长0.84、宽0.8米的耳室(图1-3,2)③。砖石混合结构单室墓,除墓门石砌外其余部分均以砖砌,墓室顶部也多为券顶,墓门的石质部件上多刻有画像,如徐州韩山85M1,墓室内长4.26、宽1.76米,墓门石砌,其余墓壁、券顶均以素面小砖筑成(图1-3,3)④。

Ab型 双室墓。两间主墓室或前后并列,或左右并列,各墓室之间有门道相通,有的后室还以隔墙分成2~3间。砖室墓多券顶,如玉田大李庄M1,前室与墓道以及前后室之间均有甬道相通,墓室、甬道均为券顶结构(图1-4,1)⑤。石砌墓除平顶外,还有人字顶、盝顶等,如梁山M1,墓室全长5.74米,前、后室均为盝顶,其北侧各带一平顶小侧室(图1-4,2)⑥。砖石合砌墓大多以石材构建墓门,其余墓壁及墓顶以砖筑。如长清大觉寺M1,墓室全长6.4米,墓门的门楣、门框等均为石质,前、后室墓壁及券顶均为砖砌(图1-4,3)⑦。双

---

① 南京博物院、邳州博物馆:《江苏邳州山头东汉家族墓地发掘报告——南水北调东线工程江苏段文物保护的重要成果》,《东南文化》2007年第4期。
② 山东省文物考古研究所:《山东济南张庄汉代墓地发掘简报》,《山东省高速公路考古报告集(1997)》,第297~313页。
③ 济宁市文物局:《山东济宁市张山发现三座东汉墓》,《考古》1997年第7期。
④ 徐州博物馆:《徐州市韩山东汉墓发掘简报》,《文物》1990年第9期。
⑤ 唐山市文物管理所:《河北玉田县大李庄村汉墓清理简报》,《文物春秋》1991年第1期。
⑥ 菏泽地区博物馆、梁山县文化馆:《山东梁山东汉纪年墓》,《考古》1988年第11期。
⑦ 济南市考古研究所、长清区文物管理所:《济南市长清区大觉寺村一、二号汉墓清理简报》,《考古》2004年第8期。

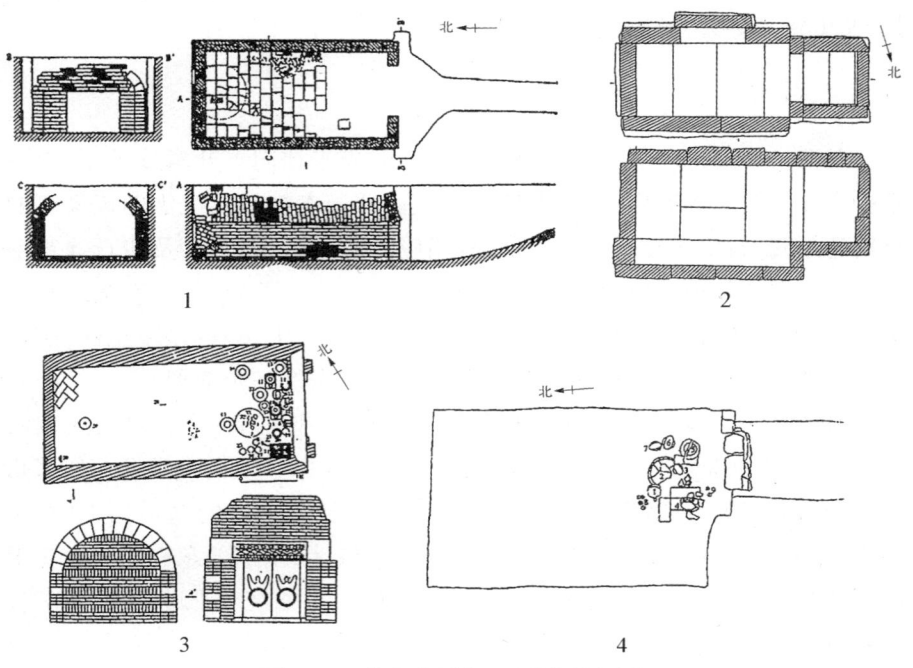

图 1-3 关东东部室 Aa 型墓举例图

1. 室 Aa 型·砖室墓（邳州山头 M4） 2. 室 Aa 型·石室墓（济宁张山 M1） 3. 室 Aa 型·砖石室墓（徐州韩山 85M1） 4. 室 Aa 型·刀形砖室墓（济南张庄 M4）

室墓中还有一类带有两条墓道的前后室墓，通常前室横置，后室为左右两间并列。这类墓葬数量很少，典型如邳州山头 M21，墓口全长 7.8、宽 3.2 米，双墓门，均用石板封堵，前室顶盖石板，后室由东、西两个券顶砖室组成（图 1-4,4）①。

Ac 型　多室墓。墓室结构复杂，大致可将其归为两种形制。

Ac-1 型　墓道、甬道、前室、后室位于同一轴线，各主要墓室的两侧还搭建有数量不等的侧室，有的后室以隔墙分隔成多间，墓室间多有甬道相连。多室墓的墓室形态多样，装饰丰富。各种材质的墓室顶部结构与 Aa、Ab 两型基本相类，同时还有不同结构墓顶并用的情况。筑墓的石质材料上多刻有画像，有的砖室墓壁面上有彩绘壁画。如长清大觉寺 M2，墓门以石材垒砌，前室附带东、西侧室，南、北各有石门连通墓道与中室，中室横置，北侧有石门连通后室，前、中、后三室皆为双层券顶，各室之间的石门构件上均有画像，墓室全长 47、最宽处 14 米（图 1-5,1）。

---

① 南京博物院、邳州博物馆：《江苏邳州山头东汉家族墓地发掘报告——南水北调东线工程江苏段文物保护的重要成果》，《东南文化》2007 年第 4 期。

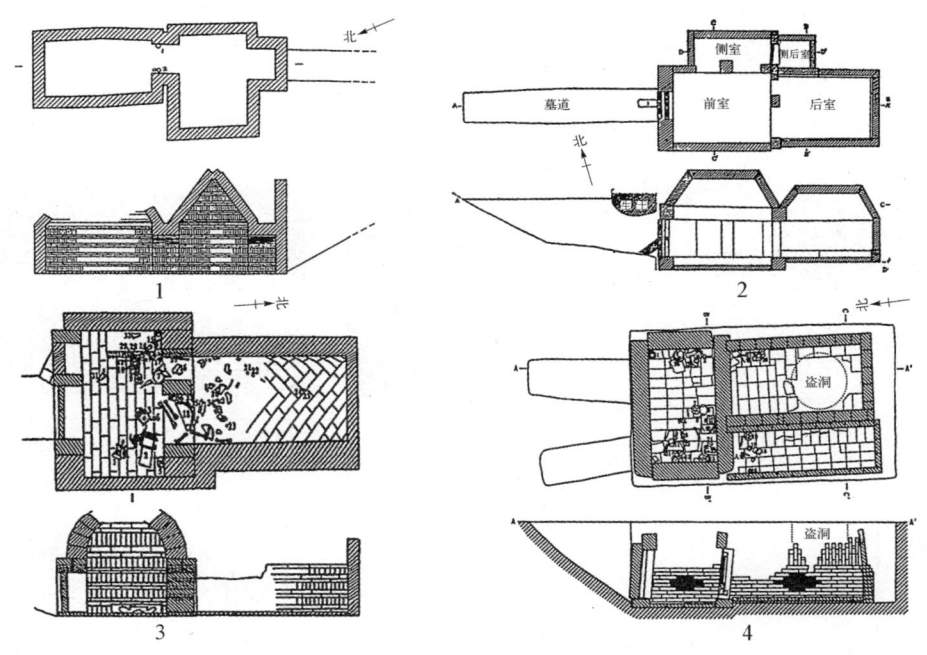

图1-4 关东东部室Ab型墓举例图

1. 室Ab型·砖室墓(玉田大李庄M1) 2. 室Ab型·石室墓(梁山M1) 3. 室Ab型·砖石室墓(长清大觉寺M1) 4. 室Ab型·双后室墓(邳州山头M21)

Ac-2型　回廊结构多室墓。墓室主体结构与Ab、Ac-1型近似,只是在墓室外围绕墓室筑一周回廊。如临淄金岭镇M1,甬道东、西各带一间耳室,前室横置,后室的北、东、西三面环以回廊,南面与前室相通,墓圹南北长23.6、东西宽17.4米(图1-5,2)①。

B型　洞室墓。即先挖出竖穴墓圹再于竖穴底部垂直于竖穴的方向开凿洞穴,洞穴底部与竖穴底部基本持平或略高,洞顶常见平顶或拱形顶,洞口或以石板、木板封堵,或安装墓门。洞穴内有的直接放置棺椁,有的再砌出平顶或券顶的砖室。这种形制的墓葬在洞穴内空间的安排上与竖穴椁墓有许多近似之处,而洞穴内券顶砖室的形制又与竖穴室墓相近,从埋葬空间的构建意图看,它似乎是竖穴椁墓向竖穴室墓的一种过渡形制,其侧面封堵的方式亦可看作墓内空间由密闭型向开通型迈进的第一步,从这个意义上看它更接近室墓,因此本文将其称为"洞室墓",这类墓葬在关东东部地区的分布较少。有的开凿于岩层中,如徐州韩山M1,竖穴墓道长3.25、宽2.35、深7.4米,墓道底部北壁凿出一边长3.25、高1.6米的平顶洞室,内放置棺

---

① 山东省文物考古研究所:《山东临淄金岭镇一号东汉墓》,《考古学报》1999年第1期。

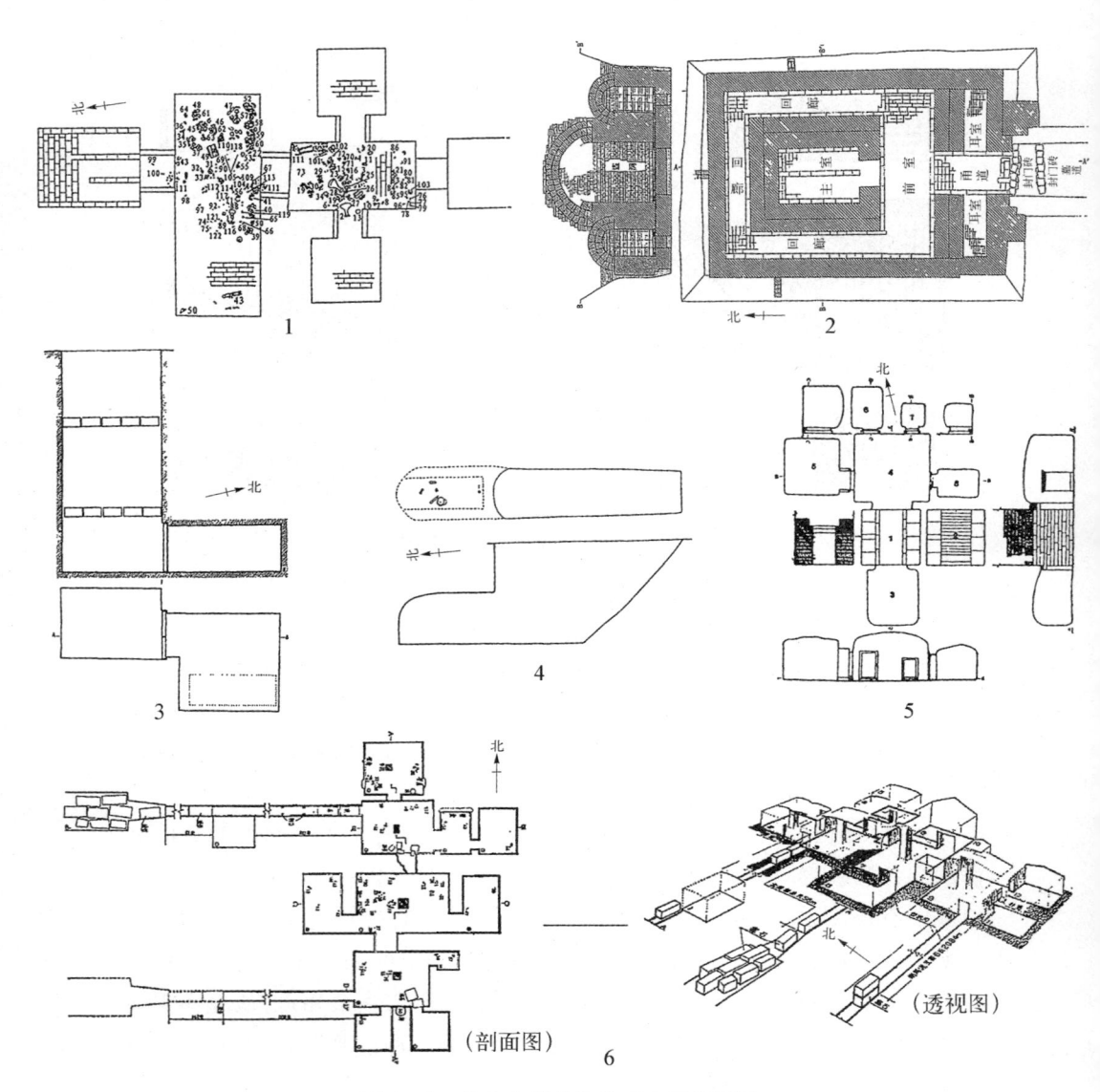

图 1-5 关东东部其他各型室墓举例图

1. 室 Ac-1 型墓(长清大觉寺 M2) 2. 室 Ac-2 型墓(临淄金岭镇 M1) 3. 室 B 型·岩坑(徐州韩山 M1)
4. 室 B 型·土洞(邢台曹演庄 M15) 5. 室 Ca 型(昌乐东圈 M1) 6. 室 Cb 型(徐州龟山 M2)

椁与随葬品,洞口以石板封挡(图1-5,3)①。也有所谓土洞墓,如邢台曹演庄M15,墓道斜坡长3.66米,其北端开挖弧顶长方形洞室,长1.9、宽1.08、高1.03米(图1-5,4)②。

C型 崖洞墓。这类墓葬在山崖或岩层中开凿洞穴为墓室③。因其独特的开凿环境以及复杂的墓室结构,故将其单独分作一类。依据墓道的形式大致可将其分为两个亚型。

Ca型 竖井式墓道崖洞墓。如昌乐东圈M1,由竖井式墓道、甬道、南室、北室及四个耳室组成,墓道边长4、底距墓口11.7米,墓室面积86平方米(图1-5,5)④。

Cb型 斜坡式墓道崖洞墓。如徐州龟山M2,由南北并列的双墓道、双甬道及两组墓室组成。南墓全长约83米,北墓全长83.5米(图1-5,6)⑤。

为清晰起见,现将上文基于椁、室差异及墓圹结构、墓内设施材料等因素划分的各类墓葬形制列成表1-1。

表1-1 关东东部汉墓形制分型说明表

椁墓	A. 竖穴土坑墓	a. 竖穴内部未作任何修整	
		b. 竖穴底有二层台	
		c. 竖穴近底有壁龛	
		d. 竖穴既有二层台又有壁龛	
	B. 有一条横向墓道的椁墓		
	C. 墓口相对的两侧均有横向墓道的椁墓		
室墓	A. 有一条横向墓道的竖穴室墓	a. 单室墓,平面呈"甲"字形或刀形	
		b. 双室墓,墓室前后或左右并列	
		c. 多室墓	-1. 墓道、主墓室位于同一轴线,再配以侧室
			-2. 回廊结构多室墓
	B. 洞室墓		
	C. 崖洞墓	a. 竖穴式墓道崖洞墓	
		b. 斜坡式墓道崖洞墓	

---

① 徐州博物馆:《徐州韩山西汉墓》,《文物》1997年第2期。
② 河北省文物研究所、邢台市文物管理处:《邢台曹演庄汉墓群发掘报告》,《文物春秋》1998年第4期。
③ 徐光冀:《汉代崖墓》,《中国大百科全书·考古学》,中国大百科全书出版社,1986年,第173页。
④ 潍坊市博物馆、昌乐县文管所:《山东昌乐东圈汉墓》,《考古》1993年第6期。
⑤ 南京博物院、铜山县文化馆:《铜山龟山二号西汉崖洞墓》,《考古学报》1985年第1期;南京博物院:《〈铜山龟山二号西汉崖洞墓〉一文的重要补充》,《考古学报》1985年第3期;徐州博物馆:《江苏铜山县龟山二号西汉崖洞墓材料的再补充》,《考古》1997年第2期。

第二节　随葬品的类型

在关东东部这个大区域中,随葬品类、型复杂多样,简报中对其命名缺少统一的标准,常有相同器物被冠以不同名称或用途完全不同的器物使用同一名称的现象。随葬品的功能属性对本文探讨墓葬分类具有重要意义,而随葬品类型又是后文墓葬分区的重要参照。因此本节将选择各类随葬品中数量较多、类型较丰富的器物,从功能和形态的角度进行类、型分析。在此基础上,将各类随葬品按功能划分成组,进而为讨论墓葬分类打下基础。

关东东部地区汉代墓葬的随葬品,按照质地可以分成陶器、铜器、漆器、铁器、玉器等。陶器是各类随葬品中的大宗,依据器表是否施釉以及釉料的差异可将其分成泥质陶、铅釉陶①和钙釉陶②。其中泥质陶数量最多,器物类型最丰富。铅釉陶的器类、器形与泥质陶中的部分器物类似,仅是表面施有铅釉层。钙釉陶数量较少,分布的地域集中,器类有鼎、盒、壶、瓿。这两种釉陶器的胎质均较疏松,吸水性强,尤其是铅釉陶,因此它们可能是专为埋葬烧制的明器而非实用器。铜器的种类丰富,有容器、服饰器、钱币、兵器、车马器等。漆器由于埋藏环境的差异,各地的保存情况存在很大差距,有的光鲜如故,有的腐朽仅存铜附件。铁器主要是刀、剑一类的兵器、工具。玉器以各种装饰品为主,个别墓葬中还有印章、杯等,多造型精美、制作精致。

以上各种随葬品中以泥质陶的器类、器形最为丰富,并且涵盖了大量青铜器、漆器的类型,铅釉陶的类型也多源自泥质陶。因此本节主要选择泥质陶,从功能和形态两方面梳理出随葬品类型。此外,青铜容器中还有部分器物形态特殊,泥质陶中没有与之近似的仿铜陶器,本节也将对其功能与名称作出说明。

---

① 这种釉陶器因釉药内含氧化铅而得名,大约在700℃即开始熔融,因此属于低温釉。以铜、铁为着色剂,在氧化气氛中烧制而成,器物表面多呈现出翠绿、黄褐、棕红等色,颜色鲜艳。参见中国硅酸盐学会:《中国陶瓷史》,文物出版社,1982年,第114页。
② 这种釉陶胎土和釉料中都含有大量的铁,烧成温度较高。在氧化气氛中烧成时,胎呈土黄色或砖红色,在还原气氛中,胎呈灰色或淡灰色。高温使釉有较强的流动性,因此釉层有较好的透明度,同时也常形成蜡泪痕和聚釉现象(参见《中国陶瓷史》第125页)。有的研究中将这种器物称为"原始瓷器",但与战国早中期的原始瓷相比,这种器物多数胎质疏松,存在大量气孔,吸水率高,不及原始瓷细腻、致密,还属"釉陶"之列。因其釉料为以铁作着色剂的石灰釉,氧化钙含量较高,考虑到与"铅釉陶"的对应,本文将其称为"钙釉陶"(此概念亦参考杨哲峰:《汉代陶瓷分类问题管见》,《中国文物报》2006年7月28日,第007版)。

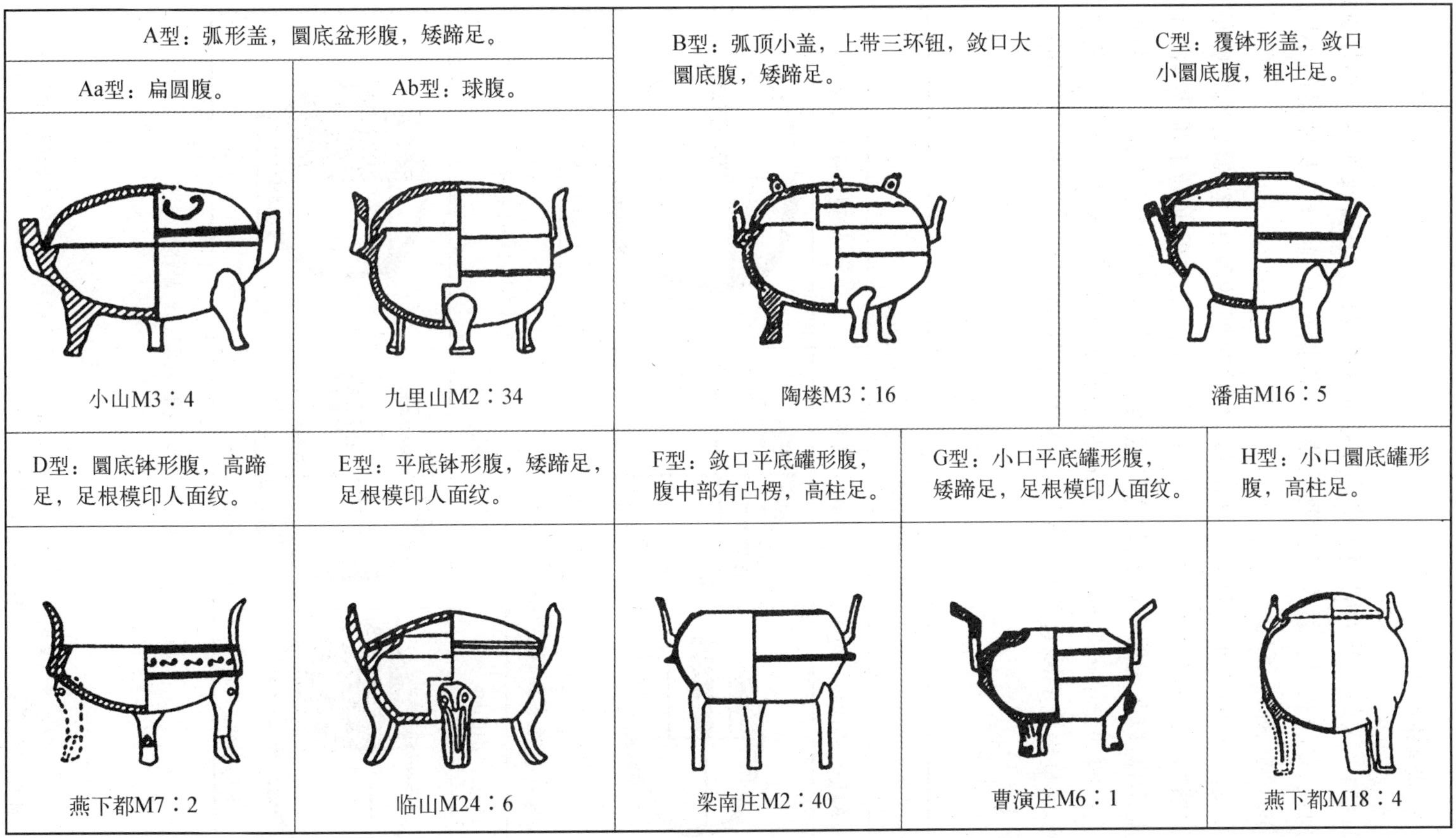

A型：弧形盖，圆底盆形腹，矮蹄足。	B型：弧顶小盖，上带三环钮，敛口大圆底腹，矮蹄足。	C型：覆钵形盖，敛口小圆底腹，粗柱足。
Aa型：扁圆腹。		
小山M3：4	陶楼M3：16	潘庙M16：5
Ab型：球腹。		
九里山M2：34	F型：敛口平底罐形腹，腹中部有凸棱，高柱足。	H型：小口圆底罐形腹，高柱足。
D型：圆底钵形腹腹足，足根模印人面纹。	梁南庄M2：40	燕下都M18：4
E型：平底钵形腹，矮蹄足，足根模印人面纹。	G型：小口平底罐形腹，矮蹄足，足根模印人面纹。	
临山M24：6	曹演庄M6：1	
燕下都M7：2		

图1-6 关东东部汉墓随葬陶鼎分型图

一、泥质陶

1. 鼎　汉鼎与商周时期风格浑厚凝重的鼎相比,显得较简素。但用途仍同前代,是祭祀时盛牲肉的重要礼器①。依据鼎盖、鼎身以及鼎足的不同可分作八型(图1-6)。

2. 盒　盒的功能与西周时期的簋、春秋时期的敦相当,都是用以盛放米食的器物,在祭祀时可以与鼎配合使用。孙机先生根据马王堆M1出土的漆盒、陶盒以及遣册中的记载考证这类器物在汉代应名为"盛"②。其形态为上下两部分子母口相扣。本文根据盒盖有无捉手、盒底有无圈足将关东东部汉墓出土的陶盒分为三型。此外,根据盖、腹形态又可进一步划分亚型(图1-7)。

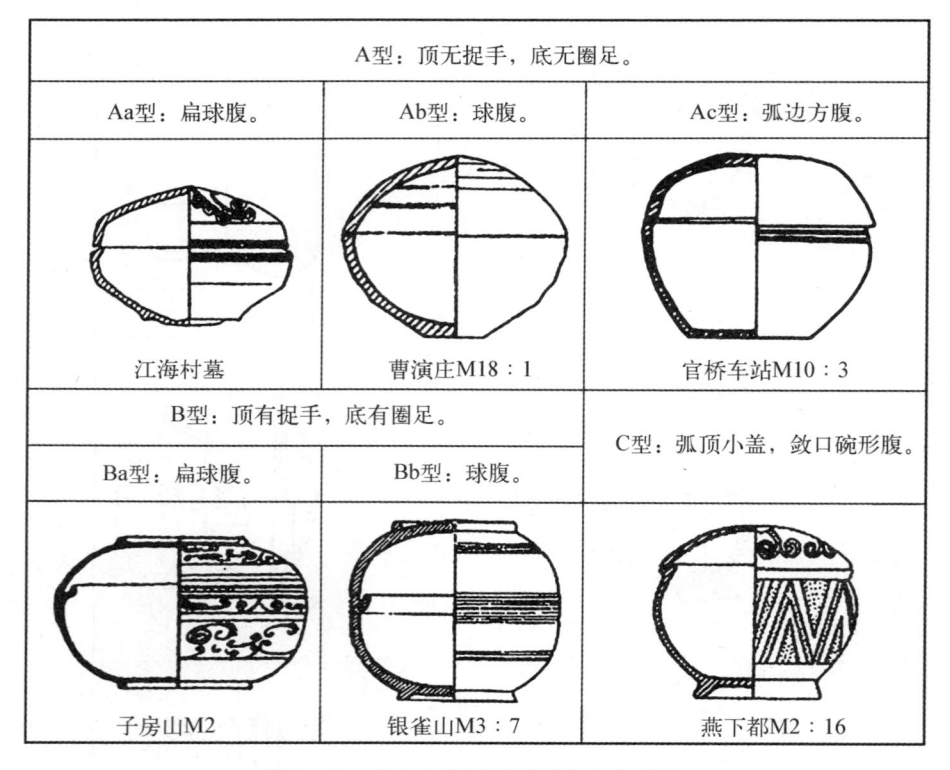

A型：顶无捉手，底无圈足。		
Aa型：扁球腹。	Ab型：球腹。	Ac型：弧边方腹。
江海村墓	曹演庄M18∶1	官桥车站M10∶3
B型：顶有捉手，底有圈足。		C型：弧顶小盖，敛口碗形腹。
Ba型：扁球腹。	Bb型：球腹。	
子房山M2	银雀山M3∶7	燕下都M2∶16

图1-7　关东东部汉墓随葬陶盒分型图

---

① 孙机:《汉代物质文化资料图说(增订本)》,上海古籍出版社,2011年,第349~351页。
② 孙机:《汉代物质文化资料图说(增订本)》,第352页。

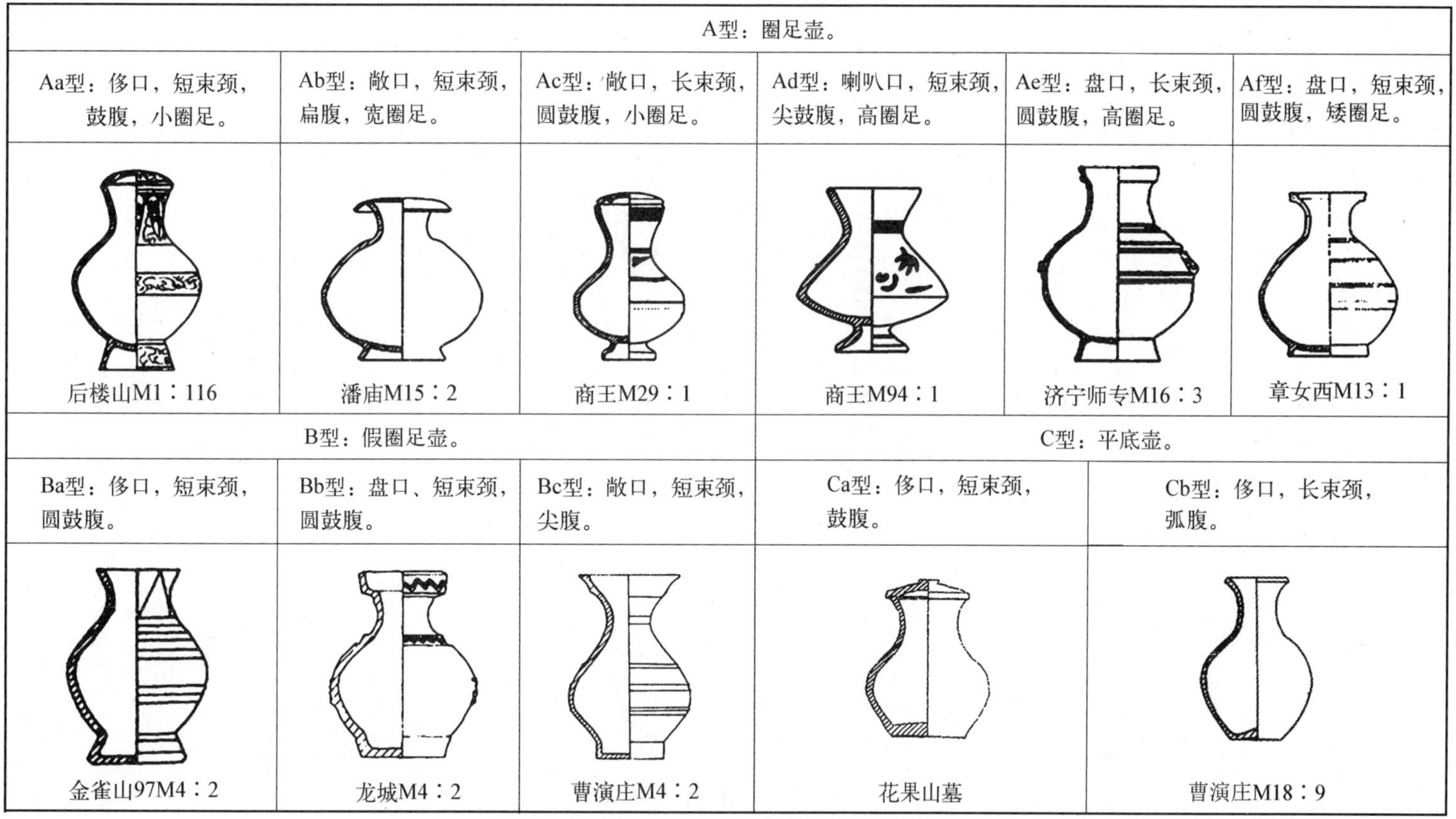

A型：圈足壶。					
Aa型：侈口，短束颈，鼓腹，小圈足。	Ab型：敞口，短束颈，扁腹，宽圈足。	Ac型：敞口，长束颈，圆鼓腹，小圈足。	Ad型：喇叭口，短束颈，尖鼓腹，高圈足。	Ae型：盘口，长束颈，圆鼓腹，高圈足。	Af型：盘口，短束颈，圆鼓腹，矮圈足。
后楼山M1：116	潘庙M15：2	商王M29：1	商王M94：1	济宁师专M16：3	章女西M13：1
B型：假圈足壶。				C型：平底壶。	
Ba型：侈口，短束颈，圆鼓腹。	Bb型：盘口，短束颈，圆鼓腹。	Bc型：敞口，短束颈，尖腹。		Ca型：侈口，短束颈，鼓腹。	Cb型：侈口，长束颈，弧腹。
金雀山97M4：2	龙城M4：2	曹演庄M4：2		花果山墓	曹演庄M18：9

图1-8 关东东部汉墓随葬陶壶分型图

3. 壶 《说文·壶部》:"壶,昆吾圜器也,象形。从大,象其盖也。"《说文·缶部》:"古者昆吾作陶。"①据此可见壶本陶质,以器形似葫芦而得名。汉代,壶也称为"锺",是生活中普遍使用的一种器物,用途非常广泛,可以存储酒、水,也用来盛放粮食或肉类食物②。此外,汉代文献中功能、形态与壶相似的还有"钘"、"瓨"等。其复杂的名称,可能正源于这类器物多样化的用途。因难以将出土器物与文献名称一一对应,故本文将颈部有明显收分,且相对较长的器物统称为"壶",根据底部形态将其分为三型,各型内依据口、颈、腹和圈足的形态再进一步划分亚型(图1-8)。

4. 盘 汉代的盘可以是盥洗器具,如徐州石桥汉墓出土的铜盘,腹部阴刻"赵姬沐盘"③。同时也可以是盛食器皿,如马王堆 M1 遣策中所记"食盘"④;乐浪古墓中所出铭为"果盘"的漆盘。可见汉代盘的用途已有所扩展。汉墓所出盘大小差距悬殊,大者口径近 70 厘米,如石桥汉墓出土"赵姬沐盘",而普通常见陶盘口径多在 20 厘米左右。因随葬品多为"像生而小"的明器,故很难据其尺寸确定功能。本文将口大腹浅(即口径/器高>1)的容器通称为盘,根据有无圈足将其分为两型(图1-9)。

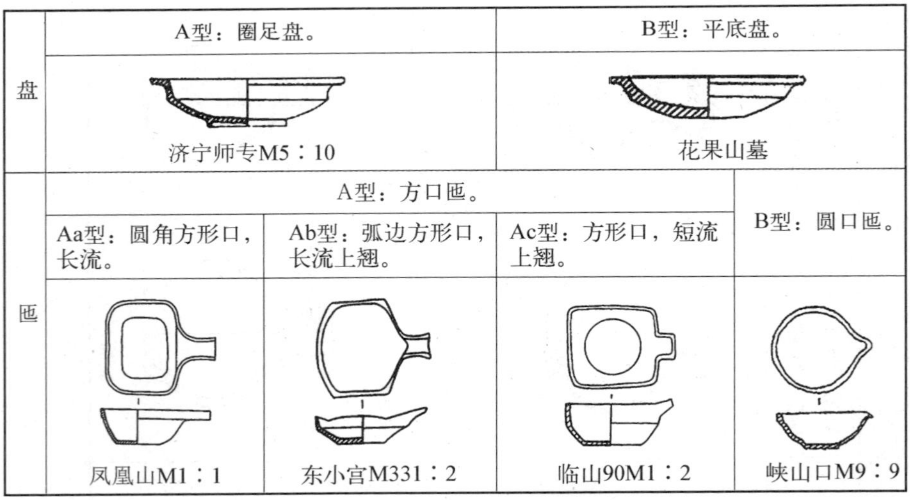

	A型:圈足盘。			B型:平底盘。
盘	济宁师专M5:10			花果山墓
	A型:方口匜。			B型:圆口匜。
	Aa型:圆角方形口,长流	Ab型:弧边方形口,长流上翘。	Ac型:方形口,短流上翘。	
匜	凤凰山M1:1	东小宫M331:2	临山90M1:2	峡山口M9:9

图1-9 关东东部汉墓随葬陶盘、匜分型图

① [东汉]许慎:《说文解字》,中华书局,1963年,第214页下、109页下。
② 孙机:《汉代物质文化资料图说(增订本)》,第366页。
③ 徐州博物馆:《徐州石桥汉墓清理报告》,《文物》1984年第11期。
④ 湖南省博物馆、中国科学院考古研究所:《长沙马王堆一号汉墓》,文物出版社,1973年,第144页。

5. 匜　先秦时匜是贵族特有的盥洗器具,从上浇水下以盘承。汉代匜不但注水,还可以用来注酒①,已不再是一种单纯的礼器。关东东部汉墓中的匜形态多样,根据口部形态可分为两型,其中 A 型匜依据口、流形态还可进一步划分亚型(图 1-9)。

6. 罐　罐亦是汉代最常见的一类盛储器皿,功能与壶近似,既可用以存储酒、水,也可盛放粮食、肉食。但形态与壶有所差异,口、腹几乎直接相连,或略有过渡。据孙机先生考证,"罐"这个名称在汉代很少使用,这类用途广泛的盛储器当时应名为罍、瓨、瓿、卢之类②。然而在汉代遗物中,此类器物的形态变化多样,难以与文献中的器名一一对应。故本文仍以"罐"统称这类器物,依据口、腹之间有无明显过渡将其分为两型,再于各型内部依口、腹形态划分亚型(图 1-10)。

7. 盆　盆亦是一类常见的盛储器。《周礼·牛人》郑注"所以盛血"③,汉墓壁画、画像石的屠牛场面中常见盛血的盆,如诸城前凉台画像石墓中的庖厨图④。此外,盆还可与釜、甑配合作炊具,如满城 M1 中覆于甑上的盆⑤。盆的形态与盘相近,只是器腹略深,口径略小,大多小于 20 厘米。根据腹部形态及器表装饰可将其分为两型(图 1-11)。

8. 碗、钵　碗是一种无耳的圆形小饮器,腹有收分,器壁有弧度,底带矮圈足。在汉代,碗或称为"瓯"⑥,有大小两种,大者盛酒,小者作饮器。汉墓随葬品中还有一类大小与小瓯近似,腹略扁、无圈足的器物,简报中常称之为"钵",其功能应与碗近似。本文依其常用名称,将底有圈足者统称为"碗",将平底者称为"钵"(图 1-13,1、2)。

9. 釜　釜是汉代最常见的一类炊具,可单独使用也可与甑组合。根据腹、底形态可将其分为三型(图 1-11)。

10. 甑　甑常与釜、盆配合用以蒸饭。甑的形态近似深腹盆,底部有形状各异的透气孔(图 1-13,3)。

11. 钫　钫是战国中晚期开始流行的一类酒器,其器形以壶为基准,"钫,方锺也"⑦。根据腹、底形态可将其分为两型(图 1-12)。

---

① 孙机:《汉代物质文化资料图说(增订本)》,第 299 页。
② 孙机:《汉代物质文化资料图说(增订本)》,第 368、369 页。
③ [清]孙诒让:《周礼正义》第三册,中华书局,1987 年,第 930 页。
④ 诸城县博物馆:《山东诸城汉墓画像石》,《文物》1981 年第 10 期。
⑤ 中国社会科学院考古研究所:《满城汉墓发掘报告》,第 54 页。
⑥ 《方言》卷一三郭注:碗"亦曰瓯也";孙机:《汉代物质文化资料图说(增订本)》,第 361、379 页。
⑦ [东汉]许慎:《说文解字·金部》,第 297 页上。

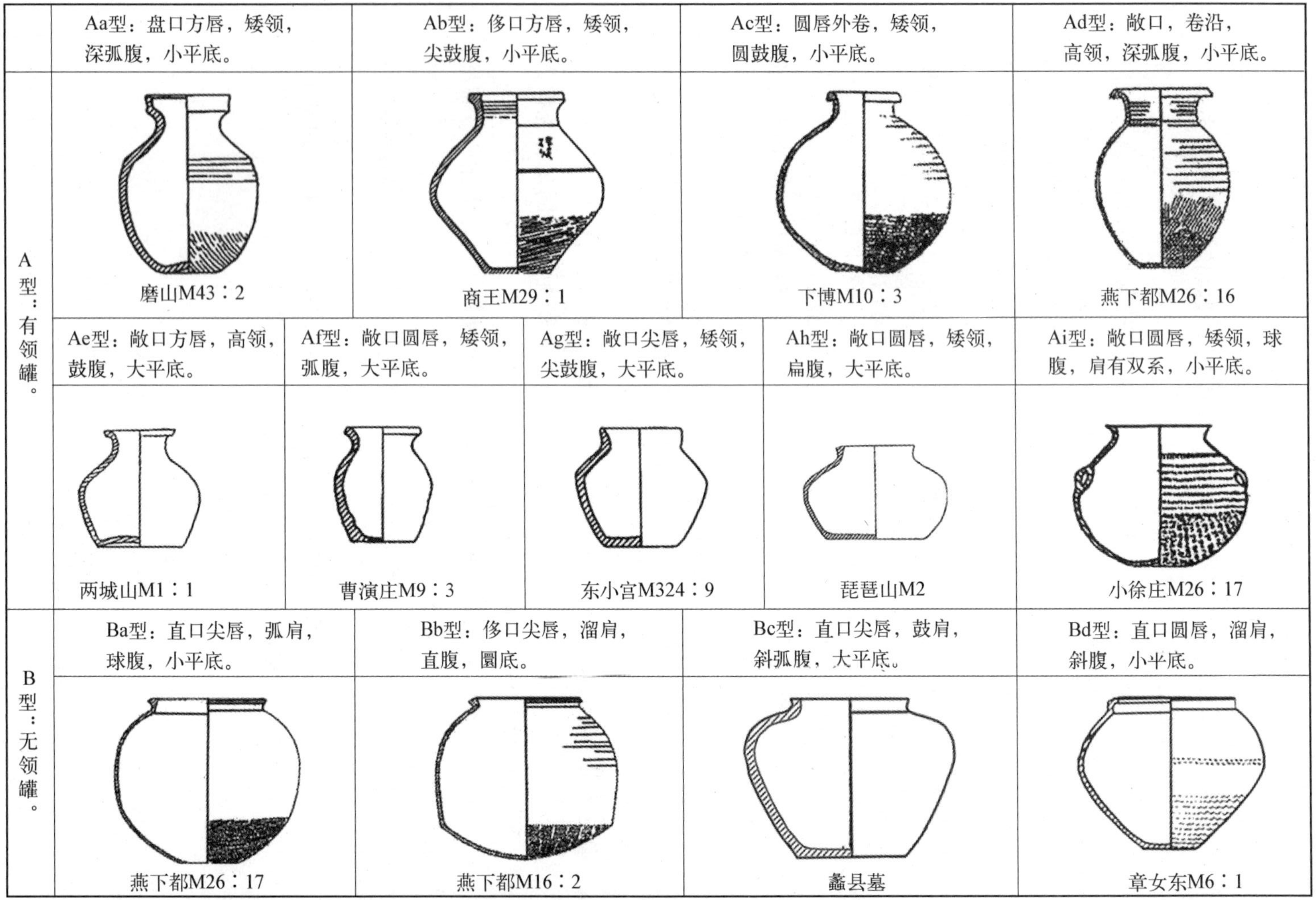

A型：有领罐。	Aa型：盘口方唇，矮领，深弧腹，小平底。 磨山M43:2	Ab型：侈口方唇，矮领，尖鼓腹，小平底。 商王M29:1	Ac型：圆唇外卷，矮领，圆鼓腹，小平底。 下博M10:3	Ad型：敞口，卷沿，高领，深弧腹，小平底。 燕下都M26:16	
	Ae型：敞口方唇，高领，鼓腹，小平底。 两城山M1:1	Af型：敞口尖唇，弧腹，大平底。 曹演庄M9:3	Ag型：敞口尖唇，尖鼓腹，大平底。 东小宫M324:9	Ah型：敞口圆唇，矮领，扁腹，大平底。 琵琶山M2	Ai型：敞口圆唇，矮领，肩有双系腹，小平底。 小徐庄M26:17
B型：无领罐。	Ba型：直口尖唇，球腹，小平底。 燕下都M26:17	Bb型：侈口尖唇，直腹，圆底。 燕下都M16:2	Bc型：直口尖唇，溜肩，斜弧腹，大平底。 燕下都M6:1	Bc型：直口尖唇，鼓肩，大平底。 蠡县墓	Bd型：直口圆唇，溜肩，斜腹，小平底。 章女东M6:1

图 1-10 关东东部汉墓随葬陶罐分型图

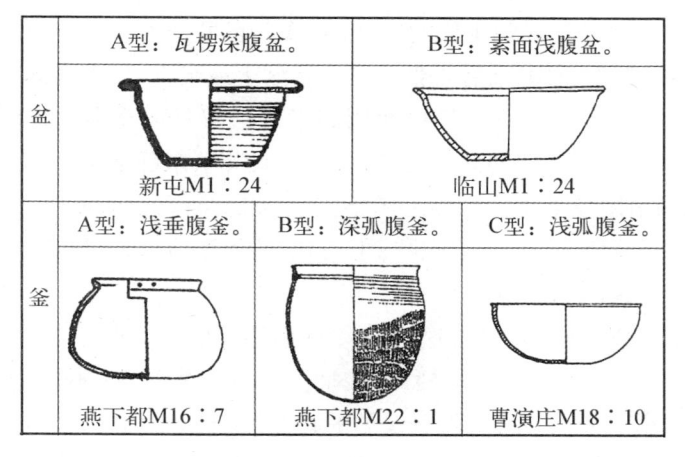

盆	A型：瓦楞深腹盆。	B型：素面浅腹盆。	
	新屯M1:24	临山M1:24	
釜	A型：浅垂腹釜。	B型：深弧腹釜。	C型：浅弧腹釜。
	燕下都M16:7	燕下都M22:1	曹演庄M18:10

图1-11 关东东部汉墓随葬陶盆、釜分型图

12. 茧形壶 这类器物因腹部形似蚕茧而得名。汉代，它与蒜头壶、扁壶一起被统称为"榼"，是当时流行的盛酒之器①。由于名"榼"的这几类器物形态各异，分布也具地域性，故本文依其常见称谓"蒜头壶"、"扁壶"、"茧形壶"区分器类。其中茧形壶可据腹部形态分为两型（图1-12）。

钫	A型：圆弧腹，矮圈足。	B型：尖鼓腹，高圈足。
	陶楼M3:3	小金山XJM:23
茧形壶	A型：球形腹。	B型：扁球形腹。
	碧螺山M5:44	张村M4:2

图1-12 关东东部汉墓随葬陶钫、茧形壶分型图

13. 镡 或称之为"镡壶"，用以温酒之器②。器身多为小口带盖、扁圆腹的三足罐形，腹部装有呈直角的长柄及鸟首或兽首流（图1-13,4）。

---

① 孙机：《汉代物质文化资料图说（增订本）》，第370页。
② 孙机：《汉代物质文化资料图说（增订本）》，第376页。

14. 樽　樽是汉代最主要的盛酒器，依形态可分为盆形和筒形两类（图1-13,5、6），画像石中，前者常偕它器杂置席上或案上，后者多附有承旋。

15. 耳杯　这类器物因杯口两侧的半月形双耳而得名（图1-13,7）。整套的耳杯常装在专用的盒中，这种耳杯盒在关东东部地区非常罕见，但在关东西部的洛阳较常见。耳杯可用于饮酒，如长沙汤家岭西汉张端君墓所出铭为"张端君酒杯"的铜耳杯①；也可用作食器，如马王堆 M1 中出土的"君幸食"漆耳杯②。

16. 魁　汉代盛羹之器，这类器物在形态上有三个特点。一是平底或有圈足，可平置于案上。二是柄短，装柄的角度只宜捉取，不便把注。三是无流③。关东东部汉墓所出陶魁仅见平底一种（图1-13,8）。

17. 案　汉代的案可分为有足和无足两种。案面或为圆形或为方形，边缘起沿，形似浅盘，上可放置杯、盘等（图1-13,11~13）。有足之案除可用于摆放餐具、食物外，还可叠用以庋物。无足案，应似今端送食物之托盘④。关东东部汉墓出土的案大多无足，有足案罕见。

18. 方盒　此类器物形态丰富，有棱角分明的方形，也有四角圆缓的椭圆形，有的盖作平顶，亦有作盝顶。汉代，这类器物多作存放衣服、财物或书籍的贮物器，有"箧"、"笈"、"笥"等不同名称⑤。考虑这些丰富的形态既不具有时代意义也不代表地域特色，因此本文将其统称为"方盒"，不再细分型（图1-13,14）。

19. 奁　汉代的奁多为贮存铜镜及各种化妆品的器具，因而又名"妆奁"。简单的奁只有一枚，豪华的奁分为双层，并在其中装满形状不同的小奁⑥。这种多子奁在漆器中常见，大多陶奁仅有一枚，既有方形也有圆形者，方形奁与方盒近似，又因其均作贮物之用，故本文将其并称为"方盒"，将圆形者通称为"奁"（图1-13,9）。

20. 方炉　炉身近长方形，底有长条或曲尺形镂孔，有的侧壁也有几何形镂孔，炉底带有四足。这类方炉在密县打虎亭、诸城前凉台汉墓壁画的庖厨图中均可见到，壁画中方炉之侧都绘有手执肉串作烧烤状的人物形象⑦。

---

① 湖南省博物馆：《长沙汤家岭西汉墓清理报告》，《考古》1966 年第 4 期。
② 湖南省博物馆、中国科学院考古研究所、文物编辑委员会：《长沙马王堆一号汉墓发掘简报》，文物出版社,1972 年,图版贰。
③ 孙机：《汉代物质文化资料图说（增订本）》,第 361 页。
④ 孙机：《汉代物质文化资料图说（增订本）》,第 354 页。
⑤ 孙机：《汉代物质文化资料图说（增订本）》,第 395~397 页。
⑥ 孙机：《汉代物质文化资料图说（增订本）》,第 302 页。
⑦ 诸城县博物馆：《山东诸城汉墓画像石》，《文物》1981 年第 10 期；河南省文物研究所：《密县打虎亭汉墓》，文物出版社,1993 年,图版叁伍。

据此可知这类器物应是烧烤肉食所用炙炉。关东东部汉墓中所出,虽然炉身、底足形态多样,但整体特征近似,并且数量、分布均有限,故本文将其统称为"方炉",不再进一步分型(图1-13,15)。

21. 圆炉　形似鼎,腹有镂孔,口或为平沿或有支钉,以承放釜等炊具。此类炉亦可见于汉画庖厨图中①,功能与方炉近似(图1-13,10)。

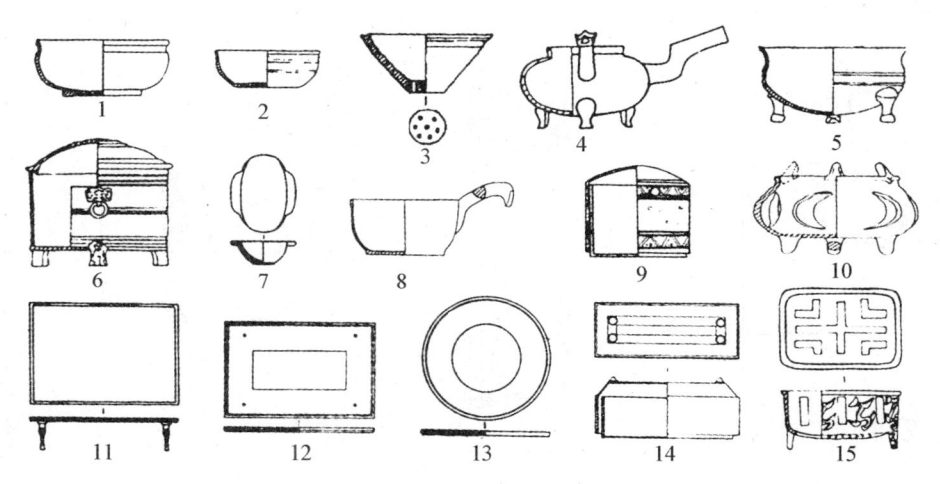

图1-13　关东东部汉墓随葬其他类型陶器

1. 碗(肖王庄M1∶15)　2. 钵(后埠下M86∶01)　3. 甑(官桥M10∶1)　4. 镳(簸箕山M3∶18)　5. 盆形樽(青龙山M1∶37)　6. 筒形樽(金岭镇M1∶116)　7. 耳杯(山头M21∶8)　8. 魁(金岭镇M1∶111)　9. 奁(黄土崖M1∶3)　10. 圆炉(大觉寺M1∶34)　11. 方案(金岭镇M1∶122)　12. 方案(青龙山MJ∶68)　13. 圆案(青龙山M1∶67)　14. 方盒(金岭镇M1∶112)　15. 方炉(大天东M3∶21)

22. 囷　圆形粮仓名"囷"②,关东东部汉墓出土的陶囷器表常有彩绘,有的还绘有窗、柱、斗栱等,顶或为弧顶小盖式或制成瓦楞痕清晰的四面坡形。依据腹、底形态将其分为四型(图1-14)。

23. 仓　方形粮仓名"廪"。关东东部汉墓出土的陶仓主体近似长方体,四面坡式顶,屋顶上覆瓦的样式清晰可见。有的还用红白彩绘出斗栱、立柱及窗。个别制作成楼的样式,贴塑出气窗、斗栱和平台等部件,制作精致,造型逼真(图1-14)。

24. 井　随葬品中的井实为地上汲水所用井圈之模型,有的还制出各种附属部件,如井栏、汲水瓶等。关东东部所出陶井有方、圆之分。圆井数

---

① 巴黎大学汉学研究所:《汉代画象全集》,学苑出版社,2014年。
② 《说文·口部》:"囷,廪之圜者,从禾在口中。"参见[东汉]许慎:《说文解字》,第129页上。

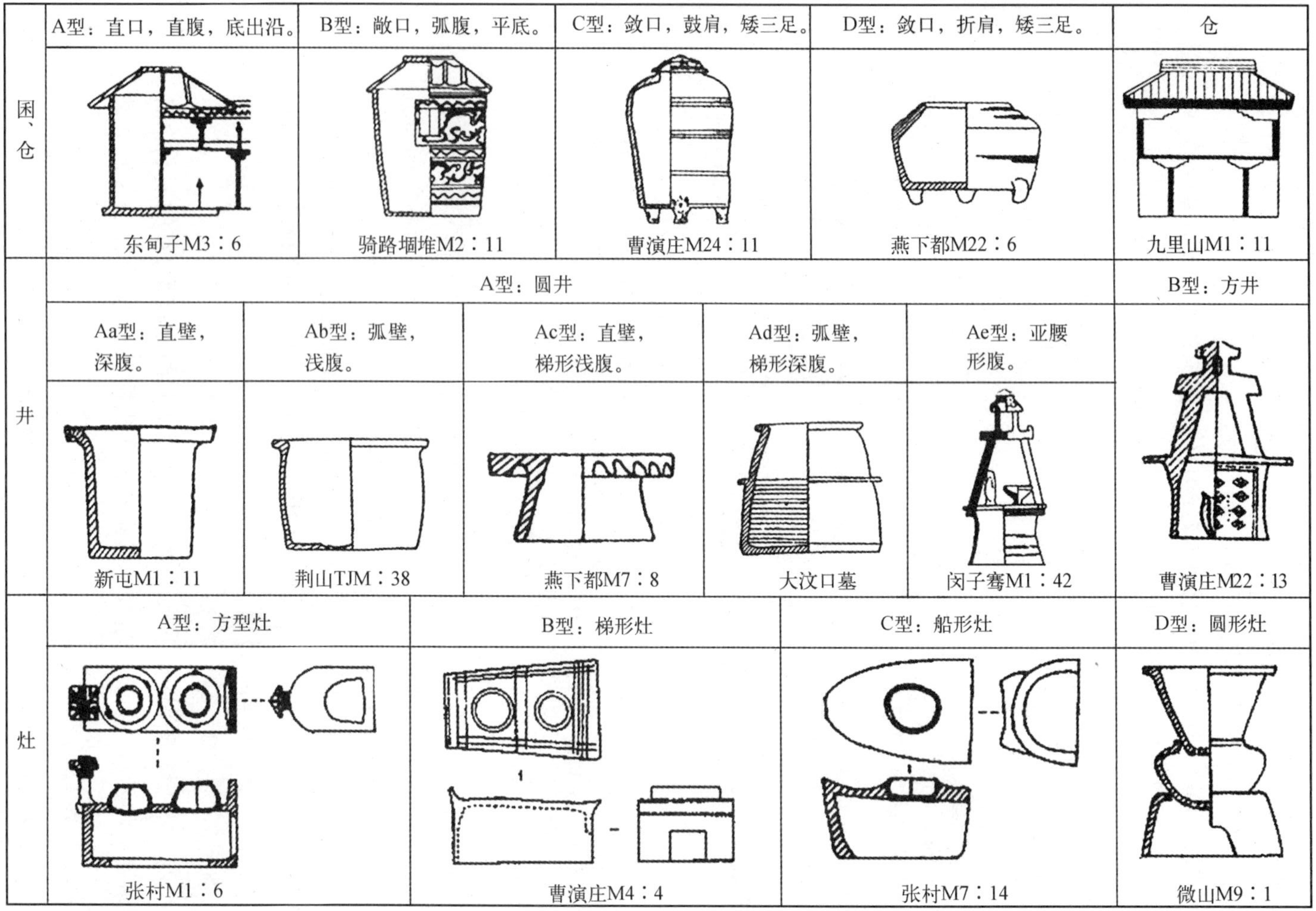

囷、仓	A型：直口，直腹，底出沿。东甸子M3:6	B型：敞口，弧腹，平底。骑路墩M2:11	C型：敛口，鼓肩，矮三足。曹瀇庄M24:11	D型：敛口，折肩，矮三足。燕下都M22:6	仓 九里山M1:11
井	Aa型：直壁，深腹。新屯M1:11	Ab型：弧壁，浅腹。荆山TJM:38	A型：圆井 Ac型：直壁，梯形浅腹。燕下都M7:8	Ad型：弧壁，梯形深腹。大汶口塞	Ae型：亚腰形腹。闵子骞M1:42 B型：方井 曹瀇庄M22:13
灶	A型：方型灶 张村M1:6		B型：梯形灶 曹瀇庄M4:4	C型：船形灶 张村M7:14	D型：圆形灶 微山M9:1

图1-14 关东东部汉墓随葬陶囷、仓、井、灶分型图

量多，形态多样。方井数量有限，器形相近。本文首先将其分为圆井、方井两型，再依据腹部形态将圆井细分为五个亚型（图1-14）。

25. 灶　灶是汉代人最为重视的庖厨设施，乃"生养之本"①。陶灶模型也是各地汉墓中最常见的一类随葬品，形态丰富多样。关东东部出土的陶灶根据灶面形状可分为四型（图1-14）。

二、青铜器

上述各类型器物多见于泥质陶中，其中部分器物也见于青铜器中，如B、F型鼎，Aa、Ae型壶，B型盘，Aa型匜，A型钫，B型盆，C型釜，甑，耳杯，樵，盆形樽。此外，还有部分青铜器鲜见有形态与之近似的泥质陶，主要有以下几类：

1. 钘䥬　此器腹部近似短粗颈圆壶，口覆弧顶小盖，底有三足，肩部对称设双系安装提梁。简报中或称之为"提梁壶"。根据铜器铭文及文献所记，这类器物当名"钘䥬"，是一种小型盛酒器②（图1-15,1）。

2. 䥁　䥁的形态与筒形樽较为近似，只是器身略细直，口沿下方对称置双系安装提梁。䥁亦是一种盛酒器③（图1-15,2）。

3. 樵斗　樵斗的形态近似樵，但由于未设流，器形又类盛羹之魁斗，故名"樵斗"。但与樵不同的是这类器物并非酒器而是炊具④（图1-15,3）。

4. 染器　这类器物的形态为下带炉的铜耳杯，器形较小。孙机先生考证其功能为加热调味品濡润肉食的炊具，因当时人称调味品为染，故可称之为"染器"⑤（图1-15,4）。

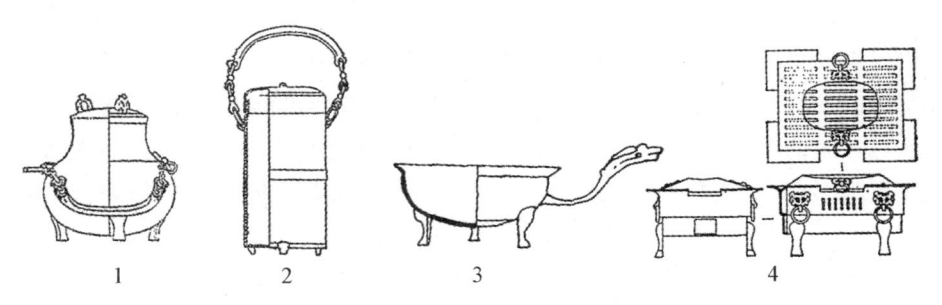

图1-15　关东东部汉墓随葬部分青铜器
1. 钘䥬（燕下都M26:2）　2. 䥁（梁南庄M1:6）　3. 樵斗（荆山墓）　4. 染器（窝托村M1:52）

---

① 《汉书·五行志》："灶者，生养之本。"参见《汉书》卷二十七，第1436页。
② 孙机：《汉代物质文化资料图说（增订本）》，第378、379页。
③ 孙机：《汉代物质文化资料图说（增订本）》，第363页。
④ 孙机：《汉代物质文化资料图说（增订本）》，第376页。
⑤ 孙机：《汉代物质文化资料图说（增订本）》，第355、356页。

以上四类青铜器在关东东部汉墓中出土数量极少,且均出土于规模较大的墓葬中。从器物的用途看,上述各类器物几乎涵盖了汉代物质生活的方方面面。从盛放肉食的鼎到盛放米食的盒;从储存酒水的壶、钫、茧形壶、筒形樽、盆形樽、铊镂、铚到饮用酒水的碗、耳杯;从庖厨用具的釜、甑、灶、圆炉、鐎斗、染器到储存财物、梳妆用品的方盒、奁;从储粮的仓、囷到汲水的井、饲养牲畜的圈、加工粮食的磨。这些用途各异的器物以组合的形式出现在墓葬中,大多为陶质,器形小,器表或绘彩或施铅釉,不具实用功能。正如孔子所谓:"竹不成用,瓦不成味,木不成斫,琴瑟张而不平,竽笙备而不和,有钟磬而无簨虡。其曰明器,神明之也。"①这些备而不用的随葬器物表达了生者"送死如生"的孝心,也传递出了丧礼某些环节中的葬仪观念,是研究汉代社会文化的重要物证②。本文依其所象征的功能将随葬品分为礼器、日用器、生活明器与模型明器四组。以下将对各组器物的功能及其所包含的器类、器形作一简要说明。

礼器是指在祭祀、朝聘以及各种典礼仪式上使用的器物,这些原本普通的生活用器由于在特定的仪式中使用而被赋予了特殊的意义,成为礼制的体现,即所谓"藏礼于器"。商周时期墓葬中出土的礼器除璧、琮、圭、璋等玉礼器外,主要是种类丰富的青铜食器、酒器、水器。春秋中期之后,模仿青铜礼器的仿铜陶礼器逐渐流行开来,其组合和器形都与同时代的青铜礼器相当。随着时代的发展变迁,铜、陶礼器的类型也不断发生着变化,到战国晚期,中原地区墓葬中基本形成了鼎(升牲器)、盒(盛食器)、壶(盛酒器)、舟(饮酒器)、盘、匜(盥器)的礼器组合③。进入汉代,关东东部地区的墓葬中仍可见到青铜鼎、壶、盘、匜以及陶鼎、盒、壶、盘、匜。此时,鼎、盒的形态虽有所改变,但其功能与前代相比没有太大变化,仍可归入礼器之列④。但壶、盘、匜的功能出现了不同程度的扩展,很难再笼统地将其一概称为礼器,应视其形态、装饰和组合的具体情况而定。其中铜壶的形态与战国礼器组

---

① 《礼记集解》,中华书局,1989年,第216页。
② 关于墓葬随葬器物的设置意图已有诸多研究论及,如齐东方:《唐代的丧葬观念习俗与礼仪制度》,《考古学报》2006年第1期;张弛:《社会权力的起源:中国史前葬仪中的社会与观念》,文物出版社,2015年;巫鸿著,施杰译:《黄泉下的美术:宏观中国古代墓葬》,生活·读书·新知三联书店,2010年。
③ 高明:《中原地区东周时代青铜礼器研究》,《考古与文物》1981年第2期。
④ 俞伟超先生认为西汉时期的陶礼器已失去周礼内涵,实际上成为了日用器(《考古学中的汉文化问题》,载《古史的考古学探索》,文物出版社,2002年,第184页)。然而陶礼器的组合形式依然稳定,并且以其随葬的墓葬大多具备一定规格,它的象征意义可能仍在一定范围内具有影响,因此本文还是将其归入礼器之列。

合中的铜壶相比没有太多改变,仍可归为礼器。但造型丰富的陶壶存在着四种不同情况:(1)形态仿自同时期铜壶,如 Aa、Ae、Ba、Bb 四型壶,其表面往往有精美的彩绘或施釉,并多与鼎、盒组合,可见它们仍应属礼器;(2)形态与陶罐有诸多近似,如 Af、Ca、Cb 三型壶,其表面多为素面或仅有简单的弦纹、戳印纹,且多与罐、盆等器共出而不与鼎、盒等礼器组合,表明它们更可能象征了普通生活容器而非礼器;(3)形态不同于铜壶,却多与鼎、盒共出,如 Ab、Bc 二型壶,器表也多有彩绘或施釉,其功能可能更近于礼器;(4)形态不同于铜壶又自成组合,如 Ac、Ad 二型壶,器表亦有彩绘。线条流畅构图精美的彩绘表明了其所象征的特殊葬仪,但又不属礼器组合。考虑到它们大多出于小型墓葬,故文中暂将其归入日用器。此外,汉代的盘、匜与战国时期相比,又扩展出了盛食和注酒的功能。虽然它们已不再是单纯的礼器,但在有些墓葬中仍常与鼎、盒、壶等礼器组合,且器表也多有与陶礼器风格近似的装饰,故此类盘、匜仍可归为礼器。而那些单独出现或与其他饮食类器具共出的盘、匜,可能仅是普通生活明器。

日用器,顾名思义,即指日常生活中最常用也最普遍的器物。上述器物中可归为日用器的有各种形态的罐、盆、釜、甑以及前文论述过的 Ac、Ad、Af、Ca、Cb 五型壶。这些器物表面大多装饰朴素,没有彩绘或釉层,个别有纹器物也仅为简单的弦纹、绳纹等。

生活明器是指那些原本在宴饮及起居中使用的器物,包括了钫、茧形壶、樽、铏䥅、铃、耳杯、碗、镳、案、魁、染器、镳斗、方炉、圆炉等饮食器具,以及方盒、奁、灯、熏炉等家居器具。此外,那些不与礼器共出的盘、匜也可归入其中。这些器物大多制作精美,质地多样,陶、铜、漆质均有。陶器表面多有彩绘,器内涂红,体现出仿漆器的风格,也反映出它们与普通日用器的差异。有研究将其称为"祭器"或"供器",认为此类器物在汉代的流行反映出了祭祀方式由"庙祭"向"墓祭"的转变。墓地渐成祭奠祖先的最重要场所,供奉饮食、物品的各类明器因此大量出现在随葬品中①。本文依据此类器物的象征意义将其并称为生活类明器。

模型明器是仿照现实生活中的各种设施而制成的微缩陶模型,主要有储粮的囷、仓,汲水的井,庖厨的灶,饲养家禽家畜的圈,加工粮食的磨,此外,还有鸡、鸭、狗等家禽家畜俑及农夫、侍者等人物俑。这组器物形象再现了汉代庄园生活的景象。

---

① 巫鸿著,郑岩、王睿编,郑岩等译:《礼仪中的美术:巫鸿中国古代美术史文编》,生活·读书·新知三联书店,2010 年,第 549~568 页。

第三节　关东东部汉墓的分类

关东东部的广大地区是汉代各诸侯国的封域，这一地区的汉代墓葬中，处于最上层的当属诸侯王陵寝。已有的考古工作发现并清理了大量分布在这一地域内的诸侯王陵，墓葬的年代及墓主的身份已基本得以确认。除此之外，绝大多数墓葬均缺少判断墓主身份的确切依据。东周两汉典籍中有关葬制的记载当属《仪礼》最为全面，其中《丧服》、《士丧礼》、《既夕礼》和《士虞礼》四篇分别详述了士级贵族丧礼不同环节的仪式规范。此外，《后汉书·礼仪下》中也有关于皇帝与王侯等大贵族丧礼的全套仪节，从丧葬用品的差异看这些贵族大致可分为从皇帝到郡国二千石、六百石等六个等级①。上述文献记载虽详但仅限于贵族阶层，下级官吏和普通平民未涉其中，并且书中所录更像是儒家礼治的理想规范而非现实中的丧葬行为。因此仅凭文献很难完成对汉墓等级的划分。从墓葬自身的构成要素考察，关东东部汉墓确存在着若干不同层次。墓葬形制、随葬品等方面从西汉发展到东汉还产生了明显变化：墓葬形制从椁墓到室墓；随葬品从重礼到尚俗。基于此，本文将从西汉和东汉两个时期分别讨论关东东部汉墓的层次分类。

一、西汉时期

墓葬形制以椁墓为主，虽然有的形制与特定类别的墓葬存在一定联系，如诸侯王墓多为椁 B 型或椁 C 型，但数量最多的椁 A 型及其亚型，更多体现的是地域差异而非等级差异。葬具因环境等原因保存状况差异悬殊，有的清晰可见，有的朽烂无存。随葬品虽有盗扰等因素的破坏，但或多或少均有所留存，其类别与墓葬规模、葬具也具有一种大致的组合倾向。即随葬青铜礼器的墓葬往往规模较大，随葬品种类、数量丰富，葬具常见多重棺椁。仅随葬日用陶器的墓葬通常规模较小，随葬品数量很少，葬具多为单棺，有的甚至没有葬具。因此本文将依据随葬品种类，兼及墓葬形制、规模和葬具对关东东部西汉墓进行分类。以此为标准可分四类。

---

① 第一等级为皇帝；第二等级为诸侯王、列侯、始封贵人、公主；第三等级为大贵人、长公主；第四等级为公、将军；第五等级为朝臣中二千石、将军；第六等级为郡国二千石、六百石。参见《后汉书》志第六《礼仪》，第 3152、3153 页。

1. 甲类墓

随葬有数量众多的青铜礼器、陶礼器和日用陶器。此外还有各式车马器,制作精美的漆器、银器、玉器。部分铜器表面鎏金。此类墓葬的形制多为椁 B 型、椁 C 型或室 B 型。墓葬规模宏大,有高大的封土,墓室面积上百平方米,大者甚至上千。葬具为多重棺椁,有的墓葬周围还分布有大量陪葬器物坑。

淄博窝托村墓,椁 C 型墓,墓葬南北总长 144 米,其中南墓道长 63、北墓道长 39 米,封土现存高 24 米。封土下南北墓道附近有 5 个器物坑,坑内出土了大量随葬品,总计约有 12 100 余件。计有青铜鼎 14 件、壶 10 件、匜 2 件、钫 3 件、勺 12 件、熏炉 2 件、染器 2 件、罐 10 件、盆 7 件、釜 4 件、镜 5 枚;陶鼎 14 件、壶 10 件、钫 4 件、盘 3 件、匜 2 件、盆 3 件、钵 3 件、碗 1 件、勺 8 件、罐 29 件、釜 1 件、甑 1 件;此外还有 3 件银盘、1 件银豆以及大量漆器、兵器、乐器、殉葬车马等①。

2. 乙类墓

随葬有青铜礼器或一定数量的玉器,有的还共出陶礼器、日用陶器、铜(陶)生活明器等。部分墓葬还随葬有丰富的漆器。墓葬形制多为椁 A 型,也有部分室 B 型,偶见椁 B 型和室 Ac-2 型。椁 A 型墓圹长度在 2.55～6.7 米之间,室 B 型竖穴长度在 2.9～5 米之间,洞室长度在 2.8～4 米之间。葬具多为木质一棺一椁,也有重棺重椁者。

荣成梁南庄 M1,椁 Aa 型墓,墓口长 5.6、宽 4 米,砖椁木棺。墓内随葬品扰乱严重,摆放位置不明,陶器破损殆尽。青铜器虽数量不详,但仍可见丰富的器类,主要有青铜鼎 3 件以及铜壶、盘、盆形樽、铃、染器、熏炉、釜等,此外还有玉璧、玉圭等玉饰②。

徐州碧螺山 M5,室 B 型墓,竖穴长 3、宽 1.45 米,洞室长、宽不明,葬具已朽。随葬有青铜鼎 2 件、壶 1 件、钫 1 件、盆 3 件、筒形樽 1 件、熏炉 1 件、灯 1 件、带钩 2 件、龟钮方印 1 枚、镜 3 枚、刷 2 件、镦 2 件;陶鼎 3 件、盒 1 件、壶 4 件、匜 1 件、钫 2 件、镰 1 件、茧形壶 1 件、罐 4 件、盆 3 件、钵 2 件、仓 1 件、灶 2 件、圈厕 2 件;钙釉鼎 2 件、盒 2 件、壶 5 件、瓿 2 件;玉璧 2 件、玉塞 2 件、玉片 11 片;并出有刀、剑、矛等 5 件铁器,以及千余枚五铢钱、百余件铜棺饰③。

---

① 山东省淄博市博物馆:《西汉齐王墓随葬器物坑》,《考古学报》1985 年第 2 期。
② 烟台市文物管理委员会:《山东荣成梁南庄汉墓发掘简报》,《考古》1994 年第 12 期。
③ 徐州博物馆:《徐州碧螺山五号西汉墓》,《文物》2005 年第 2 期。

3. 丙类墓

随葬陶礼器、日用陶器,常伴出陶生活明器、模型明器,有的墓中还有漆器、铜容器等。墓葬形制多为椁 A 型,还有个别室 B 型和室 Aa 型。椁 A 型的墓圹长度在 2.1~4.68 米之间,葬具为各种材质的椁与木棺。

威海大天东村 M3,椁 Ab 型墓,墓口长 4.6、宽 3.5 米,砖椁木棺,随葬有陶鼎、壶、盘、钫、方炉各 2 件以及陶罐 3 件。此外还有铜印、带钩、铜镜、铁刀、铁剑等①。

滕州官桥车站 M22,椁 Ac 型墓,墓口长 2.84、宽 1.27 米,石椁木棺,随葬品有陶鼎、盒、壶、匜、罐各 1 件及五铢钱数枚②。

4. 丁类墓

随葬品以日用陶器为主,或有铜带钩、铜镜等小件器物,数量较少,类型简单。墓葬形制均为椁 A 型,墓圹长度在 1.9~3.96 米之间,有葬具者多为单棺。

章丘女郎山东坡 M6,椁 Ab 型墓,墓口长 2.55、宽 1.4 米,单棺,随葬品仅有 1 件陶罐③。

临沂银·畜 M3,椁 Aa 型墓,墓口长 2.3、宽 1.58 米,木质一棺一椁,随葬有陶罐 3 件、漆盘 1 件、漆耳杯 2 件以及铜釜、木梳、竹筒各 1 件、五铢钱数枚④。

二、东汉时期

东汉墓的随葬品中铜、陶礼器已罕见,生活明器和模型明器种类、数量大增。同期各类墓葬在随葬品方面的差异已不像西汉时那样显著。由于埋藏环境、盗扰等多方面原因,葬具多已腐朽,故很难再依随葬品、葬具划分墓葬类别。而此时,墓葬形制完成了椁墓向室墓的转变,墓葬结构发生了很大改变,墓室数量、规模往往与墓主生前的社会地位、经济实力存在一定的对应关系⑤。室 Ac-1 型墓葬,规模较大,随葬品数量众多,除各类陶器外,还有铜车马器、兵器、玉器等。室 Aa 型墓葬,则仅有几件简单的日用陶器,或

---

① 威海市博物馆:《山东威海市蒿泊大天东村西汉墓》,《考古》1998 年第 2 期。
② 山东文物考古研究所鲁中考古队、滕州市博物馆:《山东滕州市官桥车站村汉墓》,《考古》1999 年第 4 期。
③ 济青公路文物考古队绣惠分队:《章丘女郎山战国、汉代墓地发掘报告》,《济青高级公路章丘工段考古发掘报告集》,第 150~178 页。
④ 银雀山考古发掘队:《山东临沂市银雀山的七座西汉墓》,《考古》1999 年第 5 期。
⑤ 王仲殊:《汉代考古学概说》,中华书局,1984 年,第 85~96 页。

少量铜钱、铜镜随葬。据此可见,墓室数量、规模可作为东汉墓分类依据,此外兼及墓葬形制、随葬品种类,关东东部东汉墓亦可划分为四类。

1. 甲类墓

有三间以上主墓室。墓葬形制为室 Ac‐1 型或室 Ac‐2 型。墓室面积在 148~410 平方米之间。随葬品数量丰富,有大量铜(陶)容器以及青铜车马器、武器、装饰器等。此外,还多有丰富的玉器,尤其是玉衣等葬玉。

淄博金岭镇 M1,墓葬由前、后室、东、西耳室以及北、东、西三面回廊组成。墓圹长 23.6、宽 17.4 米。该墓历经数次盗掘,随葬品损毁严重,但可辨识类型的各类铜、铁、玉、石器等仍可达 160 余件。主要有陶鼎 9 件、壶 5 件、筒形樽 2 件、耳杯 1 件、魁 1 件、方案 2 件、奁 4 件、方盒 4 件、罐 1 件、瓿 1 件、灶 1 件、厕 1 件、仓楼 1 件、楼 2 件、享堂 1 件、圈厕 1 件、米碓风车 1 件、井 2 件、俑 3 件;铅釉陶壶 7、镇墓兽 1 件;钙釉陶罐 3;青铜灯 2 件、带钩 1 件以及近 60 件铜车马器、漆器附件,此外还有 20 余件铁工具和 16 件玉饰件、37 片玉衣片①。

2. 乙类墓

前、中、后三间主室,并配以侧室的多室墓(室 Ac‐1 型)。墓室全长多在 10 米以上,大者近 50 米,墓室面积多在 30 平方米左右,大者可达百余平方米,石室墓的墓门或墓室石构件上多刻有画像,砖室墓的壁面上或有精美的彩绘壁画。随葬陶器与甲类墓近似,铜器和玉器数量较少,多为车马器、饰件等小型器物。

武邑中角 M4,室 Ac‐1 型,墓室由甬道及前、中、后室及 4 间侧室组成,墓室全长 29.3、最宽 11 米。墓葬早年被盗,可复原的随葬陶器主要有盆形樽 1 件、壶 2 件、扁壶 1 件、盘 16 件、魁 2 件、勺 2 件、耳杯 2 件、碗 6 件、方案 1 件、圆案 2 件、奁 1 件、方盒 1 件、罐 13 件、盆 2 件、釜 2 件、磨 1 件、楼 1 件、鸡俑 1 件;铅釉陶釜 1 件、圆炉 1 件、灯 1 件、磨 1 件、井 1 件、猪圈 1 件、灶 1 件、狗俑 2 件、鸡俑 1 件、人俑 2 件;另有数枚表面鎏金的漆器铜饰件以及铜质、铅质车马器 30 余件②。

长清大觉寺 M2,室 Ac‐1 型,墓室由甬道、三间主室及两间侧室组成,全长 47、最宽处 14 米。墓葬几经盗扰,残存铜、陶、铁、玉器 110 余件,包括陶壶 2 件、筒形樽 1 件、盘 8 件、魁 3 件、扁壶 2 件、圆案 2 件、方案 2 件、奁 8 件、方盒 2 件、豆形灯 7 件、连枝灯 1 件、罐 1 件、盆 1 件、钵 4 件、楼 2 件、井

---

① 山东省文物考古研究所:《山东临淄金岭镇一号东汉墓》,《考古学报》1999 年第 1 期。
② 河北省文物研究所、衡水地区文物管理所:《武邑中角汉墓群 4 号墓发掘报告》,《河北省考古文集》,东方出版社,1998 年,第 261~271 页。

1件、圈厕1件、钱范1枚、钙釉陶双系罐1件以及狗、鹅、鸡、鸭等家禽家畜俑各1件，此外还有1 000余片残留有铜丝的玉衣片及玉蝉、塞、璧等①。

3. 丙类墓

前后两间主墓室，或再配以1~2间侧室的室Ab型或室Ac-1型。墓室长4~9、宽2~4米不等，面积多为10~20平方米。随葬陶器种类与甲、乙两类墓近似，但数量相对较少，铜器多为铜镜、铜钱，基本不见车马器、玉器。部分石室墓也带有画像。另外还有少数室Ac-1型墓，墓葬规模和随葬品数量均与乙类墓相差悬殊，而与室Ab型墓相当，故亦将其归入丙类墓。

邳州山头M21，室Ab型，由前、后两室组成，墓室长7.8、最宽处3.2米。随葬有铅釉陶壶3件、甑1件、釜1件、盆1件、灶1件、房盖1件；陶壶2件、罐3件、耳杯2、勺1件、甑1件、磨1件、井1件、圈厕1件、灶1件；铜弩机1件、石猪2件、五铢钱10枚以及漆器铜饰件数件②。

淄博张庄汉墓，室Ac-1型，由甬道、三间主室及两间侧室组成，全长6.92、最宽处4.5米。随葬陶器有壶1件、盘2件、魁1件、勺3件、耳杯17件、碗2件、圆案3件、罐3件、狗俑1件，青瓷耳杯3件。另有斧、镬、环、钉等铁器14件及五铢钱数枚。墓门的横额、门框、门扉上刻有七幅画像③。

4. 丁类墓

仅有一间墓室的室Aa型，也有部分椁Aa型和椁Ab型墓。墓室长度在3~6米之间，宽1~3米不等，面积多在10平方米以下。随葬品类型简单、数量很少，以日用陶器为主。

五河金岗M7，室Aa型，墓室长5.92、宽2.4米，随葬有2件陶罐及1件铜镜④。

潍坊后埠下M97，室Aa型，墓室长3.6米，最宽处2.3米，随葬有陶耳杯4件、盘2件以及扁壶、案、筒形樽、勺各1件⑤。

埋葬是人类社会特有的一种仪式，作为其最终环节的墓葬，在汉代这样等级分明的社会中，其规格除受制于地理环境、文化背景之外，更直接的影响来自墓主人生前所属的社会阶层与经济能力。两汉时期的甲类墓可确认其墓主

---

① 济南市考古研究所、长清区文物管理所：《济南市长清区大觉寺村一、二号汉墓清理简报》，《考古》2004年第8期。
② 南京博物院、邳州博物馆：《江苏邳州山头东汉家族墓地发掘报告——南水北调东线工程江苏段文物保护的重要成果》，《东南文化》2007年第4期。
③ 淄博市博物馆：《山东淄博张庄东汉画像石墓》，《考古》1986年第8期。
④ 安徽省文物考古研究所等：《五河县金岗古墓群清理简报》，《东南文化》2004年第4期。
⑤ 山东省文物考古研究所等：《潍坊后埠下墓地发掘报告》，《山东省高速公路考古报告集(1997)》，第234~286页。

人为诸侯王,处于关东东部汉代社会中的最上层。西汉时期的乙类墓随葬有青铜礼器、玉器。青铜礼器是先秦时期贵族身份和地位的象征①,至汉代,青铜器虽已衰落,但铜器的冶炼、铸造工序繁复,仍是一种贵重的物品,并非社会大众皆可使用之物。铜车马器可能是车马模型腐朽后遗留下的铜质附件,汉代各级官吏的车乘均有严格的等级限定②。而玉器自先秦以来就一直受到贵族阶层的青睐,并逐渐形成了一套等级严明的葬玉制度。部分乙类墓中随葬的铜缕玉衣,是嗣位列侯或诸侯王、列侯妻子才能享有的③。因此西汉的乙类墓主应亦属社会中的上层群体,大致为仅次于诸侯王的大将军、公卿、列侯以及郡守一类的高级官吏④。东汉时期的乙类墓,规模宏大,墓中的画像及数量众多、类型丰富的生活明器形象地表现了墓主人家居、宴饮、会客等生活景象。虽不能将其完全对等现实生活,但至少反映了墓主的财富及其对某种身份的追求⑤。这些也为推断墓主身份提供了佐证。同时乙类墓随葬品中也包括铜车马器、玉饰,个别墓内还随葬有铜容器及铜缕玉衣。据此可见,东汉乙类墓主的身份当与西汉乙类墓相当,属社会的中上层群体。还需指出的是,东汉时期庄园经济获得了空前发展,大庄园主富甲一方⑥,更有甚者将庄园发展成了政治、经济、军事、文化都较独立的封闭实体⑦。这些庄园

---

① 高明、俞伟超:《周代用鼎制度研究》,《先秦两汉考古学论集》,文物出版社,1985年,第62~114页。
② 《后汉书·舆服志》中有详细记述,如"公、列侯安车,朱班轮,倚鹿较,伏熊轼,皂缯盖,黑轓,右騑。中二千石、二千石皆皂盖,朱两轓。其千石、六百石,朱左轓"。参见《后汉书》志第二十九,第3647页。
③ 李如森:《汉代丧葬制度》,吉林大学出版社,1995年,第24页。
④ 依《后汉书·百官志》所列百官奉例,大致分为了从大将军、三公到佐史的十六个秩级,其中大将军、三公、中二千石、二千石以及比二千石的月俸在百斛之上,其余均在八十斛以下。虽然无法将墓葬的分类与文献中的秩级完全对应,但各秩级间的差距亦可为墓葬等级的区分提供参考。参见《后汉书》志第二十四,第3555~3638页。
⑤ 此类观点亦见邢义田《汉画解读方法试探——以"捞鼎图"为例》一文,见氏著《画为心声:画像石、画像砖与壁画》,中华书局,2011年,第407、408页。
⑥ 《后汉书·仲长统列传》中仲长统对"豪人之室"的表述正是东汉中晚期大庄园主实力的具体写照:"豪人之室,连栋数百,膏田满野,奴婢千群,徒附万计。船车贾贩,周于四方;废居积贮,满于都城。琦赂宝货,巨室不能容;马牛羊豕,山谷不能受。妖童美妾,填乎绮室;倡讴伎乐,列乎深堂。"(参见《后汉书》卷四十九,第1648页。)
⑦ 《三国志·魏书·田畴传》:"畴得北归,率举宗族他附从数百人,……遂入徐无山中,营深险平敞地而居,躬耕以养父母。百姓归之,数年间至五千余家。……畴乃为约束相杀伤、犯盗、诤讼之法,法重者至死,其次抵罪,二十余条。又制为婚姻嫁娶之礼,兴举学校讲授之业,班行其众,众皆便之,至道不拾遗。北边翕然服其威信,乌丸、鲜卑并各遣译使致贡遗,畴悉抚纳,令不为寇。"通过这段记述可对东汉时期大庄园的规模窥见一斑,东汉末年,田畴的庄园政治、经济、军事、文化成熟完善,俨然一个独立的王国。(《三国志》卷十一,中华书局,1959年,第341页。)

主们完全有实力建造起规模宏大的墓葬,因此东汉乙类墓主中可能还有其成员。两汉时期的丁类墓,规模小,随葬品数量少、类型简单,大多仅有日用陶器、模型明器及铜钱、铜镜等与日常生活紧密相关的器物,与其余三类墓葬的差距悬殊。由此推断,丁类墓主可能处于汉代社会的最底层。丙类墓介于乙类墓与丁类墓之间。虽然尚无明确的文献记载可以确定陶礼器的功能,但从器形多来自青铜礼器,可见其所具有的象征意义。而使用者对这套器物的重视可能代表了他们对"礼制"及其所象征的政治地位的看重。同时丙类墓中也可见玉器、青铜器等贵重器物。由此可见,丙类墓似乎应更接近乙类墓。而二者在墓葬规模、随葬品数量上的差距,则反映出了其社会地位与财富的差距。此外,如银雀山·97M10 中木案上所刻划的"开阳尉案"四字①,也为推测此墓墓主身份提供了参考。综上所述,西汉丙类墓的墓主人可能是令、丞、长等级别的中下层官吏。东汉时期的丙类墓,也更多地表现出与乙类墓间的相近之处,如多墓室、部分墓葬中的画像石以及种类、数量丰富的随葬陶器。但墓葬规模和随葬品数量远不及同期乙类墓。考虑到东汉时期庄园经济的发展等原因,东汉时期丙类墓的墓主人除中下层官吏之外,可能还应包括部分经济实力与之相当的地主阶层。

第四节　关东东部汉墓的分区

关东东部地区发现并见诸报道的汉代墓葬数量庞大,以黄河、泰山为界,可将其分为三区:黄河以西的冀中南区;黄河以东、泰山以北的鲁北区;黄河、泰山以南的鲁南苏北皖北豫东区②(图 1-16)。三区汉墓在墓葬形制和随葬品组合、类型方面各具特色,且这些地域特征在各区的丙类墓和丁类墓中表现得尤为突出。故本节主要从丙、丁两类墓葬资料出发,通过墓葬形制及随葬品组合、类型讨论以上三区考古学文化的地域特性。加之考虑到墓葬的地域差异多受各区自然、人文背景之影响,故在分析各区考古学文化的基础上,也将厘清其地理环境、物产资源等自然背景以及战国至两汉的历史沿革、民俗风情等人文背景,尽可能多角度认识关东东部各地的社会文化。以下本节将以汉墓面貌及自然背景的论述为主,人文背景的内容将在后文相应章节的专题论述中详论。

---

① 银雀山汉墓发掘队:《临沂银雀山西汉墓发掘简报》,《文物》2000 年第 11 期。
② 西汉时期黄河在今山西省西南部地区折作北南流向,冀中南和鲁北地区正位于黄河西、东两面。

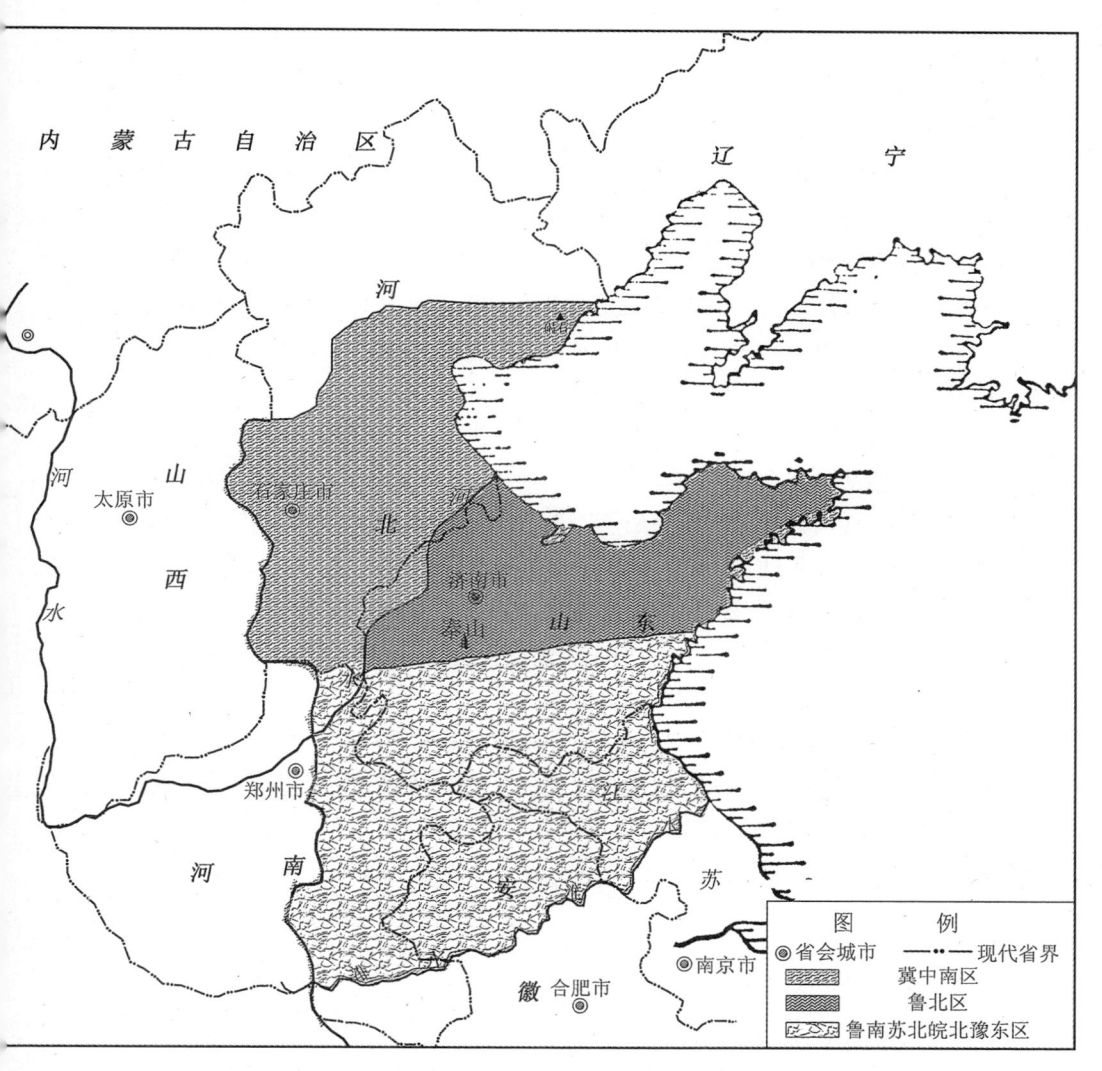

图 1-16 关东东部汉墓分区示意图

一、冀中南区

黄河以西,今河北省中部及南部的广大地区,包括邯郸、邢台、衡水、石家庄、沧州、保定、廊坊、唐山及京津。大致相当于汉初邯郸、巨鹿、清河、河间、常山、广阳六郡以及渔阳、右北平、辽西三郡的南部沿海地区,即汉初赵国及燕国西南沿海的部分地区①。

冀中南区位于海河、黄河冲积形成的海河平原,地势低平,海拔 0～50 米。其西部属于太行山山麓地带,农业开发较早。但在秦汉时期这里的农业并不发达,漳滏河流域土壤的盐碱化影响了农业的发展。平原中部在战国中期以前曾是黄河下游河道泛滥的地区,自战国中期筑起堤防之后,才得以完全开发。西汉武帝以后,这里又屡遭河患。由于以上种种原因,两汉时期,该区的经济发展远落后于关东东部的其他地区②。

冀中南区发现的两汉墓葬以石家庄为中心,分布地点主要集中在平原西部的邯郸、邢台、石家庄、保定等地,其他地点的分布则较零星,如深州、衡水、鹿泉、滦县、抚宁、涿州、沧州、蓟县、任丘、满城、赞皇、涉县、滦南、廊坊、景县、柏乡、安平等地。

冀中南区的丙类墓、丁类墓主要集中在邢台曹演庄、易县燕下都、定州南关、邯郸龙城小区、河间东文庄、深州下博等几处汉代中小型墓地中③。墓葬形制与随葬品的特征可概括如下:

1. 西汉时期以椁墓为主,均为椁 Aa 型,以木或砖筑椁。同时也有少量洞室墓(室 B 型)和单砖室墓(室 Aa 型)。东汉时期椁墓衰退,主要流行室 Aa、室 Ab 两型砖室墓。

2. 随葬礼器组合为鼎、盒、壶,最常见的器形为 D、G、H 三型鼎,Ab、C

---

① 需要说明的是,文景之后采取诸多举措削弱王国实力,王国的疆域变动频繁,本文所说汉初各王国疆域,是指高帝始封同姓诸侯时各国之疆域,此时关东东部各国彼此相邻,连成一片。下文若无特别说明皆同。

② 卢云:《西汉时期的文化区域与文化重心》,《历史地理》第五辑,第 160 页。

③ 邯郸市文物保护研究所:《邯郸市龙城小区墓葬发掘简报》,《文物春秋》2004 年第 6 期;河北省文物研究所:《邢台曹演庄汉墓群发掘报告》,《文物春秋》1998 年第 4 期;李敏、李恩玮、李军、李淑芹:《邢台旅馆汉唐宋墓葬的发掘》,《河北省考古文集(三)》,科学出版社,2007 年,第 108～128 页;河北省文物研究所等:《定州市南关墓地发掘简报》,《文物春秋》2004 年第 4 期;河北省文物研究所:《燕下都"6"号遗址汉墓发掘简报》,《文物春秋》1990 年第 3 期;河北省文物研究所:《燕下都遗址内的两汉墓葬》,《河北省考古文集(二)》,北京燕山出版社,2001 年,第 67～140 页;河北省文物研究所等:《河北省深州市下博汉唐墓地发掘报告》,《河北省考古文集(二)》,第 214～243 页;河北省文物研究所:《河间东文庄窑址和墓葬发掘简报》,《河北省考古文集(二)》,第 183～193 页。

两型盒，Aa、Ae、Bb、Bc 四型壶。日用陶器组合为罐、釜，常见器形有 Ac、Ad、Af、Ba、Bb 五型罐，A、B 两型釜。模型明器数量较少，以 C、D 两型囷、B 型灶和 B 型井最为常见。此外，随葬品中铅釉陶出现较早，并很快在随葬品中占有了一定比例。夹蚌陶是该区最具地域特色的器物。

二、鲁北区

黄河以东、泰山以北，包括今山东省北部的滨州、德州、聊城、济南、淄博、潍坊、烟台、威海、青岛北部等地所辖县市。大致相当于汉初济北、博阳、临淄、胶东四郡以及琅邪郡北部的部分地区，即汉初齐国疆域。

鲁北区地势西北高东南低，西北部濒临渤海，海岸线绵延千里，平均海拔在 50 米以下。东南部多山地、丘陵，起伏较大，海拔 50～750 米不等。周秦两汉时期，西北部滨海沿岸土壤盐碱度较高[1]，给发展农业带来了很大障碍，却为发展渔盐生产带来了诸多有利条件，这也成为了东周齐国富强的重要物质基础[2]。汉代在都昌（治所在今山东昌邑市）和寿光两县（治所位于今山东寿光市东北 10 公里）设盐官亦是因其"鱼盐之利"的资源优势。鲁中山地北缘的济南、淄博、潍坊一带是战国齐文化的分布中心，也是周秦两汉时期全国经济、手工业、文化最发达的地区之一[3]，设有 1 处服官、6 处铁官[4]。

鲁北区发现的两汉墓葬有上千座，以鲁中山地北缘的济南、淄博、潍坊为中心，墓葬地点主要有长清、济南、章丘、淄博、青州、潍坊等[5]。胶东半岛

---

[1] 由于汉代的海岸线处于现今海岸线的内陆地区，今滨州、东营东部及潍坊北部的部分地区还是海洋，故汉代盐碱土分布的区域应在今海岸线更偏南偏西的地区。
[2] 邹逸麟：《黄淮海平原历史地理》，第 52 页。
[3] 参见卢云：《西汉时期的文化区域与文化重心》，《历史地理》第五辑，第 152～175 页。
[4] 分别为济南郡的东平陵、历城，齐郡的临淄，东莱郡的东牟，千乘郡的千乘，胶东国的郁秩。参见《汉书》卷二十八《地理志》，第 1580、1583、1585、1635 页。
[5] 山东省文物考古研究所等：《山东长清小范庄墓地发掘简报》，《山东省高速公路考古报告集（1997）》，第 287～296 页；山东省文物考古研究所：《山东济南张庄汉代墓地发掘简报》，《山东省高速公路考古报告集（1997）》，第 297～313 页；济青公路文物考古队绣惠分队：《章丘女郎山战国、汉代墓地发掘报告》，《济青高级公路章丘工段考古发掘报告集》，第 150～178 页；山东淄博市临淄区文化旅游局：《山东淄博市临淄徐家村战国西汉墓的发掘》，《考古》2006 年第 1 期；淄博市博物馆：《临淄商王墓地》；山东省文物考古研究所：《山东青州市戴家楼战国西汉墓》，《考古》1995 年第 12 期；山东省文物考古研究所：《青州市凤凰台遗址发掘》，《海岱考古》第一辑，山东大学出版社，1989 年，第 141～181 页；山东省文物考古研究所等：《潍坊后埠下墓地发掘报告》，《山东省高速公路考古报告集（1997）》，第 234～286 页；山东省文物考古研究所等：《潍坊会泉庄遗址发掘报告》，《山东省高速公路考古报告集（1997）》，第 119～132 页。

的汉代墓葬相对较少,主要分布在烟台、青岛、威海等滨海地区①。此外,西北平原地区的无棣、宁津、滨州、平原、茌平、平阴也有零星分布②。

鲁北区的丙类墓数量较少,主要集中在胶东地区,丁类墓数量多,济南、淄博、潍坊一带发现了多处两汉中小型墓地。该区墓葬形制及随葬品特征如下:

1. 墓葬形制以椁墓为主,并且一直延续至东汉。椁墓中盛行在墓底留生土二层台或开凿壁龛,其中有 36.8% 的墓葬留有生土二层台(椁 Ab 型),13.7% 的墓葬开凿壁龛(椁 Ac 型)。墓葬的构筑材料多为条砖,椁墓中 21.4% 为砖椁;室墓中 63.6% 为砖室。

2. 竖穴椁墓中常有填、铺卵石或海蛎壳的习俗,前者多集中于鲁中的济南、淄博一带,后者常见于胶东半岛。

3. 随葬品简单,陶礼器罕见。大多仅随葬一两件陶壶或陶罐。常见器形为 Ac、Ad、Af、Ca 四型陶壶和 Ab、Bd 两型陶罐。铅釉陶、模型明器出现较晚,至东汉才渐流行。白陶器、扁壶是该区独具地域特色的器物。

三、鲁南苏北皖北豫东区

黄河以东、泰山以南的广大地区,包括鲁南的泰安、莱芜、临沂、日照、枣庄、济宁、菏泽;苏北的徐州、连云港、宿迁;皖北的淮北、宿州、亳州、阜阳以及豫东的开封、商丘、周口等地。大致相当于汉初薛郡、东海、彭城、陈郡、东郡、砀郡六郡及琅邪郡南部,即汉初楚、梁、淮阳等王国封域。

该区东北部的鲁中南丘陵海拔较高。南部的黄淮平原地形平坦,湖泊众多,气温、降水条件优越,非常适宜农业生产。自武帝时代开始大兴水利,

---

① 烟台市博物馆:《山东莱州市朱郎埠墓群发掘报告》,《华夏考古》2009 年第 1 期;栖霞市牟氏庄园管理处:《山东栖霞市观里汉墓清理简报》,《华夏考古》2011 年第 4 期;罗世恒等:《山东蓬莱市大迟家两座西汉墓》,《考古》2006 年第 3 期;孙善德等:《青岛崂山县发现一座西汉夫妇合葬墓》,《文物资料丛刊》第 9 辑,第 181~184 页;时桂山:《山东崂山古庙汉墓》,《文物资料丛刊》第 4 辑,文物出版社,1981 年,第 242~243 页;威海市博物馆:《山东威海市嵩泊大天东村西汉墓》,《考古》1998 年第 2 期;山东省文物管理处:《山东文登县的汉木椁墓和漆器》,《考古学报》1957 年第 1 期;烟台市文物管理委员会:《山东荣成梁南庄汉墓发掘简报》,《考古》1994 年第 12 期。

② 郭世云:《山东无棣清理一座东汉墓》,《考古》1992 年第 9 期;德州地区文物组等:《山东宁津县庞家寺汉墓》,《文物资料丛刊》第 4 辑,第 125~128 页;郭世云等:《山东滨州市汲家湾发现汉墓》,《文物》1990 年第 2 期;平原县图书馆:《山东平原王韩村汉墓》,《文物资料丛刊》第 10 辑,文物出版社,1987 年,第 131~135 页;德州地区文物组等:《山东宁津县庞家寺汉墓》,《文物资料丛刊》第 4 辑,第 125~128 页;济南市文化局文物处等:《山东平阴孟庄东汉画像石墓》,《文物》2002 年第 2 期;济南市文化局文物处等:《山东平阴新屯汉画像石墓》,《考古》1988 年第 11 期。

农业生产繁盛,汉昭帝时,豫东一带已是"编户齐民,无不家衍人给"的繁荣景象。西汉末至东汉初因70余年的黄河泛滥,这里的农业曾一度衰落。但经王景治河,明帝时期再度恢复到了"汝土以殷,鱼稻之饶,流衍它郡"的繁荣景象①。然而也正是因为大规模开辟耕地,再加上周秦长期的兼并战争的破坏,战国时已是"宋无长木"②这种森林资源匮乏的状况③。

该区分布范围最广,大致可分为三个相对集中的汉墓分布中心。洙泗之滨的济宁、枣庄,围绕其分布的墓葬地点有济宁、滕州、微山、枣庄、阳谷、东平、梁山、曲阜、泗水、兖州、邹城、嘉祥、泰安、莱芜、肥城、永城。东海之畔的连云港、临沂,围绕其分布的墓葬地点有连云港、泗阳、临沂、沂水、五莲、沂南、莒县、日照、胶南。苏北之徐州,围绕其分布的墓葬地点有徐州、萧县、淮北、睢宁、宿州、固镇、凤台、五河、淮阳、西华、新蔡。

该区丙类墓与丁类墓数量庞大,鲁南的潘庙、济宁师专、玉皇顶、微山王庄、两城山、东小宫、官桥、花山、柴峪等墓地以及苏北皖东的徐州、萧县等地发现并清理了数百座两汉墓葬④。该区墓葬形制与随葬品的特征可概括

---

① 以上豫东地区社会生产的发展,参见邹逸麟:《中国历史地理概述》,第245页;《后汉书》卷十五《李王邓来列传·邓晨》,第584页。
② 宋指战国宋国,即今安徽、江苏、山东交界地区。参见《宋卫十五篇·公疏般为楚设机》,[西汉]刘向集录《战国策》下册,上海古籍出版社,1998年,第1148页。
③ 《史记·河渠书》记载:"自河决瓠子后二十余岁,岁因以数不登,……(天子)令群臣从官自将军已下皆负薪填决河。是时东郡烧草,以故薪柴少,而下淇园之竹以为楗。……河伯许兮薪不属。薪不属兮卫人罪,烧萧条兮噫乎何以御水!颓林竹兮楗石菑,宣房塞兮万福来。"可见当时东郡一带薪材的匮乏。(参见《史记》卷二十九,第1412、1413页)
④ 国家文物局考古领队培训班:《山东济宁郊区潘庙汉代墓地》,《文物》1991年第12期;济宁市博物馆:《山东济宁师专西汉墓群清理简报》,《文物》1992年第9期;山东省博物馆:《山东滕县柴胡店汉墓》,《考古》1963年第8期;山东省文物考古研究所鲁中考古队、滕州市博物馆:《山东滕州市官桥车站村汉墓》,《考古》1999年第4期;山东省文物考古研究所、滕州市博物馆:《山东滕州市东小宫周代、两汉墓地》,《考古》2000年第10期;山东省文物考古研究所:《鲁中南汉墓》,文物出版社,2009年;枣庄市文物管理委员会办公室、枣庄市博物馆:《山东枣庄市临山汉墓发掘简报》,《考古》2003年第11期;连云港市博物馆:《江苏东海县尹湾汉墓群发掘简报》,《文物》1996年第8期;临沂市博物馆:《山东临沂金雀山周氏墓群发掘简报》,《文物》1984年第11期;临沂市博物馆:《山东临沂金雀山九座汉代墓葬》,《文物》1989年第1期;金雀山考古发掘队:《临沂金雀山1997年发现的四座西汉墓》,《文物》1998年第12期;银雀山考古发掘队:《山东临沂市银雀山的七座西汉墓》,《考古》1999年第5期;山东省博物馆等:《临沂银雀山四座西汉墓葬》,《考古》1975年第6期;银雀山汉墓发掘队:《临沂银雀山西汉墓发掘简报》,《文物》2000年第11期;徐州博物馆:《徐州翟山战国至西汉墓葬群发掘简报》,《东南文化》2008年第3期;徐州博物馆:《徐州贾汪官庄汉墓群发掘报告》,《东南文化》2008年第6期;佟泽荣:《江苏睢宁距山、二龙山汉墓群调查》,《东南文化》1993年第4期;周群:《固镇渡口村十二座砖室墓清理简报》,《文物研究》第十一辑,黄山书社,1998年,第127~135页;刘锋:(转下页)

如下：

1. 墓葬形制以椁墓为主,大多为椁 Aa 型,少见生土二层台和壁龛,并延续至东汉不衰。筑墓多用石材,椁墓中 39.1% 为石椁,室墓中 32.6% 为石室。石材之上多有画像。

2. 东部近海地区的椁墓中流行以石膏泥填充墓穴的习俗。

3. 随葬品种类丰富,陶礼器多以鼎、盒、壶为组合,常见器形为 Aa、Ab、B、C 四型鼎,Aa、Ac、Ba、Bb 四型盒,Aa、Ab、Ae、Ba 四型壶。部分陶礼器组合中还加入了盘、匜。日用陶器以罐为主,陶壶数量较少,常见器形有 Aa、Ab、Ae、Ag、Ah 五型罐。模型明器出现早、流行广,多以仓(囷)、灶、井为组合,器形多样。铅釉陶出现较早,但数量较少,直至东汉时期才得以流行。此外,钙釉陶在该区流行甚广,明显超过其他两区。

(接上页)《凤台峡山口汉墓清理简报》,《文物研究》第 11 辑,黄山书社,1998 年,第 115～119 页;安徽省文物考古研究所:《萧县汉墓》;青岛市文物保护考古研究所:《胶南海青廒上村西汉墓发掘报告》、《胶南殷家庄汉墓发掘报告》、《城阳后桃林汉墓发掘报告》、《城阳文阳路汉墓发掘报告》、《胶州盛家庄汉墓发掘报告》、《胶州大闹埠汉墓发掘报告》,《青岛考古(一)》,科学出版社,2011 年,第 31～40、41～49、50～75、76～83、84～117、118～154 页。

第二章 冀中南区汉墓的分期、文化因素分析及相关问题

冀中南是战国燕、赵之疆域,以易水北岸的燕南长城为界,南部属赵,北部为燕①。河北南部的邯郸,自公元前386年赵敬侯迁都直至赵国灭亡的150余年一直是赵国的统治中心②。北部的易县及附近地区是战国晚期的燕下都武阳所在。公元前222年,秦先后占领了赵、燕之地,在冀中南设立了邯郸、巨鹿、恒山、广阳四郡。汉初以邯郸、巨鹿、恒山三郡封张耳建立赵国,以广阳及其北部的右北平、辽西等诸郡封臧荼建立燕国。汉高祖九年(公元前198年)张氏被废,邯郸、巨鹿、恒山三郡成为刘如意赵国的封域。经过文景时期众建诸侯以及收夺王国边郡等一系列举措,赵分为六,燕仅余广阳一郡。此后,这里先后分置广川、河间、中山三国以及邯郸、渤海、清河、常山、巨鹿、广阳等郡。后邯郸又分魏郡,巨鹿又分广平,常山又分真定,广阳又分涿郡,西汉时期这十三郡国废置无常,削益频繁,领域变化很大,但未再析置新郡国③。东汉时期,这里曾分封有广平、广宗、廮陶、常山、真定、中山、博陵、乐成、安平、河间、清河、广川、赵、广阳等王国;设有魏郡、巨鹿、常山、中山、博陵、信都、章武、赵郡、广阳、涿郡等汉郡。东汉王国大多仅辖一至两县,延续时间短,废置无常④。

汉代的冀中南一直保持着燕、赵故地尚武的风气。《汉书·地理志》载,赵、中山一带"丈夫相聚游戏,悲歌忼慨,起则椎剽掘冢,作奸巧",燕地"其俗愚悍少虑","敢于急人"⑤。这里的民风与"其士多好经术"的齐地以及

---

① 燕南长城的位置大约东起南易水北岸,历易县、徐水、容城、安新、文安、西至大城县,参见中国社会科学院考古研究所编著《中国考古学·两周卷》,中国社会科学出版社,2004年,第274页。
② 张午时、冯志刚:《赵国史》,河北人民出版社,1996年,第171页。
③ 文中西汉时期冀中南地区郡国设置情况参见周振鹤《西汉政区地理》,第76页。
④ 李晓杰:《东汉政区地理》,山东教育出版社,1999年,第83~107页。
⑤ 《汉书》卷二十八《地理志》,第1655、1657页。

"其民犹有先王遗风,重厚多君子"的宋地迥然有别。在这样独具地域特色的民情风俗影响下成长起来的考古学文化也体现出了鲜明的地域特征。由于诸侯王墓内涵复杂,分布仅集中在某几个地点,且多已被破坏,不及乙、丙、丁三类墓葬分布广泛、地域特色突出。因此本章以乙、丙、丁三类墓葬为基础,通过对典型随葬陶器的类型学研究建立该区汉墓的分期。在此基础上,通过对甲、乙、丙、丁四类墓葬的文化因素分析,讨论该区汉墓的文化因素构成及其演变,进而探讨由此反映出的冀中南社会阶层变迁以及地域文化演进等方面的相关问题。

第一节 典型随葬品类型分析与墓葬分期

冀中南地区的乙类墓分布较分散,丙类墓和丁类墓则相对集中分布于元氏南程、邢台旅馆、曹演庄、易县燕下都、定州南关、邯郸龙城小区、河间东文庄以及深州下博等几处墓地中(图2-1)。该区汉墓随葬陶器中,G型鼎、Ab型盒、Bc型壶、Ad、Af、Ba三型罐以及B型井、B型灶为同类器物中出现频率最高的器形,最具典型性。此外陶礼器中的D、H型鼎、C型盒、Ae、Bb型壶,日用陶器中的Ac型罐、Cb型壶以及A、B两型釜也在随葬品中占有较高比例(统计图表2-1~3),并且使用时间久,形态具有明显的阶段性演变特征。综合上述两点,本节以D、G、H型鼎,Ab、C型盒,Ae、Bb、Bc、Cb型壶,Ac、Ad、Af、Ba、Bb型罐,A、B型釜以及B型井和B型灶作为典型器,通过对其形态、演变、共存关系的分析建立该区汉墓的分期,并结合铜镜、钱币等具有断代意义的共出器物及其他特征推断各期年代。

一、典型陶器的形态演变

1. D型鼎 钵形,高足。口部常有彩绘条纹带及云纹,三足上部装饰有人面纹。根据腹及三足的变化可分为两式。Ⅰ式→Ⅱ式的演变趋势为:腹变深,足变矮(图2-2)。

2. G型鼎 釜形,矮粗足。三足上部亦装饰有人面纹样,部分器物表面施有铅釉。根据口、腹、耳及三足的变化可分为两式。Ⅰ式→Ⅱ式的演变趋势为:口径增大,腹部渐深,三足渐矮,双耳位置上移(图2-2)。

3. H型鼎 罐形,高足。腹部常装饰有数周弦纹。根据口、腹及三足的变化可分为两式。Ⅰ式→Ⅱ式的演变趋势为:口径减小,腹壁渐圆鼓,三足向中心聚拢(图2-2)。

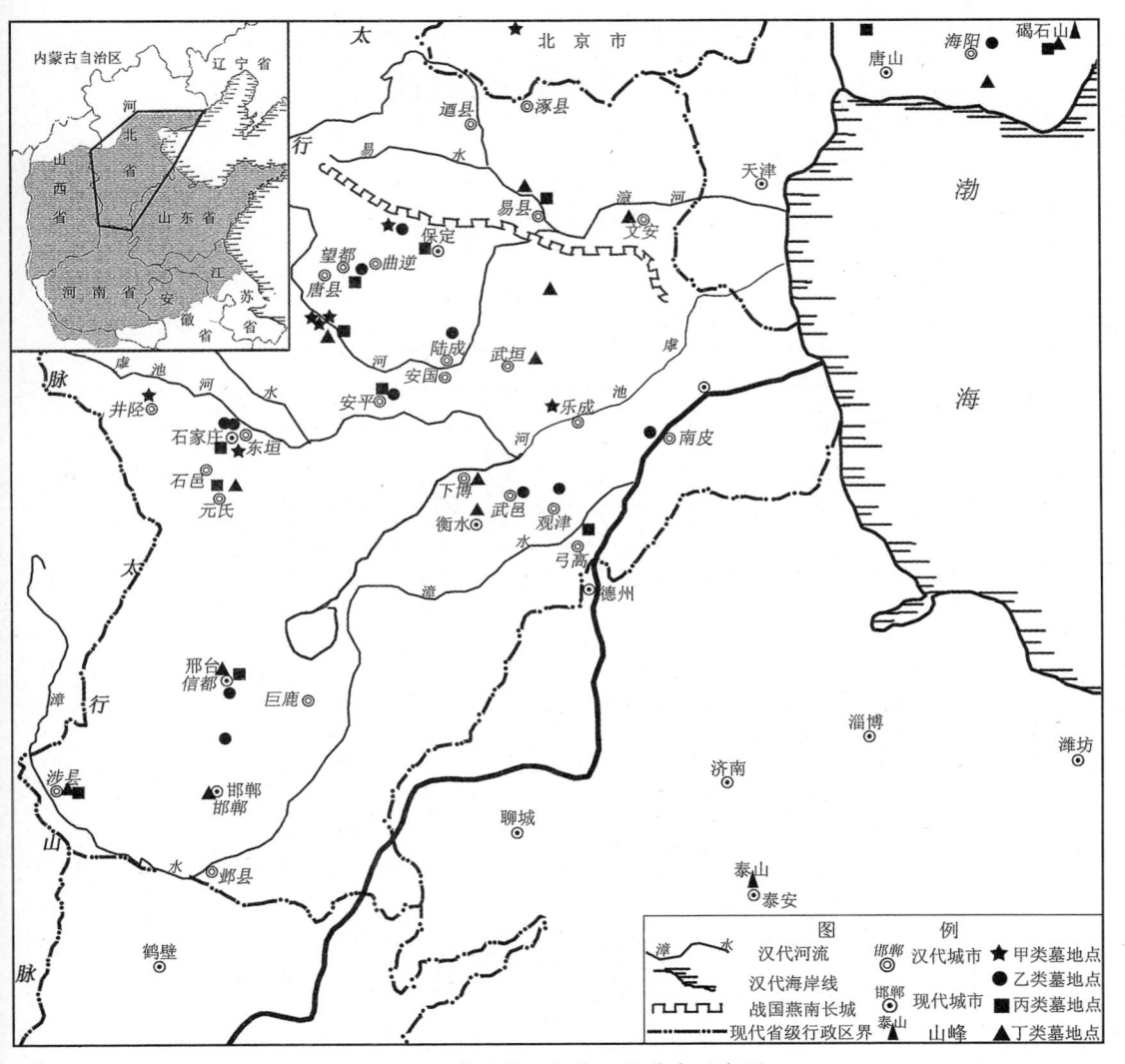

图 2-1 冀中南区各类汉墓分布示意图

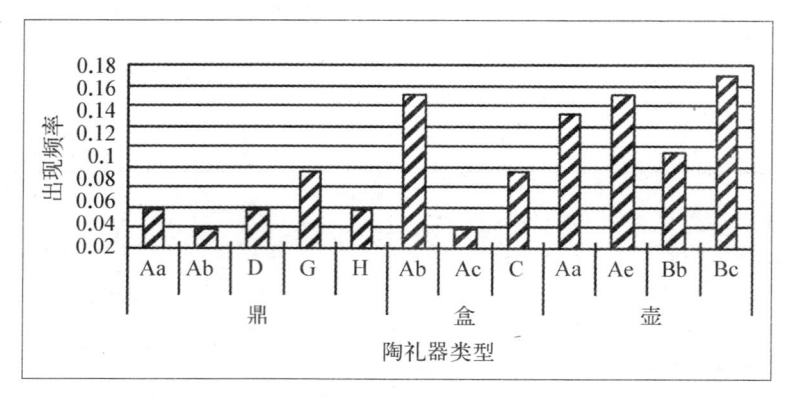

统计图表 2-1　冀中南区各类型陶礼器出现频率

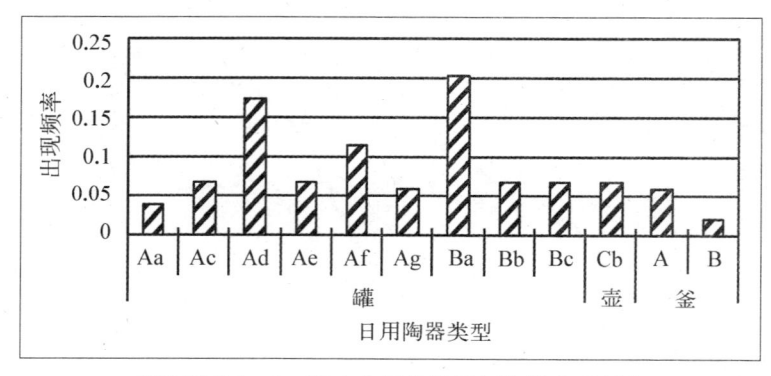

统计图表 2-2　冀中南区各类日用陶器出现频率

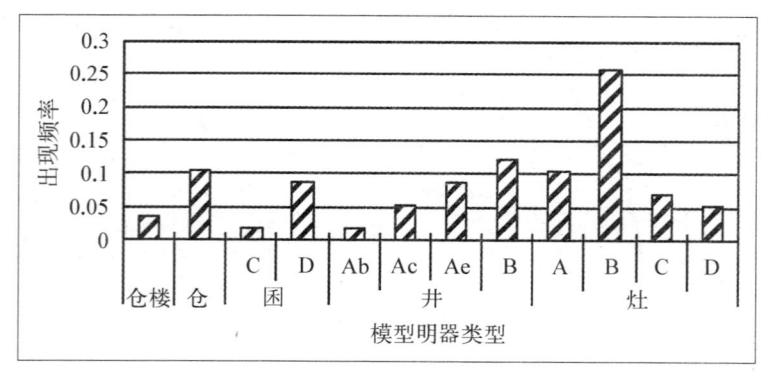

统计图表 2-3　冀中南区模型明器出现频率

注：由于大多数汉墓都经历了不同程度的盗扰，出土随葬品的数量与实际随葬品的数量可能会存在一定程度的偏差，故本文讨论出现频率时，以"出现次数"（某类型器物在 1 座墓葬中出现即记为 1，而不计器物个数）为参考值。如 Aa 型鼎的出现频率＝Aa 型鼎的出现次数÷陶礼器的出现次数。后文各章统计图表皆同。

4. Ab 型盒　腹、盖深度相当,圜底。合扣部位常饰有数周弦纹,器表多有彩绘。根据腹部的变化可分为三式。Ⅰ式→Ⅲ式的演变趋势为:腹壁渐圆鼓(图2-2)。

5. C 型盒　弧顶小盖,深腹,圈足。器表常有彩绘。根据器盖和腹部的变化可分为两式。Ⅰ式→Ⅱ式的演变趋势为:盖顶趋平,腹部渐扁,圈足由矮圈足变为假圈足(图2-2)。

6. Ae 型壶　盘口,束颈,圆鼓腹,圈足。器表常有彩绘,有的还带有博山式器盖。根据口、颈及圈足的变化可分为六式。Ⅰ式→Ⅵ式的演变趋势为:盘口逐渐加深,颈部收束渐趋明显,从Ⅳ式开始,圈足明显增高(图2-2)。

7. Bb 型壶　盘口,短颈,假圈足。口、腹常饰有弦纹,器表多有彩绘。根据腹、底的变化可分为三式。Ⅰ式→Ⅲ式的演变趋势为:腹部由扁鼓腹变为深弧腹,假圈足渐矮(图2-2)。

8. Bc 型壶　大敞口,束颈,假圈足。腹部常装饰有数周弦纹。根据口、颈、腹及底部的变化可分为三式。Ⅰ式→Ⅲ式的演变趋势为:口径渐小,颈渐增长,腹部渐扁,假圈足增高(图2-2)。

9. Cb 型壶　束颈,圆鼓腹,平底。器表多为素面,有的带有博山式盖。根据颈与腹部的变化可分为两式。Ⅰ式→Ⅱ式的演变趋势为:颈部渐短、粗,腹部渐扁(图2-2)。

10. Ac 型罐　小口,圆鼓腹,小平底。上腹饰弦纹,下腹饰绳纹。根据口、颈及腹部的变化可分为四式。Ⅰ式→Ⅳ式的演变趋势为:口径增大,领渐短,最大腹径上移(图2-3)。

11. Ad 型罐　敞口,深弧腹,小平底。腹部饰弦纹、绳纹或戳印纹。根据颈、腹的变化可分为四式。Ⅰ式→Ⅳ式的演变趋势为:领部渐短,收束增大,腹由圆弧变得尖鼓(图2-3)。

12. Af 型罐　敞口,深腹,大平底。腹部常装饰有弦纹。根据口、腹的变化可以分为六式。Ⅰ式→Ⅵ式的演变趋势为:口部外敞程度渐大,腹部由弧腹渐成直腹(图2-3)。

13. Ba 型罐　球形腹。部分器物上腹部饰有弦纹,下腹拍印绳纹。根据口、腹的变化可分为五式。Ⅰ式→Ⅴ式的演变趋势为:口部由直口逐渐变成敞口,腹部渐扁(图2-3)。

14. Bb 型罐　腹壁较直。器表纹饰风格与 Ba 型罐相同。根据口、腹的变化可以分为三式。Ⅰ式→Ⅲ式的演变趋势为:口部由直口变为敞口,腹与底的转折逐渐淡化。腹壁由竖直变得较圆弧(图2-3)。

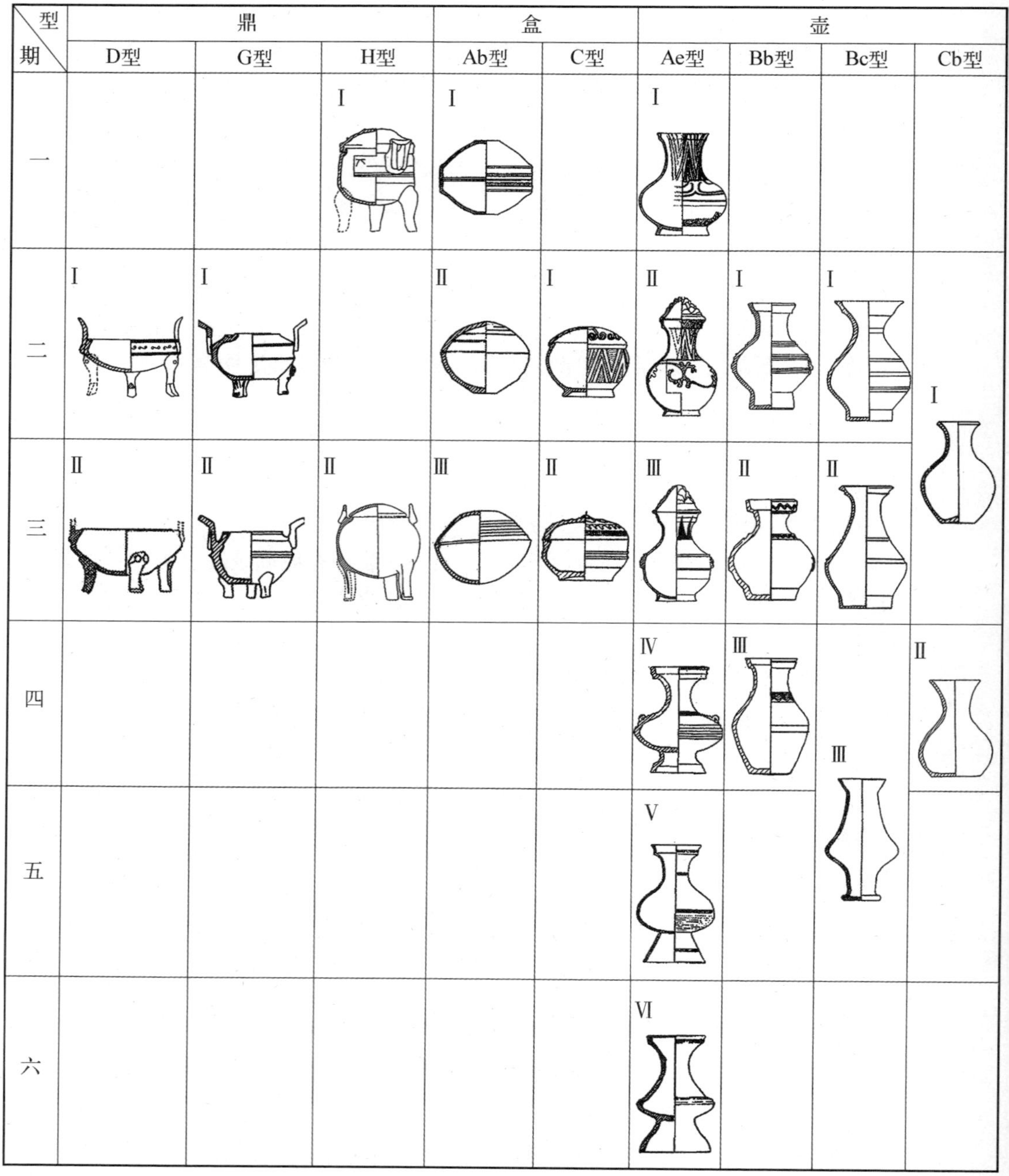

型期	鼎 D型	鼎 G型	鼎 H型	盒 Ab型	盒 C型	壶 Ae型	壶 Bb型	壶 Bc型	壶 Cb型
一			Ⅰ	Ⅰ		Ⅰ			
二	Ⅰ	Ⅰ		Ⅱ	Ⅰ	Ⅱ	Ⅰ	Ⅰ	
三	Ⅱ	Ⅱ	Ⅱ	Ⅲ	Ⅱ	Ⅲ	Ⅱ	Ⅱ	Ⅰ
四						Ⅳ	Ⅲ		Ⅱ
五						Ⅴ		Ⅲ	
六						Ⅵ			

图 2-2 冀中南汉墓分期图（一）

D 型鼎：Ⅰ式（燕下都 M7∶2）Ⅱ式（燕下都 M22∶3） G 型鼎：Ⅰ式（曹演庄 M6∶1）Ⅱ式（曹演庄 M22∶9）H 型鼎：Ⅰ式（燕下都 M4∶7）Ⅱ式（燕下都 M18∶4） Ab 型盒：Ⅰ式（燕下都 M27∶6）Ⅱ式（曹演庄 M18∶1）Ⅲ式（定州南关 M50∶6） C 型盒：Ⅰ式（燕下都 M2∶16）Ⅱ式（曹演庄 M22∶8） Ae 型壶：Ⅰ式（燕下都 M14∶4）Ⅱ式（燕下都 M2∶9）Ⅲ式（定州南关 M50∶1）Ⅳ式（安平水泥管厂 M2∶8）Ⅴ式（燕下都北沈 M1∶26）Ⅵ式（滦南墓） Bb 型壶：Ⅰ式（索堡 M1∶12）Ⅱ式（龙城 M4∶2）Ⅲ式（龙城 M6∶5） Bc 型壶：Ⅰ式（曹演庄 M4∶6）Ⅱ式（曹演庄 M17∶12）Ⅲ式（任丘 M2∶1） Cb 型壶：Ⅰ式（曹演庄 M18∶9）Ⅱ式（邢台旅馆 M5∶1）

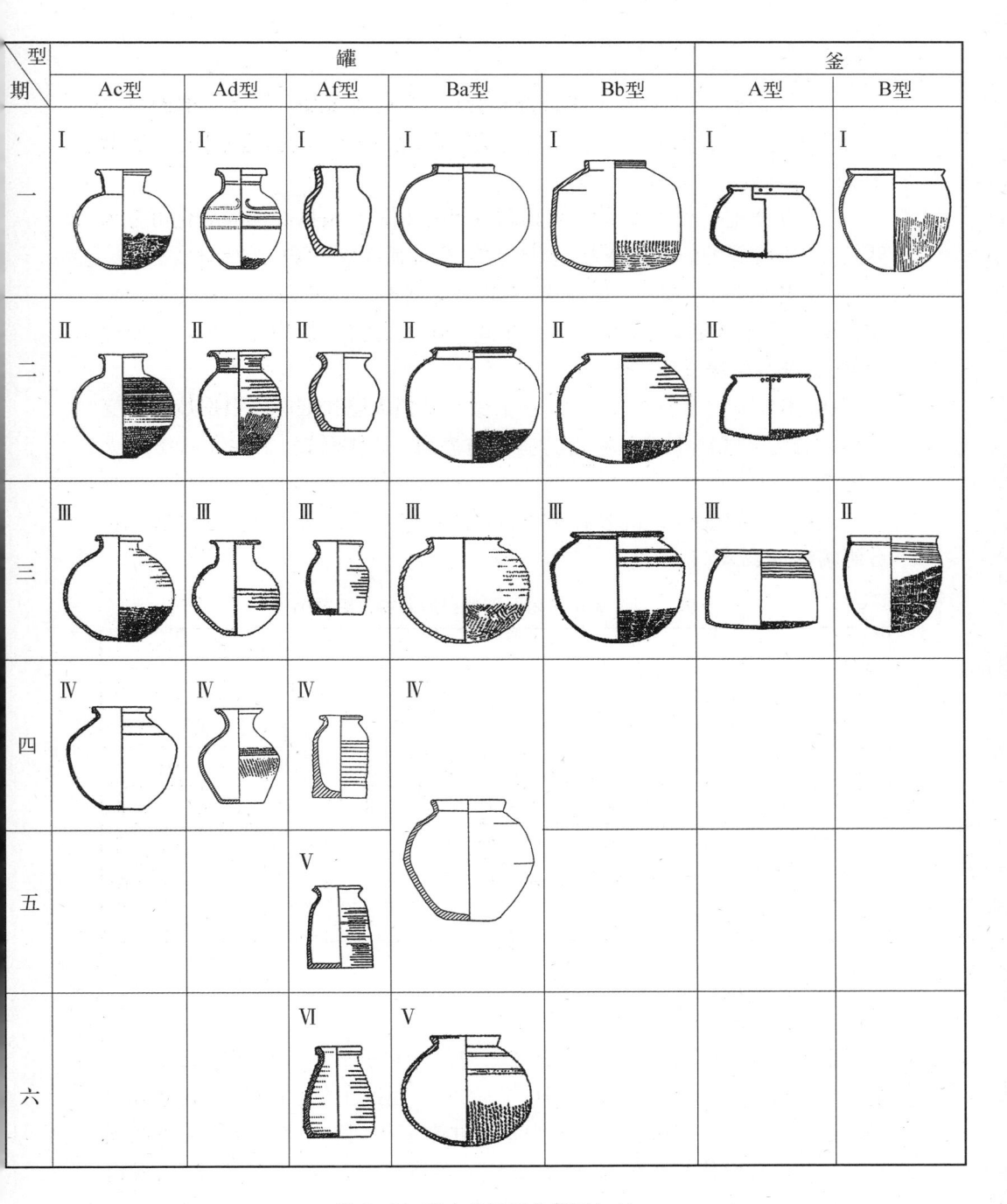

型期	罐					釜	
	Ac型	Ad型	Af型	Ba型	Bb型	A型	B型
一	Ⅰ	Ⅰ	Ⅰ	Ⅰ	Ⅰ	Ⅰ	Ⅰ
二	Ⅱ	Ⅱ	Ⅱ	Ⅱ	Ⅱ	Ⅱ	
三	Ⅲ	Ⅲ	Ⅲ	Ⅲ	Ⅲ	Ⅲ	Ⅱ
四	Ⅳ	Ⅳ	Ⅳ	Ⅳ			
五			Ⅴ				
六			Ⅵ	Ⅴ			

图 2-3 冀中南汉墓分期图（二）

Ac 型罐：Ⅰ式(曹演庄 M14：3) Ⅱ式(曹演庄 M10：3) Ⅲ式(下博 M10：3) Ⅳ式(燕下都 M3：3) Ad 型罐：Ⅰ式(燕下都 M15：3) Ⅱ式(燕下都 M26：16) Ⅲ式(东文庄 M7：3) Ⅳ式(大李庄 M1：4) Af 型罐：Ⅰ式(曹演庄 M3：1) Ⅱ式(曹演庄 M9：3) Ⅲ式(下博 M15：1) Ⅳ式(安平水泥管厂 M2：3) Ⅴ式(燕下都 M5：2) Ⅵ式(下博 M18：2) Ba 型罐：Ⅰ式(燕下都 M15：1) Ⅱ式(燕下都 M26：17) Ⅲ式(东文庄 M7：1) Ⅳ式(邢台旅馆 M9：2) Ⅴ式(邴各庄 M1：7) Bb 型罐：Ⅰ式(燕下都 M3：2) Ⅱ式(燕下都 M16：1) Ⅲ式(燕下都 M21：4) A 型釜：Ⅰ式(燕下都 M5：1) Ⅱ式(燕下都 M16：7) Ⅲ式(燕下都 M21：5) B 型釜：Ⅰ式(燕下都 W32：1) Ⅱ式(燕下都 M22：1)

15. A 型釜　浅垂腹,上腹常饰有弦纹,下腹饰绳纹。根据腹部的变化可分为三式。Ⅰ式→Ⅲ式的演变趋势为:腹、底之间的转折逐渐明显,底渐平缓(图2-3)。

16. B 型釜　深弧腹,装饰风格与 A 型釜相同。根据腹部的变化可分为两式。Ⅰ式→Ⅱ式的演变趋势为:整体变粗,底部弧度变平缓(图2-3)。

17. B 型井　方形,上带井架,井内还常带有汲水小陶瓶。有的装饰彩绘。根据井身的变化可分为三式。Ⅰ式→Ⅲ式的演变趋势为:井沿外伸程度增大,井身变矮(图2-4)。

18. B 型灶　灶面近似梯形,多数做出了挡火墙和烟囱。根据灶体的变化可以分为五式。Ⅰ式→Ⅴ式的演变趋势为:灶体渐矮,Ⅲ式开始由双火眼变为三火眼(图2-4)。

上述不同典型器之间多有相对稳定的共存关系,可据此将其分成六组。分组情况如表2-1。

表2-1　冀中南地区汉墓典型器物分组情况

组别	鼎			盒		壶				罐					釜		井	灶
	D	G	H	Ab	C	Ae	Bb	Bc	Cb	Ac	Ad	Af	Ba	Bb	A	B	B	B
一			Ⅰ	Ⅰ		Ⅰ				Ⅰ	Ⅰ	Ⅰ	Ⅰ	Ⅰ	Ⅰ		Ⅰ	Ⅰ
二	Ⅰ	Ⅰ		Ⅱ	Ⅱ	Ⅱ	Ⅱ	Ⅰ		Ⅱ	Ⅱ	Ⅱ	Ⅱ	Ⅱ			Ⅰ	Ⅰ
三	Ⅱ	Ⅱ	Ⅱ	Ⅲ	Ⅱ	Ⅲ	Ⅲ	Ⅱ	Ⅰ	Ⅲ	Ⅲ	Ⅲ	Ⅲ	Ⅲ	Ⅰ		Ⅱ	Ⅱ
四						Ⅳ	Ⅲ	Ⅲ	Ⅱ	Ⅳ	Ⅳ	Ⅳ					Ⅱ	Ⅲ
五						Ⅴ		Ⅲ		Ⅴ	Ⅳ						Ⅱ	Ⅳ
六						Ⅵ				Ⅵ	Ⅴ						Ⅲ	Ⅴ

二、分期与年代

在目前发表的资料中,冀中南地区的乙、丙、丁三类墓葬多缺乏层位关系,纪年墓仅有熹平五年(公元176年)的安平逯家庄墓。此外,邢台北陈村墓通过随葬印章可以推断墓主人为卒于甘露三年(公元前51年)的南曲侯刘迁。两座墓年代相距久远,随葬品种类存在较大差异,不具可比性,难以作为分期的依据。

通过上文典型器物的类型分析可以看出,每型器物式别的变化均显示出内在逻辑关系,据其所对应的墓葬形制以及其他共出器物特征可确定逻辑链条的首尾。同时,各器物序列的式别之间并无较大缺环,且有较稳定的共存关系,故可将其作为冀中南汉墓分期的依据。从器物式别组合以及墓葬形制、其他共存器物的特征看,以上六组之间存在较明显差异,可将其看作依次发展的六期。

第一期　墓葬形制均为竖穴土坑墓(即椁 Aa 型),棺椁均为木质。随葬陶器除盒、壶、罐组合外,还有鼎、壶、罐组合,钵、罐组合,罐、釜组合。参与组合的每种器物数量不固定。部分墓葬中还出有 Aa 型壶,壶腹部的彩绘鱼纹具有鲜明的战国燕文化遗风。如燕下都 D6T61②M27∶8 腹部彩绘鱼纹与燕下都石庄村采集东周时期陶壶腹部刻划的鱼纹,纹样形态近似,施纹的位置也基本一致(图2-4,1)①。

第二期　墓葬形制仍以竖穴土坑墓为主,葬具除木椁外,出现了砖椁。同时还出现了少量洞室墓(室 B 型)。随葬陶器基本沿袭了第一期的组合,但器类更加丰富,特别是陶礼器,出现了 Aa、Ab、D、G 型鼎,C 型盒以及 Bb、Bc、Cb 型壶(图2-4,2、3;图2-2)。同时出现了 B 型井、B 型灶、C 型囷等模型明器以及筒形樽、熏炉、灯等生活明器(图2-4,4~6;图2-5,1)。陶器的装饰风格与第一期近似,但 Aa 型壶中已不见彩绘鱼纹,同时一些器物表面开始施铅釉,尤以 G 型鼎和 Bb、Bc 型壶为多。

第三期　墓葬形制除椁 Aa 型和室 B 型外,还出现了室 Aa 型墓。随葬陶器基本延续了第二期的组合,同型器物的形态较上一期略有变化,同时又新出现了镞、鼎形圆炉、D 型囷、耳杯等新器类(图2-4,7、8;图2-5,2)。陶器的纹样继承了前两期的风格,但彩绘陶的数量明显减少,与此同时铅釉陶的数量显著增加,除第二期的 G 型鼎和 Bb、Bc 两型壶外,模型明器、筒形樽、熏炉、灯等器物表面也常施有铅釉。

第四期　各型椁墓衰落,室墓代之而起,特别是室 Aa 型广泛流行,此外室 Ab、室 Ac-1 两型也占有一定比例,墓室均以砖砌。随葬陶器组合出现了较大改变,陶礼器中鼎、盒消失,同时各类生活明器和模型明器的数量显著增加,形成了生活明器+模型明器+日用陶器的组合,但组合中这三种器物的类型、数量并不固定,根据墓葬规模呈现出一定差异。生活明器以壶、筒形樽、耳杯、盘等为主,并出现前期所未见的方案、方盒(图2-4,9~11);模型明器以仓、灶、井、猪圈为主,C、D 两型囷已消失,新出现了方形的仓、仓楼以及 Ac、Ae 两型井和 A、C 两型灶(图2-4,3~5);日用陶器中 A、B 型釜消失,出现了 Ae 型罐。陶器表面的彩绘趋于简化,最常见的是白底红彩弦纹,部分器内施红彩,如耳杯、案等。

---

① 陈平:《燕文化》,文物出版社,2006年,第122页。

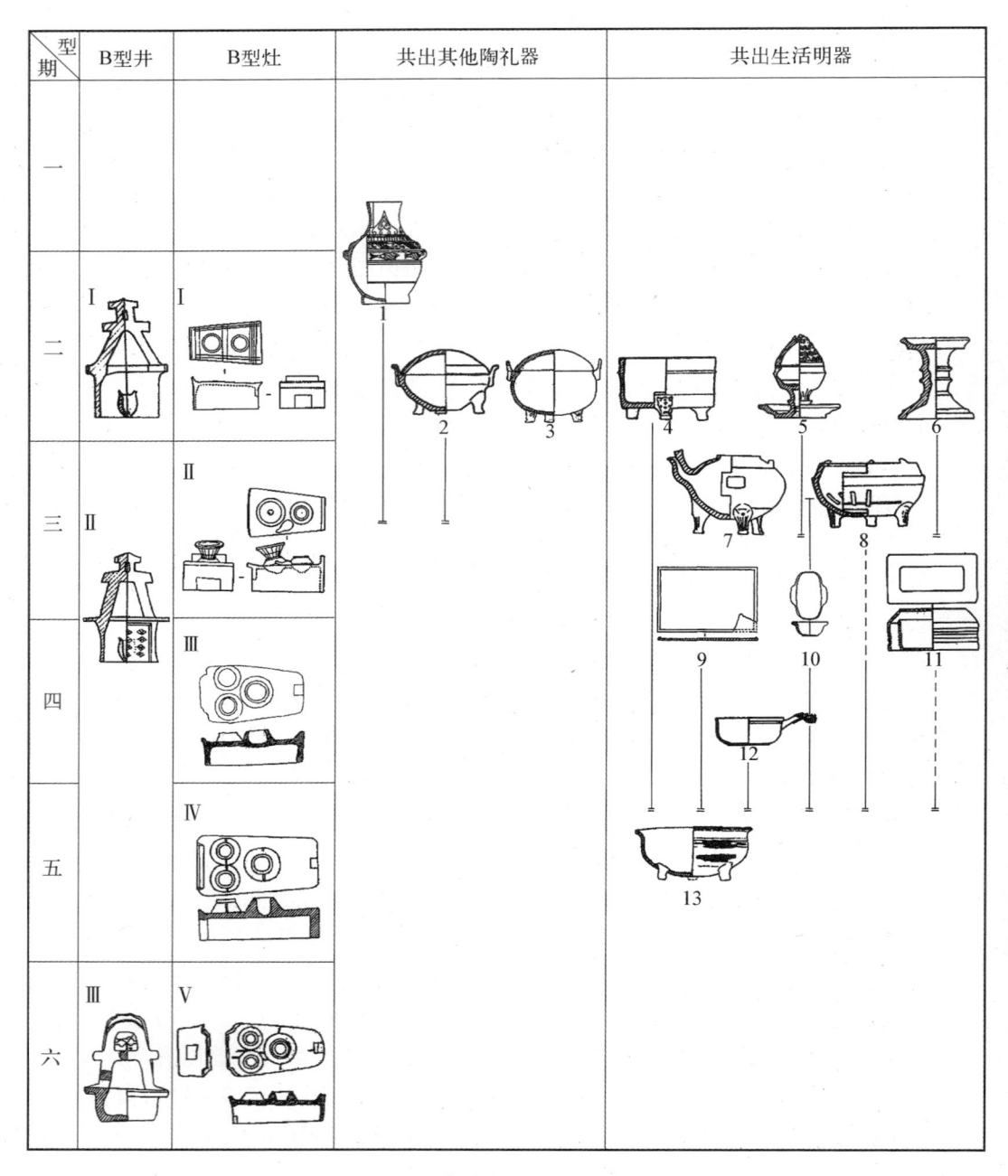

型期	B型井	B型灶	共出其他陶礼器	共出生活明器
一				
二	Ⅰ	Ⅰ		
三	Ⅱ	Ⅱ		
四		Ⅲ		
五		Ⅳ		
六	Ⅲ	Ⅴ		

图 2-4 冀中南汉墓分期图(三)

B型釜：Ⅰ式(燕下都 W32∶1) Ⅱ式(燕下都 M22∶1) B型井：Ⅰ式(曹演庄 M17∶17) Ⅱ式(曹演庄 M22∶13) Ⅲ式(燕下都 M6∶11) B型灶：Ⅰ式(曹演庄 M4∶4) Ⅱ式(曹演庄 M17∶9) Ⅲ式(高陌村 M1∶1) Ⅳ式(燕下都 M1∶9) Ⅴ式(郎井村 M1∶19) 其他共出器物：1. Aa型壶(燕下都 M27∶8) 2. Aa型鼎(曹演庄 M18∶2) 3. Ab型鼎(燕下都 M2∶8) 4. 筒形樽(曹演庄 M4∶1) 5. 熏炉(曹演庄 M24∶14) 6. 灯(曹演庄 M24∶13) 7. 镞(曹演庄 M22∶8) 8. 鼎形圆炉(曹演庄 M22∶16) 9. 方案(安平水泥管厂 M2∶12) 10. 耳杯(燕下都 M4∶4) 11. 方盒(崔各庄墓) 12. 魁(蠡县墓) 13. 盆形樽(兴固墓)

注：图中竖线表示器物的延续情况，其中实线代表该期有发现，虚线代表未有发现。后文皆同。

第五期　墓葬形制和随葬品组合均沿袭了第四期的特点,但随葬器物的类型有所增减,Bb、Cb 两型壶以及 Ac、Ad、Bb 三型罐消失,同时又出现了 Bc 型罐、双系罐、魁(图2-4,12)等新器物。铜器多为车马明器、装饰附件等小型器,容器已基本不见。

第六期　墓葬形制、随葬品组合均与第五期近似,前一期流行的器物基本均得以延续,新出现了白陶罐、盆形樽、钙釉双系壶(图2-4,13)。铜器仍多为车马器、装饰附件等小件器物。陶器表面的彩绘日趋衰落,模型明器的简化之风日盛,器物尺寸小,造型简化,制作粗糙。

钱币、铜镜可为断代提供重要依据,结合各期其他特点,并综合考虑前后期的相互衔接,可对以上六期的年代进行推断。

第一期,出土的钱币数量较少,可辨识钱文的皆为半两钱,未见五铢钱。半两钱钱文清晰,"半两"二字用笔方折,书体方正,"两"内中竖两侧均作"人"字形,"半"字上部方折,两横平齐(图2-5,9),与文景时期所铸四铢半两钱文风格类似①。由此可推断第一期的绝对年代约在武帝元狩五年铸行五铢之前的西汉前期。

第二期,出土的钱币均为五铢,钱文清晰,文字风格略有差异:(1)"五"字竖划均较缓曲,"铢"字金头为"◇"或"△"形。如涉县索堡 M2 出土的五铢(图2-5,11);(2)"五"字略显消瘦,即两竖向中间略靠拢。"铢"字金头三角锐长。如曹演庄 M10:4(图2-5,12)。前者与武帝时期铸造的三官五铢铭文风格相同,后者与昭帝"元凤四年造"钱范的文字相似②。出土的铜镜以昭明镜数量为多。如曹演庄 M24:15(图2-5,10),镜缘较窄,字体瘦长,是西汉中后期的典型镜型③。综合以上分析,第二期大约处于武帝到昭宣时期,即西汉中期。

第三期,出土的钱币除五铢外,还有货泉、大泉五十、货布等(图2-5,15~17)。出土昭明镜镜背铭文字体较圆,文字之间还常带有"の"的符号,还有的镜缘很宽,铭文书体方正(图2-5,13、14)。昭明镜是西汉中后期非常流行的镜型,其中铭文书体方正者略晚于铭文书体瘦长者④。综上并考虑到与第二期的衔接,第三期的年代大约相当于西汉晚期的元、成、哀、平四代到王莽时期。

---

① 蒋若是:《论西汉四铢半两钱》,《秦汉钱币研究》,中华书局,1997年,第73~92页。
② 蒋若是:《西汉五铢钱断代》,《秦汉钱币研究》,第101~114页。
③ 孔祥星、刘一曼:《中国古代铜镜》,文物出版社,1984年,第68、69页。
④ 孔祥星、刘一曼:《中国古代铜镜》,第69页。

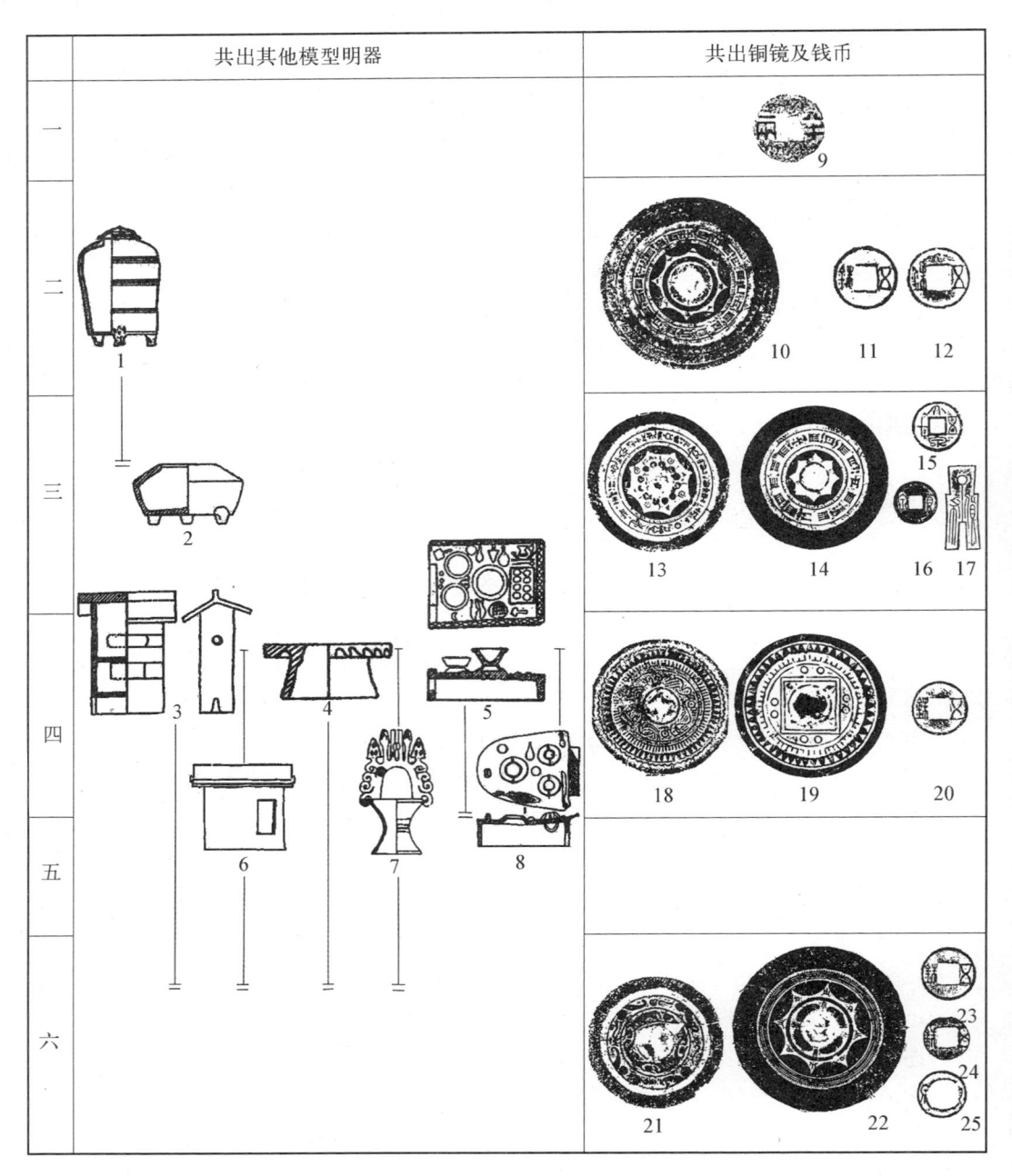

	共出其他模型明器	共出铜镜及钱币
一		9
二	1	10 11 12
三	2	13 14 15 16 17
四	3 4 5	18 19 20
五	6 7 8	
六		21 22 23 24 25

图 2-5 冀中南汉墓分期图(四)

1. C 型囷(曹演庄 M24∶11) 2. D 型囷(燕下都 D6M7∶11) 3. 楼(燕下都 W21M7∶8) 4. Ac 型井(燕下都 W21M4∶8) 5. 方形三火眼灶(下博 M20∶9) 6. 仓(大代庄 M1∶17) 7. Ae 型井(大代庄 M1∶15) 8. 马蹄形灶(定州南关 M28∶6) 9. 半两钱(燕下都 M3) 10. 昭明镜(曹演庄 M24∶15) 11. 五铢钱(索堡 M2) 12. 五铢钱(曹演庄 M10∶4) 13. 昭明镜(曹演庄 M22∶19) 14. 昭明镜(曹演庄 M11∶2) 15. 大泉五十(曹演庄 M25∶3) 16. 货泉(曹演庄 M17∶2) 17. 货布(曹演庄 M17∶3) 18. 四乳禽鸟镜(燕下都 W21M7∶6) 19. 四乳四螭镜(小崔各庄墓) 20. 五铢钱(小崔各庄墓) 21. 多乳镜(燕下都 W21M6∶4) 22. 连弧云雷纹镜(燕下都 W21M6∶6) 23. 五铢钱(邢各庄墓) 24. 磨郭五铢(邢各庄墓) 25. 衔环钱(邢各庄墓)

第四期，出土的钱币主要为五铢，钱文清晰，"五铢"二字稍显宽大，"铢"字金头较大，近等边三角形，有的"金"旁四点写作短竖（图2-5,20）。此种风格的五铢与传世的"建武十七年"钱范类似①。出土铜镜以四乳四螭镜和四乳禽鸟镜数量最多（图2-5,18、19），这两种铜镜主要流行于西汉晚期至东汉前期②。综上可见，第四期的年代大约相当于东汉早期的光武、明、章时期。

第五期，该期出土的铜镜、钱币大多没有拓片与线图，无法辨识其钱文及镜背图案。但此期的器物形态与四期、六期存在着明显的承继、延续关系，综合四期年代下限和第六期年代上限（下详），此期大约处于东汉和帝到质帝时期，即东汉中期。

第六期，出土的钱币种类多样，有第四期常见的五铢钱，还有一定数量的大泉五十、货泉及剪轮、磨郭、无字钱等。这些钱币与之前各期所出的同类钱币相比，制作粗劣，文字模糊（图2-5,23~25）。出土的多乳镜及连弧云雷纹镜均为东汉中晚期流行的镜型（图2-5,21、22）③。综合以上分析，此期大约处于东汉晚期的桓、灵之世。

第二节　墓葬文化因素属性分析

综合前文的分析，冀中南汉墓所呈现的文化面貌阶段性特征显著。不同时期文化面貌的差异可能正是其文化自身发展的同时又与周边地区文化不断接触、交流的结果，而墓葬中出现的各种不同性质的文化因素，即是这些自身发展与接触交流的具体体现。冀中南汉墓所包含的文化因素依其性质大致可分为以下几种。

一、汉墓共性因素

1. 砖室墓（室A型墓）

冀中南的竖穴室墓出现于西汉晚期，但直到东汉早期才广泛流行。此种墓葬的规模差异较大，结构简单者仅有单间墓室，面积不过10平方米；结构复杂者由多间主室、侧室构成，面积可达数十甚至上百平方米。但从构筑

---

① 蒋若是：《东汉五铢钱》，《秦汉钱币研究》，第207~231页。
② 孔祥星、刘一曼：《中国古代铜镜》，第73、74页。
③ 孔祥星、刘一曼：《中国古代铜镜》，第83~88页。

方式上看它们基本相近,均是先挖出"甲"字形墓圹,在圹内以砖砌筑仿造地面房屋的墓室。砖室墓广泛分布于汉王朝统治疆域内,从河洛地区到吴越之地,以及长城以北的塞外边郡都曾出现过这种形制的墓葬,故可将其视为汉代墓葬的共性因素。

2. 黄肠题凑墓、崖洞墓与室 Ac-2 型墓

甲类墓规模宏大,结构复杂,西汉时期多黄肠题凑墓,并有少数崖洞墓(室 C 型墓),东汉时期多见回廊结构多室墓(室 Ac-2 型)。这几种形制的墓葬也常见于其他地区的大型汉墓,其分布呈现出小集中大分散的特点。其中黄肠题凑墓主要集中在华北平原北部和长江中下游地区,墓主均可确认为西汉时期的诸侯王、王后。有研究认为"黄肠题凑"出现于东周时期,进入汉代,发展成为包括黄肠题凑、梓宫、便房及外藏椁的一套完整结构[1]。黄肠题凑本为天子之制,诸侯王和朝中重臣使用这套大型葬具者应是来自皇帝的恩赐[2],是一份突显身份与功勋的殊荣。可见此类墓葬体现的是等级身份而非地域特色,可将其归入汉墓共性因素。

汉代崖洞墓的分布区有二:一是淮河以北、太行山以东的华北各诸侯国封域;二是四川盆地及其周边。华北地区崖洞墓流行于西汉时期,墓主均为诸侯王、王后。四川的崖洞墓出现于新莽前后[3],其规模、墓主人身份均与华北地区存在明显差异。冀中南位于崖洞墓的华北分布区,仅满城 M1、M2 两座,墓主人分别为卒于武帝时期的中山王刘胜与王后窦绾[4]。这种出现于西汉早期的大型墓葬,在山体中开凿出空间立体化,建筑式样、装饰和功用宅第化的墓室群,迎合了"事死如生"的丧葬观念[5],是打破传统的新丧葬礼制的体现。故可归入汉墓共性因素。

回廊结构多室墓亦是一种大型汉墓常见的形制,尤其是东汉时期的诸侯王墓。定县北庄汉墓的墓主人为卒于和帝年间(公元 90 年)的中山简王刘焉夫妇,该墓除回廊外,还在墓室外周砌石墙[6]。有研究认为,这类墓葬中无论回廊还是石墙均是由木构黄肠题凑形制演化而来,是石条替代了柏

---

[1] 鲁琪:《试谈大葆台西汉墓的"梓宫"、"便房"、"黄肠题凑"》,《文物》1977 年第 6 期;刘德增:《也谈汉代"黄肠题凑"葬制》,《考古》1987 年第 4 期。

[2] 中国社会科学院考古研究所:《中国考古学·秦汉卷》,第 359 页。

[3] 马晓亮:《四川早期崖墓及相关问题探讨》,《考古》2012 年第 1 期。

[4] 中国社会科学院考古研究所等:《满城汉墓》,文物出版社,1978 年,第 15 页。

[5] 以上观点参见中国社会科学院考古研究所编著《中国考古学·秦汉卷》第 361 页。此外,如永城保安山 M2 墓壁石材上铭刻的"东宫"、"西宫"等铭也印证了这一观点(阎根齐:《芒砀山西汉梁王墓地》,文物出版社,2001 年,第 40~75 页)。

[6] 河北省文化局文物工作队:《河北定县北庄汉墓发掘报告》,《考古学报》1964 年第 2 期。

木方的黄肠石墓①。因此也可归入汉墓共性因素。

3. 生活明器

这类器物主要有盆形樽、魁、灯、熏炉、奁、方盒、筒形樽、耳杯、案等。其中筒形樽、耳杯、案出现于战国,是战国晚期楚墓随葬漆器中常见的器形,如江陵望山 M1 的漆樽(WM1∶B82)、漆耳杯(WM1∶B53)、漆案(WM1∶T73),其形态与冀中南汉墓出土的陶质同类器虽有差异,但总体特征相近(图2-6,1~6)②,应具承继关系。钫、鐎亦出现于战国中晚期,如湖北麻城白骨墩战国中晚期墓葬中随葬的陶钫与安徽舒城秦家桥 M1 出土的兽首流铜鐎(图2-6,7~10)③。以上几类器物,虽与楚文化有渊源,但入汉之后,在汉代疆域内广泛流行,各地所出并无明显差异,故可归入汉墓共性因素。铙镂、盆形樽、铎、魁、灯、熏炉、奁、方盒等是西汉之后新出现的器类,分布范围广泛,在南北方汉墓中都曾有过发现,各地所出器物形态相似,几无差异,因此也可归入汉墓共性因素。

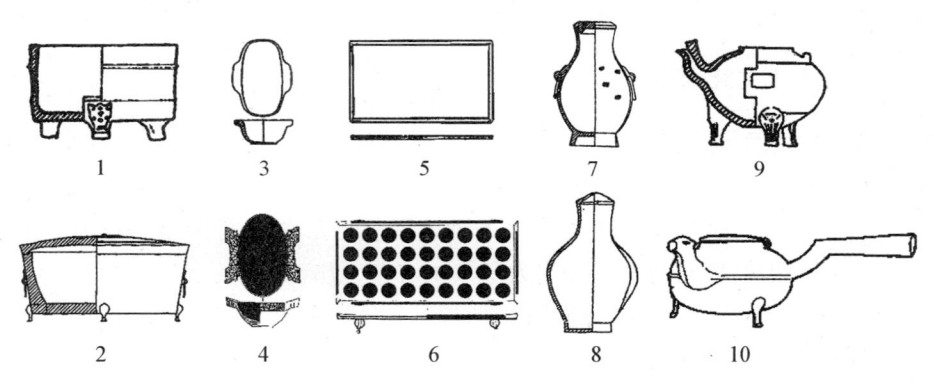

图2-6 汉墓共性因素比较图

1、2. 筒形樽(曹演庄 M4∶1、江陵望山 WM1∶B82) 3、4. 耳杯(燕下都 W21M4∶4、江陵望山 WM1∶B53) 5、6. 方案(大代庄 M1∶20、江陵望山 WM1∶T73) 7、8. 钫(高庄 M1∶603、白骨墩 M1∶20) 9、10. 鐎(曹演庄 M22∶8、秦家桥 M1)

4. 随葬陶礼器、模型明器之风

冀中南汉墓所出陶礼器的基本组合为鼎、盒、壶。这套组合从汉初即在汉代疆域内广泛流行,俞伟超先生认为这是战国关东六国文化遗风的复苏,

---

① 赵化成、高崇文等:《秦汉考古》,文物出版社,2002年,第86页。
② 湖北省文物考古研究所:《江陵望山沙冢楚墓》,文物出版社,1996年,第86、87、90页。
③ 湖北省博物馆江陵工作站、麻城县革命博物馆:《麻城楚墓》,《江汉考古》1986年第2期;高明:《中原地区东周时代青铜礼器研究(上)》,《考古与文物》1981年第2期;丁兰:《战国末期楚墓随葬陶器的区域特征》,《华夏考古》2004年第1期。

是汉文化形成期的重要特点①。冀中南汉墓随葬陶礼器的葬俗也应是受其影响而产生的,可称为汉墓共性因素。

器形上,各地铜礼器差异较小,陶礼器则丰富多样,表现出两种不同的倾向。其中 Aa、Ab、B 三型陶鼎,Aa、Ba、Bb 三型陶盒,Aa、Ae、Ba 三型壶以及盘、Aa 型匜与同时期同类青铜或漆器形态相近,应是仿铜礼器或漆礼器而造,由于流行广泛,可归入汉墓共性因素。除此之外的大量陶礼器则富有明显的地域特征,需据其分布地域、文化渊源等确定属性(详后)。

模型明器的常见组合为囷、灶、井,此外有的组合中还常伴有仓、仓楼、猪圈等,将与日常生活息息相关的设施制成陶质模型随葬是汉代墓葬中十分流行的葬俗,特别是西汉中期之后。这组充满世俗生活气息的随葬器物也成为汉文化形成期极富时代性的特征之一。因此可将此风归入汉墓共性因素之列。但各地自然环境、风俗习惯互不相同,模型明器在形态上存在着一定的地域差异。冀中南汉墓模型明器形态所体现的文化因素属性差异,后文将逐一论述。

二、本土文化因素

(一)战国传统因素

1. 椁 A 型墓

竖穴土坑墓是东周时期黄河中下游地区就已广为流行的墓葬形制,如燕下都遗址中的战国晚期墓葬均为竖穴土坑墓,竖穴内有的有木质棺椁,有的直接放置尸体②,与西汉时期流行的椁 Aa 型墓完全相同,因此可将其视为本地战国文化传统的延续(图 2-7,1、3)。

2. 夹砂红陶釜(B 型釜)

B 型釜均为夹砂红陶,有的还在陶土中掺杂云母粉末。此类釜在东周燕文化中已广为流行③。西汉时燕下都遗址周边的墓葬中仍大量出土这种陶釜(图 2-7,2、4)。燕下都是战国晚期的燕都所在,西汉时燕文化遗风犹存,B 型釜可能就是燕文化遗风的体现,从这个意义上说,也可将其归入本土传统文化因素。

3. 夹蚌陶

日用陶器中还有一类陶质较为特殊的器物,陶胎中含有云母颗粒或粉

---

① 俞伟超:《考古学中的汉文化问题》,《古史的考古学探索》,文物出版社,2002 年,第 184 页。
② 河北省文物研究所:《燕下都》,文物出版社,1996 年,第 165 页。
③ 陈光:《东周燕文化分期论(下)》,《北京文博》1998 年第 2 期。

末,报告中常称其为"夹蚌陶"。器类以壶、罐为主,形态上与同时期所出泥质陶完全相同。夹蚌陶亦是东周燕文化的特色,其盛行可能与燕国有丰富的云母矿藏有关①。西汉时期夹蚌陶的流行地域与 B 型釜基本重合,因此也可将其视为本土传统文化因素在汉代的延续。

(二) 汉代新生因素

1. D、G、H 三型陶鼎,Ab、C 两型陶盒以及 Bb、Bc 两型陶壶

从统计图表 2-1 中可见,G 型鼎、Ab、C 型盒以及 Bc 型壶在同类器中最为常见,应最能代表冀中南的地域特征。此外,D、H 型鼎以及 Bb 型壶也在同类器物中占有一定比例。并且这几种形态的陶礼器均少见于冀中南以外的其他地区,应是当地文化自身发展的结果,可归入冀中南本土文化因素。

2. Ac、Ad、Af、Ba、Bb 五型陶罐,Cb 型陶壶与 A 型陶釜

从统计图表 2-2 可见,Ad、Af、Ba 三型罐是冀中南地区最常见的日用陶器,三者的数量近其余各型器总和的一倍。并且这三种形态的陶罐在冀中南以外的地区非常少见。除此之外的 Ac、Bb 型罐,Cb 型壶以及 A 型釜也是冀中南所独有的日用陶器,但其延续时间略短,多在东汉早期或中期之后消失不见,故而出现频率略低于前述三型陶罐。但从其分布范围以及相对完整的形态演进序列看,它们均可归入冀中南本土文化因素之列,所不同的只是在文化演进的过程中,一些器物得以延续而一些逐渐被取代。

3. D 型囷,Ac、Ae、B 三型陶井以及 B 型陶灶

冀中南汉墓从西汉中期开始出现模型明器,B 型井和 B 型灶是最为常见的器形(统计图表 2-3)。同陶礼器、日用陶器中那些本土特色器物一样,B 型井和 B 型灶,从西汉中期至东汉晚期盛行不衰,并且在器物形态方面形成了连贯、完整的演变序列,也应是形成于本土文化的土壤之中,可归入本土文化因素之列。

此外,D 型囷与 Ac 型井亦具有独特的形态,少见于其他地区,可归入本土文化因素。Ae 型井在东汉早期几乎同时出现在了黄河中下游的汉墓中,如焦作白庄 M41:21、侯马乔村 M4259:10,其形态特征近似、演变趋势相近。自商周以来黄河中下游就是我国重要的旱作农业区,温和的气候,疏松易耕的黄土冲积层成就了这里发达的农业,同时,相似的自然环境、生业方

---

① 陈光:《东周燕文化分期论(上)》,《北京文博》1997 年第 4 期。

式可能也使这里在生产、生活设施的选用方面具有一定的共通之处,这种亚腰形陶井的出现可能正是这种共通点的体现。但在陶井附属设置的装饰方面,黄河中下游各地又表现出了地域差异,冀中南的 Ae 型井常在井架边做出卷云形装饰,有的还在井架顶端装饰有树叶形泥塑,如武邑中角 M4∶31,而三河地区常见的是风格简洁、几无装饰的方形井架,如安阳郭家湾 M40∶15(图 2-7,5、6)①。由此可见,这种装饰风格独特的亚腰形井也可算作是冀中南的本土文化特色。

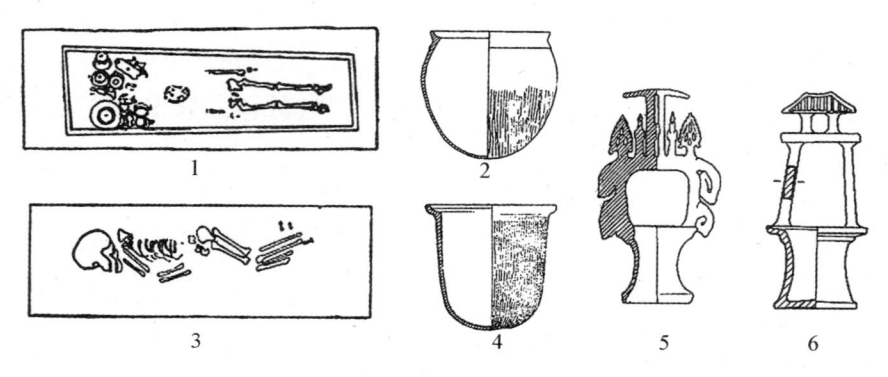

图 2-7 本土因素比较图

1、3. 椁 Aa 型墓(燕下都 M4、燕下都 T6①M3) 2、4. B 型釜(燕下都 W32∶1、燕下都 M21∶5)
5、6. Ae 型井(中角 M4∶31、郭家湾 M40∶15)

三、外来文化因素

(一)楚文化因素:漆衣陶

漆衣陶仅见于西汉中期的甲类墓,器类有鼎、盒、壶、耳杯、盘、匜等,其表面及内部髹漆,漆色、花纹风格均与同类漆器相同,因此也可将其称为陶胎漆器。这种在陶胎上髹漆的器物商代已有,安阳殷墟就曾出有器表红漆彩绘的黑陶罐②。西汉早中期,漆衣陶器的数量增多,且广泛流行于原先的战国楚地,有研究认为这是战国中晚期楚地彩绘陶和制漆业发展的结果③,故可将其归入战国楚文化因素。

---

① 河北省文物研究所:《武邑中角汉墓群 4 号墓发掘报告》,《河北省考古文集》,东方出版社,1998 年,第 261~271 页;中国社会科学院考古研究所安阳工作队:《河南安阳市郭家湾汉墓》,《考古学集刊》第 11 集,中国大百科全书出版社,1997 年,第 187~215 页。
② 张荣:《古代漆器》,文物出版社,2005 年,第 14 页。
③ 包明军:《漆衣陶器浅谈》,《华夏考古》2005 年第 1 期。

（二）关中文化因素

1. 铅釉技术

铅釉陶器表釉色浓艳，胎质疏松，吸水性强不具实用性，是专为随葬而生产的器物。从目前已有资料看，铅釉陶最早出现在武帝初年的关中地区[①]，逐渐在西北、华北及秦淮以南流行开来。冀中南铅釉陶的出现也应是受此影响。不过冀中南铅釉陶的器形与同时期关中地区同类器物相比存在较大差异，而与本地泥质陶极为相近，因此可以推测冀中南吸收的可能仅是关中的陶器施铅釉技术，而非器物本身（图2－8，1~9）。

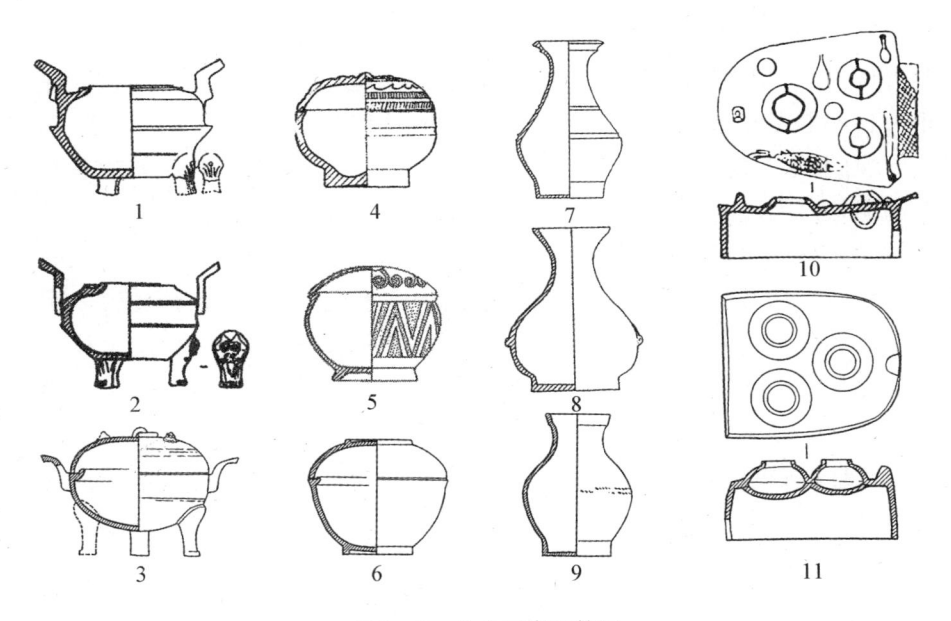

图2-8 关中因素比较图

1. 铅釉陶鼎（曹演庄M24∶5）2. 泥质陶鼎（曹演庄M6∶1）3. 铅釉陶鼎（陕西交通学院M79∶17）4. 铅釉陶盒（曹演庄M24∶1）5. 泥质陶盒（燕下都D6M2∶16）6. 铅釉陶盒（交通学院M79∶15）7. 铅釉陶壶（曹演庄M17∶12）8. 泥质陶壶（曹演庄M18∶11）9. 铅釉陶壶（交通学院M79∶18）10. 马蹄形灶（定州南关M28∶6）11. 马蹄形灶（西安方新村M6∶14）

2. 马蹄形灶

有研究者对秦汉时期的陶灶进行了系统分析，认为秦汉时期的陶灶可

---

① 西安市文物保护考古所：《西安龙首原汉墓》，西北大学出版社，1999年，第166~178页；郑洪春：《陕西新安机砖厂汉初积炭墓发掘报告》，《考古与文物》1990年第4期。

以分为方头灶与圆头灶两大系统,函谷关以西、秦岭以北多圆头灶,函谷关以东、秦岭以南则多方头灶。圆头灶在战国晚期的关中地区已经出现,秦至汉初形成了马蹄形灶面、"品"字形三火眼的样式①。汉代这种马蹄形陶灶沿黄河北岸向东扩展,位于关东的陕县、三门峡及晋南汉墓中均能见到其身影。冀中南与晋南毗邻,出现马蹄形灶应是关中马蹄形灶向东传播的结果,故可将其归为关中文化因素(图2-8,10、11)。

(三) 三河文化因素②

1. 洞室墓(室B型墓)

冀中南的洞室墓集中出现在西汉中晚期,数量很少。关于洞室墓的起源,有学者认为是战国秦墓的主要特点,伴随着战国末年秦统一六国的征程,影响到了关东,从而使关东地区在战国末年出现了洞室墓③。也有学者认为"关中地区从春秋中期到战国末期早段的各类秦墓均为口大底小的长方形竖穴墓,战国中期晚段,大荔地区和西安地区出现洞室墓,到战国晚期,宝鸡地区也相继出现洞室墓。因此,关中秦墓自身原有的墓葬形制应是口大底小的竖穴墓,大量洞室墓的年代是在战国晚期,而且其分布情况是东早西晚",同时还根据洛阳烧沟至迟在战国晚期以前已出现洞室墓的现象指出"关中、关东地区在战国中晚期同时出现的洞室墓,表明两个地区在文化上的交流和相互影响"④。进入汉代以后,以长安为核心的三辅及以洛阳为中心的三河依然是洞室墓分布最为密集的地区,并明显地存在由这里向其他地区转移的迹象。由此可见,洞室墓应视为三河地区自身发展的结果。冀中南与三河毗邻,与遥远的关中相比,这里出现的洞室墓更有可能是受到了三河地区的影响,可称为三河文化因素(图2-9,1、2)。

2. Bc型罐、C型囷、三火眼方头灶

这三类器物或出现时间晚或仅见于某一时间段,如Bc型罐出现于东汉中期,C型囷仅见于西汉中晚期,三火眼方头灶仅见于西汉晚期和东汉早期,可见其并非本地惯有器物。在三河地区,Bc型罐和C型囷的流行时间

---

① 梁云:《论秦汉时代的陶灶》,《考古与文物》1999年第1期。
② "三河"是战国秦汉时期地理上的一个习惯称呼,系指河东、河南和河内三郡之地,三郡皆为秦置,沿袭至汉。三河是下篇将要讨论的"晋中南豫北区"的核心,汉墓文化面貌的地域性特征鲜明突出。考虑到晋中与三河墓葬数量的悬殊差距。本篇的讨论所涉及的文化因素在三河更为集中、典型,因此将其称为"三河文化因素"。
③ 叶小燕:《秦墓初探》,《考古》1982年第1期。
④ 滕铭予:《论关中秦墓中洞室墓的年代》,《华夏考古》1993年第2期。

贯穿两汉始终。三河是汉代的畿辅要地，东汉时期更是成为王朝首都，政治的影响力增强了其文化的感召力，冀中南应是受其影响出现了上述器物（图2-9,3~6）。

方头灶虽常见于关东各地，但不同地域流行的形制有所差别，如三河流行的方头灶常有多个火眼，或并列，或呈"品"字形排列，烟囱高矮不一，但其边缘均位于灶台内侧。鲁南苏北则多双火眼方头灶（A型灶），烟囱往往突出于灶台，顶端还常有屋顶形小盖。冀中南东汉墓中的方头灶三火眼呈"品"字形排列，与三河地区同期墓葬所出形态相同，因此可见这类灶应是源自于三河地区，亦可将其归为三河文化因素（图2-9,7、8）。

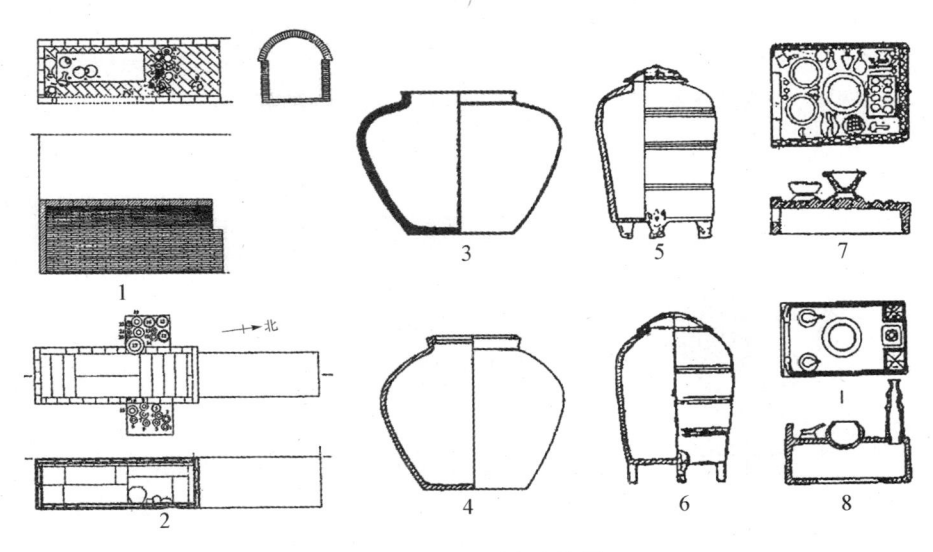

图 2-9 三河因素比较图

1、2. 洞室墓（曹演庄 M22、叶岭砖厂 M12） 3、4. Bc 型罐（蠡县墓、王门村 M1∶5） 5、6. C 型囷（曹演庄 M24∶11、铁路饭店 M1∶11） 7、8. 三火眼方头灶（下博 M20∶9、泗涧沟 M29∶4）

（四）江东文化因素：印纹硬陶、钙釉陶、青瓷

印纹硬陶兴盛于春秋末年，在江、浙、赣等地广泛流行。其胎泥中虽含有少量杂质和砂粒，但烧成温度较高，胎体坚硬，敲击时有铿锵之声，又因常在器表拍印米字纹、方格纹、麻布纹等花纹，因而得名"印纹硬陶"。因其质地粗糙不宜作饮食器，故绝大多数印纹硬陶为罐类容器。在江东地区，与印纹硬陶同时流行的还有原始瓷器，它以瓷土作胎，瓷土经粉碎、淘洗，质地细腻致密，外施薄石灰釉，由于釉层利于口唇接触和洗涤，因而常制成饮食器具、仿铜礼器等。江东地区的印纹硬陶烧造业曾因战国晚期的兼并战争而一度衰退,但至秦汉之际再度复兴,并且又发展出了从成型、装饰到胎、釉工艺都有别于原始瓷器的钙釉陶。钙釉陶技术在西汉至东汉早中期的三百年间获得了迅速发展,最终在东汉中晚期烧造出了青瓷器①。由此可见,自春秋以来的几百年间,江东地区制陶工艺的演进一脉相承,从印纹硬陶至青瓷,体现了鲜明的地域特色。

冀中南地区发现的这三类器物数量极少,仅见于个别甲类与乙类墓中。西汉中期高庄汉墓出土的硬陶罐敞口方唇,通体拍印篦点纹,与江西新余旧城汉墓所出的硬陶罐近似(图2-10,1、2)②;东汉晚期定县北庄M43与安平逯家庄出土的双系壶形态近似,胎骨略有差异,前者胎色暗红,烧制温度略低,应为釉陶,而后者烧制火候更高,胎色灰白,质地坚硬致密,釉层也更加凝厚,简报中称之为青瓷(图2-10,3、5)。此类壶常见于江浙一带,如绍兴狮子山M307∶6、杭州M38∶9(图2-10,4、6)③,前者施釉不及底,釉层剥落严重,后者则胎釉结合致密。从烧制工艺看,前者属釉陶,后者已是瓷器。两者烧制工艺有别,而形态近似,也反映出东汉时期的青瓷器由钙釉陶

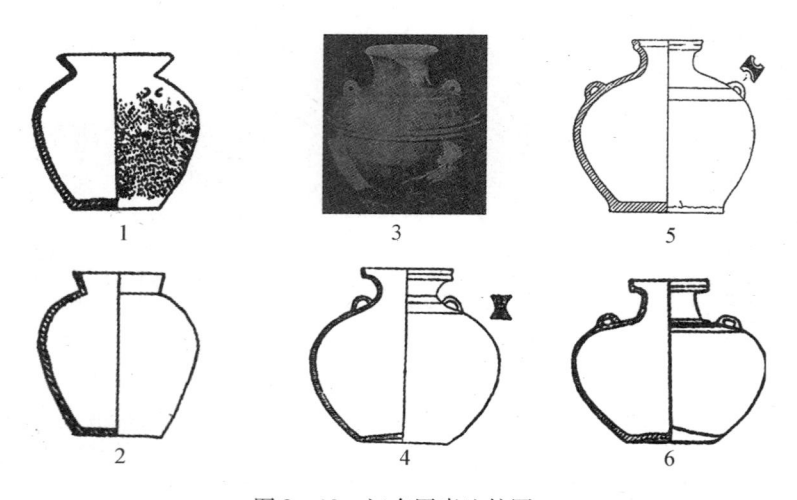

图 2-10 江东因素比较图

1、2. 硬陶罐(高庄 M1∶447、新余旧城 M∶3) 3、4. 钙釉双系壶(北庄 M43、狮子山 M307∶6) 5、6. 青瓷双系壶(逯家庄墓、杭州 M38∶9)

---

① 江东地区陶瓷工艺的发展,参见中国硅酸盐学会主编《中国陶瓷史》,文物出版社,1982年,第99~103、122~133页。
② 江西省新余市博物馆:《江西新余发现西汉墓》,《南方文物》2005年第4期。
③ 绍兴市文物管理委员会:《绍兴狮子山东汉墓》,《考古》1984年第9期;浙江省文物考古研究所:《杭州地区汉、六朝墓发掘简报》,《东南文化》1989年第2期。

演进而来,初期二者在造型技术和装饰风格方面都存在着诸多相似之处。由此可见,冀中南汉墓中随葬的印纹硬陶罐、钙釉双系壶、青瓷双系壶,不但工艺源自江东,而且形态也同于江东汉墓中的同类器,迥异于本地罐、壶。因而它们应是江东地区产品直接输入的结果,可称之为江东文化因素。

(五) 鲁北文化因素

1. 砖椁墓

西汉中期,冀中南地区的竖穴土坑墓中出现了砖椁,以小砖砌筑四壁并铺底,之上先覆盖木板再铺砖。这类墓葬的数量很少,仅出现在西汉中晚期,并未广泛流行。而与其邻近的山东北部,这种砖椁墓的流行从西汉早期一直延续至东汉早期,在竖穴椁墓中的比例高达82.1%(详见第三章)。冀中南的砖椁墓应是受到山东北部的影响而产生,可将其称为鲁北文化因素(图2-11,1、2)。

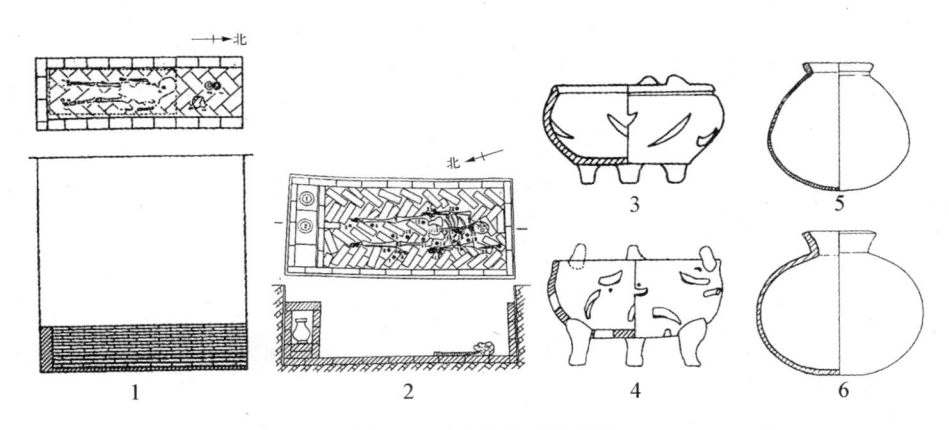

图 2-11 鲁北因素比较图
1、2. 砖椁墓(曹演庄 M19、章女西 14) 3、4. 鼎形圆炉(中角 M4:61、闵子骞祠堂 M1:8)
5、6. 白陶罐(邢各庄 M24、孟庄墓)

2. 鼎形圆炉

鼎形圆炉是西汉晚期冀中南汉墓中出现的新器类。炉口沿有支钉,可用于承放釜类炊器,炉内可生火,应是与灶近似的庖厨之器。墓葬中圆炉往往与灶共出,如武邑中角 M4、燕下都北沈村东汉墓、景县大代庄东汉墓等,随葬品组合中往往是1件圆炉、2件灶(图2-11,3)。若将随葬品呈现的面貌联系现世生活,这种现象似乎表明灶才是该地生活中的主要烹饪设施,而圆炉仅为辅助用具。在与冀中南相邻的鲁北,西汉晚期墓葬中也出现了圆炉(图2-11,4),并且一直延续至东汉晚期,形态的阶段性演变形成了连贯的序列。此外,从随葬品组合看,鲁北地区基本不见灶,圆炉作为一种可移动的庖厨用具,可能在当地居民的生活中有着特殊的作用,从这个意义考虑,鼎形圆炉很可能是在鲁北地区形成的一种特色厨具,伴随地区间的交往影响到了邻近的冀中南,因而可称为鲁北文化因素。

3. 白陶罐

白陶罐的数量非常少,仅见于个别东汉晚期的乙类墓。此类罐在鲁北地区则较为多见,东汉早期至东汉晚期的乙、丙两类墓中均有发现。故亦可归入鲁北文化因素(图2-11,5、6)。

(六)鲁南苏北文化因素:Aa、Ae、Ag 三型陶罐

这三型陶罐在冀中南的延续时间均较短,仅见于某一时间段,如 Aa 型罐仅出现于西汉中晚期,Ae 型罐见于东汉时期,Ag 型罐见于西汉早中期。并且数量远低于 Ba、Ad、Af 型等本土陶罐(统计图表2-2)。而在鲁南苏北这三种形态的陶罐则是当地最为常见的器物,因此可称其为鲁南苏北文化因素(图2-12)。

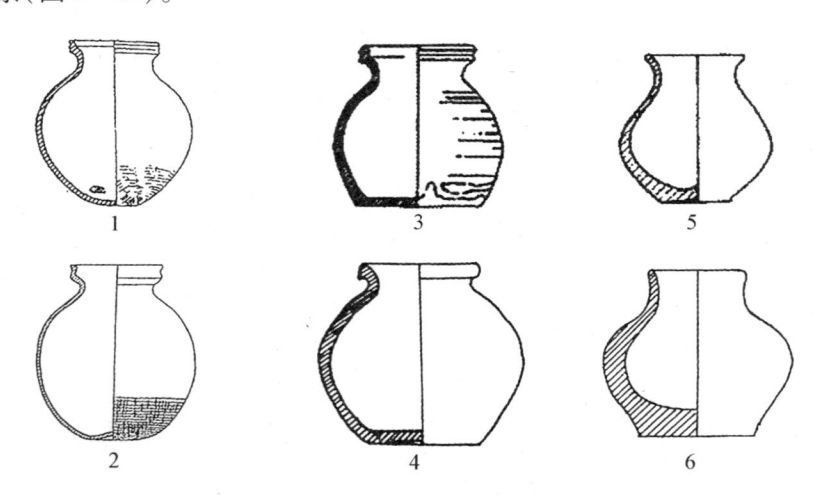

图2-12 鲁南苏北因素比较图

1、2. Aa 型罐(定州南关 M47:2、刘林 M191:2) 3、4. Ae 型罐(下博 M22:5、官桥车站 M16:1) 5、6. Ag 型罐(曹演庄 M13:3、独山墓)

第三节 四类墓葬的文化因素构成分析

冀中南地区发现的汉墓包括了甲、乙、丙、丁四类,其文化因素构成各具特点,并且随着时代的变迁,同类墓葬的文化因素构成也呈现出不同特点。

一、甲类墓

冀中南甲类墓的分布呈现出大分散小集中的特点,主要集中在汉代滹沱河流域及其以北的石家庄、献县、定县、满城等地,墓葬地点大多位于汉代诸侯国王城,如甲类墓最为集中的定州即是西汉时期中山国王城卢奴所在①(参见图2-1)。目前所见甲类墓,在时间上存在缺环,仅有西汉早、中及东汉早、晚四期墓葬(详见附录1-1)。

这四个时期的甲类墓,在墓葬形制方面,从西汉早期的黄肠题凑墓、西汉中期的崖洞墓到东汉时期的回廊结构多室墓均体现了鲜明的汉墓共性特征。在随葬品方面,各个时期的甲类墓中数量最多的是具有汉墓共性特征的铜、陶礼器与生活明器。可见,汉墓共性因素是甲类墓文化因素构成中的核心。

除汉墓共性因素外,甲类墓的随葬品中也包含有地域性文化因素,如冀中南本土文化因素、关中文化因素、三河文化因素、江东文化因素以及战国楚文化因素。这五类因素在各时期甲类墓中的影响程度及表现形式均有不同。冀中南本土因素贯穿始终,但影响限于少数日用陶器和模型明器,如石家庄小沿村墓中的 Ac、Af 型罐;大葆台 M1、高庄 M1 中的 Ba 型罐;定县北庄墓中的 B 型井等。关中因素的影响始于西汉中期,主要表现为铅釉陶的随葬。江东因素的影响在时间上缺少延续性,波及范围也非常有限,仅有个别墓葬中的少数几件器物,如西汉中期高庄汉墓中的印纹硬陶罐、东汉晚期定县 M43 中的钙釉双系壶。战国楚文化因素的影响集中于西汉早中期,尤以漆衣陶表现突出,如大葆台 M1 和定县北庄 M40 中大量随葬陶器表面皆髹漆。

各期甲类墓中,以西汉中期的文化因素构成最为多样,包括了上文述及的各类。其余三期则相对简单,大多仅含汉墓共性因素与本土因素两类。究其原因,一方面可能与当时社会生产的发展有关。西汉中期,经历了汉初八十余年的休养生息,已逐渐从楚汉战争的创伤中恢复,因战乱而一度衰落的部分手工业再度繁盛。安定的政局为新技术、新工艺创造了良好的外部环境。与此同时汉朝也已将各地有效地纳入中央统治之中,诸侯王作为特权阶层更有可能享有来自不同地区的物品。另一方面,也是由于西汉中期之后随着大一统思想的强化,地区间的差异逐渐缩小,新的时代特征渐趋成熟,地方特色逐渐被统一的汉代共性因素所取代。但考虑到甲类墓的发现情况,各期文化因素构成的差异可能也受其影响表现不均。目前的发现中

---

① 仇凤琴:《西汉时期河北境内诸侯国的世系和疆域》,《河北省考古文集(二)》,第 420 页。

有 70% 以上为西汉中期墓葬,涉及武、昭、宣等不同阶段,而此外的三个时期均仅各有 1 座墓葬。并且还存在较为严重的破坏,随葬品多已被盗或破损至不易辨识。因此,甲类墓文化因素构成的演变历程还有待于墓葬材料的进一步补充,但以汉墓共性因素为绝对核心的这一特点已得到了充分体现。为清晰起见,现将基于墓葬形制和随葬品两方面的分析而得出的不同时期冀中南区甲类墓文化因素构成情况列成表 2-2。

表 2-2 冀中南地区甲类墓各阶段文化因素构成表

期别	汉墓共性因素	本土汉代新生因素		外来文化因素		
		甲组	乙组	楚文化	关中	江东
一	黄肠题凑墓、铜礼器		Ac、Af 型罐			
二	同上+室 C 型墓;陶礼器、生活明器		Ba 型罐	漆衣陶	铅釉陶技术	硬陶罐
四	室 Ac-2 型墓;陶礼器、陶/铜生活明器	B 型井				
六	同上+室 Ac-1 型墓-陶礼器		Ba 型罐			钙釉双系壶

注:表中"同上"指某类文化因素在前一期的表现形式延续至该期;"+"表示该期新出现的某些表现形式;"-"表示该期已消失的某些表现形式。此外,本土文化因素中的陶礼器与模型明器均为融合了汉代丧葬之风而形成,日用陶器则相对较为单纯,故表中分别将其标示为甲组与乙组以示分别。下文皆同不再赘述。

二、乙类墓

乙类墓数量少,分布分散,墓葬地点大多位于王国国都或郡治附近。如乙类墓较集中的石家庄,曾为常山国、真定国王都以及常山郡郡治所在(参见图 2-1)。同甲类墓发现情况近似,目前已有的乙类墓也存在着时间上的缺环,仅见西汉晚期至东汉各期墓葬。并且除东汉中晚期材料较丰富外,其余两期仅有一两座墓例,还多已遭严重破坏(详见附录 1-2)。据此有限资料对乙类墓文化因素构成作出的分析还有待于资料充实之后的进一步完善。

从现有资料看,乙类墓的墓葬形制较为统一,除西汉晚期有 1 座椁 B 型墓外,其余均为室 Ac-1 型墓,表现出鲜明的汉墓共性特征。随葬品亦是以汉墓共性因素为主,只是不同阶段的表现形式略有区别,西汉晚期为青铜礼器,东汉之后主要是各类生活明器与模型明器。在外来因素中,关中因素最具影响力,从西汉晚期的铅釉陶到东汉各期的马蹄形灶,虽然数量有限,但影响贯穿始终。受材料所限,西汉晚期与东汉早期情况不明。到东汉中晚期,乙类墓的文化因素构成在前期基础上内涵渐丰富。除本土特有的各型陶罐外,增加了源自鲁南苏北、鲁北、三河以及江东地区的日用陶器、青瓷器等。各期文化因素构成情况见表2－3。

表2－3 冀中南地区乙类墓各阶段文化因素构成表

期别	汉墓共性因素	本土汉代新生因素		外来文化因素				
		甲组	乙组	关中	三河	江东	鲁北	鲁南苏北
三	室A型墓、椁B型墓;陶/铜礼器			铅釉陶				
四	室Ac－1型墓;陶/铜生活明器	Ae型井		同上＋马蹄形灶				
五	同上	同上	Af、Ba型罐	同上	Bc型罐			Ae型罐
六	同上	同上	同上	铅釉陶	同上	青瓷双系壶	圆炉、白陶罐	同上

三、丙类墓

丙类墓数量多,分布广,尤以易县燕下都和邢台曹演庄两处墓地最为集中(参见图2－1)。丙类墓在墓葬形制与随葬品方面表现出了明显的阶段性特征(详见附录1－3)。

西汉早期,墓葬形制继续沿用东周以来当地传统的椁Aa型墓。随葬品以陶礼器为主,从器形看,除具有汉墓共性因素的Aa、Ae型壶,还有本土所特有的H型鼎与Ab型盒。此外,如Ad、Ba、Bb型罐等大量日用陶器也是当地特有器物。可见,西汉早期丙类墓的文化因素构成是以本土因素为核心,且在墓葬形制方面尤为鲜明。

西汉中晚期,墓葬形制不断丰富,本土传统的竖穴椁墓虽据主导,但已非唯一,出现了源自三河的洞室墓(室B型)。随葬品方面,汉墓共性因素增强,陶礼器、生活明器与模型明器数量大增,并且除西汉早期已有的Aa、Ae型壶外,出现了Aa、Ab型鼎以及筒形樽、熏炉、灯等各地汉墓常见的生活明器。本土因素与汉墓共性因素的融合更为彻底,随葬陶礼器之风盛行,器物类型愈发丰富,出现了G型鼎、Bc、Cb型壶,模型明器中的B型井、B型灶、D型囷等。此外,外来文化因素逐渐渗透影响冀中南,如源自三河的室B型墓、C型囷,源自鲁南苏北的Aa、Ag型罐以及源自关中的铅釉陶技术等。

东汉之后,丙类墓在墓葬形制和随葬品方面均有较大变化,尤其墓葬形制,本土传统的竖穴土坑墓彻底为具有鲜明时代特性的竖穴砖室墓(室Ab或室Ac-1型)所取代。随葬品方面,生活明器与模型明器成为组合中的核心,陶礼器消失不见,本土日用陶器类型有所简化。可见,此时冀中南的地域特性已日趋淡化而汉文化的时代共性正逐渐清晰。

综上,丙类墓文化因素构成的演变大致可分为西汉早期、西汉中晚期与东汉三个阶段。第一阶段文化因素构成简单,本土特色鲜明,地域传统深厚。第二阶段汉墓共性因素上升,文化因素构成内涵丰富,外来因素的影响日渐增多,尤以关中与三河最具影响力。第三阶段文化因素构成彻底转变,本土特性衰退,地域传统消失不见,汉文化已趋成熟(表2-4)。

表2-4 冀中南地区丙类墓各阶段文化因素构成表

期别	汉代墓葬共性因素	本土文化因素			外来文化因素			
		战国传统	汉代新生		关中	三河	鲁南苏北	鲁北
			甲组	乙组				
一	Aa、Ae型壶	椁A型墓	H型鼎、Ab型盒	Ad、Ba、Bb型罐				
二	同上+Aa、Ab型鼎、陶/铜生活明器	同上+B型釜	同上+D、G型鼎、C型盒、Bb、Bc型壶、B型井、B型灶	同上+Ac、Af型罐	铅釉陶	室B型墓	Ag型罐	
三	同上-Ab型鼎	椁A型墓+夹蚌陶	同上+D型囷	同上	同上	同上+C型囷	Aa型罐	圆炉
四	室Ac-1型墓;Ae型壶、陶生活明器		Bb、Bc型壶、Ac、Ae型井	Ac、Ad、Af、Ba型罐	同上+马蹄形灶	方头三火眼	Ae型罐	同上
五	同上		同上-Bb型壶	Af、Ba型罐	同上	同上+Bc型罐	Ae型罐	同上
六	同上		同上-Bc型壶	同上	铅釉陶	Bc型罐		同上+白陶罐

四、丁类墓

丁类墓是各类墓葬中数量最多、分布最广的一类,主要集中在邢台、邯郸、定州、深州、河间、易县、元氏等地的中小型墓地中(参见图2-1)。丁类墓在墓葬形制和随葬品方面也具有明显的阶段性特征(详见附录1-4)。

西汉时期,90%以上的丁类墓为椁 A 型墓,仅有个别受三河因素影响采用洞室墓为葬。随葬品中绝大多数为冀中南所特有的罐、釜等日用器。到了西汉晚期个别墓葬中始见模型明器,其器形均为本土所特有。除此之外,出现了数量极少的钵、豆形灯等生活明器,显示出汉文化的影响。Aa、Ag 两型罐及铅釉陶表明丁类墓主也存在着与周边地区的交往互动。综上可见,整个西汉时期丁类墓的文化因素构成均以本土文化为核心,特别是本土传统因素在墓葬形制方面具有绝对的主导性。

东汉时期,墓葬形制发生了彻底转变,椁 Aa 型墓消失,几乎所有墓葬都转变为单砖室墓(室 Aa 型)。随葬品方面的变化也非常显著。本土传统的 B 型釜、夹蚌陶渐次消失,本土新生因素中的 A 型釜也消失不见,陶罐仅余 Af、Ba 两型。而筒形樽、案、耳杯等生活明器以及模型明器的种类、数量大增。可见,此时丁类墓中居于主导的因素已完全转变为汉墓共性因素。

综上,丁类墓文化因素构成的演变分为西汉与东汉两大阶段。其演变趋势主要表现为汉墓共性因素的上升与本土因素的弱化,这一进程完成于东汉早期。此外,丁类墓中外来因素所占比例较低,且这些有限的影响大多源自鲁北及鲁南苏北等邻近的王国地区(表2-5)。

表2-5 冀中南地区丁类墓各阶段文化因素构成表

期别	汉代墓葬共性因素	本土文化因素			外来文化因素			
		战国传统	汉代新生		关中	三河	鲁北	鲁南苏北
			甲组	乙组				
一	钵	椁 A 型墓;B 型釜、夹蚌陶		Ac、Ad、Af、Ba、Bb 型罐、A 型釜				Ag 型罐
二	钵、豆形灯	同上		同上+Cb 型壶		室 B 型墓	砖椁墓	Aa 型罐
三		同上	B 型井	同上	铅釉陶	同上	同上	

（续　表）

期别	汉代墓葬共性因素	本土文化因素			外来文化因素			
		战国传统	汉代新生		关中	三河	鲁北	鲁南苏北
			甲组	乙组				
四	室Aa型墓；陶生活明器	夹蚌陶	Ac、Ae型井	同上-A型釜				Ae型罐
五	同上		同上+B型灶、B型井	Af、Ba型罐			圆炉	Ae型罐
六	同上		同上	同上	铅釉陶		同上	

第四节　相关问题讨论

一、冀中南区各阶层社会文化变迁

墓葬虽不能作为现实生活的原景复制，但在汉代这样等级分明的社会中，墓葬面貌也具有明显的层次性，能够在一定程度上反映出不同阶层的社会文化面貌。

甲类墓主是汉代的特权阶层，文化因素构成中汉墓共性因素的主导地位不但是时代特征的体现，也是其身份与政治地位的体现。规模宏大、结构复杂的黄肠题凑，种类丰富、数量众多的各类铜、陶礼器，加工精美的玉器以及大量车马都是其他三类墓葬所无法比拟的，由此也突显出了诸侯王阶层的政治特权与经济实力。

乙类墓主是地位仅次于诸侯王的社会精英阶层。随葬品中以象征身份和等级的铜、陶礼器为核心，表明了这一阶层对生前所拥有的政治地位的重视，也反映出了他们与中央王朝的紧密联系。象征日常生活的日用陶器、模型明器中关中因素和三河因素占有较大比例，似乎又再次表明了乙类墓主与汉朝政治核心区的关联。此外，从墓葬规模及随葬品数量看，西汉晚期至东汉中期，乙类墓始终保持着比较稳定的状态。至东汉晚期，这种稳定的状态被打破，部分乙类墓的规模突然扩大，有的甚至与同期甲类墓相当，这从一定程度上反映出了此时这一阶层内部的分化。

丙类墓主虽也是拥有一定社会地位的阶层,但从随葬品及墓葬规模可见它们与乙类墓主的明显差距。西汉时期,丙类墓的随葬品亦是以礼器为核心,但不见铜礼器仅有陶礼器,并且器形均为冀中南本土文化所特有。日用陶器与模型明器中本土器物的种类、数量均远超乙类墓。由此可见,与乙类墓主相比,丙类墓主虽十分看重礼器所代表的等级与葬制,但同时也与冀中南本土文化保持着更为紧密的联系,将自身的日常生活完全融入本土文化系统中,并且礼仪范式方面也更加本土化。东汉时期,随着陶礼器消失,日用陶器简化,丙类墓的本土特征有所淡化,与此同时,大量出现的生活明器成为随葬品的核心。由此表明东汉时期的丧葬观念已由强调生前政治地位转而注重身后世界的财富与享乐。并且,渐趋清晰的汉墓共性面貌也表明此时丙类墓已完全融入汉文化之中。另外,从各类外来因素所占比例可以看出,关中、三河等政治核心区对丙类墓主的影响远超过鲁北、鲁南苏北等王国地区。这在一定程度上也反映出这一阶层与中央王朝较为密切的关联。在墓葬规模方面,丙类墓与甲、乙两类墓截然不同,始终保持在比较稳定的状态,这似乎表明了这一阶层在两汉时期较为稳定的发展。

丁类墓主是冀中南社会中的平民阶层。与前述三类墓葬完全不同,丁类墓的随葬品中不见礼器,正所谓"礼不下庶人"①,以日用陶器为核心也再次表明了这一阶层的社会地位。西汉时期,丁类墓在墓葬形制与随葬品中均表现出鲜明的本土文化特征,尤其是本土传统因素极具影响力。可见,统治王朝的更迭并没有给平民阶层的社会文化带来多少冲击,他们依然延续着原有的生活与风俗,在历史的进程中不断更新着本土文化的内涵。东汉时期,随着墓葬形制和随葬品类型的转变,本土特性淡化,汉墓共性因素突显。以此标志着冀中南本土文化完成了与汉文化整合的进程。在地区间的交往中,与乙、丙两类墓完全不同,丁类墓主与鲁北、鲁南苏北等王国地区的联系远超过关中、三河等政治核心区。在墓葬规模方面,丁类墓与丙类墓近似,两汉时期一直保持着相对稳定的水平。

二、冀中南区汉文化的发展及其与周边地区的关系

上文分析显示,冀中南汉墓主要包含了三类不同属性的文化因素:本土文化因素、汉墓共性因素及外来文化因素,其中外来文化因素又可分为关

---

① 《礼记·曲礼》,[清]孙希旦撰《礼记集解》卷四,第81页。

中文化因素、三河文化因素、鲁北文化因素、鲁南苏北文化因素及江东文化因素。这些不同属性的文化因素在各类墓葬中的表现形式及其所占比例反映了冀中南地域文化的特性。汉墓共性因素与当地本土文化之间的消长变迁反映了冀中南汉文化的形成、发展历程，而各类外来文化因素则在一定程度上反映了冀中南与周边地区不同形式的往来与交流。

　　冀中南汉墓的文化因素构成中，本土文化因素与汉墓共性因素所占比例较大，远胜外来文化因素。其中本土文化因素根据形成时间的差异，又有战国传统因素和汉代新生因素之分，前者仅流行于西汉时期，集中表现在墓葬形制和个别日用陶器方面；后者虽仅见于随葬品，但内涵更为丰富，西汉早中期在陶礼器、日用陶器和模型明器中都出现了许多具有鲜明本土化特点的器物，这些器物中有相当一部分沿用至东汉。汉墓共性因素在西汉早期即已在随葬器物方面得到了突出的体现，从成组的陶礼器到生活明器都表现出了鲜明的时代共性特征，并且这些共性特征又常与本土文化因素相互交融，如随葬陶礼器和模型明器中大量具有鲜明本土特征的器形。随着时间的推移，东汉之后，汉墓共性因素的影响力逐渐超越了本土因素，文化面貌的时代共性特征不断强化，砖室墓完全取代了当地传统的木椁墓，体现时代共性特征的生活明器、模型明器也成为随葬品中的核心。

　　由此可见，冀中南东周以来形成的地域文化并没有随着汉王朝的建立而立即消失，西汉时期不但继承了当地传统的竖穴土坑墓，沿用了夹蚌陶、B型釜等日用陶器，还出现了许多具有本土特色的新器物。与此同时，汉文化的时代潮流也很快影响到了冀中南，随葬陶礼器、模型明器、生活明器之风与汉代统治疆域的其他地区基本同步。随着时代的发展，冀中南独有的地域特性淡化，汉文化的共性特征不断强化。至东汉时期，冀中南彻底完成了地域文化与时代潮流的整合，从墓葬形制到随葬器物都体现着鲜明的汉墓共性特征，至此冀中南的地域文化也完全融入了汉文化的时代潮流。

　　在冀中南汉墓的各类外来文化因素中，江东文化因素所占比例很小，且仅出现在王侯级别的高规格墓中，表现为钙釉陶、青瓷等特有器物的输入。自东周以来，江东地区就形成了一套从选料到烧造、装饰都不同于中原泥质陶的工艺系统，所烧制的青釉陶釉色清雅，青瓷更是集美观与实用于一身，与中原普通泥质陶相比更显精致，其工艺的独特性决定了它很难以技术交流的形式扩展到其他地区，而多为器物的传播。冀中南所出现的这些器物也许正是从江东地区输入的特产，因其稀有故仅流行于上层社会。与江东文化因素相比，其余四类外来文化因素的影响就要广泛很多，在不同规格的汉墓中均能见到，且大多体现在日用陶器、模型明器等与日常生活密切相关的领域,这种状况可能正是冀中南与这些地区往来交流的体现。但上述交流又略存差异,其中鲁南苏北文化因素仅体现在个别日用陶器方面,在不同规格墓葬中的所占比例大致相当;鲁北文化因素则更多地出现在规格较低的丁类墓中,尤以西汉中晚期为盛,不但影响到了日用陶器,还有相当一部分墓葬采用了砖椁墓的形制;关中文化因素主要表现为陶器施铅釉技术和部分模型明器;三河文化因素所包含的内容最为丰富,涉及丙、丁两类墓中的洞室墓以及部分日用陶器、模型明器等。综上可见,在这五种外来文化因素所代表的五个地区中,三河地区似乎对冀中南的影响最为深远。

有研究者为地区间文化传播得以实现总结了以下三个必备条件:一是传播体与直接受体大致同时或时代上有交叉;二是受体的心理因素、文化发达程度没有发展到能够抵制住传播体文化因素的地步;三是传、受体之间没有不可逾越的地理障碍,即双方都不处在地理隔绝状态中[①]。冀中南战国时期属赵,与三河同属三晋文化系统,曾经拥有的某些共同文化传统,可能使其更容易对三河地区的文化产生心理认同。其次,三河是西汉的畿辅要地、东汉的首都,是汉帝国的政治核心地区,作为一个政治上空前统一的帝国,政治核心区的文化必然具有比其他地区更强的生命力和渗透力。再次,秦汉时期形成的辐射全国的八条交通干线之一的"东北干线",由长安出发至洛阳,再由洛阳渡洛河,沿太行山东麓,经邺、邯郸,以通涿、蓟,复向东北至辽东地区[②],为冀中南与三河两地间文化的传播和交流提供了便捷的通道。以此审视冀中南地区,则不难理解为何冀中南与三河地区的交流更为广泛。其余四类外来文化因素,可能更多的是由于地理位置的相邻而产生了地区间的交流与影响,其影响力的强弱似乎源于地理上距离冀中南的远近。

---

① 何驽:《考古学文化因素分析法与文化因素传播模式论》,《考古与文物》1990 年第 6 期。
② 邹逸麟:《中国历史地理概述》,第 329 页。

第三章　鲁北区汉墓的分期、文化因素分析及相关问题

鲁北区是战国齐之疆域。中部的济南、淄博、潍坊一带是该区汉墓分布的中心，也是西周以来齐文化的中心。东部沿海的胶东半岛即《尚书·禹贡》中的莱夷，西周时期属古莱国的统治疆域，春秋中期（公元前576年）齐灭莱，被纳入齐国版图。公元前221年，秦灭齐国后，在鲁北设置了济北、临淄、胶东三郡。汉高祖六年（公元前201年）分济北置博阳，同年封刘肥为齐王，都临淄，此处转而成为西汉齐国之封域。伴随着文帝时期开始的地方行政制度改革，王国势力被逐步削夺，至后元二年（公元前142年）齐已先后分出齐、千乘、平原、泰山、济南、北海、琅邪、胶西、东莱九郡以及淄川、胶东、城阳三国[1]。至此，王国所辖仅有几县，且彼此间均有汉郡间隔，实力已无法与始封之时相较。东汉时期，郡、国的名目、疆域均较稳定，鲁北地区先后分封有平原、济南、千乘、齐、北海等王国，及乐陵、东莱、长广等汉郡[2]。

两汉时期，鲁北是全国文化最为发达的地区之一，不但能够代表当时文化发展的主流，而且还是最为重要的文化传播源地。但与鲁、宋、三辅等文化发达区域不同，鲁北区的文化较为庞杂，儒学、黄老之学、纵横之学都十分繁盛，另外还盛行方士、谶纬之学，表现出鲜明的地域特色[3]。这种地域特色也体现在墓葬面貌上。本篇第一章所划分的四类汉墓在鲁北区均有发现，但各类墓葬的数量及保存状况存在较大差异，丙类墓与丁类墓相对丰富，地域特色鲜明。因此本章主要以丙、丁两类墓葬为基础，通过对典型随葬陶器的类型分析建立起鲁北区汉墓的时间框架。在此基础上，通过墓葬文化因素分析，讨论该区汉墓的文化因素构成及其演变。进而探讨鲁北各阶层的发展及社会文化形成、演进等方面的相关问题。

---

[1]　周振鹤：《西汉政区地理》，第98页。
[2]　李晓杰：《东汉政区地理》，第37~49页。
[3]　邹逸麟：《中国历史人文地理》，科学出版社，2001年，第432、433页。

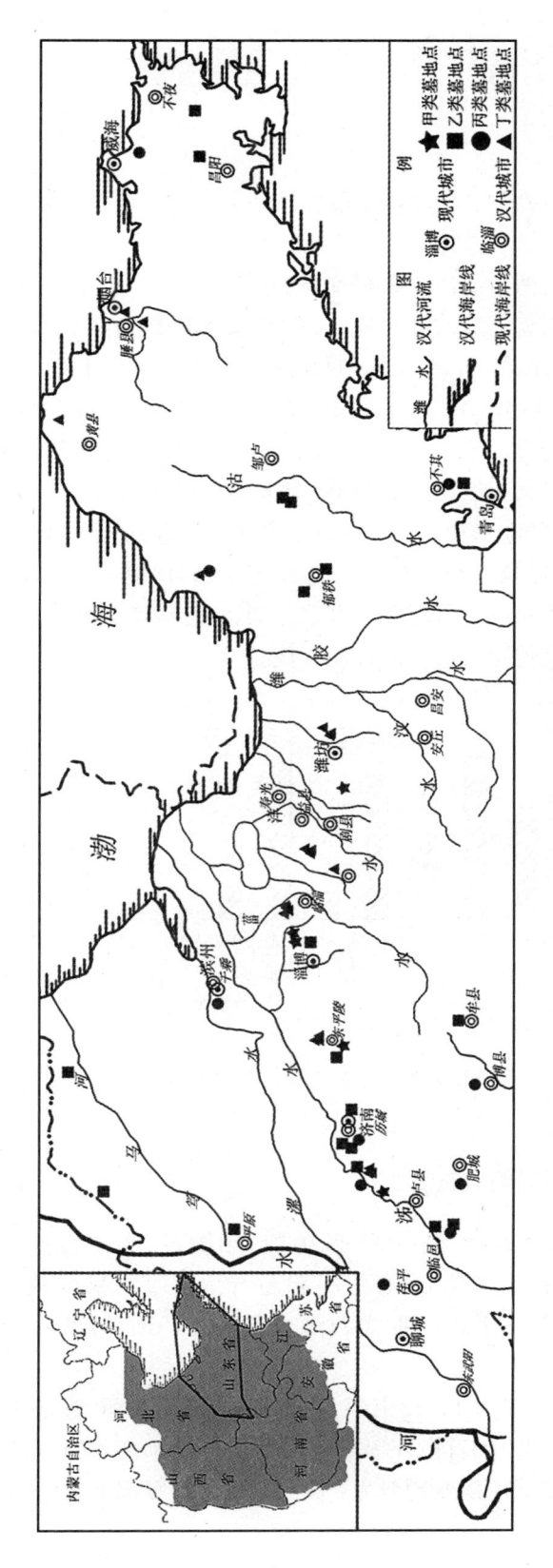

图 3-1 鲁北区各类汉墓分布示意图

第一节 典型随葬品类型分析与墓葬分期

鲁北地区的西半部河流纵横交错,东半部沿海。目前已发现的汉墓地点主要集中于河流周边与沿海地区,如沭水及其支流菑水、如水、洋水流域以及潍水、沽水流域(图3-1)。西汉时期的丙类墓与丁类墓,大多仅随葬陶壶或陶罐,其中 Ac、Ad、Af、Ca 四型陶壶和 Ab、Bd 二型陶罐是同类器中出现频率最高的器形(统计图表3-1),应最能代表鲁北特色。东汉时期,随葬品类型变化较大,除 Af 型壶和 Bd 型罐得以延续外,其余壶、罐均消失不见,此外新出现的盆形樽、Ae 型壶、Ba 型罐成为常见类型。综上可见,以上几种形态的壶、罐及盆形樽可作为鲁北区汉墓分期的典型器,通过对其形态、演变、共存关系的分析可建立汉墓分期,结合铜镜、钱币等具有断代意义的共出器物及其他特征可推断各期年代。

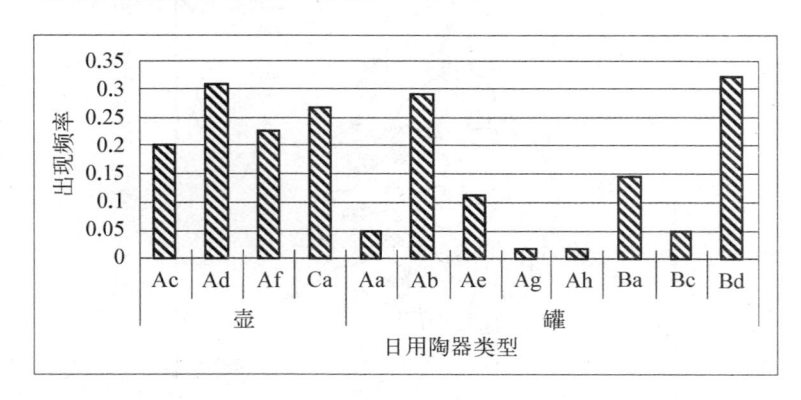

统计图表3-1 鲁北地区日用陶器出现频率

一、典型陶器的形态演变

1. Ac 型壶 敞口,长束颈,圆弧腹,小圈足,大多带弧顶小盖。颈、腹部常有数周彩绘弦纹带,有的腹部还有戳印纹。根据颈、腹和圈足的变化可分为三式。Ⅰ式→Ⅲ式的演变趋势为:颈部渐短、粗,腹部渐扁(图3-2)。

2. Ad 型壶 喇叭口,短束颈,尖鼓腹,小圈足。颈、腹部常有彩绘弦纹带,内填云气、蕉叶、铺首衔环等彩绘图案。根据颈部和腹部的变化可分为三式。Ⅰ式→Ⅲ式的演变趋势为:颈部渐短、粗,腹部渐扁(图3-2)。

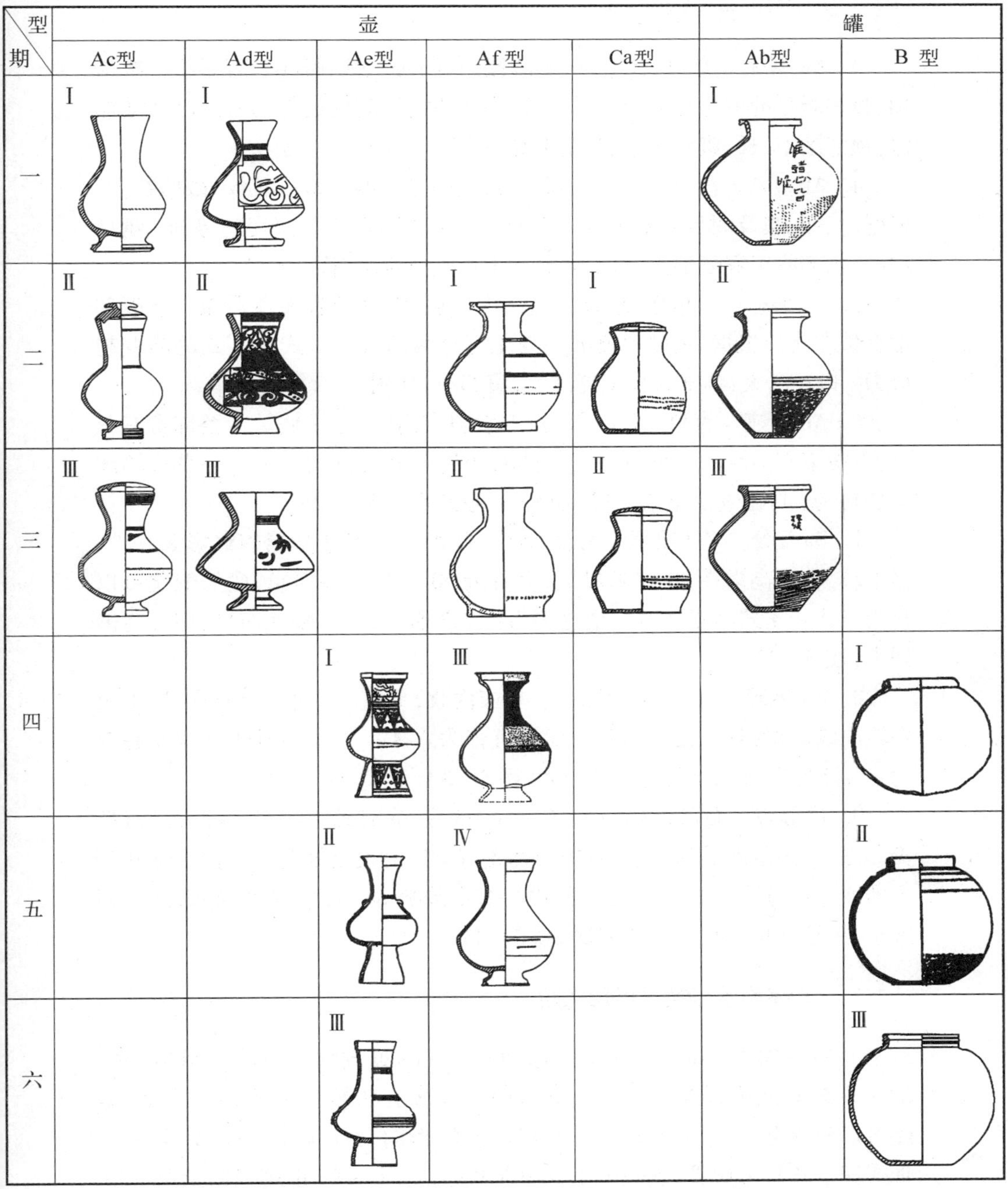

型\期	壶					罐	
	Ac型	Ad型	Ae型	Af型	Ca型	Ab型	B型
一	Ⅰ	Ⅰ				Ⅰ	
二	Ⅱ	Ⅱ	Ⅰ	Ⅰ		Ⅱ	
三	Ⅲ	Ⅲ	Ⅱ	Ⅱ		Ⅲ	
四			Ⅰ	Ⅲ			Ⅰ
五			Ⅱ	Ⅳ			Ⅱ
六			Ⅲ				Ⅲ

图 3-2 鲁北汉墓分期图（一）

Ac 型壶：Ⅰ式（商王 M73：2）Ⅱ式（商王 M71：1）Ⅲ式（商王 M89：1） Ad 型壶：Ⅰ式（商王 M49：1） Ⅱ式（商王 M75：1）Ⅲ式（商王 M94：1） Ae 型壶：Ⅰ式（闵子骞祠堂 M1：6-1）Ⅱ式（青龙山 M2：23）Ⅲ式（章女南 M46：1） Af 型壶：Ⅰ式（章女西 M13：1）Ⅱ式（章女西 M11：2）Ⅲ式（张庄 M：32）Ⅳ式（商王 M90：1） Ca 型壶：Ⅰ式（后埠下 M55：2）Ⅱ式（后埠下 M10：1） Ab 型罐：Ⅰ式（章女西 M16：1）Ⅱ式（商王 M29：1）Ⅲ式（商王 M39：1） Ba 型罐：Ⅰ式（张庄 M：55）Ⅱ式（黄土崖 M1：36）Ⅲ式（大觉寺 M2：52）

3. Ae 型壶　盘口,长束颈,扁鼓腹,高圈足。颈、腹亦多有彩绘。根据颈、腹和圈足的变化可分为三式。Ⅰ式→Ⅲ式的演变趋势为:盘口逐渐加深,颈部渐细、长,腹底渐平,圈足渐高(图3-2)。

4. Af 型壶　盘口,短束颈,圆鼓腹,矮圈足。器表常有弦纹、戳印纹等。根据口、颈、腹及圈足的变化可分为四式。Ⅰ式→Ⅳ式的演变趋势为:盘口加深,颈部收束程度加大,腹部最大径下移渐成垂腹(图3-2)。

5. Ca 型壶　口微敞,短颈,弧腹,大平底,大多带有弧顶器盖。下腹部常有戳印纹。根据口、颈和腹部的变化可分为两式。Ⅰ式→Ⅱ式的演变趋势为:口径渐大,颈部收束程度加大,腹部渐扁(图3-2)。

6. Ab 型罐　直口,矮领,鼓肩,下腹斜直内收,小平底。上腹部常有弦纹,下腹多有绳纹。根据口、颈、腹部的变化可分为三式。Ⅰ式→Ⅲ式的演变趋势为:口由卷沿渐成方唇,颈渐长,腹渐扁(图3-2)。

7. Ba 型罐　直口圆唇,无领,溜肩,弧腹。口沿、上腹常有红彩弦纹带。器形较大,通高多在30厘米以上,大者近60厘米。根据腹、底的变化可以分为三式。Ⅰ式→Ⅲ式的演变趋势为:腹部渐高,底部圜底渐平,底径逐渐增大(图3-2)。

8. Bd 型罐　大口,无领,鼓肩,斜腹内收,平底。肩部常有戳印纹,下腹多施绳纹。根据口、腹和底部的变化可分为六式。Ⅰ式→Ⅵ式的演变趋势为:口渐外敞,腹部渐扁,底径渐大(图3-3)。

9. 盆形樽　敞口,口沿下略有收束,圜底,底有蹄形三足。器表多有精美彩绘,器内常涂成朱红色,有的腹部还有对称的模制铺首。根据腹部和三足的变化可分为三式。Ⅰ式→Ⅲ式的演变趋势为:腹渐扁,器底弧度逐渐减小,三足渐粗、短,并逐渐聚拢(图3-3)。

二、共存关系与绝对年代推断

上述器物中 BdⅣ～BdⅥ式罐、BaⅠ～BaⅢ式罐、AfⅢ～AfⅣ式壶、AeⅠ～AeⅢ式壶以及Ⅰ～Ⅲ式盆形樽之间多有比较稳定的共存关系,据此可以建立起它们各自纵向序列基础上的横向对应关系。而 AcⅠ～AcⅢ式壶、AdⅠ～AdⅢ式壶、AfⅠ～AfⅡ式壶、CaⅠ～CaⅡ式壶以及 AbⅠ～AbⅢ式罐、BdⅠ～BdⅢ式罐之间缺少明确的共存关系,仅见 AbⅡ式罐与 BdⅡ式罐共出。即虽已确立了器物纵向的形态演变序列,但还未建立起序列间横向的对应关系。鉴于鲁北区随葬器物的这种特点,以下将分成两部分分别讨论各典型器物纵向序列间的横向对应关系,推断其绝对年代。

（一）组合关系不明确或缺少共存关系的器物

在鲁北区已发表的西汉墓葬资料中，未见纪年墓，但个别甲类、乙类墓可据随葬品特征推断出墓主身份及埋葬年代。如窝托村墓墓主为卒于汉文帝元年（公元前179年）的齐王刘襄①；腊山墓墓主为卒于西汉早期的列侯夫人傅嫽②。这两座墓中出土的器物可为同类器年代的推断提供佐证。窝托村墓出有 AbⅠ式罐，腊山墓出有 AcⅠ式壶和 BdⅠ式罐。由两墓的年代可知，AbⅠ式罐、BdⅠ式罐以及 AcⅠ式壶的年代也应大约在西汉早期前后。

此外，铜镜、钱币也可为判定墓葬年代提供重要依据，亦可据此推断与之共出随葬品的年代。商王墓地 M36、M49 中蟠螭纹镜与 AdⅠ式壶共出。其中的蟠螭镜均有细密的云雷纹作地，蟠螭纹首尾环绕，镜缘较窄并略向上翘起（图3-3,1），犹见战国蟠螭镜风格，年代应属西汉早期。故与之共出的 AdⅠ式壶的年代也应在西汉早期前后。

女西 M2 中草叶纹镜与 AbⅡ式罐、BdⅡ式罐共出。女西 M2∶5 铭为"见日之光，天下大明"（图3-3,2），此类草叶纹镜主要流行于西汉中期，尤以武帝时期为盛③。戴家楼 M69 中星云纹镜与 BdⅡ式罐共出（图3-3,3）。星云纹镜亦是西汉中期最为常见的镜型④。故由此推断 AbⅡ式罐、BdⅡ式罐的年代也应大致相当于西汉中期前后。

商王 M12、女西 M11 中日光镜分别与 AdⅡ式壶、AfⅡ式壶共出。这两座墓中的日光镜风格略有区别。商王 M12∶1，钮座外为一周连弧纹，镜铭为"见日之光，天下大明"。此类日光镜常见于西汉中期。女西 M11∶3，钮座外窄素缘，镜铭为"见日月之象夫光明"，且文字间以"の"符号间隔（图3-3,7）。此类日光镜多见于西汉晚期。与之共出的 AdⅡ式壶的年代可能也略早于 AfⅡ式壶。

大天东村 M3 中重圈昭明镜与 BdⅢ式罐共出。杨家庄子墓中四乳四螭镜与 AbⅢ式罐共出。以上两种镜型均流行于西汉晚期（图3-3,8、9）。因而共出的 BdⅢ式罐、AbⅢ式罐的年代似乎也应在西汉晚期前后。

女西 M15、M6、M13、后埠下 M10、新屯 M2 中分别有五铢钱与 AbⅡ式罐、BdⅡ式罐、AfⅠ式壶、CaⅡ式壶、AcⅢ式壶共出。不过，共出五铢的钱文

---

① 山东省淄博市博物馆：《西汉齐王墓随葬器物坑》，《考古学报》1985年第2期。
② 济南市考古研究所：《济南市腊山汉墓发掘简报》，《考古》2004年第8期。
③ 李曰训：《试论山东出土的汉代铜镜》，《汉代考古与汉文化国际学术研讨会论文集》，齐鲁书社，2006年，第361~382页。本章关于铜镜时代风格、年代的判断，如无说明皆依据此文。
④ 孔祥星、刘一曼：《中国古代铜镜》，第64~66页。

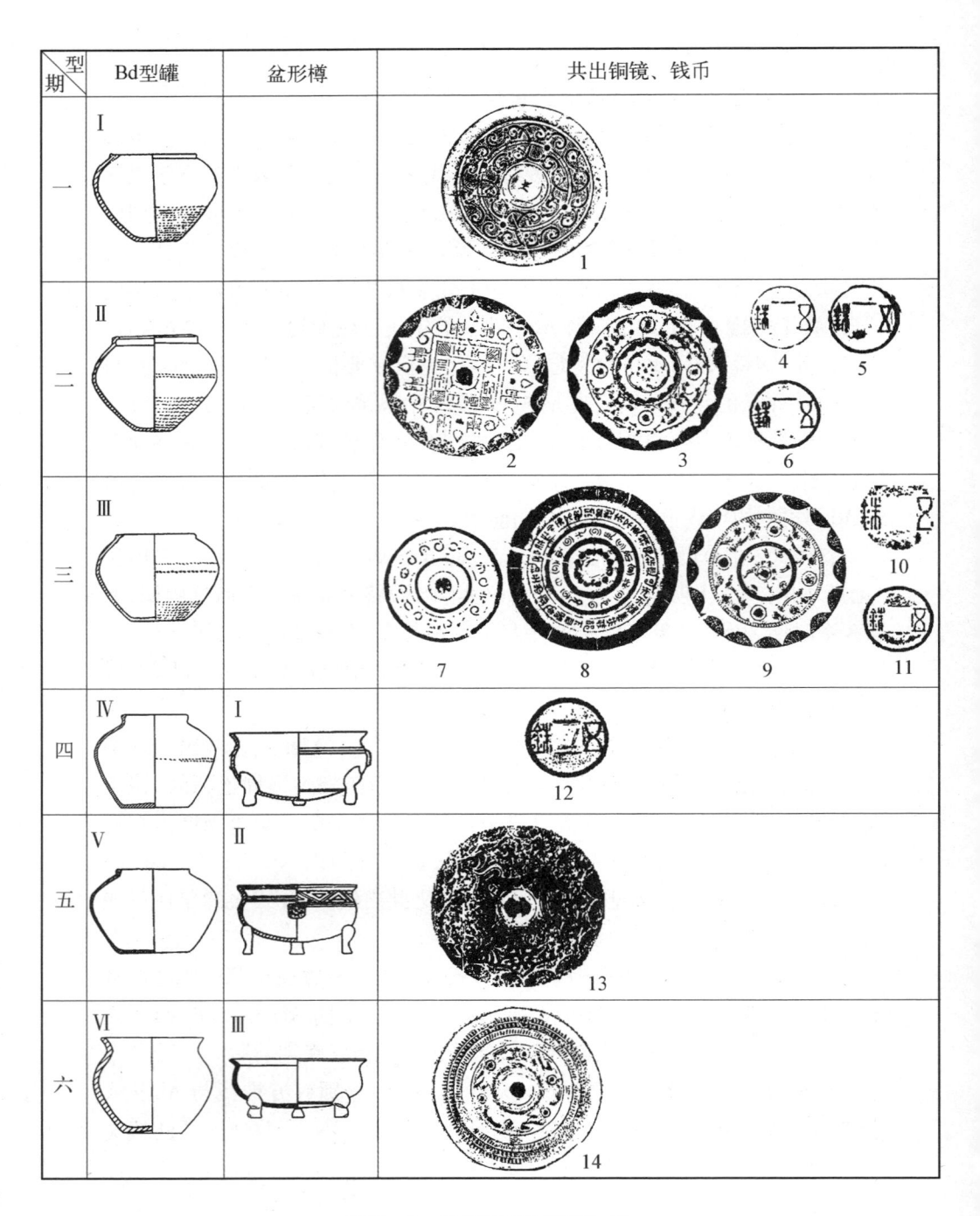

期	Bd型罐	盆形樽	共出铜镜、钱币
一	I		1
二	II		2, 3, 4, 5, 6
三	III		7, 8, 9, 10, 11
四	IV	I	12
五	V	II	13
六	VI	III	14

图3-3 鲁北汉墓分期图（二）

Bd型罐：Ⅰ式（章女西M2:3） Ⅱ式（章女东M6:1） Ⅲ式（章女西M3:1） Ⅳ式（后埠下M49:1） Ⅴ式（后埠下M18:2） Ⅵ式（章女南M46:18） 盆形尊：Ⅰ式（闵子骞祠堂M1:8） Ⅱ式（黄土崖M1:1） Ⅲ式（大觉寺M1:13）

共出铜镜、钱币：1.蟠螭纹镜（商王M36:12） 2.草叶纹镜（章女西M2:5） 3.星云纹镜（戴家楼M69） 4.五铢钱（章女西M15:6） 5.五铢钱（章女西M6:3） 6.五铢钱（章女西M13:8） 7.日光镜（章女西M11:3） 8.重圈昭明镜（大天东村M3:1） 9.四乳四螭镜（杨家庄子墓） 10.五铢钱（后埠下M10:4-1） 11.五铢钱（新屯M2） 12.五铢钱（淄张庄墓） 13.长宜子孙镜（王韩村墓） 14.六乳禽兽镜（济南张庄M1）

风格各不相同。女西 M15：6，"五"字竖划均较缓曲，"铢"字金头为"△"形(图 3-3,4)，似为武帝三官五铢风格。女西 M6：3，"五"字略显消瘦，两竖向中间略靠拢，"铢"字金头三角锐长(图 3-3,5)，风格似昭帝"元凤四年造"钱范。女西 M13：8，"五"字两竖划间距稍宽，且左右渐平行，"铢"字金头呈"△"而锐尖，风格似宣帝"地节二年"钱范(图 3-3,6)。后埠下 M10：4-1 与新屯 M2 所出，"五"字上下两端明显放宽，两竖划较平行，且更曲，形成两个对头炮弹形(图 3-3,10)，风格似元帝"建昭五年"钱范①。综合五铢钱的时代可推断，女西 M15 中的 AbⅡ式罐、BdⅡ式罐以及女西 M6、M13 中的 AfⅠ式壶，其年代均在西汉中期前后；后埠下 M10 中的 CaⅡ式壶以及新屯 M2 中的 AcⅢ式壶的年代约在西汉晚期前后。

综合上文类比分析，部分缺乏组合关系的器物大致分为了西汉早、中、晚三期。同时，通过前文典型随葬品的类型学分析可以看出，同型器物各式别之间存在着紧密的承继关系。因此，还可通过每型逻辑链条中已知年代的式别确定其前、后式别的相对早晚关系。据此可将这部分器物梳理为表 3-1 中所见的三组。

表 3-1 鲁北区汉墓部分典型器物分组情况(一)

组 别	壶				罐	
	Ac	Ad	Af	Ca	Ab	Bd
一	Ⅰ	Ⅰ			Ⅰ	Ⅰ
二	Ⅱ	Ⅱ	Ⅰ	Ⅰ	Ⅱ	Ⅱ
三	Ⅲ	Ⅲ	Ⅱ	Ⅱ	Ⅲ	Ⅲ

通过上文分析可知，这三组的年代分别为西汉的早、中、晚三期。综合各期墓葬形制及其他共出器物可将三期特征归纳如下：

第一期 流行竖穴土坑墓，且绝大多数墓底带有二层台(椁 Ab 型)。随葬陶器以 Ab 型罐、Ac 型壶及 Ad 型壶最为常见，但不见壶、罐共出。共出的铜器数量很少，多仅有铜镜、带钩等。铁器数量极少。

第二期 依然流行墓底修有二层台的竖穴土坑墓，出现了一定比例的砖椁墓。随葬陶器的器形更加丰富，新出现了 Af 型壶、Ca 型壶。共出金属器与第一期相似。

---

① 蒋若是：《西汉五铢钱断代》，《秦汉钱币研究》，第 104~106、111~113 页。

第三期　墓葬形制与随葬器物均与前两期近似,仅 Af 型壶的数量明显增多。

(二) 组合关系明确的器物

典型器物中 AfⅢ～AfⅣ壶、AeⅠ～AeⅢ式壶、BdⅣ～BdⅥ式罐、BaⅠ～BaⅢ式罐以及Ⅰ～Ⅲ式盆形樽之间多有比较稳定的共存关系,可据此将其分为三组(表3-2)。

表3-2　鲁北区汉墓部分典型器物分组情况(二)

组别	罐		壶		盆形樽
	Ba	Bd	Af	Ae	
四	Ⅰ	Ⅳ	Ⅲ	Ⅰ	Ⅰ
五	Ⅱ	Ⅴ	Ⅳ	Ⅱ	Ⅱ
六	Ⅲ	Ⅵ		Ⅲ	Ⅲ

根据器形,以上三组之间均有较为明显的差异。参考墓葬形制与共出器物,这三组可看作依次发展的三期,并且钱币、铜镜的特征显示这三组的年代总体上晚于表3-1中所列。同时,每型器物式别变化的连续性又表明它们之间紧密的承继关系,故表3-2的三期应是紧接表3-1之后的四、五、六期。各期特征及年代推定如下:

第四期　墓葬形制与随葬品类型均有较大变化。除之前一直流行的椁 Ab 型墓外,出现了一定数量的竖穴室墓(室 Aa 型、室 Ab 型)。随葬品中除 Af 型壶、Bd 型罐外,Ab 型罐及 Ac、Ad、Ca 三型陶壶均已消失不见,新出现的 Ae 型壶、Ba 型罐、盆形樽成为主流。并出现了少量的铅釉陶、白陶罐。伴出的五铢钱,大多钱型规整,文字清晰,"五铢"二字宽大,"铢"字"金"头较大(图3-3,12),似东汉所铸的建武五铢①。由此推知,这一期的年代上限大致相当于东汉早期。

第五期　竖穴室墓的数量增加。随葬品中铅釉陶器的种类和数量大增,楼、灶、井、磨等模型明器以及盘、耳杯、案、魁、奁、方盒、灯、圆炉等生活明器的器表多有铅釉。其他器物继承了第四期的风格又有所发展。伴出的铜镜常见有各类柿蒂纹镜及长宜子孙镜,其纹饰简化,铸造略显粗糙,与山东地区东汉中期流行的铜镜特征基本相同(图3-3,13)。考虑到其与前、后期的承继关系,第五期大致相当于东汉中期。

---

① 蒋若是:《东汉五铢钱》,《秦汉钱币研究》,第207页。

第六期 竖穴土坑墓基本不见,墓葬形制多为室 A 型墓。随葬陶器中壶、罐等器更为简化,Af 型壶消失。共出的五铢钱铸造粗糙,文字模糊,此外,还有一定数量的剪轮、磨郭钱。商王墓地 M85 出土的神兽纹镜与广州东汉晚期墓葬中出土的ⅪⅩ②式神兽镜相同①。济南张庄汉墓出土的六乳禽兽镜是山东地区东汉晚期常见的镜型(图 3-3,14)。综上,第六期大致应在东汉晚期前后。

第二节 墓葬文化因素属性分析

一、汉墓共性因素

1. 竖穴室墓(室 A 型)

鲁北地区的竖穴室墓出现于西汉晚期,数量极少,直到东汉中期之后才逐渐流行。两汉时期,这种形制的墓葬广泛分布于各地,代表了汉文化葬制的变革。室 A 型墓在鲁北区的流行滞后于关东其他地区,但在构建方式、墓室结构上并无差异,可归为汉墓共性因素。

此外,前文论及的崖洞墓、回廊结构多室墓亦见于鲁北区的甲类、乙类墓。崖洞墓(室 C 型)主要出现在西汉中晚期,回廊结构多室墓(室 Ac-2 型)多见于西汉晚期至东汉时期。从使用人群到流行时间,它们均与其他王国地区相同,亦可归入汉墓共性因素。

2. 生活明器

鲁北区汉墓中所见的生活明器主要有陶/铜钫、耳杯;铜钘镂、铚以及陶扁壶、筒形樽、盆形樽、魁、案、灯、熏炉、奁、方盒等。其中钫、盆形樽、耳杯、灯最为常见。这些器物或源起于战国,或新兴于汉,但由于政治影响、文化交流等原因广泛流行于汉代疆域内,故可称为汉墓共性因素。

3. 以陶礼器、模型明器随葬

鲁北区汉墓中的礼器仅见鼎、壶两类,且数量较少,多集中在规模较大的甲、乙两类墓葬中。模型明器直到西汉晚期才在个别乙类墓中出现,类型简单、数量极少,大多仅有灶、井两类。东汉之后,器类略有增加,如仓楼、圈厕等,但数量依然很少。如前章所述,随葬陶礼器、模型明器分别代表了汉

---

① 广州市文物管理委员会等:《广州汉墓》,文物出版社,1981 年,第 446 页。

文化形成期及成熟期的时代特征,可归入汉墓共性因素。鲁北区所受这种时代共性因素的影响较为有限。

二、本土文化因素

(一)战国传统因素

1. 带二层台或壁龛的竖穴土坑墓(椁 Ab 型与椁 Ac 型墓)

鲁北区的竖穴土坑墓中盛行在墓底留生土二层台或在近底处开凿壁龛的做法,约有近36%的墓葬留有二层台,超过14%的墓葬凿有壁龛。典型如女郎山西坡 M7 和商王 M10(图 3-4,1、3)①。还有个别墓葬既有二层台又有壁龛。带有二层台或壁龛的竖穴椁墓战国时已常见于齐地②,如栖霞金山 M2、临淄两醇 M1016 等皆属此类(图 3-4,2、4)③。至汉代,椁 Aa、椁 Ab 两型墓葬的结构依然延续战国传统未改,因此可归入本土传统因素。

2. 积石墓

西汉时期,鲁北区的竖穴土坑墓中常有在填土下层或棺椁四周填充卵石的做法。此类积石墓主要集中于济南、淄博、潍坊一带的丁类墓中。如商王 M13 填土下层铺有2.6米厚的卵石。小范庄 M36 则在墓底四周均填以卵石。此外,个别乙类墓中也有此类做法。如腊山 M1 在棺椁四周及顶部均填有碎石(图 3-4,5)④。积石墓在战国时期已常见于大型齐墓之中⑤。如临淄徐家姚 M1,在椁底铺有0.2米厚的石子,葬具与椁室的间隙填充卵石(图 3-4,6)⑥。积石墓延续至汉代,使用人群已不再限于贵族阶层,反而是在平民墓葬中得到了更好的传承。

(二)汉代新生因素

1. 砖椁墓

目前已发现的鲁北汉墓多为小型墓,多数不见有椁,但凡建椁者绝大多数为砖椁,比例可高达82.1%。可见,砖椁应为鲁北区极具特色的墓葬形

---

① 济青公路文物考古队绣惠分队:《章丘女郎山战国、汉代墓地发掘报告》,《济青高级公路章丘工段考古发掘报告集》,第150~178页;淄博市博物馆等:《临淄商王墓地》。
② 王青:《海岱地区周代墓葬研究》,山东大学出版社,2002年,第133页。
③ 烟台市文管会等:《山东栖霞市金山东周遗址的清理》,《考古》1996年第4期;山东省文物考古研究所等:《临淄两醇墓地发掘简报》,《海岱考古》第一辑,第274~282页。
④ 济南市考古研究所:《济南市腊山汉墓发掘简报》,《考古》2004年第8期。
⑤ 王青:《海岱地区周代墓葬研究》,第133页。
⑥ 淄博市临淄区文化局:《山东淄博市临淄区赵家徐姚战国墓》,《考古》2005年第1期。

图 3-4 本土因素比较图（一）

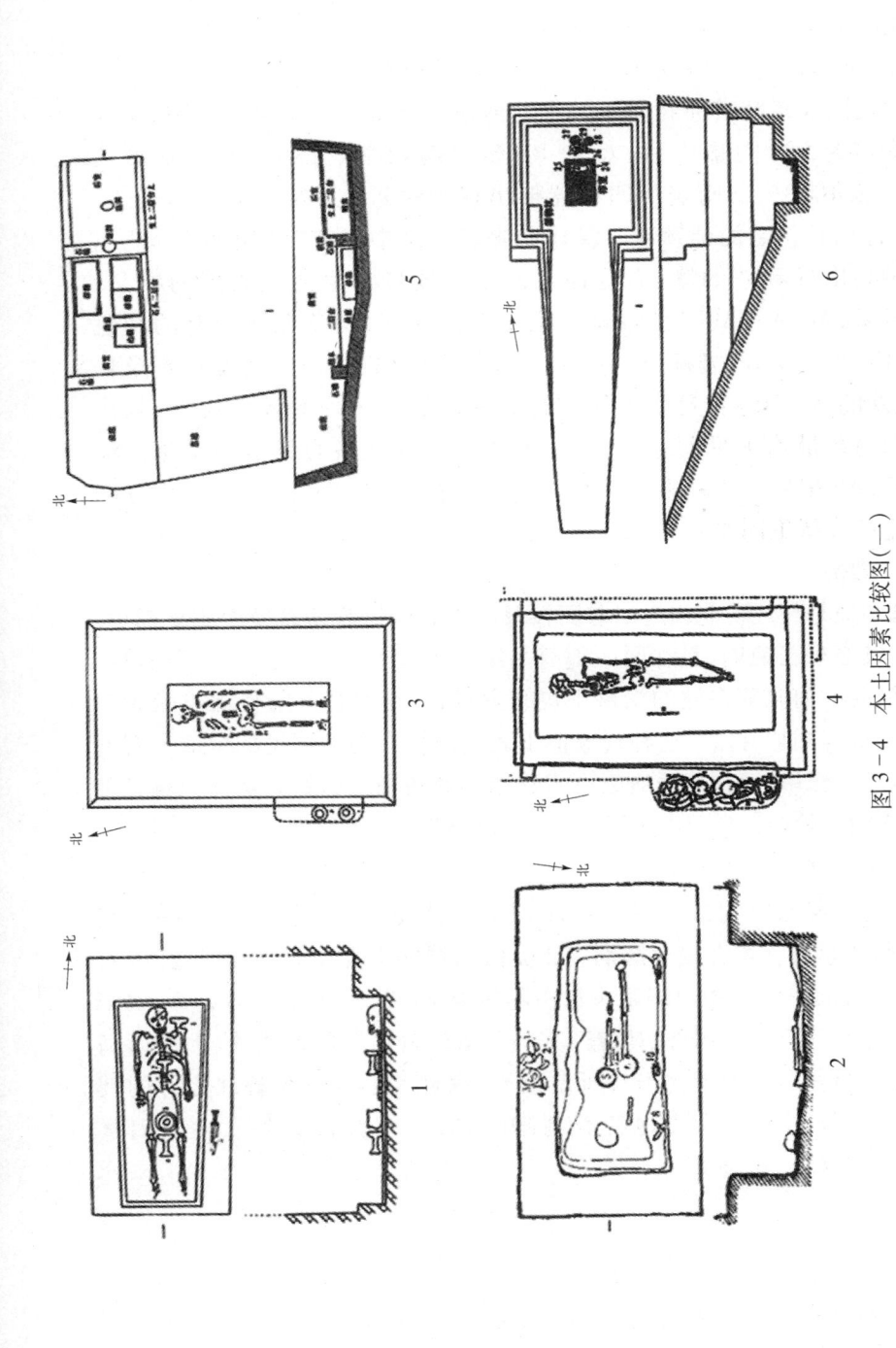

1. 椁 Ab 型墓（岱女西 M7） 2. 椁 Ab 型墓（硝霞金山 M2） 3. 椁 Ac 型墓（商王 M10） 4. 椁 Ac 型墓（两醇 M1016） 5. 积石墓（腊山墓） 6. 积石墓（徐姚 M1）

制。砖的烧造与制陶技术的发展紧密相关,砖椁的大量出现也在一定程度上反映出了鲁北区制陶业的发展水平。

2. Ab、Bd 二型陶罐及 Ac、Ad、Af、Ca 四型陶壶

鲁北区汉墓随葬品相对于关东其他地区显得十分简单。以罐、壶等日用陶器为主。陶罐中 Ab 型和 Bd 型出现频率最高,比例分别可达 36.7% 和 40.8%。陶壶中四种器形出现频率近似(参见统计图表 3-1),并且均有一定的延续性。汉代的丧葬观念中讲究"器用如生人"①,这几种高出现频率的罐、壶也许正源于当地日常生活中惯用的物品。从器形看,Ac、Ad、Af 三型陶壶不见于其他地区,是鲁北所独有的特色器物;Ca 型壶和 Bd 型罐虽也见于鲁南苏北,但数量和延续性远不及鲁北;此外的 Ab 型罐在鲁南苏北和鲁北的西汉墓中均有较多发现,且出现时间与数量均未见明显差异,可看作两地文化各自发展的结果。综合可见,Ab 型罐、Bd 型罐、Ac 型壶、Ad 型壶、Af 型壶与 Ca 型壶均可归入鲁北汉代新生因素。

3. 圆炉

圆炉应是与灶功能相近的庖厨器具。鲁北西汉晚期墓葬中始见圆炉,一直延续至东汉晚期,且在同一随葬品组合中仅有圆炉这一类庖厨器具。圆炉在河南、河北等多地的汉墓中也有发现,但在组合上与鲁北有较大差异,多为灶与圆炉共出。这种现象似乎表明圆炉在鲁北居民的生活中有着更为重要的作用,而在其他地区更多是作为灶的辅助器具。从这个意义考虑,本文将圆炉归入鲁北本土因素(图 3-5,8)。

4. 白陶器

先秦时期的白陶器表里和胎质均呈白色,与各类泥质、夹砂陶在陶质、陶色和原料上均有很大区别。此类白陶器盛于夏商,西周之后已鲜有发现②。鲁北东汉墓中出现了少量白陶球腹罐(图 3-5,9)、扁壶等,如宁津庞家寺汉墓出土的四件白陶罐,其陶色虽较普通灰陶器浅淡,但与以高岭土为胎的夏商白陶相比仍有所差距③。因此类器少见于鲁北之外的其他地区,故推测它应为当地特有制陶工艺的产物,将其归入本土因素之列。

---

① 《盐铁论·散不足》,国学整理社辑《诸子集成》第七册,第 124 页。
② 中国硅酸盐学会:《中国陶瓷史》,第 72 页。
③ 德州地区文物组等:《山东宁津县庞家寺汉墓》,《文物资料丛刊》第 4 辑,第 127 页。

（三）胶东文化因素①

1. 积贝墓

积贝墓是指在椁与墓壁的缝隙、椁底、椁顶等处填充或覆盖海蛎壳的墓葬，积贝的方式与前文论及的积卵石方式基本一致。鲁北区已发现的积贝墓主要集中在威海以及烟台的牟平、龙口、长岛等地，如大天东村墓、梁南庄墓等（图3-5,1）②。积贝墓始见于战国时期的庙岛群岛，如长岛王沟M16、M18均在椁室周围填充了大量海蛎壳（图3-5,2）③。此后，这类墓葬逐渐扩展到山东半岛、辽东半岛和辽东湾北岸④。海洋为这些地区的生产、生活供给了丰富的资源。可以说，积贝墓是渤海湾东部自然资源造就的一种地域特征突出的埋葬方式。胶东半岛作为这一大区中的一部分，积贝墓也可视为这里的本土因素。

2. 砖木椁墓

这种墓葬是指在椁内分厢的木椁之外再砌筑一重砖椁，典型如石羊村墓、岱野M1等⑤。分厢木椁是春秋以来楚墓的常见特点，西汉时仍盛行于江汉一带，如荆州高台墓地的西汉早中期墓葬即多为此类⑥。而如前文所述，砖椁墓又是鲁北区汉墓的特色。胶东汉墓中这种砖、木混合结构的椁室似乎是将这两类文化因素进行了有机融合，进而形成了一种胶东特有的地域风格。

---

① 这部分文化因素不见于鲁北的其他地区，而在与胶东半岛隔海相望的辽东半岛却有发现。有研究认为海洋造就了山东半岛与辽东半岛近似的自然环境，如两地皆为低山丘陵区，均属海洋性气候，温暖湿润，无霜期长，雨量丰富。同时，海洋也造就了两地相近的物质文化，如自新石器时代，两地就都发展起了采集、捕捞、农业等经济生产方式。海洋更成为了两大半岛交流的纽带，新石器时代中期两地间就已开始了文化的交流，并在新石器时代晚期的龙山时代达到兴盛。（参见佟伟华：《胶东半岛与辽东半岛原始文化的交流》，《考古学文化论集（二）》，文物出版社，1989年，第78～95页。）而也正是由于这些原因，长期以来胶东半岛和辽东半岛形成了诸多共同的文化传统，本文中"胶东因素"即是其中的一部分。如果从渤海湾东部这一区域视角考量，胶东半岛作为这个区域中的一部分，这些两大半岛共有的文化因素也可以看作是胶东本土因素。另一方面，胶东半岛作为鲁北区的一部分，这部分文化因素又可算作是鲁北文化因素的一部分。本文考虑其分布的特殊性以及后文讨论的需要，将其与鲁北区广泛分布的文化因素区分开来。
② 威海市博物馆：《山东威海市蒿泊大天东村西汉墓》，《考古》1998年第2期；烟台市文物管理委员会：《山东荣成梁南庄汉墓发掘简报》，《考古》1994年第12期。
③ 烟台市文物管理委员会：《山东长岛王沟东周墓群》，《考古学报》1993年第1期。
④ 白云翔：《汉代积贝墓研究》，《刘敦愿先生纪念文集》，山东大学出版社，1998年，第404～421页。
⑤ 烟台地区文物管理组、莱西县文化馆：《山东莱西县岱墅西汉木椁墓》，《文物》1980年第12期；山东省文物管理处：《山东文登县的汉木椁墓和漆器》，《考古学报》1957年第1期。
⑥ 湖北省荆州博物馆：《荆州高台秦汉墓》，科学出版社，2000年，第44页。

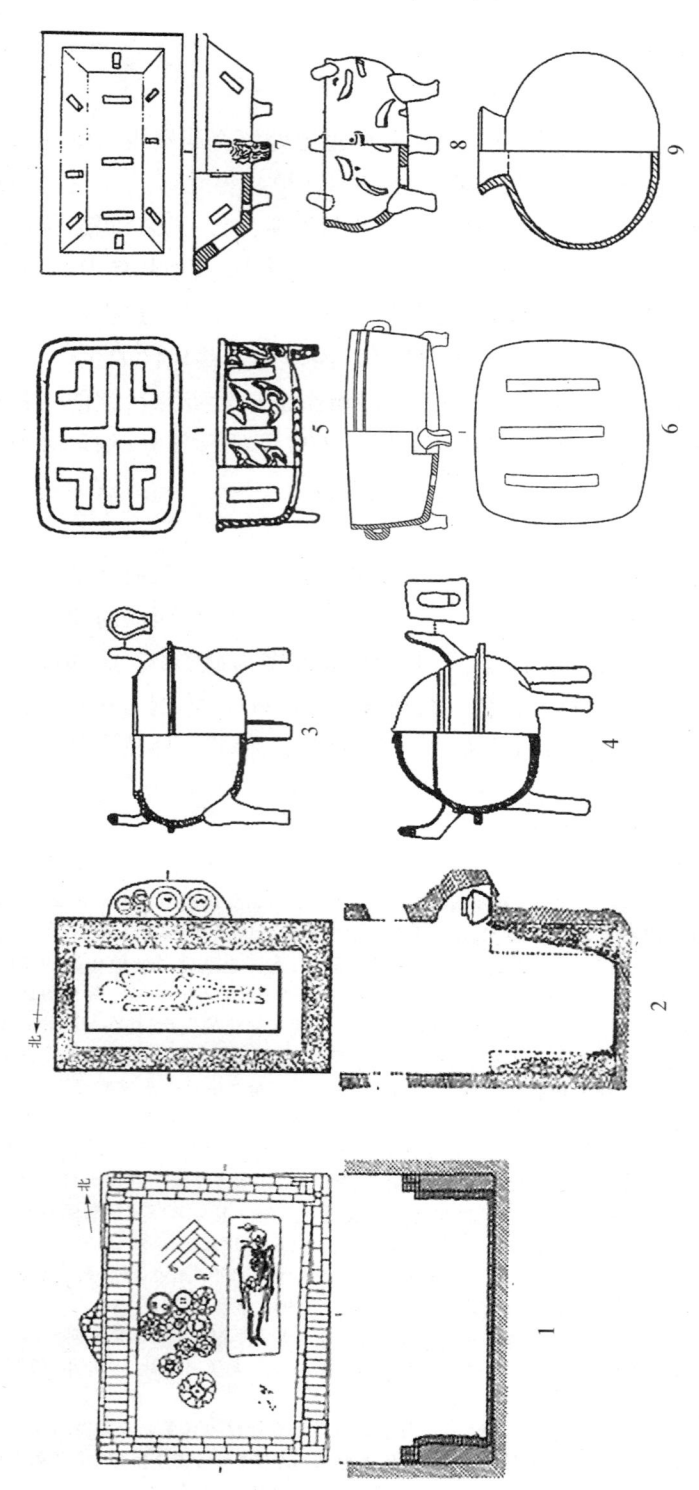

图 3-5 本土因素比较图（二）

1. 积贝墓（大天东村 M3） 2. 积贝墓（王沟 M18） 3. F 型鼎（大天东 M4：19） 4. F 型鼎（营城子 M10：83） 5. 方炉（大天东 M3：21） 6. 方炉（大天东 M33：2） 7. 方炉（泗涧沟 M29：18） 8. 圆炉（闫子窑祠堂 M1：8） 9. 白陶罐（孟庄墓）

3. F 型鼎

F 型鼎的腹部有一道明显的突棱。这种鼎的分布区域同积贝墓大致相当,常见于辽东半岛西南沿海和山东半岛北部沿海,如大连营城子汉墓与威海大天东村墓所出,器形几无差异(图 3－5,3、4)①。可见 F 型鼎亦为渤海湾沿岸所特有的文化因素。

4. 方炉

胶东半岛汉墓中的方炉,炉壁垂直,腹部较深,如大天东村 M3∶21(图 3－5,5)②。方形炙炉在洛阳一带的汉墓中也较常见,如济源泗涧沟 M29∶18(图3－5,7),炉身多为斗形,腹及底足形态明显不同于胶东所出③。而在渤海湾北岸的大连营城子墓、老铁山墓及姜屯墓中所出方炉则与胶东半岛所出几近相同④。可见,与上文所述积贝墓、F 型鼎相同,这种方形炙炉亦为渤海沿岸共有的特色。

三、外来文化因素

(一) 关中文化因素：铅釉陶

鲁北区的铅釉陶始见于西汉晚期,数量很少。首先出现铅釉陶的墓葬地点位于西部的平阴一带⑤。东汉之后,其分布范围逐渐向东扩展,至长清、章丘等地⑥。如前文所述,铅釉陶属典型的关中文化因素。鲁北区所出者无论器形还是胎质、釉彩均与冀中南汉墓中的随葬之物极为近似。从出现时间看,鲁北西部又明显早于东部。由此可以推测此类因素应是通过冀中南自西向东传入鲁北,但它仅在鲁北产生了有限影响,始终未如关东其他地区那般广为流行。

(二) 三河文化因素：各型灶、井

鲁北区汉墓中模型明器类型有限,数量很少,最多见者为出现于西汉晚期的 A 型灶和东汉时的 Ae 型井(图 3－6,1、3)⑦。这两种形态的器物亦见

---

① 威海市博物馆:《山东威海市蒿泊大天东村西汉墓》,《考古》1998 年第 2 期;于临祥:《营城子贝墓》,《考古学报》1958 年第 4 期。
② 威海市博物馆:《山东威海市蒿泊大天东村西汉墓》,《考古》1998 年第 2 期。
③ 河南省文物考古研究所:《河南济源市泗涧沟墓地发掘简报》,《华夏考古》1999 年第 2 期。
④ 于临祥:《旅顺老铁山区发现古墓》,《考古通讯》1956 年第 3 期;于临祥:《营城子贝墓》,《考古学报》1958 年第 4 期;辽宁省文物考古研究所:《姜屯汉墓》,文物出版社,2013 年,第 84 页。
⑤ 济南市文化局文物处等:《山东平阴新屯画像石墓》,《考古》1988 年第 11 期。
⑥ 济南市考古研究所等:《济南市长清区大觉寺村一、二号汉墓清理简报》,《考古》2004 年第 8 期;济青公路文物考古队绣惠分队:《章丘女郎山战国、汉代墓地发掘报告》,《济青高级公路章丘工段考古发掘报告集》,第 150～178 页;章丘市博物馆:《山东章丘市黄土崖东汉画像石墓》,《考古》1996 年第 10 期。
⑦ 章丘市博物馆:《山东章丘市黄土崖东汉画像石墓》,《考古》1996 年第 10 期;济南市考古研究所:《济南市闵子骞祠堂东汉墓》,《考古》2004 年第 8 期。

于三河汉墓,如巩义康店 M1 和偃师姚孝经 M1 所出(图 3-6,2、4),分别与黄土崖 M1 和闵子骞祠堂 M1 出土灶、井,无论在器形特征还是装饰风格上均有较多共性①。不过它们在三河的流行程度更胜一筹,A 型灶自西汉中期出现一直流行至东汉末,Ae 型井也广泛出现于各类东汉墓葬中。可见,A 型灶、Ae 型井均可归入三河文化因素。鲁北区随葬模型明器的做法应是受到了汉文化葬俗日渐普及的影响,但所用器形来自三河,似乎与三河作为两汉政治核心区的地位不无关联。大一统背景下,政治中心的文化更具辐射周边的影响力,从长安东出函谷关直抵临淄的交通干线②,无形中又为两地间文化的传播提供了一条便捷的通道。

(三) 江东文化因素:钙釉陶

西汉时期,鲁北区出土的钙釉陶主要集中在东部沿海的烟台、威海等地。器类多壶、瓿,器形及器表装饰均类于江东汉墓所出同类器(图 3-6,5~8)③。东汉时期,钙釉陶的分布范围向西扩展至淄博、济南一带,器类发生了较大改变,壶、瓿消失不见,多见罐类盛储器。器形以肩部对置系钮的四系罐和侈口深腹罐最为常见,罐腹多排印致密的方格纹,器表施釉不及底。这两种釉陶罐亦是江东东汉墓中的常见罐型。如江山庵前墓出土的侈口深腹罐,从器形到印纹均与金岭镇 M1 所出相同(图 3-6,10、9)④。如前文所述钙釉陶是江东自春秋以来一脉相承的陶瓷工艺的产物。西汉时多鼎、盒、壶、瓿等礼器,东汉后,罐等日用陶器的烧造量急速增长⑤。鲁北区钙釉陶类型的变化亦与此同步,可归入江东文化因素。

(四) 冀中南文化因素:Ba 型罐

鲁北区西汉早期墓中已有 Ba 型罐,但数量极少,西汉中期之后消失不见,东汉之后又再度出现(图 3-7,9)⑥。而在与鲁北区西北部接壤的冀中区,Ba 型罐是当地最为常见的一类日用陶器,贯穿两汉,流行不衰(图 3-7,10)⑦。可见,鲁北区应是受冀中南区影响,Ba 型罐可归入冀中南文化因素。

---

① 郑州市文物考古研究所等:《河南巩义市康店叶岭砖厂汉墓发掘简报》,《华夏考古》2005 年第 3 期;偃师商城博物馆:《河南偃师东汉姚孝经墓》,《考古》1992 年第 3 期。
② 邹逸麟:《中国历史地理概述》,第 232 页。
③ 莱西县文化馆:《莱西县董家庄西汉墓》,《文物资料丛刊》第 9 辑,第 185~196 页;浙江省文物考古研究所:《浙江湖州市方家山第三号墩汉墓》,《考古》2002 年第 1 期。
④ 钱华:《浙江江山市庵前汉墓的清理》,《考古学集刊》第 11 集,第 298~300 页;山东省文物考古研究所:《山东临淄金岭镇一号东汉墓》,《考古学报》1999 年第 1 期。
⑤ 中国硅酸盐学会:《中国陶瓷史》,第 124 页。
⑥ 济南市考古研究所:《济南市腊山汉墓发掘简报》,《考古》2004 年第 8 期。
⑦ 河北省文物研究所:《燕下都遗址内的两汉墓葬》,《河北省考古文集(二)》,第 67~140 页。

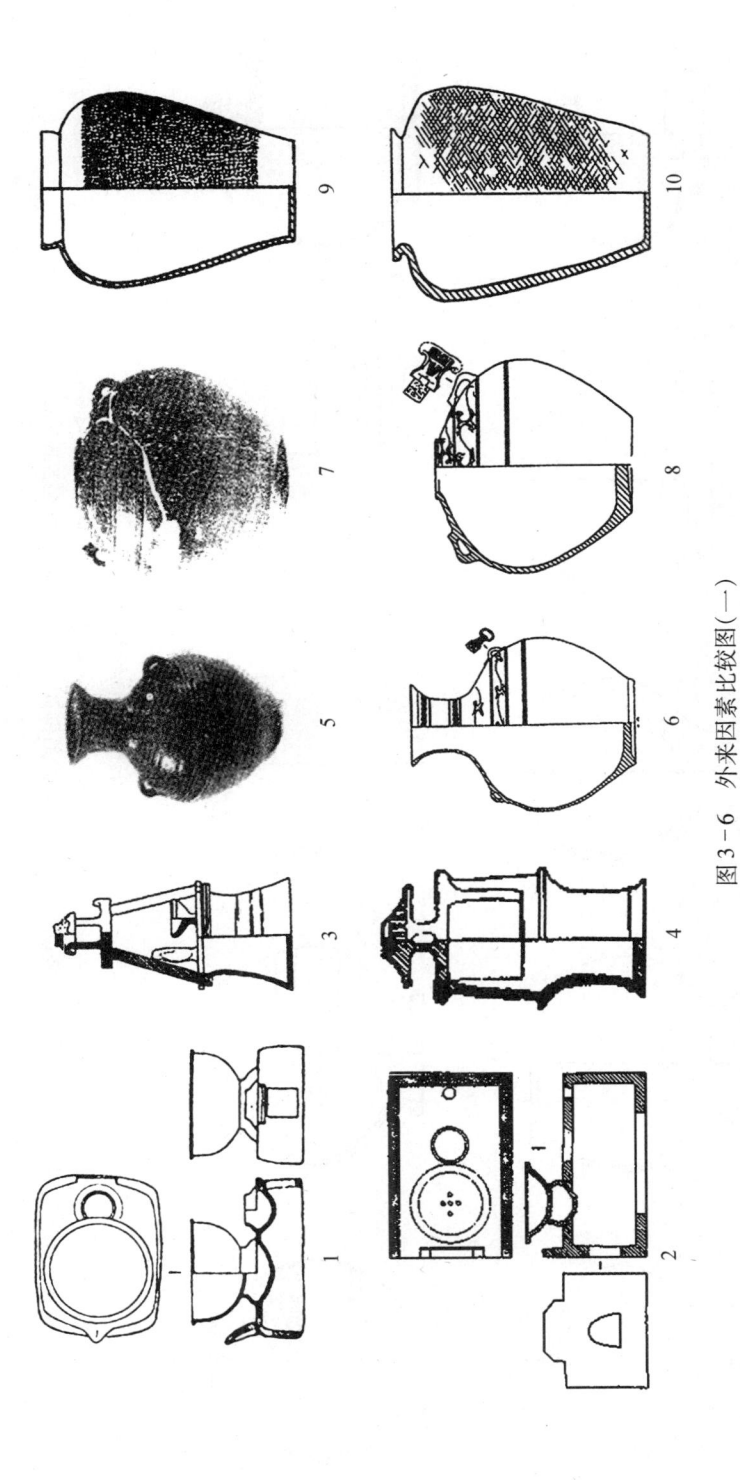

图 3-6　外来因素比较图（一）

1. A 型灶（黄土崖 M1：75） 2. A 型灶（康店 M1：6） 3. Ae 型井（闫子摹祠堂 M1：42） 4. Ae 型井（姚孝经墓 M1：15） 5. 钙釉陶壶（董家庄墓）
6. 钙釉陶壶（方家山 M24：5） 7. 钙釉陶瓿（窝托村 M1：68-1） 8. 钙釉陶瓿（方家山 M24：8） 9. 钙釉陶罐（金岭镇 M1：109） 10. 钙釉陶罐（庵前墓）

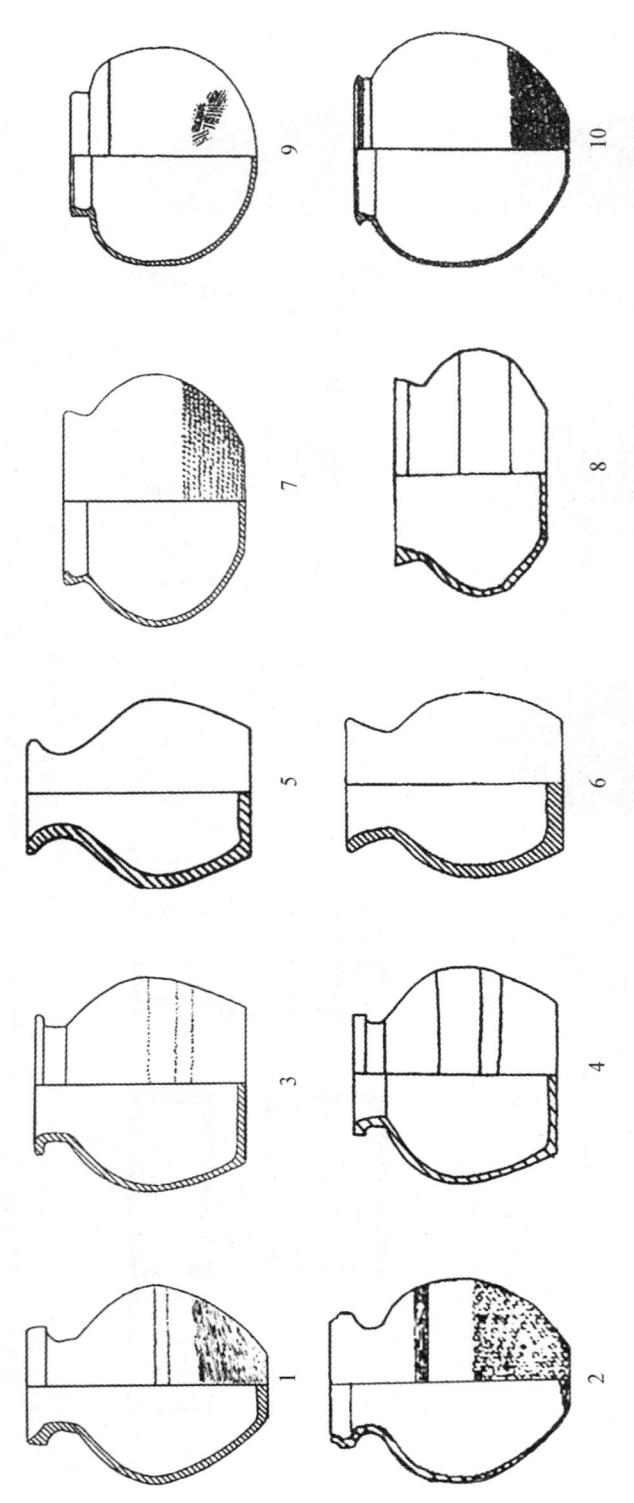

图 3-7 外来因素比较图（二）

1. Aa 型罐（商王 M27:1） 2. Aa 型罐（东甸子 M1E:41） 3. Ae 型罐（后草下 M73:1） 4. Ae 型罐（东小宫 M222:1） 5. Ag 型罐（商王 M65） 6. Ag 型罐（山头 M3:9） 7. Ah 型罐（小范庄 M23:1） 8. Ah 型罐（金雀山 97M4:1） 9. Ba 型罐（塘山 M1:10） 10. Ba 型罐（燕下都 M26:17）

（五）鲁南苏北文化因素

1. 石椁墓

鲁北区的石椁墓主要分布在东部沿海一带，时代集中于西汉中晚期。以石材砌椁或筑墓室是苏鲁豫皖交界区汉墓的典型特征，从西汉广为流行的石椁墓到东汉之后的画像石墓，在这一地区兴盛不衰（后详）。鲁北与之南北比邻，可能受其影响出现了石椁墓。并且，从分布地点看，似乎也可见一条沿海滨自南向北逐渐扩展的传播路线。

2. Aa、Ae、Ag、Ah 四型陶罐

鲁北区汉墓中的 Aa、Ae、Ag、Ah 四型陶罐均出现于西汉中期之后，数量少，不见延续性，均非本土文化的产物（图 3-7,1、3、5、7）[1]。在鲁南苏北地区，Aa 型、Ae 型罐广泛流行于各期汉墓之中。Ag 型、Ah 型罐虽仅见于西汉，但亦流行甚广，属当地典型日用器（图 3-7,2、4、6、8）[2]。据此，可将其均归入鲁南苏北文化因素。

第三节 四类墓葬的文化因素构成分析

关东东部汉墓所包括的甲、乙、丙、丁四个类别在鲁北区均有发现。四类墓葬的文化因素构成各具特点，并且呈现出不同的演变轨迹。

一、甲类墓

鲁北区甲类墓的分布主要集中在济南、淄博、潍坊一带，墓葬地点多位于王国都城附近，如西汉早期的洛庄汉墓、窝托村墓均位于齐都临淄周边（参见图 3-1）。甲类墓在时间上缺少延续性，目前发现的仅有西汉早、中期及东汉早期三个时期（详见附录 2-1）。

将以上三个时期甲类墓中各类文化因素所包含的内容列为表 3-3。通

---

[1] 淄博市博物馆：《临淄商王墓地》；山东省文物考古研究所等：《山东潍坊后埠下墓地发掘报告》、《山东长清小范庄墓地发掘简报》，《山东省高速公路考古报告集（1997）》，第 234～286、287～296 页。

[2] 徐州博物馆：《徐州东甸子西汉墓》，《文物》1999 年第 12 期；山东省文物考古研究所、滕州市博物馆：《山东滕州市东小宫周代、两汉墓地》，《考古》2000 年第 10 期；南京博物院等：《江苏邳州山头东汉家族墓地发掘报告——南水北调东线工程江苏段文物保护的重要成果》，《东南文化》2007 年第 4 期；金雀山考古发掘队：《临沂金雀山 1997 年发现的四座西汉墓》，《文物》1998 年第 12 期。

过此表可以看出,各期的文化因素构成表现出了明显的阶段性特征。西汉早期的洛庄墓与窝托村墓,均为"中"字形竖穴椁墓(椁 C 型)①。这种墓葬是商周以来大型墓的专属形制,中原地区战国墓葬中以此为葬的往往都是列国诸侯②。西汉诸侯依然沿用了此种墓葬。因以上两墓均未发掘主墓室,故墓内使用何种葬具不得而知。但从西汉中期的双乳山墓依然置多重棺椁,推测洛庄墓和窝托村墓也极有可能在葬具上仍沿袭战国多重棺椁之制。从陪葬坑出土的器物看,两墓均表现出了鲜明的汉文化特征,随葬了大量陶/铜礼器以及生活器具。鲁北本土文化因素所占比例较低,多为日用陶器。此外,还有极少的冀中南等外来文化因素。综合而论,西汉早期甲类墓文化因素构成的特点可以说是战国传统基础上融合了汉代新风尚。

西汉中期,墓葬形制方面,传统的竖穴椁墓与多重棺椁之制依然存在,但墓葬规模明显减小,椁墓多为仅有一条墓道的"甲"字形墓(椁 B 型)。另外,出现了崖洞墓(室 Ca 型)等体现汉文化时代风尚的新类型。随葬品方面,绝大多数为体现着鲜明汉文化时代特征的铜/漆礼器、生活明器,Ab 型罐等本土器物数量极少。可见,此时甲类墓中的汉墓共性因素已获很大提升。

东汉早期,汉墓共性因素在墓葬形制方面得到了更为充分的体现,回廊结构多室墓(室 Ac-2 型)取代西汉时盛行的竖穴椁墓和崖洞墓。随葬品中外来文化因素明显增多,出现了铅釉陶、钙釉陶等关中、江东文化因素成分,但此时的主流器物依然是富于汉文化时代性的生活明器。

整体而言,甲类墓的汉文化时代性突出,虽在西汉早中期的墓葬形制中保留了较多的战国传统,但数量庞大的铜/陶礼器、生活明器清晰地表明了它们以汉文化为主导的特性。

表 3-3　鲁北地区甲类墓各阶段文化因素构成表

期别	汉墓共性因素	本土文化因素		外来文化因素		
		战国传统	汉代新生	关中	江东	冀中南
一	铜/陶礼器、生活明器	椁 C 型墓	Ab 型罐			Ba 型罐
二	同上+室 Ca 型墓	椁 B 型墓	同上			
四	室 Ac-2 型墓;礼器、生活明器			铅釉陶	钙釉陶	

---

① 山东省淄博市博物馆:《西汉齐王墓随葬器物坑》,《考古学报》1985 年第 2 期;济南市考古研究所等:《山东章丘市洛庄汉墓陪葬坑的清理》,《考古》2004 年第 8 期。
② 印群:《黄河中下游地区的东周墓葬制度》,社会科学文献出版社,2001 年,第 123~130 页。

二、乙类墓

西汉时期的乙类墓数量少，分布分散。早期仅有腊山 M1 一座，中晚期分布的中心转向胶东半岛（详见附录 2-2）。

将各时期文化因素的内涵列表分析（表 3-4），可以看出西汉早中期在墓葬形制方面彰显了鲁北的本土文化特征，均为传统的竖穴椁墓。腊山 M1 中宽大的二层台与战国大型齐墓如出一辙。石羊村墓在分厢木椁外套砌砖椁也为胶东所独有。随葬品方面，大量的铜/陶礼器、生活明器以及漆器表现出了鲜明的汉墓共性特征。Ab、Bd 两型罐及 Ac 型壶体现着本土文化对日常生活的影响。外来文化因素比例极低，且 Ba 型罐、石椁等均来自周边王国地区。由此可见，西汉早中期乙类墓的文化因素构成是以本土因素为主导，汉墓共性因素为辅，外来因素影响极小，且仅局限于王国地区。

表 3-4 鲁北区乙类墓各阶段文化因素构成表

期别	汉墓共性因素	本土文化因素			外来文化因素				
		战国传统	汉代新生	胶东特有	关中	三河	长江下游	冀中南	鲁南苏北
一	陶礼器、铜/铁车马明器	椁 B 型墓	Ac 型壶、Bd 型罐					Ba 型罐	
二	铜礼器、生活明器	同上+椁 Aa 型墓	Ab 型罐	砖木椁墓					石椁墓
三	同上+室 Ac-2 型墓；陶礼器、生活明器	椁 A 型墓	同上+圆炉	同上+积贝墓；F 型鼎、方形炙炉	铅釉陶	A 型灶	钙釉陶		Aa 型井
四	室 Ac-1 型墓；陶礼器、生活明器		白陶罐		同上	同上			
五	同上-陶礼器		同上		同上		四系罐		
六	同上+陶动物俑		同上+Bd 型罐				钙釉陶	Ba 型罐	

西汉晚期,乙类墓的数量有所增加,集中于鲁北区东部的胶东半岛,此外东南的沭水流域也有零星分布。墓葬形制方面,除本土化的砖木椁墓外,出现了时代性鲜明的室Ac-2型墓。随葬品中铜、陶礼器兼备,生活明器的种类、数量均有明显增长。此外,本土日用陶器仍占一定比例,且器类还略有丰富,出现了圆炉等。可见,此时汉墓共性因素地位大幅提升,与鲁北本土因素共同构成了当地汉墓面貌的主体。这一阶段的外来因素变化较大,种类明显丰富,除王国地区外,关中、三河及江东的影响逐步显现。

东汉时期,乙类墓的分布区再度集中到济南、淄博一带。这时的墓葬形制与随葬品均发生了较大改变。代表本土传统因素的竖穴椁墓消失,体现汉墓共性的室Ac-1型墓广泛流行。随葬品中仍保留了诸如白陶罐、Bd型罐等本土日用陶器,但数量已很少。而具有汉文化气息的生活明器及家禽家畜俑等成为主流器。可见,东汉之后,汉墓共性因素已在乙类墓中确立起了主导性地位。

三、丙类墓

目前已发现的西汉丙类墓数量较少,早期仅有茌平南陈庄M10一座,中期存在缺环,晚期分布中心也转向了胶东半岛(详见附录2-3)。通过各期文化因素内涵的列表分析(表3-5),可以看出西汉早期与晚期的文化因素构成存在着诸多共性。墓葬形制,无论早期的砖椁墓还是晚期的砖木椁墓均表现出鲜明的本土特色。随葬品中,早期的陶礼器、晚期的生活明器均是汉墓共性因素的代表。而本土文化因素则在日用陶器中产生了较多的影响。因此,可以说整个西汉时期丙类墓的文化因素构成基本是以本土文化因素为主导。

表3-5 鲁北地区丙类墓各阶段文化因素构成表

期别	汉墓共性因素	本地文化因素		外来文化因素				
		汉代新生	胶东特有	关中	三河	冀中南	江东	鲁南苏北
一	陶礼器	砖椁墓;Ac型壶						
三	同上+生活明器	同上+Bd型罐	砖木椁墓、积贝墓;F型鼎、陶方炉	铅釉陶			钙釉陶	石椁墓

(续　表)

期别	汉墓共性因素	本地文化因素		外来文化因素				
		汉代新生	胶东特有	关中	三河	冀中南	江东	鲁南苏北
四	同上－陶礼器＋室 Ac－1 型墓	Bd 型罐、白陶罐		同上	A 型灶、Ae 型井	Ba 型罐	同上	
五	同上	Bd 型罐		同上	同上	同上	同上	
六	同上	同上		同上				

东汉时期，丙类墓的数量有所增加，分布范围与乙类墓多有重合，二者的文化因素构成也颇为近似。从墓葬形制到随葬器物，时代共性面貌愈发突显，外来因素更加多元。在文化因素构成中，本土因素退居其次，汉墓共性因素代之成为核心、主导。

四、丁类墓

鲁北区目前已发现的汉墓中以丁类墓数量最多。西汉早期的分布范围主要集中在济南、淄博一带，中期之后向东扩展，潍坊及其周边地区的墓葬数量大增（详见附录2－4）。丁类墓是各类墓葬中最具本土文化特色的一类。将六期各类文化因素在墓葬形制与随葬品方面的内涵列为表3－6。

表3－6　鲁北地区丁类墓各阶段文化因素构成表

期别	汉墓共性因素	本土文化因素		外来文化因素	
		战国传统	汉代新生	关中	鲁南苏北
一		椁 Ab、椁 Aa 型墓	砖椁墓；Ac、Ad 型壶，Ab、Bd 型罐		
二		同上	同上＋Af、Ca 型壶		Aa、Ae 型罐
三		同上	同上		Ae 型罐
四	室 Aa 型墓；生活明器	同上	同上－砖椁墓；Ac、Ad、Ca 型壶，Ab 型罐	铅釉陶	
五	同上	同上	同上	同上	Ae 型罐
六	同上	同上－椁 Ab 型墓	同上－Af 型壶		

通过表中所示，可以看出西汉各期丁类墓中始终以本土因素为重。墓葬形制均为体现本土战国传统的竖穴土坑墓。墓底留二层台或近底壁面开

凿壁龛的做法更是清晰展现出了与战国齐墓的承继关系。墓内垒砌砖椁以及随葬品中的各类型罐、壶，显现出了鲁北本土风格在入汉之后的进一步发展。

东汉时期，丁类墓面貌出现显著变化。墓葬形制中出现了室 Aa 型墓，随葬品中融入了少量生活明器。汉墓共性因素逐步显现，且不断上升。东汉早中期的室 Aa 型墓仅占墓葬总数的 40% 左右，随葬生活明器的墓葬不足 30%。但到东汉晚期，室 Aa 型墓的比例上升至 87%，随葬生活明器的墓葬超过 70%。可见，直至东汉晚期鲁北区的丁类墓才得以彻底完成融入汉文化的进程，本土的地域性面貌渐次褪去。

第四节　相关问题讨论

一、鲁北区各阶层社会文化变迁

甲类墓最显著的变化发生在西汉中期。首先，在墓葬的分布地点上，从临淄向外扩展到长清、昌乐等地。这一变化应由众建诸侯、齐国一分为七所带来。双乳山 M1 墓主为济北国王后、东圈 M1 墓主为菑川国王后也再次印证了这一史实。其次，在墓葬文化因素构成上，战国传统因素淡出，汉墓共性因素成为核心。这一变化有汉文化渐趋成熟的时代潮流影响，同时，也反映出西汉中期之后以等级为核心的礼制已渐完善。此外，在墓葬的规模上，西汉中期之后墓圹尺寸明显变小，随葬品种类、数量均明显减少。如果说西汉早期随葬品中大量铜兵器、车马器、乐器是汉初齐国军事与经济实力的写照，那么中期之后墓葬规模的急剧下降则在一定程度上表明诸侯王已逐渐丧失了其在政治与经济方面的种种特权。

乙类墓与丙类墓均为具有一定社会地位的阶层。在文化因素构成上，两者具有一定的共性，如西汉时期均表现出本土文化因素与汉墓共性因素并重的特点；随葬品中大量的礼器表明他们对生前政治地位的重视，显示出墓主与中央王朝的紧密关联。在演变进程方面，乙、丙两类墓葬又略有区别，乙类墓在西汉晚期完成了本土文化与汉文化的融合，丙类墓中的这一进程则略晚至东汉早期。这一差异似乎表明，丙类墓主与鲁北当地的联系更为紧密，而乙类墓主则更多保持着与中央王朝的一致性。从墓葬规模的变迁看，乙类墓主在东汉晚期发生了明显分化，部分墓葬的规模扩张明显,有的甚至超越诸侯王墓。丙类墓主发展平稳,始终未有太大变化。

丁类墓是各类墓葬中发展最为稳定的。在文化因素构成方面,对世代居于鲁北之地的黔首黎庶而言,王朝更迭易主并未改变其生存环境,严格的户籍制度又限制了他们与外界的交往。因此在墓葬面貌上不但较少受到汉文化潮流的影响,也很少接受周边地区文化的影响。在墓葬规模方面,丁类墓与其他三类墓葬差距悬殊,并始终未见改变。可见这一阶层有限的经济能力与底层的社会地位。

二、鲁北区地域特征的形成

鲁北区汉代考古学文化所具有的鲜明地域特色及浓厚历史传统在各类墓葬中得以充分体现。而透过各类墓葬的独特面貌与其分布的不均衡性,我们可以从中进一步探讨鲁北区汉文化独有的地域特征及其发展脉络。

(一) 乙、丙类墓葬的分布与西汉鲁北之丧葬观

西汉时期,鲁北区的乙、丙两类墓葬呈现出一种极不均衡的分布状态。在原齐地中心的济南、淄博一带,仅零星可见个别西汉早期乙类墓,中期之后,乙、丙两类墓葬仅见于胶东半岛。依前文分析可知,乙、丙类墓葬的特征是随葬有较为丰富的铜、陶礼器。以上现象表明,西汉时期鲁北西部诸地除诸侯王、列侯墓外,几乎难以见到随葬铜、陶礼器的风俗。由于考古发现具有一定的偶然性,因此不能排除其中存在发现有限的因素。但这一状况仅见于某一历史阶段的特定区域,似乎又表明其成因并不能单纯地被归结为考古材料存在缺环。与此同时,在这一地区未出礼器的西汉中晚期墓葬中又可见其内部存在着差异。如在随葬品种类方面,后埠下 M62 等随葬有象征身份地位的车马明器;在葬具使用方面,后埠下 M54 等使用了具有等级意义的多重棺椁;在墓圹规模上,后埠下 M54 等墓圹面积超过 7 平方米,而同时的其他墓葬多仅在 5 平方米上下。由此可见,依有无礼器的标准,鲁北区虽有大量墓葬被归为丁类,但其中很可能存在着一部分生前社会地位或经济能力有别于普通平民阶层的人群。此外,这一地区特有的 Ac、Ad 两型陶壶也表现出了不同于普通日用陶器的特殊之处。首先,器形上,Ac、Ad 两型壶的颈、腹及圈足形态更为接近礼器组合中的壶。其次,器表装饰上,Ac、Ad 两型壶表面多有纹样精美、构图繁复的彩绘,如夸张的铺首衔环、抽象化的云气等,色彩、风格均近似陶礼器表面的装饰。此类陶壶从不与鼎、盒等其他陶礼器共出,显示出其不同于鼎、盒、壶这套礼器组合的特殊性,似乎另

具象征意义。综合以上两点，淄博、济南这一齐地的中心区也许并不是缺失西汉时期的乙、丙两类墓葬，而很有可能是在独特的风土观念影响下使这两类墓葬采取了不同的表现形式，以致很难将其与丁类墓区分。

东周秦汉文献中对齐地多有记录，或许我们可以从中找寻有关埋葬观念形成的社会文化背景。齐国曾在威、宣之际以稷下之学显于天下，"聚天下贤士于稷下，尊宠之，若邹衍、田骈、淳于髡之属甚众，号曰列大夫，皆世所称"①。秦统一后，虽以秦法经纬天下，但齐地的儒学仍保有顽强的生命力②。至汉，齐以民风好学而著称，"其土多好经术，矜功名，舒缓阔达而足智"③。通过以上记述可对齐地文化的繁荣窥见一斑，经学、黄老、纵横之学、方士、谶纬之学、五行学说都曾在这片土地上盛极一时。受此浸染而产生的地域文化在思维方式、价值取向、政治态度以及学术风格等方面也具有诸多独到之处④。上文述及的乙、丙两类墓葬中可能具有的埋葬观念也许正是在这样的文化背景下应运而生的。在关东各地复兴战国葬制，以礼器强调身份的时代潮流之中，这里却选择了仅用数件彩绘陶壶随葬。陶壶表面飘逸、不拘一格的写意式图案风格也许源于人们对死亡、来世的理解和想象，或许也可看作是齐地文化中思维方式与价值取向的一种表现形式。这种表现形式与关东其他地区相比，或可称之为薄葬。在齐地本土文化的长期浸染之下，如乙、丙类墓主这般具有一定身份、地位的阶层没有延续鼎、盒、壶这套常见的礼器，而采用了鲁北特有的一类器物。这种薄葬习俗在中央集权逐步强化、汉文化渐趋成熟的时代大背景下，到东汉时期随着本土特性的弱化而消失。

不过以上关于西汉鲁北区可能存在薄葬习俗的推断仅是根据现有的墓葬材料以及有限的文献记载作出的假设。墓葬本身呈现的仅是丧葬行为的最终环节，在没有确切文字记载的情况下，很难确定其蕴含着怎样的思想与观念。并且，推断本身也将会在考古材料积累的过程中被不断地修正与完善。

（二）胶东地域特征的形成

胶东半岛位于鲁北区的东半部，远离齐文化的中心。目前已发现的汉代墓葬年代主要集中于西汉中晚期。胶东半岛汉墓的面貌具有鲁北其他地

---

① ［清］严可均辑：《全汉文》卷三十七，商务印书馆，1999 年，第 383 页。
② 卢云：《西汉时期的文化区域与文化重心》，《历史地理》第五辑，第 161 页。
③ 《汉书》卷二八下《地理志》，第 1661 页。
④ 刘蔚华等：《齐国学术思想史》，齐鲁书社，1997 年，第 305 页。

区的共性特征,同时又表现出了诸多的自身特性。如流行砖椁墓,但砖椁之内又常套建分厢木椁,并且文化因素构成也更为丰富,尤其与辽东半岛及江东地区存在较多的接触与联系。若从汉帝国的东部海疆着眼,胶东半岛特殊的地理位置似乎是这种地域特色得以形成的重要原因(图3-8)。文献中亦有诸多线索可循。

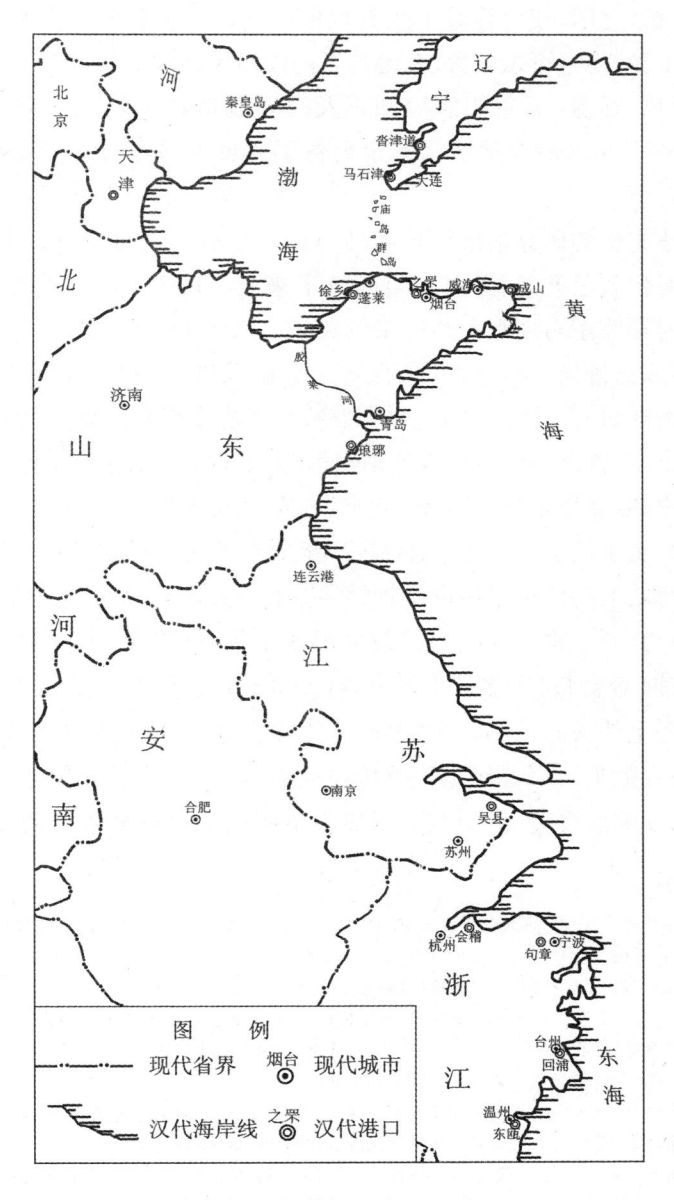

图3-8 胶东半岛位置及秦汉东部沿海港口分布示意图

在先秦两汉文献中，齐国常被记述为有"便鱼盐之利"的"海王之国"①，"东有琅邪、即墨之饶"，"北有勃海之利"②。早在先秦时期，这里的沿海居民就开通了近海航线，并掌握了较为丰富的航海技能③。《史记·田敬仲完世家》记"太公乃迁康公于海上，食一城"。《史记·田儋列传》记刘邦破楚时"（田横）与其徒属五百余人入海，居岛中"④。并且，至秦汉之时胶东已发展起徐乡、黄、之罘、成山等数个颇具规模的港口。由胶东北行渡过渤海湾可达辽东半岛，南行可抵黄海、东海甚至南海沿岸诸地。加之汉代人所掌握的航道、季风、洋流、天象等航海知识及海船制造技术均已达到了相当水准⑤，黄渤海及东海沿岸地区已完全具备了通过海路进行往来交流的各种条件。

  佟伟华先生的研究指出胶东半岛与辽东半岛的文化交流由来已久，早在新石器时代就已开始，并且一直延续下来⑥。王绵厚先生则进一步梳理出了汉魏时期胶东与辽东海路往来的路线。由东莱郡（今烟台、威海一带）海行，经由庙岛群岛可达辽东"马石津"（今旅顺口老铁山）和"沓津道"（今普兰店沙湾河口）⑦（图3-8）。这条路线也屡次出现在汉魏文献的记载中。尤其东汉末年，鲁北一带有许多所谓"遭王道衰缺，浮海遁居"的情形。如东莱黄人太史慈、北海朱虚人邴原、管宁、乐安盖人国渊、平原人王烈等，都曾避战乱入海至于辽东⑧。以上记载进一步证明了这条海上通道的成熟。

  居东海之滨的江东之地也是较早掌握航海技术的地区，吴越先民"以船为车，以楫为马"。秦汉时期也已发展形成了吴县（今苏州）、会稽（今杭州东南）、回浦（今台州）等多处重要海港（图3-8）。先秦文献中也不乏对胶东与江东海上往来的记述。如《史记·吴太伯世家》中记吴王夫差曾"从海上攻齐，齐人败吴"。《越绝书·外传记地传》中也有吴国率众迁都琅邪"死士八千人，戈船三百艘"的记载。虽然文献所记多为军事活动，但充分显示

---

① 《史记》卷三十二《齐太公世家》，第1480页；《管子》卷二十二《海王》，黎翔凤撰、梁运华整理《管子校注》，中华书局，2004年，第1246页。
② 《史记》卷八《高祖本纪》，第382、383页。
③ 王子今：《秦汉交通史稿》，中共中央党校出版社，1994年，第190、191页。
④ 分别参见《史记》卷四十六、卷九十四，第1886、2647页。
⑤ 王子今：《秦汉交通史稿》，第208～234页。
⑥ 佟伟华：《胶东半岛与辽东半岛原始文化的关系》，《考古学文化论集（二）》，第75～85页。
⑦ 王绵厚：《东北古代交通》，沈阳出版社，1990年，第72页。
⑧ 分别见于：《三国志》卷十一《魏书·管宁传》、卷四十九《吴书·太史慈传》、卷十一《魏书·邴原传》、卷十一《魏书·国渊传》，第354、1186、350、339页；《后汉书》卷八十一《独行列传·王烈》，第2696页。

出了吴国的海路航行能力,进而也证实了江东具备同胶东进行海路交往的技术条件。

　　前文的文化因素分析显示,胶东汉墓中包含了诸多与辽东半岛、江东地区相同的文化因素。同类文化因素在不同地区出现,成因大致可归结为三。一是因人口迁徙流动将自身文化带入了迁居地,而当地又有与之相适应的生长环境,从而使其在当地生根发展。二是因政治或军事使统治集团的文化扩展至被征服地区。三是因商贸往来所产生的物品输送。积贝墓同时出现在胶东和辽东两地应属第一种情况。同中原流行的积石积炭墓一样,积贝墓也有防潮和防盗的功能。海洋供给了丰富的贝类资源。积贝是应沿海资源而生的一种因地制宜的墓葬处理方式。正因胶东与辽东在环境资源上存在着这般共性,所以当积贝墓在庙岛群岛产生后不久就伴随着渤海沿岸居民的迁徙,在渤海两岸发展起来。此外这类墓中还常伴出腰檐鼎(即 F 型鼎)、方形炙炉等相同的随葬品。因此,有学者的研究得出了使用积贝墓的居民在人类集团或文化传统上存在着某种内在联系的结论①。胶东汉墓中分厢木椁的出现似乎属于第二种情况。战国晚期,楚国势力已达鲁东南②。胶东半岛远离齐文化中心,使其更易于接收外来文化,而居黄渤海之滨的地理优势也便利了地区间多种方式的交往。将此型木椁墓的分布地点串联,可见一条从苏北连云港、赣榆到鲁南临沂、日照,继而沿海北行至诸城、胶南、莱西、荣成、蓬莱的传播路线。在此分布带上还可见漆衣陶、漆器等其他具有浓厚楚文化特征的器物。由此可以推测战国楚国东扩带来的文化扩张影响到鲁南苏北后,逐渐沿东部海岸扩散到了胶东并延续至西汉。江东文化因素在胶东汉墓中主要是钙釉陶。这类器物从器形到装饰均不同于鲁北本土同类器。它的出现应属第三种物品的输送。它的分布地点同样能够看到一条大致与楚文化传播路线重合的线路,可见海路通道在两地交往中所扮演的重要角色。

　　胶东半岛三面环海的地理优势为其与周边沿海地区的经济、文化交流提供了更加广阔的空间。通过海路往来,这里与辽东、江东建立了联系,形成了鲁北区内部别具特色的小区。

---

① 白云翔:《汉代积贝墓研究》,《刘敦愿先生纪念文集》,第 417 页。
② 《淮南子·兵略训》追忆说:"昔者楚人地,南卷沅、湘,北绕颍、泗,西包巴、蜀,东裹郯、邳,颍、汝以为洫,江、汉以为池,垣之以邓林,绵之以方城。"(参见国学整理社辑:《诸子集成》第七册,第 256 页。)

第四章 鲁南苏北皖北豫东区汉墓的分期、文化因素分析及相关问题

鲁南苏北皖北豫东区曾历宋、楚、越、鲁四国,巨野泽以南的苏鲁皖交界地区属宋;以曲阜为中心的鲁东南属鲁;自琅邪台沿海而南的苏鲁沿海属越;运河以西的苏北皖北属楚。此外,穿插于大国之间的鲁南一带还曾有莒、杞、郯、邹、任、藤、薛等诸多小国①。伴随着战国时代的兼并战争,小国相继被并入大国,大国之间的实力消长又使各地的归属变化不定。至战国晚期,楚国东渐,这一地区几乎均为楚所占据。秦统一后,先后在此设置了薛、陈、东、砀、东海、琅邪与泗水七郡。汉高祖五年(公元前202年)大行分封之时,这里的大部分土地被授予韩信楚国与彭越梁国。在随后而来的翦除异姓改封同姓的政局变革中,刘交楚国、刘恢梁国及刘友淮阳国取代了原来异姓的楚、梁。文景之后,王国实权被削夺,疆域一再缩减,原三王国的境内又先后析置出鲁、泗水、东平、定陶等王国以及沛、东海、汝南、陈留、山阳等汉郡。东汉建立后,依然在此地众建诸侯,曾封有琅邪、鲁、东平、下邳、沛、梁、济阴、淮阳等国,设置有泰山、东海、楚、山阳等郡。

鲁南苏北皖北豫东区是关东东部三个墓葬区中范围最大的一区。两周时期分属不同文化系统,具有各异的民情风俗。邹鲁梁宋有先王遗风,儒学盛行,民风节俭,重视礼仪;沛、陈、汝南"其俗剽轻,易发怒,地薄,寡于积聚";东海"其俗类徐、僮。朐、缯以北,俗则齐"②。战国晚期伴随着

---

① 杨宽:《战国史》,上海人民出版社,1980年,第261、264~265页。
② 邹、鲁、梁、宋分别指东周时期的诸侯国,汉时仍习惯以这些名称作为地理上的称呼。范围大致相当于今鲁西南曲阜、济宁及苏鲁皖交界地区。沛、陈、汝南皆为秦汉时期郡名,大致相当于今豫东南、皖北及江苏沛县、丰县等地。东海即汉东海郡,治所在今山东郯城北,辖境约相当于今山东费县、临沂和江苏赣榆以南,山东枣庄市和江苏邳县以东,江苏宿迁、灌南以北地区。朐、缯皆为汉县名,属东海郡。(参见《史记》卷一百二十九《货殖列传》,第3266、3267页。)

诸侯间的兼并战争,地区间不同形式的交往又不可避免地对各地社会文化造成影响。鲁南苏北皖北豫东区汉墓面貌虽有差异,但在墓葬形制与随葬品中还是表现出了诸多共性。如石构墓葬(石椁墓与石室墓)的盛行以及一些独具地域特征的日用陶器、模型明器等。该区是汉代诸侯王墓发现最为丰富的地区,形成了诸多颇具见地的专题研究成果。但相比乙、丙、丁三类墓葬,诸侯王墓大多已被破坏,尤其随葬品基本所剩无几。因此,本章将以乙、丙、丁三类墓葬为基础,通过对典型随葬陶器的类型学研究建立该区汉墓的时间框架。在此基础上,通过文化因素分析,讨论甲、乙、丙、丁四类墓葬的文化因素构成及其演变。进而探讨鲁南苏北皖北豫东区社会阶层变迁及考古学文化发展等方面的相关问题。

第一节 典型随葬品类型分析与墓葬分期

鲁南苏北皖北豫东区汉墓数量丰富、分布广泛,以泗水、沂水、睢水流域最为集中(图4-1)。墓中随葬品种类繁多,除泥质陶外,铅、钙两种釉陶器有较多发现。铅釉陶的类型与同时期泥质陶基本相同。钙釉陶则在器形、纹饰及组合方面自成一系。泥质陶中的 Aa、Ab、C 三型鼎,Aa、Ac、Ba、Bb 四型盒,Aa、Ab、Ae、Ba 四型壶,Aa、Ab、Ae、Ag、Ah 五型罐,A、B 两型囷,Aa、Ab、Ad 三型井,A、C、D 三型灶以及仓、盘、匜、钫、茧形壶,此外,还有钙釉陶中的鼎、盒、壶、瓿等在随葬品中占有相当比例(统计图表4-1~3),并且具有稳定的组合形式与阶段性演变规律,可以反映出该区汉墓的特性与变化。故本节选择以上器物为典型器,通过对其形态、演变及共存关系的分析,建立鲁南苏北皖北豫东区汉墓的分期。并结合铜镜、钱币等具有断代意义的共出器物以及各期的其他特征,再综合画像石的分期,推断各期年代。

一、典型陶器的形态演变

（一）泥质陶

1. Aa 型鼎　扁圆形腹,矮足。器表常有红白彩绘的弦纹、云气纹。根据腹、耳及三足的变化可分三式。Ⅰ式→Ⅲ式的演变趋势为:腹渐深,圜底弧度增大,耳由外撇逐渐直立,三足逐渐向底心聚拢(图4-2)。

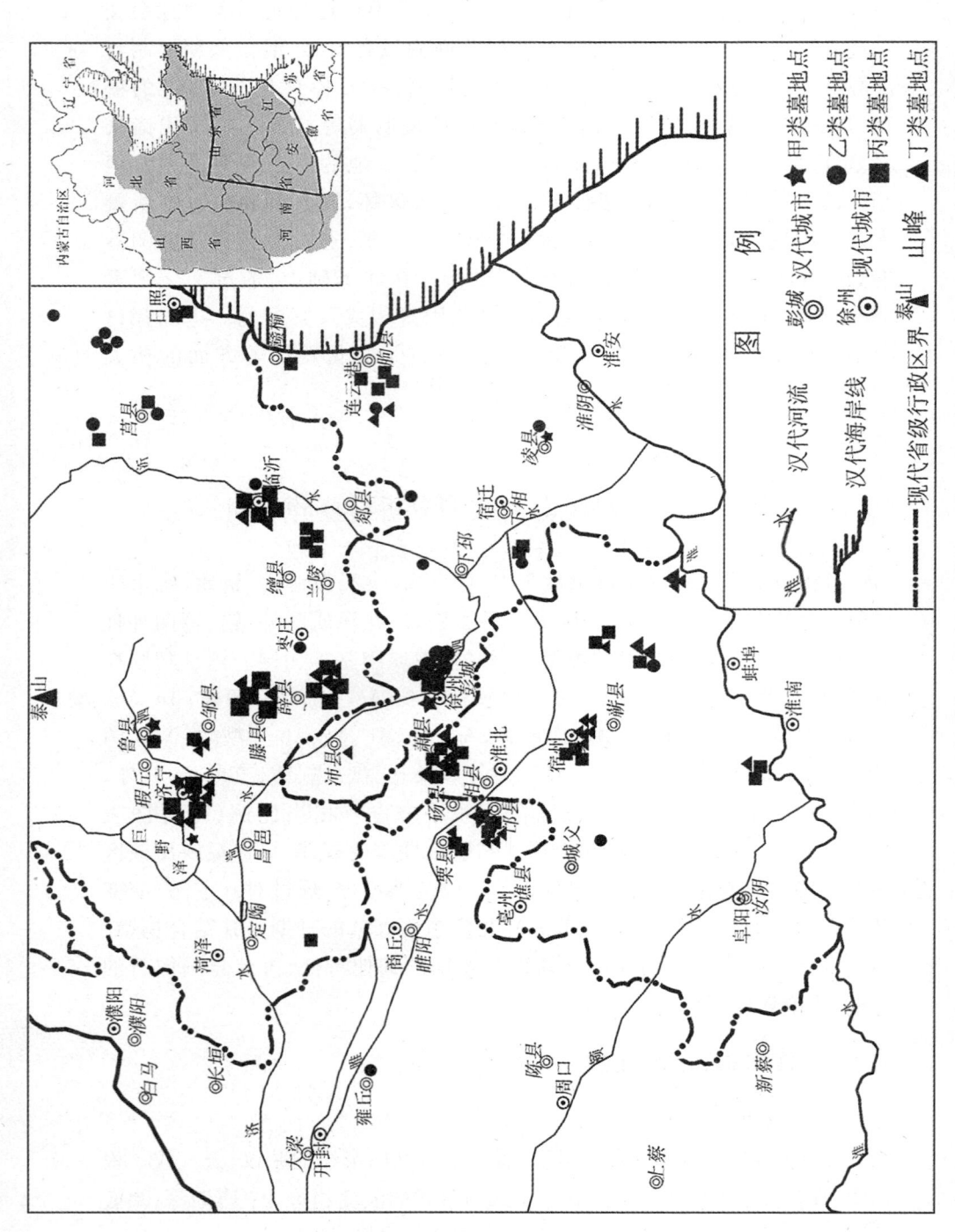

图 4-1 鲁南苏北皖北豫东区各类汉墓分布示意图

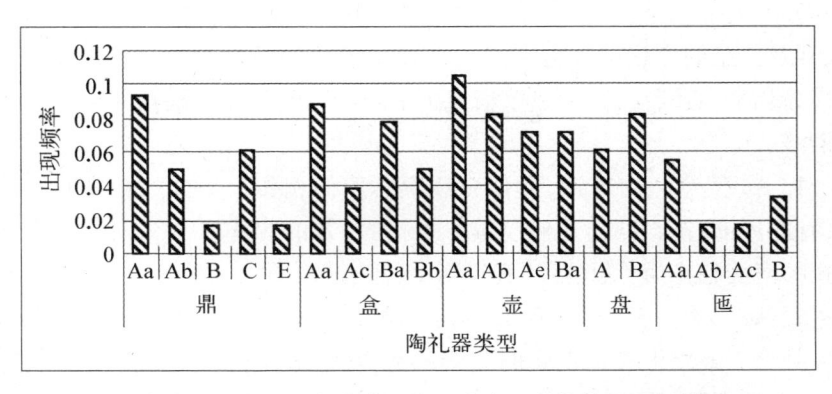

统计图表4-1　鲁南苏北皖北豫东区陶礼器出现频率

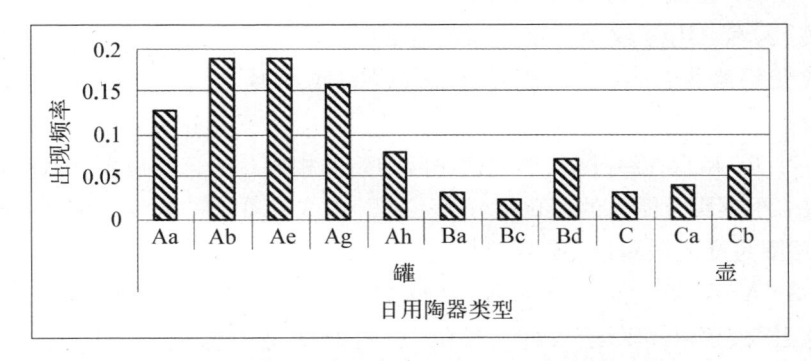

统计图表4-2　鲁南苏北皖北豫东区日用陶器出现频率

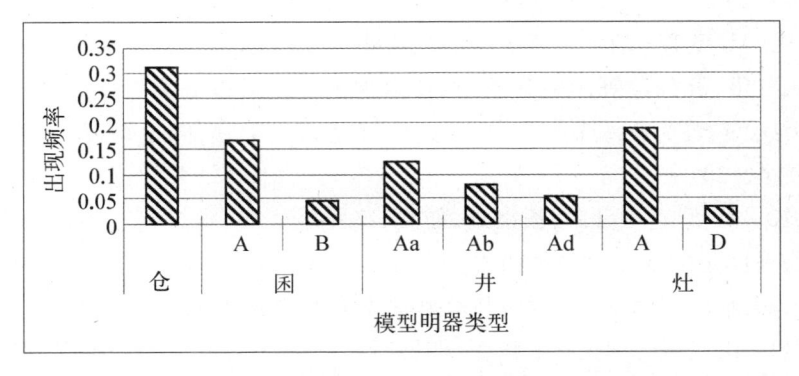

统计图表4-3　鲁南苏北皖北豫东区模型明器出现频率

2. Ab 型鼎　球形腹，矮足。器表亦常有红白彩绘。根据腹及三足的变化可分为三式。Ⅰ式→Ⅲ式的演变趋势为：腹底弧度渐缓，腹渐浅，三足渐矮、粗，并向底心聚拢(图4-2)。

3. C 型鼎 盆形腹,足较粗壮。盖、腹扣合处常有彩绘弦纹。根据腹、盖、耳及三足的变化可分为三式。Ⅰ式→Ⅲ式的演变趋势为:腹底由大圜底逐渐趋平,腹渐浅,盖由弧壁渐成折壁,双耳渐长,三足渐矮并向中心聚拢(图4-2)。

4. Aa 型盒 扁球形,形似双浅腹钵俯仰相扣。扣合处常见彩绘弦纹带,有的还饰有云气纹、几何纹等。根据腹、盖的变化可分为三式。Ⅰ式→Ⅲ式的演变趋势为:腹渐浅,底径渐小,盒渐高(图4-2)。

5. Ac 型盒 近球形,形似浅腹钵俯扣于深腹钵之上。根据腹、盖的变化可分为三式。Ⅰ式→Ⅲ式的演变趋势为:腹由斜直内收渐趋圆缓,底径增大,盖顶渐平(图4-2)。

6. Ba 型盒 扁球形,形似两浅腹碗俯仰相扣。器表多有红白彩绘弦纹、云气、几何纹等。根据腹、盖的变化可分为三式。Ⅰ式→Ⅲ式的演变趋势为:腹渐浅,腹壁内收愈甚,底径减小,盖的高度增加(图4-2)。

7. Bb 型盒 纵球形,形似两深腹碗俯仰相扣。扣合部位多有数周彩绘弦纹。根据腹及圈足的变化可分为三式。Ⅰ式→Ⅲ式的演变趋势为:腹渐深,矮圈足渐成假圈足(图4-2)。

8. Aa 型壶 侈口,短束颈,鼓腹,小圈足。颈、腹常有数周弦纹带,其间饰云气、蕉叶等彩绘纹样。根据颈、腹及圈足的变化可分为三式。Ⅰ式→Ⅲ式的演变趋势为:颈渐短,腹渐扁,最大腹径下移,圈足渐矮、宽(图4-3)。

9. Ab 型壶 敞口,短束颈,扁腹,小圈足。部分器物表面饰有彩绘弦纹、云气纹、几何纹等。根据颈、腹及圈足的变化可以分为二式。Ⅰ式→Ⅱ式的演变趋势为:颈部收束加大,腹由圆鼓渐成垂腹,圈足渐高,上腹径减小(图4-3)。

10. Ae 型壶 盘口,长束颈,鼓腹,高圈足。颈、腹多有彩绘。根据口、颈、腹及圈足的变化可分为四式。Ⅰ式→Ⅳ式的演变趋势为:盘口加深,颈渐长,腹渐扁,最大腹径下移,渐由弧腹成垂腹,圈足增高(图4-3)。

11. Ba 型壶 喇叭口,鼓腹,假圈足。器表多有彩绘。根据颈、腹和圈足的变化可分为五式。Ⅰ式→Ⅴ式的演变趋势为:颈渐粗,由束颈渐成直颈,腹渐扁,圈足增高(图4-3)。

12. A 型钫 侈口,束颈,弧腹,圈足。根据颈、腹及圈足的变化可分三式。Ⅰ式→Ⅲ式的演变趋势为:颈渐短、粗,腹部渐鼓,圈足渐矮(图4-3)。

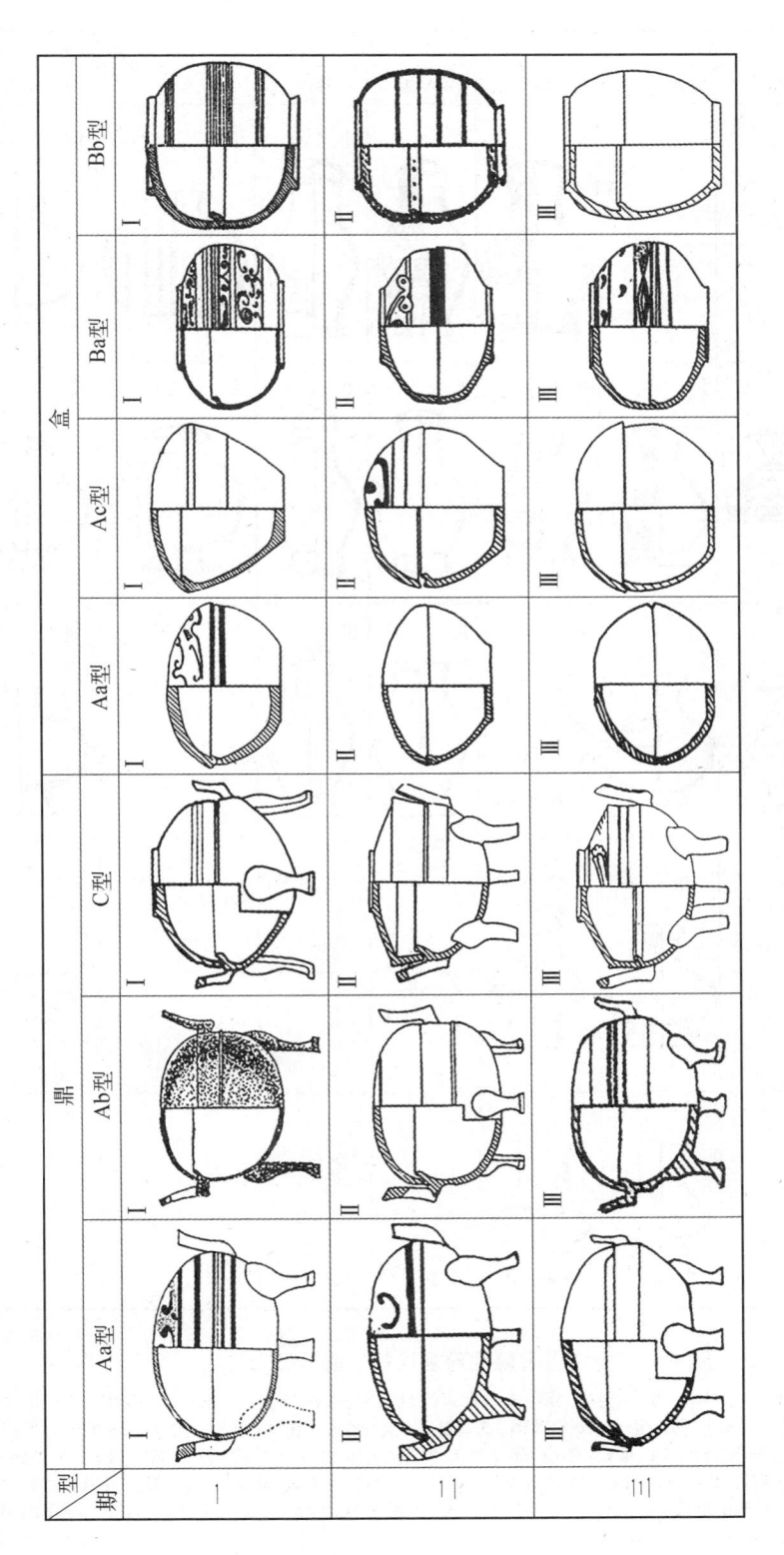

图 4-2 鲁南苏北皖北豫东汉墓分期图（一）

Aa 型鼎：Ⅰ式（独山 M3：3）Ⅱ式（小山 M3：4）Ⅲ式（子房山 M1） Ab 型鼎：Ⅰ式（子房山 M1）Ⅱ式（九里山 M2：34）Ⅲ式（荆山 TJM：30） C 型鼎：Ⅰ式（张村 M16：19）Ⅱ式（金雀山南玩 M31：36）Ⅲ式（小山 M3：5）Aa 型盒：Ⅰ式（金雀山南坛 M8：2） Ac 型盒：Ⅰ式（骑路堌堆 M3：5）Ⅱ式（潘庙 M16：5）Ⅲ式（潘庙 M281：5）Ba 型盒：Ⅰ式（临山 M2：9）Ⅲ式（潘庙 M50：8）Bb 型盒：Ⅰ式（银雀山 M3：7）Ⅱ式（李屯 M：10）Ⅲ式（荆山 TJM：24）Ⅲ式（江海村墓）Ⅲ式（独山 M4：5）

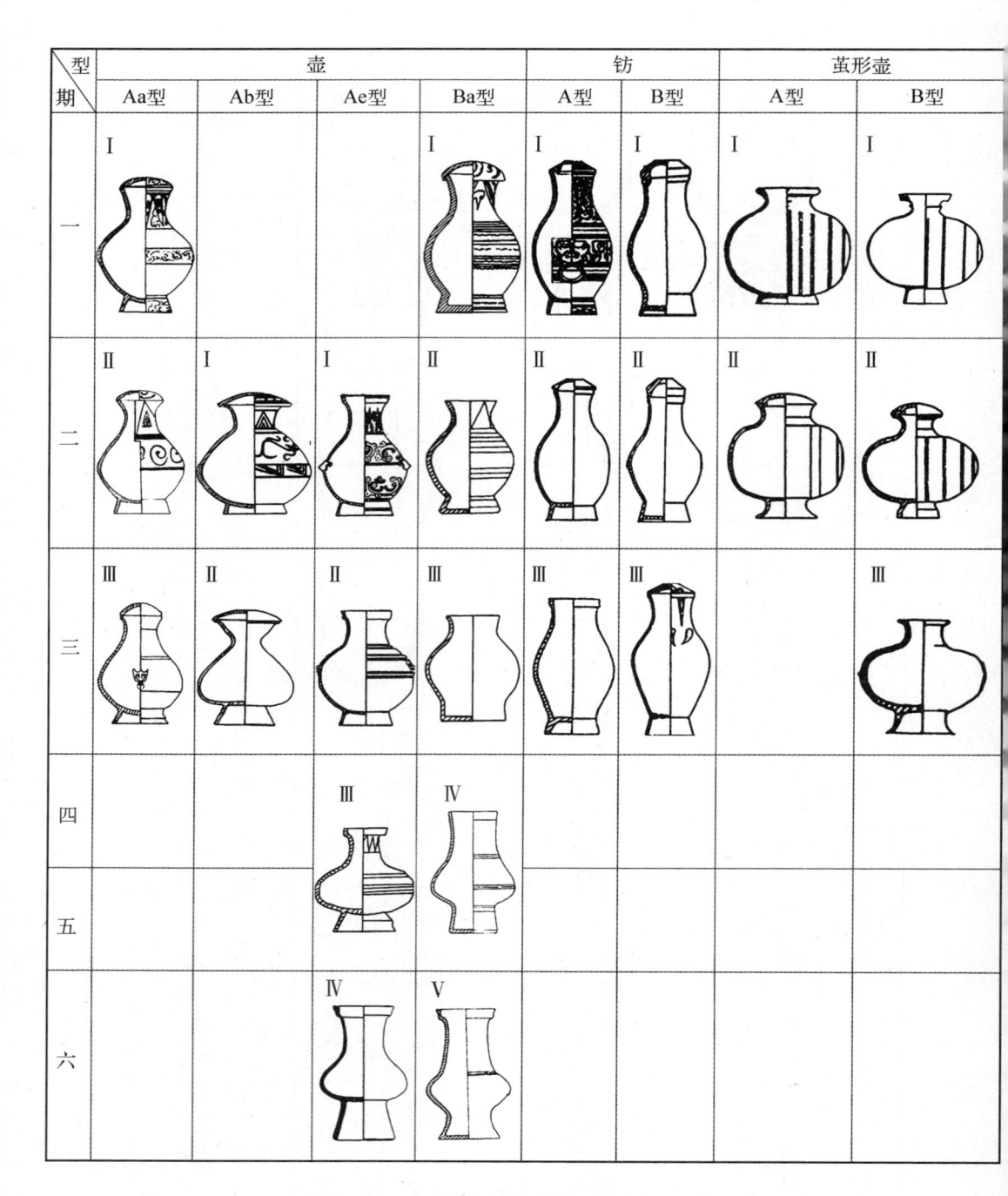

型期	壶				钫		茧形壶	
	Aa型	Ab型	Ae型	Ba型	A型	B型	A型	B型
一	I			I	I	I	I	I
二	II	I	I	II	II	II	II	II
三	III	II	II	III	II	III		III
四			III	IV				
五								
六			IV	V				

图 4-3 鲁南苏北皖北豫东汉墓分期图(二)

Aa 型壶：Ⅰ式(后楼山 M：116) Ⅱ式(小山 M3：6) Ⅲ式(吴庄墓) Ab 型壶：Ⅰ式(潘庙 M50：9) Ⅱ式(潘庙 M20：15) Ae 型壶：Ⅰ式(江海村墓) Ⅱ式(师专 M16：3) Ⅲ式(太丘 M1) Ⅳ式(八里庙墓) Ba 型壶：Ⅰ式(金雀山南坛 M31：37) Ⅱ式(金雀 97M4：2) Ⅲ式(临山 M8：18) Ⅳ式(王陵山墓) Ⅴ式(张山 M1：2) A 型钫：Ⅰ式(东甸子 M1E：57) Ⅱ式(陶楼 M3：3) Ⅲ式(凤凰山 M2P2：3) B 型钫：Ⅰ式(小金山 M：23) Ⅱ式(九里山 M2：23) Ⅲ式(独山 M6：1) A 型茧形壶：Ⅰ式(子房山 M3) Ⅱ式(碧螺山 M5：44) B 型茧形壶：Ⅰ式(子房山 M1) Ⅱ式(九里山 M2：30) Ⅲ式(张村 M9：22)

13. B 型钫　侈口,束颈,鼓腹,假圈足。根据颈、腹及圈足的变化可分三式。Ⅰ式→Ⅲ式的演变趋势为:颈渐粗,最大腹径逐渐上移,腹渐深,圈足渐矮(图4-3)。

14. A 型茧形壶　侈口,短束颈,球形腹,小圈足。根据腹及圈足的变化可分为二式。Ⅰ式→Ⅱ式的演变趋势为:腹壁弧度渐缓,圈足上径渐小,高度增加(图4-3)。

15. B 型茧形壶　侈口,短束颈,扁球形腹,小圈足。根据颈、腹及圈足的变化可分为三式。Ⅰ式→Ⅲ式的演变趋势为:颈渐长,腹壁弧度渐缓,圈足上径渐大,高度增加(图4-3)。

16. Aa 型罐　盘口,矮领,溜肩,弧腹,平底。上腹常有数组弦纹,下腹饰绳纹。根据口、腹及底的变化可分为五式。Ⅰ式→Ⅴ式的演变趋势为:盘口加深,直盘口渐成斜盘口,腹壁渐圆缓,底径增大(图4-4)。

17. Ab 型罐　侈口,方唇外翻,溜肩,腹壁斜直内收,平底。下腹常见绳纹,有的肩部还刻划有文字。根据口、领及底的变化可分为三式。Ⅰ式→Ⅲ式的演变趋势为:口渐小,高领渐成矮领,底径增大(图4-4)。

18. Ae 型罐　侈口,鼓肩,弧腹,大平底。根据口、腹的变化可分为五式。Ⅰ式→Ⅴ式的演变趋势为:口径增大,唇渐倾斜,腹渐深(图4-4)。

19. Ag 型罐　侈口,矮领,鼓肩,鼓腹,平底。根据肩、腹的变化可分为三式。Ⅰ式→Ⅲ式的演变趋势为:鼓肩渐缓,腹渐深,腹壁渐弧缓(图4-4)。

20. Ah 型罐　侈口,矮领,鼓肩,扁腹,大平底。根据口、肩、腹及底的变化可分为二式。Ⅰ式→Ⅱ式的演变趋势为:口径渐小,鼓肩渐缓,腹壁渐弧缓,底径增大(图4-4)。

21. A 型盘　宽平沿,折腹,矮圈足。根据腹及圈足的变化可分为二式。Ⅰ式→Ⅱ式的演变趋势为:平沿渐厚,腹渐深,圈足径渐大(图4-4)。

22. B 型盘　窄平沿,平底。根据腹及底的变化可分为三式。Ⅰ式→Ⅲ式的演变趋势为:平沿渐厚,腹壁渐弧,底径增大(图4-4)。

23. Aa 型匜　方平口,长流。器表常有彩绘。根据腹及流的变化可分为三式。Ⅰ式→Ⅲ式的演变趋势为:腹渐深,底径增大,流渐短、宽(图4-5)。

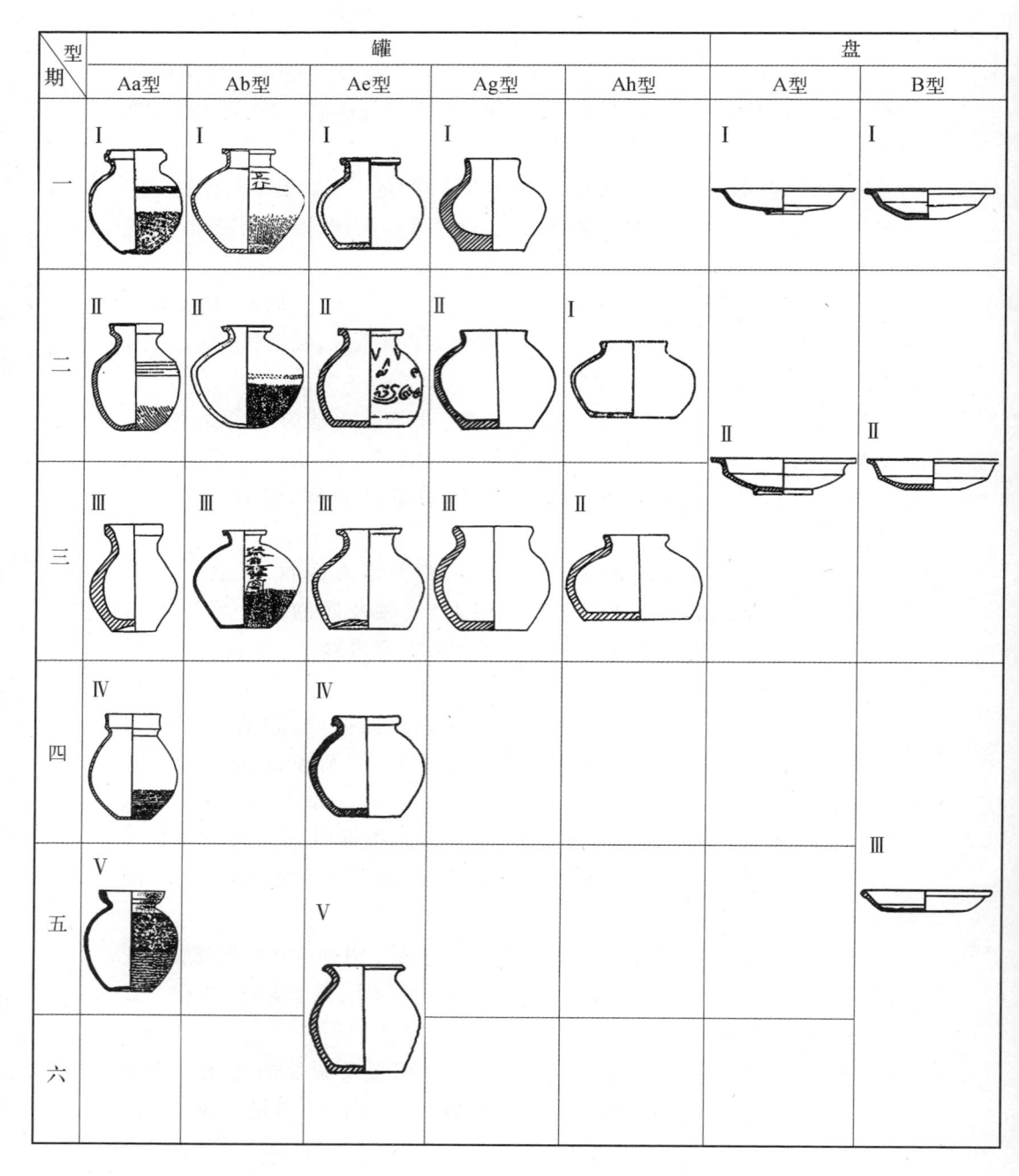

型\期	罐					盘	
	Aa型	Ab型	Ae型	Ag型	Ah型	A型	B型
一	Ⅰ	Ⅰ	Ⅰ	Ⅰ		Ⅰ	Ⅰ
二	Ⅱ	Ⅱ	Ⅱ	Ⅱ	Ⅰ		
三	Ⅲ	Ⅲ	Ⅲ	Ⅲ	Ⅱ	Ⅱ	Ⅱ
四	Ⅳ		Ⅳ				
五	Ⅴ		Ⅴ				Ⅲ
六							

图4-4 鲁南苏北皖北豫东汉墓分期图(三)

Aa型罐：Ⅰ式(东甸子 M1E：41) Ⅱ式(磨山 M43：2) Ⅲ式(东小宫 M331：13) Ⅳ式(临山 M23：5) Ⅴ式(王庄 M2：1) Ab型罐：Ⅰ式(金雀山周氏 M14：3) Ⅱ式(潘庙 M6B：4) Ⅲ式(师专 M10：8) Ae型罐：Ⅰ式(潘庙 M17：1) Ⅱ式(金雀山周氏 M11：4) Ⅲ式(两城山 M1：1) Ⅳ式(官桥车站 M16：1) Ⅴ式(张山 M3：1) Ag型罐：Ⅰ式(独山 M5：3) Ⅱ式(官桥车站 M22) Ⅲ式(官桥车站 M7：2) Ah型罐：Ⅰ式(琵琶山 M2) Ⅱ式(官桥车站 M10：1) A型盘：Ⅰ式(独山 M3：8) Ⅱ式(师专 M15：10) B型盘：Ⅰ式(赵家村墓) Ⅱ式(后楼山 M8：15) Ⅲ室(桥上 M1：11)

24. Ab 型匜　方弧口,长流上翘。根据腹及流的变化可分为二式。Ⅰ式→Ⅱ式的演变趋势为:腹渐浅,底径增大,流由上翘渐趋水平(图4-5)。

25. Ac 型匜　方平口,短流上翘。根据口、腹及流的变化可分为二式。Ⅰ式→Ⅱ式的演变趋势为:器口由长方形变为正方形,腹渐深,底径增大,尖流渐成方流,位置上移(图4-5)。

26. B 型匜　圆平口,尖短流。根据腹及流的变化可分为二式。Ⅰ式→Ⅱ式的演变趋势为:腹渐深,弧腹渐成折腹,底径增大,流渐短(图4-5)。

27. 仓　方形,四面坡顶。屋顶模印出瓦楞,有的仓体用红白彩绘出斗栱、立柱、窗户等,个别制作成楼的样式,制作精致,造型逼真。根据仓体及屋顶的变化可分为四式。Ⅰ式→Ⅳ式的演变趋势为:仓体变矮,顶出檐加大,制作逐渐粗糙(图4-5)。

28. A 型囷　圆筒形,攒尖顶,底带出沿平台。顶部模印有清晰的瓦楞,囷体或装饰弦纹或以红白彩绘表现窗户。根据囷体及顶部的变化可分为二式。Ⅰ式→Ⅱ式的演变趋势为:囷体变矮,底径减小,屋顶升高(图4-5)。

29. B 型囷　呈口大底小的圆筒形,四面坡顶。器表常有彩绘。根据囷体及顶盖的变化可分为两式。Ⅰ式→Ⅱ式的演变趋势为:囷体壁面渐外弧,顶部升高(图4-5)。

30. Aa 型井　平沿,深筒腹。根据口沿及腹部的变化可分为三式。Ⅰ式→Ⅲ式的演变趋势为:口沿渐宽,腹渐矮、胖(图4-6)。

31. Ab 型井　平沿,浅弧腹。根据口沿及腹部的变化可分为五式。Ⅰ式→Ⅴ式的演变趋势为:口沿渐窄,腹壁渐外鼓,腹渐浅(图4-6)。

32. Ad 型井　口小底大筒形腹。根据口及腹的变化可分为三式。Ⅰ式→Ⅲ式的演变趋势为:口沿渐窄,最终消失,腹渐矮、胖,腹壁渐外弧(图4-6)。

33. A 型灶　方形,灶面有1个或2个火眼。根据灶体的变化可分为四式。Ⅰ式→Ⅳ式的演变趋势为:灶体逐渐变矮(图4-6)。

34. C 型灶　船形,大多仅有1个火眼。根据灶体的变化可分为四式。Ⅰ式→Ⅳ式的演变趋势为:灶体逐渐变矮(图4-6)。

35. D 型灶　圆台形,灶面有1个火眼。根据灶体的变化可以分为二式。Ⅰ式→Ⅱ式的演变趋势为:灶体逐渐变矮(图4-6)。

(二) 钙釉陶

1. 鼎　球腹,矮足。根据腹、盖及三足的变化可分三式。Ⅰ式→Ⅲ式的演变趋势为:腹壁弧度渐小,底由圜底渐成大平底,三足渐向底心聚拢。盖顶环钮、三蹄足逐渐简化(图4-7)。

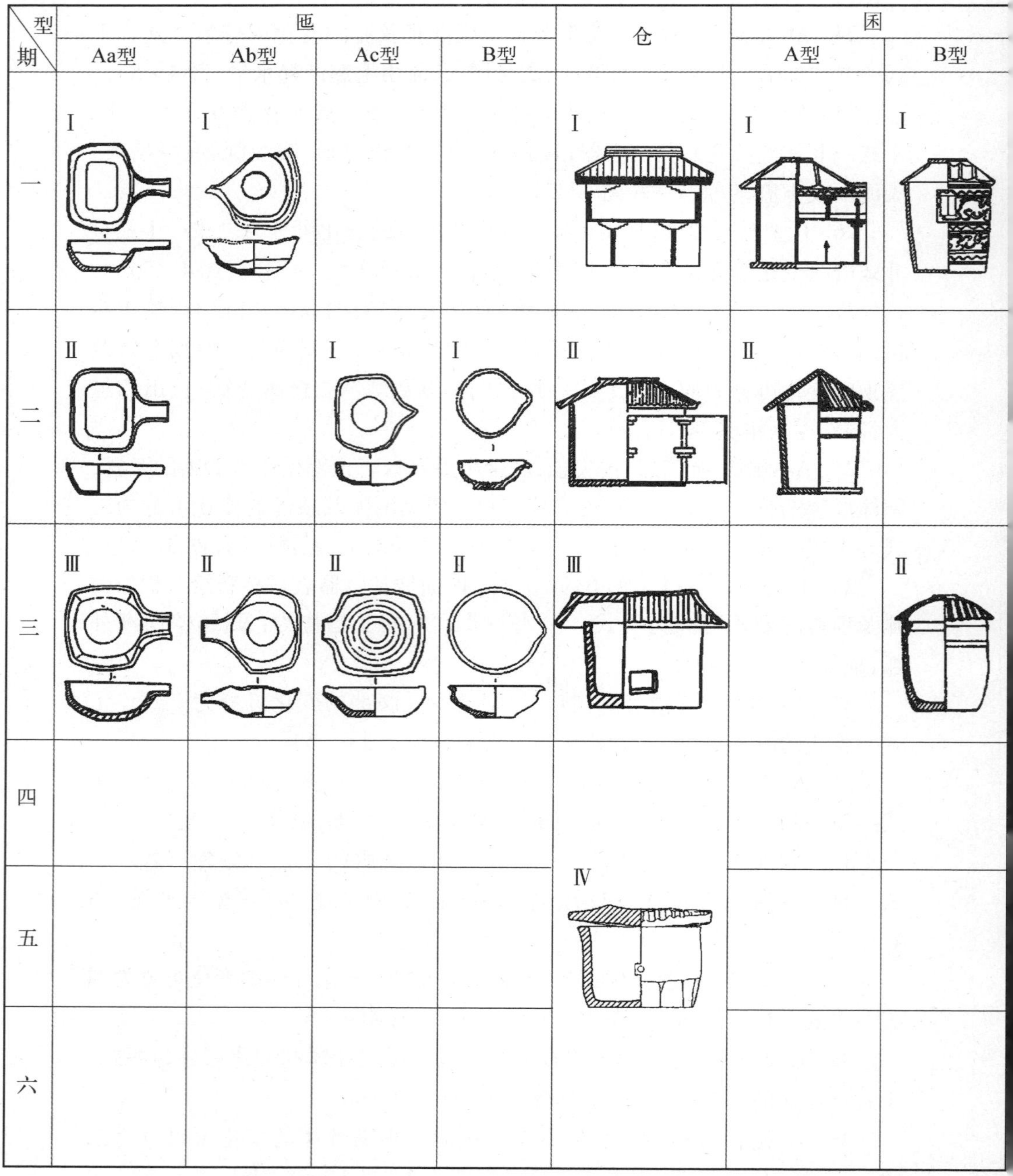

型期	匜				仓	囷	
	Aa型	Ab型	Ac型	B型		A型	B型
一	I	I			I	I	I
二	II		I	I	II	II	
三	III	II	II	II	III		II
四							
五					IV		
六							

图 4-5 鲁南苏北皖北豫东汉墓分期图(四)

Aa 型匜：I 式(顾山 M2：17) II 式(凤凰山 M1：1) III 式(荆山 TJM：40) Ab 型匜：I 式(赵家村墓) II 式(高庄 M1：10) Ac 型匜：I 式(小山 M1：2) II 式(官桥车站 M10：5) B 型匜：I 式(峡山口 M10：3) II 式(凤台墓) 仓：I 式(九里山 M1：11) II 式(陶楼 M3：17) III 式(东小宫 M331：23) IV 式(山头 M9：17) A 型囷：I 式(东甸子 M3：6) II 式(李屯 M38) B 型囷：I 式(骑路堌堆 M2：11) II 式(兰城墓)

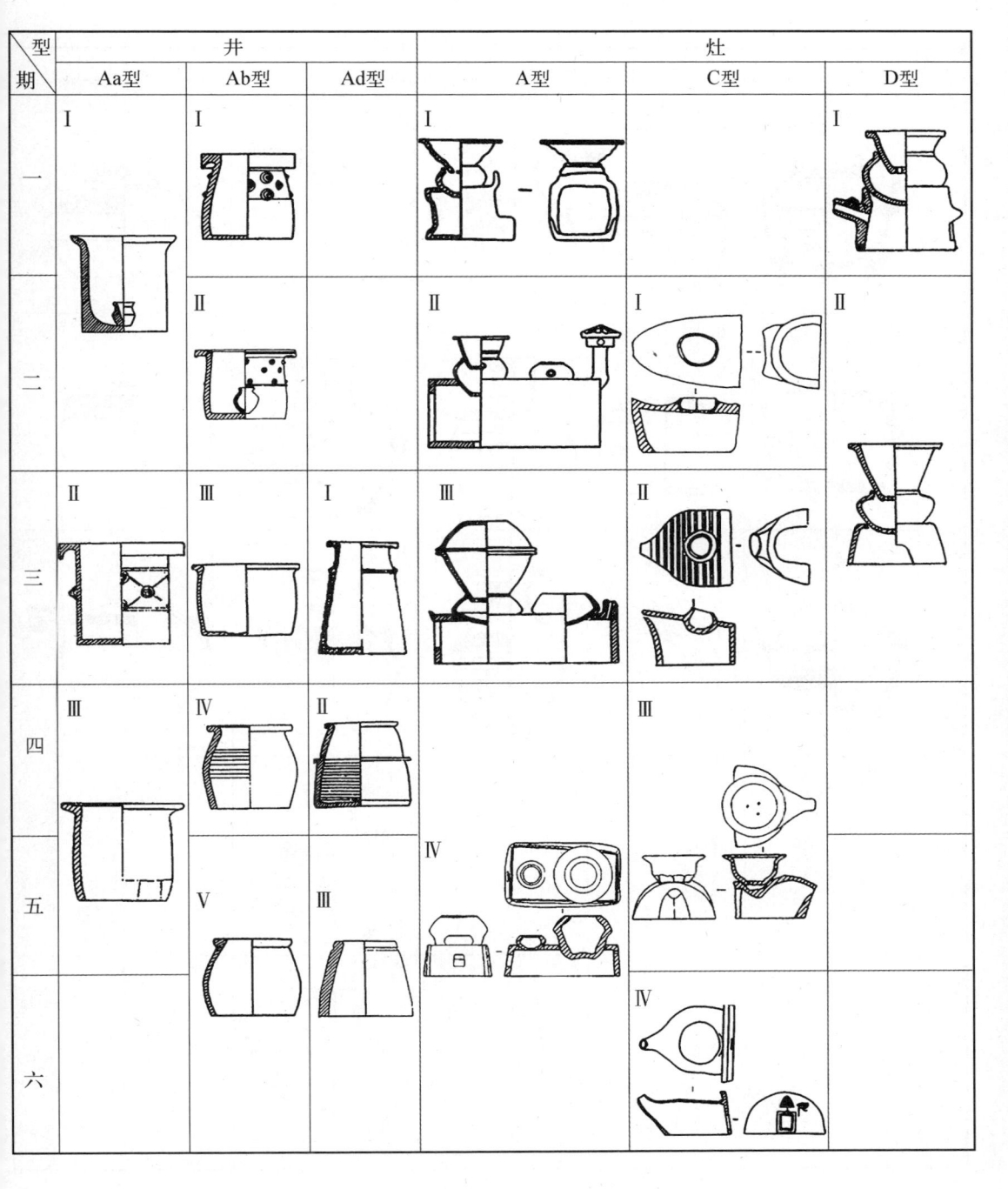

型期	井			灶		
	Aa型	Ab型	Ad型	A型	C型	D型
一	Ⅰ	Ⅰ		Ⅰ		Ⅰ
二		Ⅱ		Ⅱ	Ⅰ	Ⅱ
三	Ⅱ	Ⅲ	Ⅰ	Ⅲ	Ⅱ	
四	Ⅲ	Ⅳ	Ⅱ		Ⅲ	
五		Ⅴ	Ⅲ	Ⅳ		
六					Ⅳ	

图 4-6 鲁南苏北皖北豫东汉墓分期图（五）

Aa 型井：Ⅰ式（独山 M4） Ⅱ式（绣球山 M2：14） Ⅲ式（山头 M3：7） Ab 型井：Ⅰ式（米山 M2：2） Ⅱ式（张村 M4：10） Ⅲ式（荆山 TJM：38） Ⅳ式（山头 M9：20） Ⅴ式（韩山疗养院 M1：19） Ad 型井：Ⅰ式（兰城墓） Ⅱ式（大汶口墓） Ⅲ式（山头 M26：4） A 型灶：Ⅰ式（骑路堌堆 M2：1） Ⅱ式（九里山 M2：31） Ⅲ式（师专 M1：11） Ⅳ式（山头 M3：10） C 型灶：Ⅰ式（张村 M7：14） Ⅱ式（灵璧 M5：5） Ⅲ式（山头 M9：19） Ⅳ式（桥上 M1：12） D 型灶：Ⅰ式（银雀山 73M4：30） Ⅱ式（微山 M9：5）

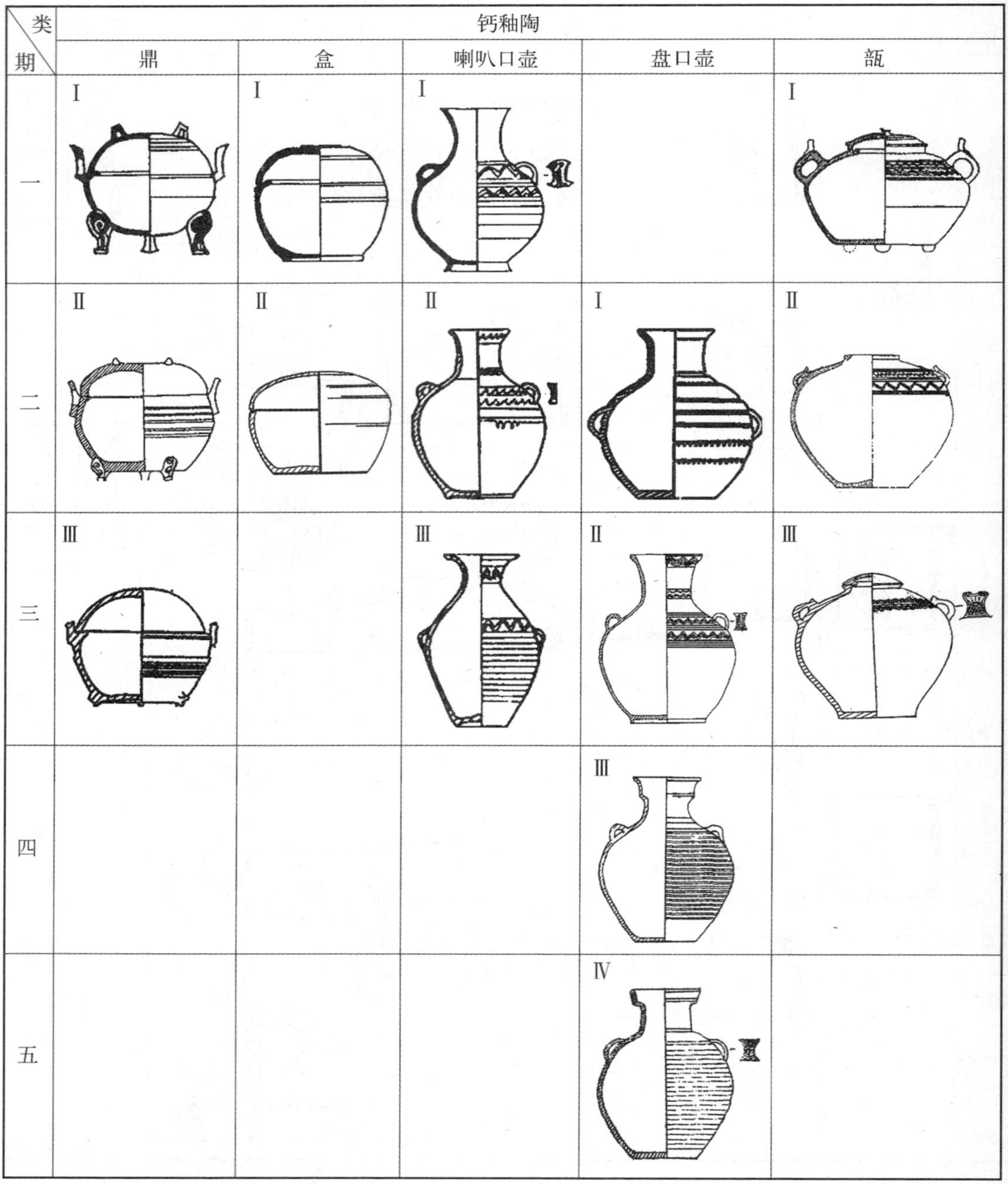

类期	钙釉陶				
	鼎	盒	喇叭口壶	盘口壶	瓿
一	Ⅰ	Ⅰ	Ⅰ		Ⅰ
二	Ⅱ	Ⅱ	Ⅱ	Ⅰ	Ⅱ
三	Ⅲ		Ⅲ	Ⅱ	Ⅲ
四				Ⅲ	
五				Ⅳ	

图 4-7 鲁南苏北皖北豫东汉墓分期图（六）

钙釉陶鼎：Ⅰ式（嵇山墓）Ⅱ式（碧螺山 M5：27）Ⅲ式（荆山 TJM：21）　钙釉陶盒：Ⅰ式（嵇山墓）Ⅱ式（陈墩 M1 边厢：31）　钙釉陶喇叭口壶：Ⅰ式（嵇山汉墓）Ⅱ式（陈墩 M1 边厢：20）Ⅲ式（凤凰山 M2P1：5）　钙釉陶盘口壶：Ⅰ式（张家仲堌 M1：14）Ⅱ式（荆山 TJM：27）Ⅲ式（牛岭埠墓）Ⅳ式（韩山疗养院 M1：24）　钙釉陶瓿：Ⅰ式（奎山墓）Ⅱ式（碧螺山 M5：9）Ⅲ式（荆山 TJM：23）

2. 盒　钵形盖,碗形腹。根据盖、腹的变化可分为二式。Ⅰ式→Ⅱ式的演变趋势为:盖壁弧度渐趋平缓,腹渐浅,圈足消失,底径增大(图4-7)。

3. 喇叭口壶　束颈,鼓腹。上腹对置双环耳。根据颈、腹和圈足的变化可分为三式。Ⅰ式→Ⅲ式的演变趋势为:颈渐短,最大腹径下移,腹壁由圆弧渐成斜直,圈足消失,底径渐小,双系位置下移(图4-7)。

4. 盘口壶　束颈,鼓腹。上腹对置双环耳。据口、腹的变化可分为四式。Ⅰ式→Ⅳ式的演变趋势为:斜盘口变为直盘口,且渐加深,腹渐长,双耳位置上移(图4-7)。

5. 瓿　小口,鼓肩,斜腹内收。肩有卧兽形双系。根据口、腹及底的变化可分为三式。Ⅰ式→Ⅲ式的演变趋势为:口渐小,腹渐深,底径渐小,三足消失,双系位置向口部靠近(图4-7)。

上述典型器物之间多有比较稳定的共存关系,可据此将不同型式的器物分为六组,分组情况如表4-1。

二、分期与年代

根据器物组合和器物形态的变化,以上六组可作为依次发展的六段,各段间的差异均较明显。综合各段墓葬形制、墓内装饰和其他共出器物的特点及变化,可将这六组看作依次发展的六期。共出钱币、铜镜可为断代提供重要依据,结合各期其他特征,以及画像石的分期,可对这六期的年代进行推断。

第一期　流行竖穴土坑墓(椁Aa型),个别墓葬的底部留有生土二层台(椁Ab型),此外还有少量洞室墓(室B型)。洞室墓通常规模较大,随葬品丰富。墓中葬具多为木质,也有部分石椁。少数石椁墓的前后挡板和左右侧板上刻有画像。画像内容简单,多悬璧纹、树、鸟等,纹样外或用边框以作图案间隔。雕刻技法多采用凿地纹阴线刻,线条较粗。典型如小山M3、庆云山M1、M2等[1]。随葬泥质陶主要有三种组合形式:陶礼器(鼎、盒、壶、盘、匜)+生活明器(茧形壶、钫、镶)+日用陶器(罐、盆、钵、釜)+模型明器(仓、囷、灶、井、磨、圈);陶礼器(鼎、盒、壶)+日用陶器(罐)+模型明器(仓、囷、井、灶、磨、圈);仅随葬罐等日用陶器。钙釉陶组合或为鼎、盒、壶、瓿,或仅有壶、瓿。部分墓葬还伴出有漆器、漆衣陶、人物俑等。陶俑制作精致,整

---

[1] 枣庄市文物管理委员会办公室、枣庄市博物馆:《山东枣庄小山西汉画像石墓》,《文物》1997年第12期;临沂市博物馆:《临沂的西汉瓮棺、砖棺、石棺墓》,《文物》1988年第10期。

表 4-1　鲁南苏北皖北地区汉墓典型器物分组情况

类型	泥质陶																																			钙釉陶				
	鼎			盒				壶				罐					盘		匜				钫		茧形壶		仓	囷		井			灶			鼎	盒	壶		瓿
	Aa型	Ab型	C型	Aa型	Ac型	Ba型	Bb型	Aa型	Ab型	Ae型	Ba型	Aa型	Ab型	Ae型	Ag型	Ah型	A型	B型	Aa型	Ab型	Ac型	B型	A型	B型	A型	B型		A型	B型	Aa型	Ab型	Ad型	A型	C型	D型			喇叭口	盘口	
分组																																								
一	Ⅰ	Ⅰ	Ⅰ	Ⅰ	Ⅰ	Ⅰ	Ⅰ	Ⅰ			Ⅰ	Ⅰ	Ⅰ	Ⅰ	Ⅰ		Ⅰ	Ⅰ	Ⅰ	Ⅰ			Ⅰ	Ⅰ	Ⅰ	Ⅰ	Ⅰ			Ⅰ			Ⅰ		Ⅰ	Ⅰ	Ⅰ	Ⅰ	Ⅰ	Ⅰ
二	Ⅱ	Ⅱ	Ⅱ	Ⅱ	Ⅱ	Ⅱ	Ⅱ	Ⅱ	Ⅱ	Ⅰ	Ⅱ	Ⅱ	Ⅱ	Ⅱ	Ⅱ	Ⅰ	Ⅱ	Ⅱ	Ⅱ	Ⅱ	Ⅰ	Ⅰ	Ⅱ	Ⅱ	Ⅱ	Ⅱ	Ⅱ	Ⅱ		Ⅰ			Ⅱ	Ⅰ	Ⅱ	Ⅱ	Ⅱ	Ⅱ	Ⅱ	Ⅱ
三	Ⅲ	Ⅲ	Ⅲ	Ⅲ	Ⅲ	Ⅲ	Ⅲ	Ⅲ	Ⅱ	Ⅱ	Ⅲ	Ⅲ	Ⅲ	Ⅲ	Ⅲ	Ⅱ	Ⅱ	Ⅱ	Ⅲ	Ⅲ	Ⅱ	Ⅱ	Ⅲ	Ⅲ	Ⅲ	Ⅲ	Ⅲ		Ⅱ	Ⅰ		Ⅰ	Ⅲ	Ⅱ	Ⅲ	Ⅲ	Ⅲ	Ⅲ	Ⅲ	Ⅲ
四										Ⅲ	Ⅳ	Ⅳ		Ⅳ		Ⅲ	Ⅲ										Ⅳ			Ⅲ	Ⅳ	Ⅱ	Ⅳ	Ⅲ				Ⅲ	Ⅳ	
五										Ⅲ	Ⅳ	Ⅴ		Ⅴ			Ⅲ										Ⅳ			Ⅲ	Ⅴ	Ⅲ	Ⅳ	Ⅲ				Ⅲ	Ⅳ	
六										Ⅳ	Ⅴ			Ⅴ			Ⅲ										Ⅳ				Ⅴ	Ⅲ	Ⅳ	Ⅳ						

体尺寸较小,通高多在17~19厘米。女俑脸部呈倒三角形,面部、服饰均描绘细致(图4-8,6)。共出的铜容器种类多样,有鼎、壶、盘、匜等礼器,钫、镰、灯、熏炉等生活器具,此外还有车马明器及带钩、削等。

该期出土的钱币均为"半两"(图4-8,4、5)。出土的云雷蟠螭纹镜、四叶蟠螭纹镜以及规矩蟠螭纹镜均为西汉早期典型镜型(图4-8,1~3)①。画像石椁亦属武帝早期之前的风格②。综上几点可推知第一期大约相当于西汉建立到武帝元狩五年铸行五铢之前的西汉早期。

第二期　墓葬形制与第一期近似,石椁墓的数量增加,同时出现了石椁外再砌砖厢的新类型,此外还有少量砖椁墓。石椁的前后挡板及左右侧板上仍可见与第一期风格基本相同的画像。典型如吴庄M2③。画像的内容有所丰富,出现了铺首衔环、四神、伏羲女娲、乐舞、迎谒等图案。图案的表现上融入了凹面线刻等新技法,主题纹样更加鲜明突出。典型如染山M1④。随葬陶器亦基本沿袭了第一期的组合,只是器形愈加丰富,出现了Ab、Ae两型壶,Ah型罐,Ac、B两型匜及C型灶。钙釉陶礼器组合已多不完整,常见仅有壶一类。陶俑风格改变较大,尤其女俑,较第一期略显丰腴,脸部似椭圆形,整体制作明显粗糙(图4-8,12)。东部沿海地区的墓葬中往往随葬有较多的漆木器,器类多盘、耳杯、奁等生活明器。此外,铜容器中生活明器的种类也有所增加,出现了筒形樽等新器类。

该期出土的钱币均为五铢。钱文清晰,文字风格主要有三种。一种,"五"字竖划较缓曲,"铢"字金头为"◇"或"△"形。典型如陶楼M1∶27(图4-8,9),铭文风格近似武帝时期铸造的三官五铢。二种,"五"字略显消瘦,两竖向中间靠拢,"铢"字金头三角锐长。典型如碧螺山M5所出(图4-8,10),铭文风格与昭帝"元凤四年造"钱范文字相近。三种,"五"字竖划间距稍宽,"铢"字金头锐尖。典型如磨山M43所出(图4-8,11),铭文风格似宣帝"地节二年"钱范文字⑤。出土铜镜以昭明镜为主,镜背纹饰风格

---

① 刘海超、杨玉彬:《安徽涡阳稽山汉代崖墓》,《文物》2003年第9期;安徽省文物考古研究所等:《安徽宿州市骑路堌堆汉墓发掘简报》,《华夏考古》2002年第1期;徐州博物馆:《江苏徐州顾山西汉墓》,《考古》2005年第12期。
② 燕生东、刘智敏:《苏鲁豫皖交界区西汉石椁墓及其画像石的分期》,《中原文物》1995年第1期。
③ 商丘地区文物局:《河南夏邑吴庄石椁墓》,《中原文物》1990年第1期。
④ 滕州市汉画像石馆:《山东滕州市染山西汉画像石墓》,《考古》2012年第1期。
⑤ 蒋若是:《西汉五铢钱断代》,《秦汉钱币研究》,第101~114页;河南省商丘市文物工作队等:《河南永城市磨山西汉至新莽时期墓群的调查与发掘》,《考古》2004年第11期;徐州博物馆:《徐州碧螺山五号西汉墓》,《文物》2005年第2期;徐州博物馆:《徐州市东郊陶楼汉墓清理简报》,《考古》1993年第1期。

或为宽镜缘,内区连弧纹,外区铭文字体较圆,如陈墩 M1 棺:8-1(图 4-8,7)①;或为窄镜缘,内区突起圆圈,内外圈均有铭文,如碧螺山 M5:72(图 4-8,8)。这两种风格的昭明镜均为西汉中期至王莽时期常见的镜型②。石椁画像的题材及雕刻技法亦为武帝后期至西汉晚期之间流行的形式内容③。综上可以推断,第二期的年代大约处于西汉中期的武帝至昭宣时期。

第三期 墓葬形制及葬具延续了上一期的特征。石椁画像的题材出现了明显增加的倾向,表现墓主地下世界的生活景象及所享祭祀的相关图案数量大增,如楼阁、厅堂、双阙和车骑、建鼓乐舞、庖厨、狩猎等。浅浮雕等新技法应运而生,图案的表现力更生动。典型如新屯 M2、栖山 M1 等④。随葬品类型有所简化,如泥质陶中的 A 型茧形壶、A 型囷、钙釉陶盒、陶俑均已消失不见。器物的制作渐粗糙,陶礼器、模型明器表面的彩绘、模印部件都有不同程度的简化。

该期出土钱币仍多为五铢钱。与第二期相比,钱文中"五"字上下两端明显放宽,交笔更曲。如官桥车站 M13:2-1(图 4-8,16)。其风格与元帝"建昭五年"钱范文字十分近似⑤。此外,出土的钱币中还有较多的大泉五十、货泉、货布等新莽时期新铸货币(图 4-8,17~19)。出土铜镜除昭明镜外,四乳禽鸟镜是西汉晚期出现的新镜型⑥。规矩四神镜流行略晚,主要在王莽及东汉前期⑦(图 4-8,13~15)。石椁画像的演变所表现出的亦为西汉末至新莽时期的特征⑧。由此可以判断,第三期大约相当于西汉晚期的元、成、哀、平四代到王莽时期。

第四期 该期墓葬数量较少,但从目前发现的墓葬材料看,墓葬形制和随葬品所呈现的面貌在这一时期均有很大改变。前三期盛行的石椁墓数量锐减,竖穴室墓普遍流行。墓室有砖砌、石砌或砖石混筑等多种结构,筑墓

---

① 江苏泗阳三庄联合考古队:《江苏泗阳陈墩汉墓》,《文物》2007 年第 7 期。
② 孔祥星、刘一曼:《中国古代铜镜》,第 69~73 页。
③ 燕生东、刘智敏:《苏鲁豫皖交界区西汉石椁墓及其画像石的分期》,《中原文物》1995 年第 1 期。
④ 济南市文化局文物处、平阴县博物馆筹建处:《山东平阴新屯汉画像石墓》,《考古》1988 年第 11 期;徐州市博物馆、沛县文化馆:《江苏沛县栖山汉画像石墓清理简报》,《考古学集刊》第 2 集,文物出版社,1982 年。
⑤ 山东省文物考古研究所鲁中南考古队、滕州博物馆:《山东滕州官桥车站村汉墓》,《考古》1999 年第 4 期;蒋若是:《西汉五铢钱断代》,《秦汉钱币研究》,第 101~114 页。
⑥ 孔祥星、刘一曼:《中国古代铜镜》,第 74 页。
⑦ 孔祥星、刘一曼:《中国古代铜镜》,第 79、80 页。
⑧ 燕生东、刘智敏:《苏鲁豫皖交界区西汉石椁墓及其画像石的分期》,《中原文物》1995 年第 1 期;信立祥:《汉代画像石综合研究》,文物出版社,2000 年,第 206~213 页。

石材上常有画像。此时的砖室或砖石室墓多见券顶,石室墓则表现出了与石椁墓间的关联,多叠涩藻井或平顶。画像的题材基本延续了前一期,象征墓主地下生活或祭祀景象的乐舞百戏、狩猎、车骑以及辟除不祥、象征吉祥的仙禽神兽最为常见。典型如永城太丘 M1[①]。随葬品中陶礼器衰落,除 Ae、Ba 两型壶外的大多类型均已消失不见。Ae、Ba 两型壶的形态也发生了很大变化,圈足明显加高。日用陶器的类型亦有所简化,除 Aa、Ae 两型罐外大多已消失。钙釉陶仅见有盘口壶。

该期出土的钱币均为五铢。钱文清晰、字体宽大,"铢"字金头较大,似等边三角形,"金"旁四点常写作短竖,"朱"字中间竖划常高出"金"旁,如山头 M3∶01-1(图 4-8,20)。其钱文风格与传世"建武十七年"钱范类似[②]。出土的铜镜基本为上一期多见的四乳四螭镜、四乳禽鸟镜、规矩纹镜等。画像石的风格、图案配置渐趋稳定,年代已进东汉[③]。综合以上几点,第四期大约相当于东汉早期。

第五期 此期多规模小、随葬品简单的中小型墓葬。墓葬形制均已转变为各型竖穴室墓。随葬品组合以日用陶器+模型明器最为普遍。有的规模稍大的墓中仍有数量不等的各类生活明器,并出现了盆形樽、魁、圆案、方盒、奁等新器类。

该期出土的五铢钱文风格与前一期基本相同,只是书法更显清秀,铸造更显精细,如山头 M4∶2-1(图 4-8,23)。出土的铜镜中连弧云雷纹镜及"长宜子孙"镜均为东汉中晚期流行的镜型[④](图 4-8,21、22)。据此两点并结合第四期的年代下限与第六期的年代上限推断,第五期大约处于东汉中期的和帝到质帝时期。

第六期 该期的墓葬形制和随葬品组合基本继承了前一期的风格。大型墓的数量显著增加,尤其是画像石墓。画像的题材更为丰富,表现墓主生平经历以及宣扬儒学的历代先贤、人物故事大量出现。墓内画像数量增多,并且形成了一些基本范式。如墓门多见象征吉祥的仙禽神兽、铺首衔环或

---

① 李俊山:《永城太丘一号汉画像石墓》,《中原文物》1990 年第 1 期。
② 蒋若是:《东汉五铢钱》,《秦汉钱币研究》,第 207~231 页;南京博物院等:《江苏邳州山头东汉家族墓地发掘报告——南水北调东线工程江苏段文物保护的重要成果》,《东南文化》2007 年第 4 期。
③ 信立祥:《汉代画像石综合研究》,第 221~229 页。
④ 孔祥星、刘一曼:《中国古代铜镜》,第 86~89 页;微山县文化馆:《山东省微山县发现四座东汉墓》,《考古》1990 年第 10 期;驻马店市文物工作队:《河南正阳李冢汉墓发掘简报》,《中原文物》2002 年第 5 期。

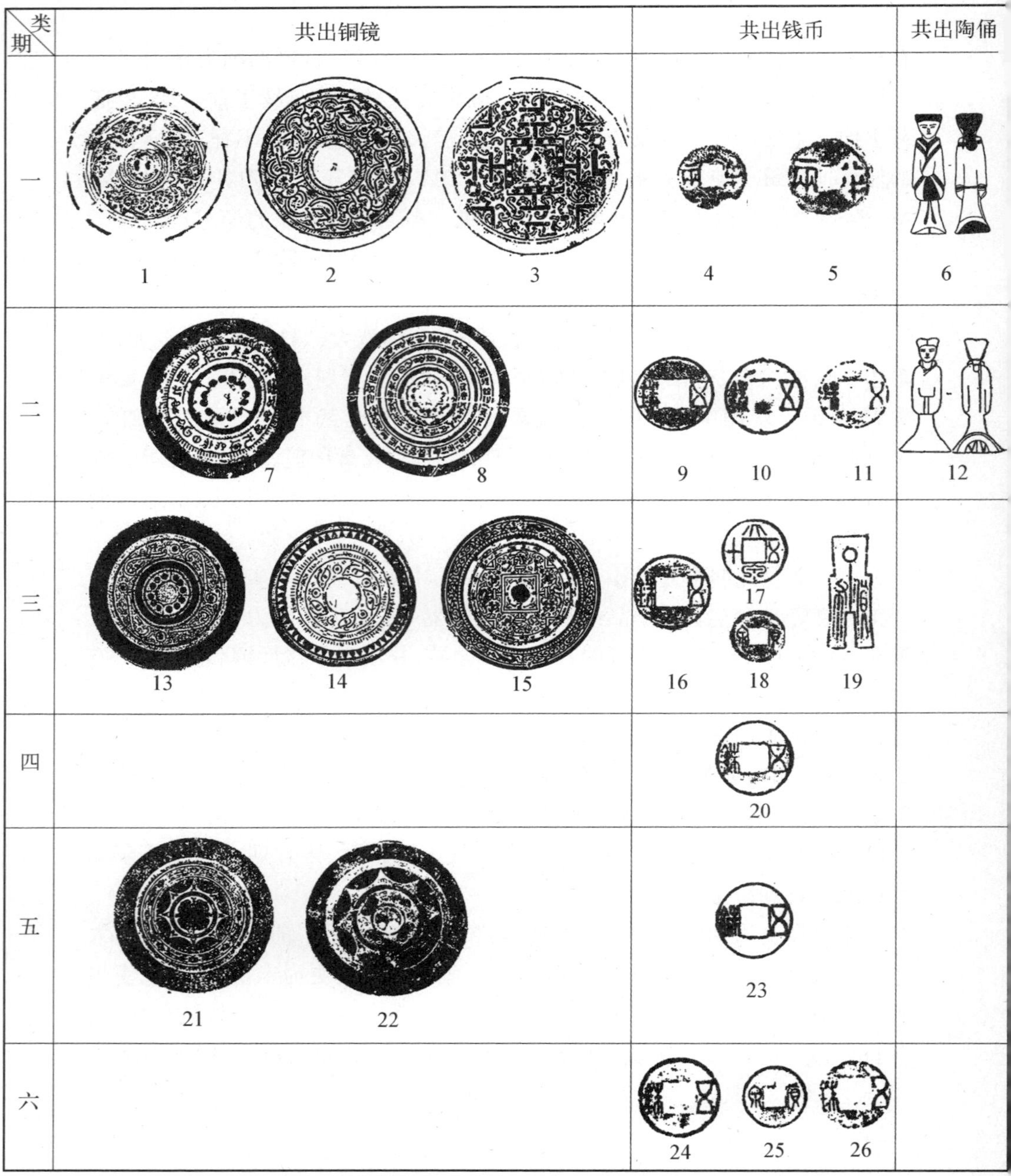

类\期	共出铜镜			共出钱币			共出陶俑
一	1	2	3	4	5		6
二	7	8		9	10	11	12
三	13	14	15	16	17 / 18	19	
四				20			
五	21	22		23			
六				24	25	26	

图4-8 鲁南苏北皖北豫东汉墓分期图(七)

1. 云雷蟠螭纹镜(嵇山墓) 2. 四叶蟠螭纹镜(骑路烟堆M3:2) 3. 规矩蟠螭纹镜(顾山M2:1) 4. 半两钱(东甸子M3:5) 5. 半两钱(磨山M40:28) 6. 女俑(东甸子M1E:62) 7. 昭明镜(陈墩M1棺:8-1) 8. 昭明镜(碧螺山M5:72) 9. 五铢钱(陶楼M1:27) 10. 五铢钱(碧螺山M5) 11. 五铢钱(磨山M43) 12. 女俑(米山M4:6) 13. 四乳四螭镜(贾家墩M1:28) 14. 四乳四鸟镜(东小宫M324:25) 15. 规矩四神镜(大李M5:7) 16. 五铢钱(官桥车站M13:2-1) 17. 大泉五十(大李M5) 18. 货泉(磨山M48:4) 19. 货布(磨山M48:5) 20. 五铢钱(山头M3:01-1) 21. 连弧云雷纹镜(王庄M2:13) 22. "长宜子孙"镜(李家M5:3) 23. 五铢钱(山头M4:2-1) 24. 五铢钱(桥上墓) 25. 货泉(桥上墓) 26. 剪轮钱(桥上墓)

车马出行；前、中室多表现为天界神仙、墓主生平、祭祀活动及历史故事；后室画像较少，常为象征墓主起居生活的场景。此时的画像尤其历史故事，旁侧多有文字题记。典型如苍山墓、董家庄墓等①。随葬陶器中，日用器、模型明器的类型均有所简化。器物的明器化趋势更加明显，尺寸渐小，造型简化，制作粗糙。

该期出土的钱币种类繁多，有第四、五期常见的五铢钱，此外还有大量的大泉五十、货泉等新莽钱币及剪轮、磨郭钱（图4-8,24~26）。这些钱币制作粗劣，文字模糊，尤其钱重相差悬殊，如普育墓所出Ⅰ式五铢重3.5克，而Ⅲ式则仅有2.4克②。这种货币混乱的现象可能源于桓、灵之世的经济崩溃。画像石的内容、配置均显示出成熟期所具有的特征③。因此，第六期的年代大约已至东汉晚期。

第二节 墓葬文化因素属性分析

一、汉墓共性因素

1. 竖穴室墓

东汉早期，竖穴室墓出现并随即广泛流行。从墓室数量及布局看，包括单室墓（室Aa型墓）、前后或左右并列的双室墓（室Ab型墓）、前中后三室并配以侧室的多室墓（室Ac-1型墓）以及回廊结构多室墓（室Ac-2型墓）。如前章所述这几种类型的室墓东汉之后普遍见于汉代疆域，可归入汉墓共性因素。除此之外，鲁南苏北豫东区是汉代诸侯王墓发现最为集中的地区，分布着曲阜九龙山、永城芒砀山、徐州狮子山、北洞山、龟山等三十余座西汉诸侯王、王后墓。尤其徐州的楚王陵区与永城的梁王陵区是目前已知崖洞墓出现最早、分布最集中的地区。保安山M1、M2等规模宏大、结构复杂的大型崖洞墓充分表现出了汉代贵族葬制的时代新特点，亦是汉文化的典型代表。

2. Aa、Ab、B三型鼎，Ba、Bb两型盒，Aa、Ae、Ba三型壶以及A、B两型

---

① 山东省博物馆、苍山县文化馆：《山东苍山元嘉元年画象石墓》，《考古》1975年第2期；安丘县文化局、安丘县博物馆：《安丘董家庄汉画像石墓》，济南出版社,1992年。
② 济宁市博物馆：《山东济宁发现一座东汉墓》，《考古》1994年第2期。
③ 信立祥：《汉代画像石综合研究》，第229~267页。

盘、Aa 型匜等陶礼器

在关东各区中，该区随葬陶礼器的组合最为丰富，类型最为多样，包括各区常见的鼎、盒、壶，此外还有盘、匜。战国晚期，这套礼器组合已多见于中原和南方楚地，除陶质外，还有较多的青铜及漆器。汉初六国遗风复兴，陶礼器再度盛行。Aa、Ab、B 三型鼎，Ba、Bb 两型盒，Aa、Ae、Ba 三型壶以及 A、B 两型盘，Aa 型匜与同期的同类青铜或漆器形态相近，应是仿铜礼器或漆礼器而造。又因其在各地所出几无差异，故可将其归入汉墓共性因素。若溯其渊源，以上几种陶礼器的器形、装饰风格，均与战国楚墓中同类漆器有诸多近似之处，由此似乎也反映出了楚文化因素在汉文化形成过程中的重要影响。鲁南苏北皖北豫东区曾为楚国属地，西汉墓中保留了相较于其他地区更为完整的陶礼器组合，可能亦是楚风尚存所致。此外，汉代的盘、匜已不再是单纯的盥器，盘可盛食，匜可注酒。据此，也可以说东周礼器的形式虽存，但内涵已逝。

3. 生活明器

鲁南苏北皖北豫东区汉墓中的生活明器类型亦是各区中最为丰富的。西汉时数量最多者为钫、镰两类，此外还有陶、铜或漆质的耳杯、方盒、奁、筒形樽、案、铤、灯、熏炉等。生活明器的种类、数量不断增加，至东汉，基本成为各类墓葬随葬品的主流。这种变化反映出了汉代葬制由重"礼"向尚"俗"的时代变迁。鲁南苏北皖北豫东区汉墓中生活明器的出现、发展与时代大环境同步，是汉文化渐趋成熟的重要标志。

二、本土文化因素

（一）战国传统因素：竖穴土坑墓

竖穴土坑墓是东周时期黄河中下游地区广为流行的墓葬形制，鲁南苏北皖北豫东区也不例外。目前这一地区发现的战国墓葬几乎均为竖穴土坑墓。如鲁南的莒县大朱家村三座战国中期墓葬、郯城二中三座战国早中期墓葬以及苏北的淮阴高庄战国墓等[1]。汉代，竖穴土坑墓依然在丙、丁两类墓中广为流行，并一直延续至东汉早期。由此也可看出本土传统因素对社会中下层群体的持续影响。鲁南苏北沿海一带的竖穴土坑墓多以木椁为葬具，椁内分隔出棺室与边厢、足厢、头厢，上横置盖板，下竖铺底板，封盖之后

---

[1] 何德亮:《山东莒县大朱家村发现战国墓》，《考古》1991 年第 10 期；刘一俊，冯沂:《山东郯城县二中战国墓的清理》，《考古》1996 年第 3 期；淮阴市博物馆:《淮阴高庄战国墓》，《考古学报》1988 年第 2 期。

在椁四周填充青膏泥。典型如金雀山南坛 M31（图 4-9,1）①。此类木椁墓在鲁南苏北东部沿海一带的战国中晚期墓中已有发现，如郭家泉 M10（图 4-9,2），木椁形制、填充膏泥的做法与西汉时几无区别②。比较楚文化中的木椁墓会发现，这种形制的木椁在江陵雨台山春秋中晚期楚墓中已十分多见，而墓内填充膏泥亦是楚地所特有的葬俗，如雨台山墓地中超过60%的墓葬都填塞有一定厚度的青膏泥。与中原的积石积炭墓相类，膏泥意在防腐防盗，东周楚墓中往往规模越大者填充膏泥越厚③。综上可见，鲁南苏北的这类竖穴椁墓可能是受战国时楚文化东渐的影响，逐渐融入当地成为了本土文化的一部分。

（二）汉代新生因素

1. 石构墓葬

鲁南苏北皖北豫东区是汉代石构墓葬最为发达的地区，出现早、数量多。在椁墓向室墓转变的潮流中，这里基本与关东其他地区同步，至东汉基本完成了石椁墓向石室墓的转变。西汉墓中的石椁一般是由前后挡板、左右侧板以及上下底、盖板搭建而成的匣形葬具。这类石椁的结构与当地流行的木椁十分近似，石椁内、外也常会以石板间隔或外接边厢，并且棺室与边厢也存在着如木椁般的内隔和外接等配置方式（图 4-9,3、5）。由此可见，这类石椁似为传统木椁的改良品种。有研究者认为石椁或石质墓葬的出现源于汉代人祈求永生不朽、灵魂升仙的生死观④。鲁南苏北皖北豫东区石椁墓的出现是否源于此观念很难依现有墓葬材料作出判断。但从分布区域的地理状况看，自鲁中隆起并向南绵延的泰山、鲁山、蒙山及沂山所形成的山地丘陵似乎为石椁墓提供了一个天然的形成环境。从这个角度看，石椁也可算作本土文化因地制宜的产物。

除石椁外，济宁地区的西汉墓中还流行一种石椁外再砌砖厢的砖石合构椁（图 4-9,4），其中棺室、边厢的结构亦同于当地的分厢木椁。济宁北界鲁北，这种砖石合构椁似乎是将本土石椁与鲁北砖椁墓结合而形成的一类独特葬具。该区东汉墓中流行甚广的石室墓，在墓室结构上，主墓室顶部

---

① 临沂市博物馆：《山东临沂金雀山九座汉代墓葬》，《文物》1989 年第 1 期。
② 山东大学历史系考古专业等：《山东新泰郭家泉东周墓》，《考古学报》1989 年第 4 期。
③ 郭德维：《楚系墓葬研究》，湖北教育出版社，1995 年，第 12~20 页；湖北省荆州地区博物馆：《江陵雨台山楚墓》，文物出版社，1984 年，第 5、6、43 页。
④ 主要见于巫鸿的相关论述。如巫鸿著、施杰译：《黄泉下的美术：宏观中国古代墓葬》，第 136~145 页；巫鸿著，李清泉、郑岩等译：《中国古代艺术与建筑中的"纪念碑性"》，上海人民出版社，2009 年，第 154~182 页。

常见叠涩藻井,侧室多平顶,表现出了与石椁的关联。此外,墓室内大量的画像,从内容、图案配置到雕刻技法亦均可见与石椁画像的继承关系。虽然汉代石室墓在陕西、辽宁、河南、广东、广西等地也有分布,但综合以上分析可以看出鲁南苏北皖北豫东一带具有以石材构建墓葬的传统,石室墓又与本土石椁墓有着明显的承继关系,因此可将其视为当地本土文化的组成部分。

此外,徐州西汉墓中还有一类岩坑洞室墓。这类墓葬通常位于山顶,依山向下开凿深竖井墓道,近底处再横向掏凿方形洞室,如韩山M1(图4-9,6)①,也有在多侧掏凿多个洞室者,如绣球山M1(图4-9,7)②。有的洞室内可能还搭建有墓内建筑,如拖龙山M3、M4③。洞口多以石板封堵。墓道以填土夯实,其中间置3~4层封石。相比前文所述三河地区的洞室墓,这类岩坑洞室墓的开凿环境及封堵、填土方式都更近似当地西汉诸侯王墓中的竖穴崖洞墓,只是形制略简易。并且,此类洞室墓几乎均位于楚王陵区周边,随葬品中数量较多的青铜器、玉器显示出墓主人较高的社会地位,翠屏山M1所出印章更清楚表明其中还包括楚王家族成员④。综上可见,这类岩坑洞室墓很可能是当地的高级官吏、贵族阶层仿效诸侯王崖洞墓而建的简易形式,可归入本土因素之列。

2. C、E 两型鼎,Aa、Ac 两型盒,Ab 型壶以及 Ab、Ac、B 三型匜

鲁南苏北皖北豫东区西汉墓中陶礼器类型繁多,且大多拥有较为完整的组合形式,可见随葬陶礼器风气之兴盛。从器形看,Aa、Ab、B 三型鼎,Ba、Bb 两型盒以及 Aa、Ae、Ba 三型壶仿自铜或漆礼器,与其他地区汉墓所见几无差异,可归入汉墓共性因素。此外的 C、E 两型鼎,Aa、Ac 两型盒及 Ab 型壶,器形独特,少见于他地。加之其数量多,延续久,在当地的影响力可见一斑。故可归入本土文化因素。

盘、匜是东周时期礼器组合中的盥器。至汉代,盘、匜的功能有所扩展,并少见于王侯墓葬之外的中小型墓中。鲁南苏北皖北豫东区西汉墓中,陶匜器形多样,除前文所述汉墓共性因素的 Aa 型外,Ab、Ac、B 三型匜器形独特,少见于其他地区,可归入本土因素。该区陶匜丰富多样的器形似乎显示出这类器物在当地世俗生活中有着重要作用。

---

① 徐州博物馆:《徐州韩山西汉墓》,《文物》1997年第2期。
② 徐州博物馆:《徐州绣球山西汉墓清理简报》,《东南文化》1992年第1期。
③ 徐州博物馆:《徐州拖龙山五座西汉墓的发掘》,《考古学报》2010年第1期。
④ 徐州博物馆:《江苏徐州市翠屏山西汉刘治墓发掘简报》,《考古》2008年第9期。

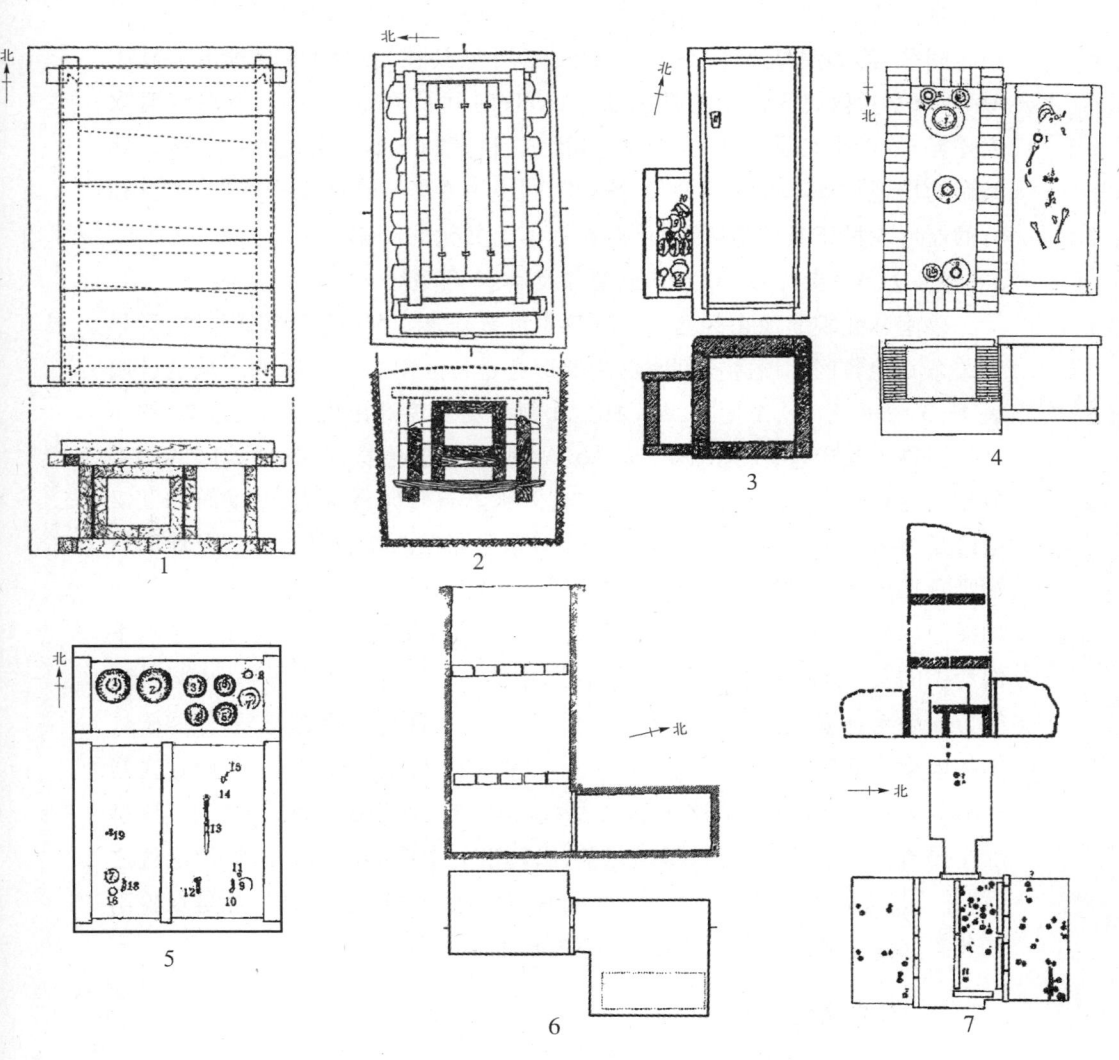

图 4-9 本土因素墓葬形制比较图

1. 分厢木椁墓（金雀山南坛 M31） 2. 分厢木椁墓（郭家泉 M10） 3. 外接式石椁墓（小山子墓） 4. 砖石合构墓（济宁师专 M10） 5. 内隔式石椁墓（石羊村墓） 6. 岩坑洞室墓（韩山 M1） 7. 岩坑洞室墓（绣球山 M1）

3. Aa、Ab、Ae、Ag、Ah 五型陶罐

鲁南苏北皖北豫东区汉墓中日用陶器多为罐、壶两类,其中罐的器形尤为丰富。从统计图表 4-2 中可见,Aa、Ab、Ae、Ag 四型罐最为常见,它们沿用时间久,器形演变形成了连贯的序列,可见其在当地的普及程度。其中 Ab 型罐亦为鲁北区常见的日用器,从出现时间及流行程度看,两地未有太大差异,故可将其看作两地各自发展而成,将其归入本土文化因素之列。Ah 型罐的出现频率不及前四型罐,流行时间也主要集中在西汉中晚期,但其独特的器形少见于其他地区,也可看作为本土文化的产物。

4. 仓,A 型囷,Aa、Ab、Ad 三型井及 A、D 两型灶

鲁南苏北皖北豫东区西汉早期墓中已有仓、囷、井、灶等模型明器,远早于关东其他各区。该区模型明器的器形亦是各区中最为丰富的。从统计图表 4-3 中可见,仓、A 型囷,Aa、Ab、Ad 型井及 A 型灶出现频率较近似,均属常见器物。其中仓、A 型囷及 Aa、Ab、Ad 型井形态独特,与其他地区的同类器相比存在较大差异,可归入本土文化因素。有研究者认为,秦汉时期江汉地区是方头灶最普及、最发达的地区,形态上存在两点特征:一是在灶面后端竖立挡火墙,后发展为前后两端均有;二是兽头形烟囱或在挡火墙内侧附加泥条以象征烟囱。并认为鲁南苏北一带的方头灶即是在江汉地区影响下而产生的①。鲁南苏北皖北豫东区汉墓中的 A 型灶,在灶体形态、火眼排列等方面确与江汉地区的方头灶颇具相似性,但又有其独特之处,如外伸于灶体的屋檐形烟囱。这似乎表明 A 型灶并非完全照搬江汉方头灶,而是在当地形成了自身的风格,从这个意义上可将其归入本土文化因素之列。D 型灶主要流行于鲁南的临沂、微山一带,出现于关中地区圆形灶面陶灶绝迹之后,并且形态演变也不同于关中,因此有理由认为圆筒形的 D 型灶是在鲁南苏北皖北豫东区独立发展而成的,亦可归入本土因素。

三、外来文化因素

(一) 楚文化因素

1. 漆衣陶

漆衣陶主要发现于临沂、徐州、连云港等地的西汉中晚期墓葬,器物类型与同期流行的泥质陶礼器无异。成套的漆衣陶礼器在战国中晚期洞庭湖周边地区的楚墓中已有发现,其分布地点以长沙、江陵一带最为集中,向东

---

① 梁云:《论秦汉时代的陶灶》,《考古与文物》1999 年第 1 期。

大致可达麻城、六安等地。器类多为当时流行的鼎、敦、壶或鼎、豆、壶、钫、小壶等。其表面的漆绘用彩以及纹饰均与楚地漆器风格相同①。其成因或与战国中晚期楚地彩绘陶的流行与制漆业的发展相关,可称为楚文化因素。鲁南苏北皖北豫东区也曾为楚国属地,漆衣陶在西汉的一度盛行可能也是楚风延续的结果。

2. C 型罐

苏北皖北的淮阳、凤台一带,西汉中期之后的墓葬中偶见肩有双系的 C 型罐(图 4-11,7)②。这种形态的陶罐在东周楚墓中已常出现,汉代依然流行于原楚之属地,如湖北襄樊、孝感、安徽舒城等地的汉墓中多有发现(图 4-11,8)③。可见,该区的 C 型罐亦是留存至汉的楚文化遗风。

(二) 关中文化因素

1. 茧形壶

茧形壶是战国秦墓中广泛流行的器物,西汉时仍常见于昔日秦腹地的关中④,如咸阳杨家湾汉墓所出茧形壶亦可见秦风犹存⑤(图 4-10,2)。该区茧形壶多见于徐州、萧县一带的西汉墓葬中,器表多有如陶礼器风格的红白彩绘,如东甸子 M1N∶15,器形、彩绘风格均与同期关中所出几无差异(图 4-10,1)⑥,故可将其归入关中文化因素。

2. 铅釉陶技术

鲁南苏北皖北豫东区西汉中期墓葬中始见铅釉陶,数量很少,仅见于鲁南的少数墓葬中。西汉晚期,这类器物的分布范围逐渐扩展,数量和种类也有所增加。器形方面,与关东其他两区情况相同,近似本地同类泥质陶,而有别于关中铅釉陶。可见,鲁南苏北皖北豫东区也是受关中影响,将铅釉陶

---

① 湖南省博物馆:《湖南常德德山楚墓发掘报告》,《考古》1963 年第 9 期;湖南省博物馆:《长沙楚墓》,《考古学报》1959 年第 1 期;李正光、彭青野:《长沙沙湖桥一带古墓发掘报告》,《考古学报》1957 年第 4 期;湖南省益阳地区文物工作队:《益阳楚墓》,《考古学报》1985 年第 1 期;王英党:《湖南桃源三元村二号楚墓》,《考古》1990 年第 11 期;湖北省博物馆、荆州地区博物馆、江陵县文物工作组:《湖北江陵拍马山楚墓发掘简报》,《考古》1973 年第 3 期;江陵县博物馆:《江陵溪峨山楚墓》,《江汉考古》1992 年第 4 期;荆州博物馆:《江陵李家台楚墓清理简报》,《江汉考古》1985 年第 3 期;湖北省博物馆江陵工作站等:《麻城楚墓》,《江汉考古》1986 年第 2 期;六安县文物管理所(褚金毕):《安徽六安县城北楚墓》,《文物》1993 年第 1 期;云梦县文化馆:《湖北云梦县珍珠坡一号楚墓》,《考古学集刊》第 1 集,中国社会科学出版社,1981 年,第 104~110 页。
② 安徽省文物考古研究所等:《五河县金岗古墓群清理简报》,《东南文化》2004 年第 4 期。
③ 安徽省文物考古研究所等:《安徽舒城县秦家桥西汉墓》,《考古》1996 年第 10 期。
④ 呼林贵:《关中两汉小型墓论》,《文博》1989 年第 1 期。
⑤ 杨家湾汉墓发掘小组:《咸阳杨家湾汉墓发掘简报》,《文物》1977 年第 10 期。
⑥ 徐州博物馆:《徐州东甸子西汉墓》,《文物》1999 年第 12 期。

技术应用在本地的泥质陶上。

（三）三河文化因素：Bc 型罐、朱砂彩绘平底罐、筒形圆炉

Bc 型罐、朱砂彩绘平底罐及筒形圆炉在鲁南苏北皖北豫东区的数量很少，仅见于少数东汉墓葬。如前文论述，Bc 型罐是三河汉墓中的典型日用陶器，西汉初至东汉末的各类墓中均有发现。鲁南苏北皖北豫东区的 Bc 型罐，如王陵山墓所出与同期三河汉墓中的白庄 M41：11-2，二者风格特征完全一致①（图 4-10，3、4）。

该区的朱砂彩绘平底罐始见于东汉中晚期，从器表的朱书或墨书文字可以看出此类陶罐当专为丧葬而设。同类陶罐已广泛见于同时期的三河墓葬中。如普育小学墓出土的 4 件罐，卷沿、平底、扁腹的形态与密县后士郭 M1 所出别无二致②（图 4-10，5、6）。则它在三河地区的流行时间可追溯到西汉时期。因而可称之为三河文化因素。

苏北东汉晚期墓中偶见一类圆筒形炉身、中有炉箅、下开火门的圆炉，如瓦窑墓所出（图 4-10，7）③。此类炉在三河地区的西汉晚期至东汉晚期墓葬中均有发现，如洛阳高新 GM646：33（图 4-10，8）④。从出现时间及延续性看，苏北的这类筒形圆炉应是源自三河。

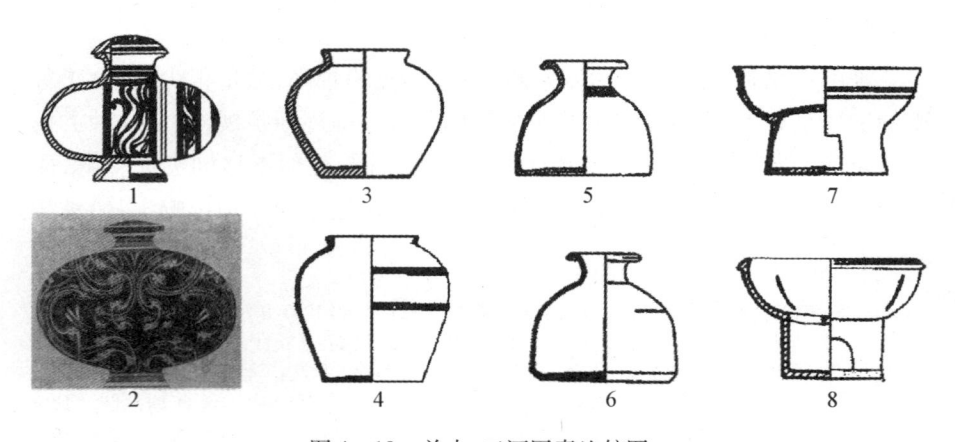

图 4-10 关中、三河因素比较图

1、2. 茧形壶（东甸子 M1N：15、杨家湾墓） 3、4. Bc 型罐（王陵山墓、白庄 M41：11-2）
5、6. 朱砂平底罐（普育小学墓、后士郭 M1） 7、8. 筒形圆炉（瓦窑墓、洛阳高新 GM646：33）

---

① 山东省博物馆：《山东东平王陵山汉墓清理简报》，《考古》1966 年第 4 期；河南省文物研究所等：《焦作白庄 41 号汉墓发掘简报》，《华夏考古》1989 年第 2 期。
② 济宁市博物馆：《山东济宁发现一座东汉墓》，《考古》1994 年第 2 期；河南省文物研究所：《密县后士郭汉画像石墓发掘报告》，《华夏考古》1987 年第 2 期。
③ 徐州博物馆等：《江苏新沂瓦窑画像石墓》，《考古》1985 年第 7 期。
④ 洛阳市第二文物工作队：《洛阳高新技术开发区西汉墓（GM646）》，《文物》2005 年第 9 期。

（四）冀中南文化因素：Ba 型罐

Ba 型罐在鲁南苏北皖北豫东区的日用陶器中所占比例较小，主要集中于西汉时期。如前文所述，此型陶罐是冀中南汉墓中最具代表性的日用陶器之一。从地理位置上看，两区隔黄河相望，Ba 型罐很可能是受冀中南地区的影响而产生，可称为冀中南因素（图 4-11,1、2）。

（五）鲁北文化因素：Bd 型罐、Ca 型壶

从统计图表 4-2 中可见，Bd 型罐与 Ca 型壶均非鲁南苏北皖北豫东区常见之物，Bd 型罐东汉之后就已不见，Ca 型壶仅见于西汉中晚期。如前章所述，Bd 型罐与 Ca 型壶均为鲁北区的典型日用陶器，Bd 型壶贯穿两汉始终，Ca 型壶是西汉中晚期丁类墓中最为常见之物。据此可见，这两型日用陶器似乎是鲁北文化影响鲁南苏北皖北豫东地区的产物，可称为鲁北文化因素（图 4-11,3~6）。

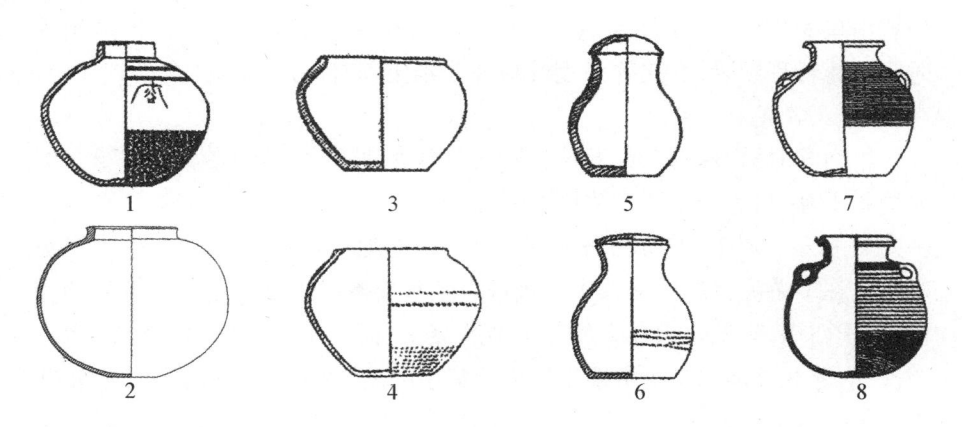

图 4-11 其他外来因素比较图

1、2. Ba 型罐（东甸子 M1N∶18、燕下都 M15∶1）3、4. Bd 型罐（银雀山 M3∶12、章女西 M3∶1）5、6. Ca 型壶（官桥车站村 M9∶4、后埠下 M55∶2）7、8. C 型罐（金岗 M10∶1、秦家桥 M1∶4）

（六）江东文化因素

1. 硬陶、钙釉陶、瓷器

如前文所述，自春秋至汉代的几百年间，从印纹硬陶、原始瓷、钙釉陶到成熟青瓷，江东地区制陶工艺的演进一脉相承，并形成了从成型、装饰到胎、釉工艺均不同于泥质灰陶的另一套工艺系统，具有鲜明的地域特色。鲁南苏北皖北豫东区西汉墓中的钙釉陶常以鼎、盒、壶、瓿为组合（图 4-12,1~4）。东汉之后，原有的礼器组合衰落，盘口壶、双系罐、四系罐代之兴起（图 4-12,9、10）。并且烧造工艺有所改进，有的器物烧制火候极高，胎质细腻、坚硬，施釉方式由刷釉改为浸釉，釉层增厚，胎釉结合紧密，由上腹半釉变为

除近底处几乎满釉。部分器物由于胎质坚硬细腻,简报中称其为青瓷,如亳州凤凰台 M1 出土的四系罐①。除青釉外,如铜山班井村 M1、亳州元宝坑 M1 还出有黑釉器,胎体坚硬,叩之有声②。与之工艺特征相似的黑釉瓷器曾在浙江上虞、宁波等地的东汉窑址中有所发现,它们往往与青瓷同烧③,都是江东百年陶瓷工艺传承发展的产物,同属江东因素(图 4-12,5~8、12、13)。鲁南苏北皖北豫东区的硬陶器数量很少,仅瓿、壶两类,从器形到器表拍印纹饰看,如金雀山 M1 所出瓿、刘楼墓所出壶均与江东同类硬陶器相近④。综上可见,鲁南苏北皖北豫东区汉墓中所出硬陶、钙釉陶、瓷器均源自江东,可称为江东文化因素。

2. C 型灶

灶面似船形的 C 型灶是江东汉墓中极具代表性的模型明器。皖北地区的西汉中期墓葬始见此类陶灶,其形态特征与同期江东汉墓所出相差几无,如峡山口 M10:2 与上虞凤凰山 M121:12(图 4-12,11、14)⑤。但从出现时间与流行程度看,皖北的 C 型灶应并非本土固有而是源自江东。

3. 土墩墓

鲁南苏北沿海的胶南、五莲、日照、东海等地,西汉中期之后出现了一类大型封土墓,封土之中埋有数量不等的墓葬,少则两三座,如盛家庄 F1、F2,多则可达三十余座,如海曲一号封土⑥。这类地面堆土成墩的墓葬与先秦时期长江下游流行的土墩墓十分接近。土墩墓被认为是吴越文化特有的葬俗,盛于西周,春秋之后在大型墓中渐趋衰落,而在中小型墓中依然流行⑦。至汉代,浙北苏南仍是土墩墓分布最为集中的地区⑧,虽然形制已与先秦略

---

① 亳县博物馆:《亳县凤凰台一号汉墓清理简报》,《考古》1974 年第 3 期。
② 徐州市博物馆:《江苏铜山县班井村东汉墓》,《考古》1997 年第 5 期;安徽省亳县博物馆:《亳县曹操宗族墓葬》,《文物》1978 年第 8 期。
③ 中国硅酸盐学会:《中国陶瓷史》,第 129、130 页。
④ 临沂文物组:《山东临沂金雀山一号墓发掘简报》,《考古学集刊》第 1 集,1981 年,第 133~138 页;睢文、南波:《江苏睢宁县刘楼东汉墓清理简报》,《文物资料丛刊》第 4 辑,第 112~114 页。
⑤ 刘锋:《凤台峡山口汉墓清理简报》,《文物研究》第十一辑,黄山书社,1999 年,第 115~119 页;浙江省文物考古研究所等:《浙江上虞凤凰山古墓葬发掘报告》,《浙江省文物考古研究所学刊》第二辑,科学出版社,1993 年,第 238、239 页。
⑥ 青岛市文物保护考古研究所:《胶州盛家庄汉墓发掘报告》,《青岛考古(一)》,第 84~117 页;山东省文物考古研究所:《山东日照海曲西汉墓(M106)发掘简报》,《文物》2010 年第 1 期。
⑦ 中国社会科学院考古研究所:《中国考古学·两周卷》,第 396 页。
⑧ 刘兴林:《汉代土墩墓分区和传播浅识》,《秦汉土墩墓考古发现与研究:秦汉土墩墓国际学术研讨会论文集》,文物出版社,2013 年,第 33~43 页。

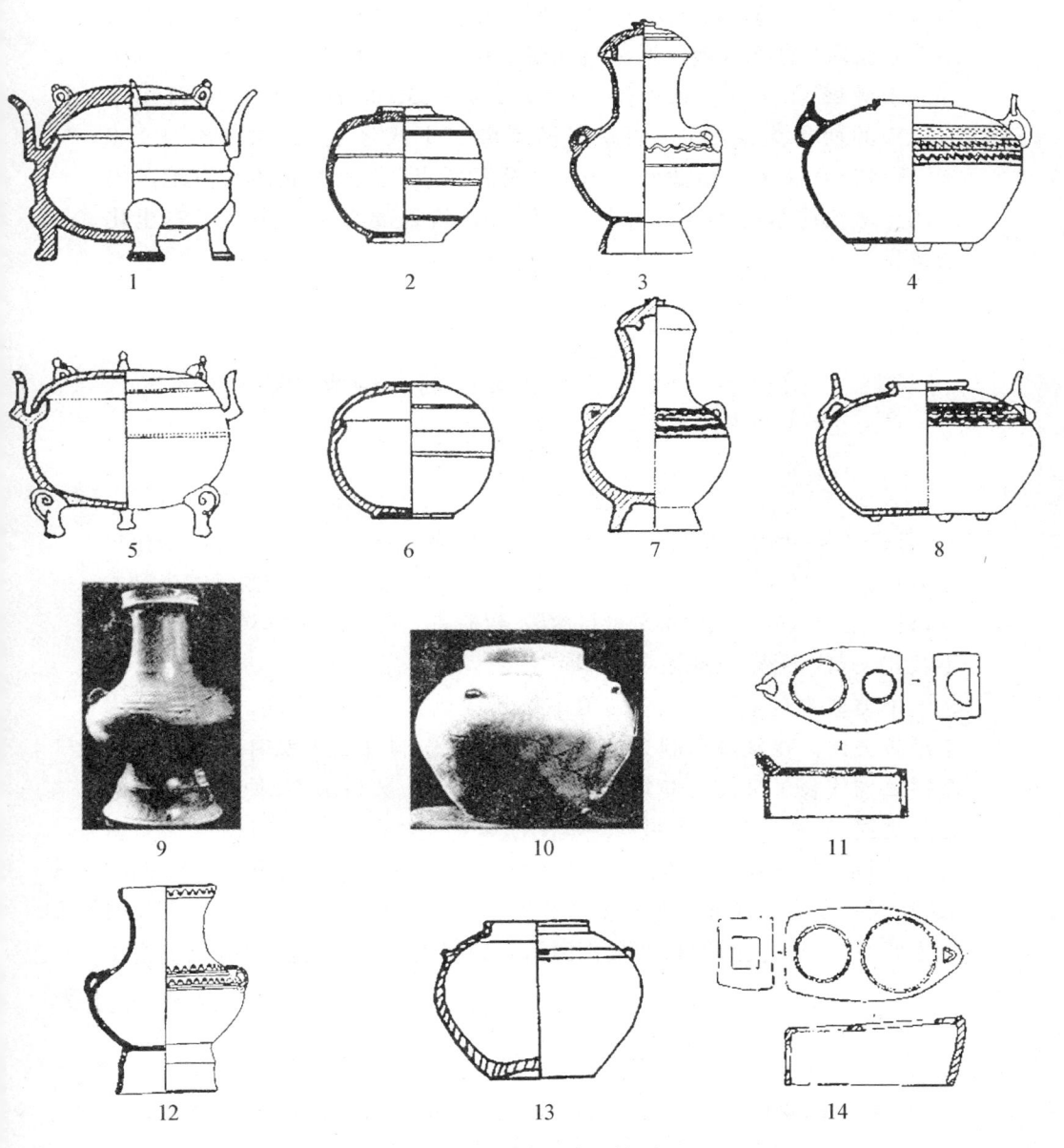

图 4-12　江东因素比较图

1. 钙釉鼎（奎山墓）2. 钙釉盒（奎山墓）3. 钙釉壶（奎山墓）4. 钙釉瓿（子房山 M1）5. 钙釉鼎（张集团山 M1：5）6. 钙釉盒（张集团山 M1：41）7. 钙釉壶（剡山 M40：1）8. 钙釉瓿（福泉山 M39：7）9. 钙釉盘口壶（太丘 M1）10. 钙釉四系罐（太丘 M1）11. C 型灶（峡山口 M10：2）12. 钙釉盘口壶（九里汇墓）13. 钙釉四系罐（湖山 M48：2）14. C 型灶（上虞凤凰山 M121：12）

有改变,如改一墩一墓为一墩多墓,但在构筑方式及结构上依然可见明显的承继关系①。鲁南苏北发现的这类平地起封式墓葬在构建方式、流行时间等方面均与江东汉代土墩墓存在诸多相似之处,但又略有差异②。鲁南苏北土墩墓,封土之下墓圹往往较深,如海曲 M106 深 6.5 米,而江东地区发现的通常为浅墓圹,如湖州杨家埠二十八号墩,最深者不过 1.2 米,浅者仅 0.2 米。由此似可作出这样的推断,鲁南苏北的沿海地区出现的土墩墓应是受到了江东影响,但又在筑墓的细节上进行了本土化的改良。

第三节　四类墓葬的文化因素构成分析

一、甲类墓

该区西汉甲类墓数量较多,鲁南的曲阜、豫东的永城以及苏北的徐州集中分布着鲁、梁、楚三国的三十余座诸侯王与王后墓。相对于西汉的丰富发现,目前已确认的东汉甲类墓数量有限,仅有肖王庄墓、普育小学墓、土山汉墓及北关 M1 四座(详见附录 3-1)。

甲类墓的文化因素构成与关东东部其他二区基本相同,汉墓共性因素地位突出。在墓葬形制方面,从西汉时的崖洞墓到东汉时的回廊结构多室墓均代表了汉代的丧葬礼制。随葬品方面,数量最多、种类最丰富的是各类铜、陶礼器与生活明器。本土因素则主要体现在与日常生活紧密相关的日用陶器和模型明器之中。如西汉中期红土山墓所出 Ab、Ae 两型罐、东汉早期肖王庄 M1 所出 A 型灶等③。外来因素所占比例极小,西汉时期主要为关中文化因素与楚文化因素。如红土山墓中的漆衣陶以及窑山

---

① 浙江省文物考古研究所:《湖州市杨家埠二十八号墩汉墓》,《浙江汉六朝墓报告集》,科学出版社,2012 年,第 10~49 页。
② 有学者因此认为鲁南沿海发现的这类墓葬与江南先秦土墩墓是有根本差别的,不应将其归为同类,为明确差异,可称之为"汉代墩式封土墓"(郑同修:《山东沿海地区汉代墩式封土墓有关问题探讨》,《秦汉土墩墓考古发现与研究:秦汉土墩墓国际学术研讨会论文集》,第 116~128 页)。
③ 山东省菏泽地区汉墓发掘小组:《巨野红土山西汉墓》,《考古学报》1983 年第 4 期;济宁市文物管理局:《山东济宁市肖王庄一号汉墓》,《考古学集刊》第 12 集,1999 年,第 41~112 页。

M2 中的铅釉陶①。东汉之后三河因素表现突出,如肖王庄 M1 中的 Bc 型罐及普育小学墓中的朱砂彩绘平底罐②。

然而,甲类墓大多被数次盗扰,墓葬形制虽得以保存,但随葬品尤其是各类陶器损毁严重。以上所述文化因素构成仅限于已发表资料中的可复原器物,故难全面。但透过墓葬形制与随葬器物,其中所蕴含的汉文化特征得以充分彰显。

二、乙类墓

该区乙类墓的数量以徐州为最,这些墓葬大多位于楚王陵周边,墓主人或为王室成员或为楚国的高级官吏。年代以西汉为主,东汉之后发现较少,且大多已损毁严重(详见附录 3-2)。

从表 4-2 可以看出,乙类墓文化因素构成的阶段性变化在墓葬形制方面表现明显。西汉时,大多数墓葬沿用了本土传统的竖穴椁墓,葬具或为战国时受楚文化影响而产生的分厢木椁,或为战国末期本土文化因地制宜而产生的石椁。西汉晚期,虽然出现了具有汉文化特色的室 A 型墓,但无论筑墓的石材,还是与石椁相仿的墓室结构均依稀可见本土因素的影响。东汉之后,墓葬形制统一为具有时代共性的室 A 型,然而转变并非一蹴而就,早期阶段仍可见本土文化因素的影响,如石室墓顶部的藻井叠涩式结构以及画像石的布局、题材对石椁画像的继承。随葬品方面的转变虽不及墓葬形制鲜明,但亦可见彼此同步的发展轨迹。西汉时,以陶礼器为核心的器物显示出鲜明的汉文化时代面貌,而各类礼器独特的器形又显示出本土文化强有力的影响。此外,漆衣陶、釉陶器以及茧形壶的流行表明了该区与楚地、江东及关中的联系由来已久、源远流长。东汉之后,生活明器以其丰富的数量和类型显示出汉墓共性因素的核心地位。外来因素中楚文化因素消失,新的政治中心三河地区影响力加强,也反映了汉文化影响的日益深化。通观乙类墓中的外来文化因素,江东因素最具影响力,从钙釉陶、青瓷为代表的传统制陶工艺到象征日常生活的 C 型灶,从组合到器形均与江东同步,并且影响贯穿两汉。

综上可见,乙类墓的文化因素构成大致经历了西汉与东汉两个发展阶段。前一阶段汉墓共性因素与本土因素并重,后一阶段本土因素渐弱,汉墓

---

① 河南省商丘市文物管理委员会等:《芒砀山西汉梁王墓地》,文物出版社,2001 年,第 271 页。
② 济宁市文物管理局:《山东济宁市肖王庄一号汉墓》,《考古学集刊》第 12 集,1999 年,第 41~112 页;济宁市博物馆:《山东济宁发现一座东汉墓》,《考古》1994 年第 2 期。

共性因素成为核心。此外,贯穿各期的江东因素显示出鲁南苏北皖北豫东区与江东地区的紧密联系。

表4-2 鲁南苏北皖北豫东地区乙类墓各阶段文化因素构成表

期别	汉墓共性因素	本土文化因素			外来文化因素					
		传统因素	新生因素		楚文化	关中	三河	江东	鲁北	冀中南
			甲组	乙组						
一	铜/陶礼器、生活明器	木椁墓	本土陶礼器、模型明器	石椁墓;Ab、Ae型罐	漆衣陶	茧形壶		钙釉陶礼器	Bd型罐	Ba型罐
二	同上	同上	同上	同上+Ah型罐	同上	同上		同上	同上	
三	同上+室Ac-1型墓	同上	同上	同上+Aa型罐	同上		铅釉陶	钙釉壶、瓿		
四	室Ac-1型墓;Ae壶、生活明器、铜容器						同上	硬陶、青瓷壶、罐		
五	同上						同上	Bc型罐	C型灶	
六	同上+室Ac-2型墓						同上	同上+筒形炉	同上+青瓷壶	

三、丙类墓

丙类墓的分布与乙类墓近似,以西汉墓葬为多,尤其临沂、济宁、微山、滕州、徐州、连云港等地。东汉墓的数量相对较少,分布分散,仅灵璧、睢宁、徐州、邹城、莒县等地有零星发现,墓葬盗损严重,随葬品多已所剩无几(详见附录3-3)。

丙类墓的文化因素构成及其阶段性演变与乙类墓相近。随葬品中大量类型各异的陶礼器、生活明器显示出汉墓共性因素的重要性。另外,从表4-3中可见,丙类墓文化因素构成的转变也发生在两汉之际。西汉时期,竖穴石椁墓的盛行以及鲁南苏北东部沿海地区流行的分厢木椁墓，济宁一带特有的石椁砖厢墓均显示出本土文化因素强劲的生命力。随葬品中陶礼器和模型明器中极具地域特色的器形也再次显示出了本土文化影响之广泛。由此可见，本土因素与汉墓共性因素并重亦为西汉丙类墓文化因素构成的特点，但相对于乙类墓，本土因素所占比例显然更高。东汉时期，墓葬形制统一为室 Ab 型，随葬品彻底转变为生活明器、模型明器与日用陶器的组合，汉墓共性因素成为核心、主导。虽然此时本土因素已趋衰落，但与同期乙类墓相比仍具一定优势，特别是在代表日常生活层面的随葬品中，如日用陶器中的 Aa 型、Ae 型罐及灶、井等本土模型明器都是乙类墓中所不见的。

在外来文化因素方面，丙类墓显示出了与鲁北区更为密切的联系。除日用陶器 Bd 型罐以外，还有 Ca 型壶。西汉早中期，鲁南豫东还出现了一定数量的砖椁墓，济宁一带流行的砖厢石椁墓亦有鲁北因素的影响。另外，江东因素也占有一定比例，不过显示出了不同于乙类墓的表现形式，如钙釉陶出现频率低，且无完整的礼器组合，仅有壶、瓿两类。而船形灶等江东特有的模型明器，从西汉中期的泥质陶到东汉末的黑釉瓷，数量虽然有限，但影响持续不断。

综上所述，丙类墓文化因素构成的成分与乙类墓相当，演变亦可分为西汉与东汉两个阶段，只是其中本土因素所占比例更高，外来因素中鲁北因素分量更重，江东因素表现形式更偏重日常生活层面。

表 4-3　鲁南苏北皖北豫东地区丙类墓各阶段文化因素构成表

期别	汉墓共性因素	本土文化因素			外来文化因素				
		传统因素	新生因素		楚文化	关中	江东	鲁北	冀中南
			甲组	乙组					
一	陶礼器、生活明器	木椁墓	本土陶礼器、模型明器	石椁墓；Aa、Ba、Ag、Bd 型罐	漆衣陶	茧形壶		砖椁墓；Bd 型罐	
二	同上	同上	同上 + Ac、B 型匜	同上	同上 + C 型罐	同上 + 铅釉陶	土墩墓；钙釉壶、瓿、C 型灶	砖椁墓	
三	同上 + 室 Aa 型墓	同上	同上 + E 型鼎	同上 + Ae 型罐	同上	同上		Ca 型壶	Ba 型罐

(续 表)

期别	汉墓共性因素	本土文化因素			外来文化因素				
		传统因素	新生因素		楚文化	关中	江东	鲁北	冀中南
			甲组	乙组					
四	室Ab型墓；生活明器		E型鼎	Aa、Ae型罐		铅釉陶	钙釉壶		
五	同上+室Ac-1型墓		仓、Aa、Ab型井、A型灶	Aa型罐		同上	同上		
六	同上		Ad型井	Ae型罐		同上	同上+黑瓷灶		

四、丁类墓

丁类墓的分布与丙类墓大致重合。西汉时数量多,分布广,上文提及的丙类墓密集的几处墓地中亦分布着大量丁类墓。东汉墓数量较少,分布较分散(详见附录3-4)。

从表4-4中可见,丁类墓文化因素构成的成分与丙类墓大致相当,只是各类因素所占比例和表现形式略有不同。墓葬形制方面,极具当地地域特色的竖穴土坑墓与石椁墓经久不衰,虽然西汉晚期的个别墓葬已开始采用室Aa型,但直到东汉早期仍有45%的墓葬为传统的竖穴土坑墓,室Aa型墓的广泛流行要晚至东汉中期。此外,鲁北区特有的砖椁墓在整个西汉时期均具有一定影响力,西汉晚期其比例可达13%以上。随葬品方面,本土特有的各类陶罐所占比例极大,西汉时器形不断丰富,显示出本土文化强有力的影响。西汉中期之后受汉文化影响开始出现模型明器,但相比乙、丙两类墓葬,丁类墓中的模型明器器形简单,仅有独具本土特色的Ab、Ad两型井,数量极少,影响有限。东汉之后,本土日用陶器呈现出明显的衰落之势,器形大为减少,不过在数量上仍占据着优势,依然是随葬品中的大宗。直至东汉晚期生活明器迅速流行,本土日用陶器才退居其次。外来因素中,楚地与江东对丁类墓影响较大,集中体现在C型罐、C型灶等日常生活层面。

综上可见,丁类墓的文化因素构成大致可分为西汉早期至东汉早期以及东汉中晚期两个阶段。前一阶段，本土因素居于主导，与鲁北区联系紧密。后一阶段本土因素衰退，汉文化特征突显。外来因素中楚文化与江东因素始终在日常生活层面对丁类墓保持着一定影响。

表 4-4　鲁南苏北皖北豫东地区丁类墓各阶段文化因素构成表

期别	汉墓共性因素	本土文化因素			外来文化因素				
		战国传统	汉代新生		楚文化	关中	江东	鲁北	冀中南
			甲组	乙组					
一		竖穴土坑墓		Aa、Ab、Ae、Ag型罐				砖椁墓；Bd型罐	
二		同上	Ab型井	同上+Ah型罐；石椁墓	C型罐	铅釉陶	C型灶	同上	
三	室Aa型墓；熏炉	同上	同上+Ad型井、仓	同上	同上		同上	同上	Ba型罐
四	室Aa型墓	同上	仓、Ab、Ad型井、A型灶	Aa、Ae型罐	同上	铅釉陶	同上+钙釉壶		
五	同上	同上	同上	同上	同上				
六	同上+生活明器		Ad型井、A型灶	Ae型罐	同上		同上+硬陶罐		

第四节　相关问题讨论

一、鲁南苏北皖北豫东区各阶层社会文化变迁

甲类墓中突出的汉墓共性因素特征显示出这一阶层与汉王朝的密切关联。墓葬形制方面规划严整的陵园，墓室仿效宫殿的宏大结构充分表现出诸侯王的崇高地位及"同制京师"的政治特权。同时，数量庞大、制作考究的随葬品又显示出这一阶层非凡的经济实力。外来因素中西汉偏重关中，东汉突出三河，如此紧随政治中心而变的动态再次表明这一阶层与中央王朝的紧密关联。西汉中期之后，甲类墓数量增加、分布范围扩展，在一定程度

上反映出王国数量的增长。与此同时，墓葬规模的缩减又反映出王国政治、经济实力的变化。此外，同期甲类墓在规模方面存在着明显差距。该区少数几座以竖穴木椁墓为葬的甲类墓中，大青墩墓墓圹面积约 340 余平方米，葬具由一椁二棺以及东、西、南三具器物厢组成；灵圣湖 M2 的墓圹面积可达 790 余平方米，葬具为一套由前、中、后三室和侧室、门道、回廊、外藏室、题凑墙组成的大型黄肠题凑①。如此悬殊的差距可能也是王国实力、诸侯王政治地位的表现。鲁南苏北豫东地区西汉所封各王国中，泗水国仅辖三县，与地辖六县的鲁国、地辖七县的楚国及地辖八县的梁国相比属小国。灵圣湖 M2 墓主有可能为哀帝生母丁姬，《汉书》载哀帝以天子之制将其母归葬定陶②。也可能是这重特殊的关系使其具有了其他甲类墓难以企及的规制。

　　乙类墓的墓主亦属社会上层。从随葬品中大量的铜、陶礼器可见这一阶层对生前政治地位的重视。西汉时期墓葬形制中的石椁墓、木椁墓又显示出他们与本土文化较为深入的融合。东汉之后，在汉文化渐趋成熟的时代背景下，乙类墓完成了与汉文化的整合。在这一过程中，外来文化因素中从偏重关中因素到突出三河因素，紧随政治中心的转移而改变，再次表明了这一阶层与中央王朝的紧密联系。此外，对江东因素的吸收从日常生活层面到礼仪丧俗，似乎又在昭示着他们对江东地域文化的较强认同。这种认同感或有历史传统之故或有地理相邻之便。在墓葬规模上，排除墓葬面貌变化所带来的差异，西汉早期至东汉中期乙类墓基本保持在相对平稳的发展状态。东汉晚期，部分乙类墓规模迅速扩展，墓葬间的差距增大，反映出此时阶层内部的分化。

　　丙类墓在文化因素构成成分及演变上均与乙类墓存在诸多共性，仅各类因素所占比例略有差异。丙类墓中本土因素所占比例更高，日常生活受其影响，代表礼制的陶礼器亦以本土器形为主，表明这一阶层相较乙类墓主具有对本土文化更为深入的认同。在墓葬规模上，丙类墓与乙类墓存在较大差距，一定程度上反映出两类墓主社会地位与经济实力的差距。终汉一代，丙类墓始终未有明显的规模变动，可见这一阶层相对平稳的发展状态。

　　丁类墓所属的平民阶层在两汉时期发展稳定，他们始终固守本土文化。汉墓共性因素对它的影响直到东汉中期才逐渐显现，完成了融入汉文化的

---

① 江苏省泗阳大青墩汉墓联合考古队：《泗阳大青墩泗水王陵》，《东南文化》2003 年第 4 期；山东省文物考古研究所、菏泽市文物管理处、定陶县文管处等：《山东定陶县灵圣湖墓》，《考古》2012 年第 7 期。
② 参见《汉书》卷十一《哀帝纪》、卷九十七《汉书·外戚传》，第 339、4002 页。

进程。而其狭小的墓圹、简单的随葬品突显出了这一阶层始终处于最底层的社会地位。

二、鲁南苏北皖北豫东区与周边地区的关系

该区汉墓所包含的各类外来文化因素所占比例、表现形式及延续时间各不相同,一定程度上,可将其看作是鲁南苏北皖北豫东区与周边地区不同形式交往的物证。在各类外来因素中,冀中南因素与鲁北文化因素多见于丙、丁两类墓葬。三河、关中因素多见于乙、丙两类墓葬。据此,也可以说该区在与周边地区的交往中存在着不同层次。与鲁北、冀中南等邻近王国地区多为社会中下层的往来,而与关中、三河等政治核心区则多是社会中上层的交流。前者可能更多的是一种民间自发形式的交往,后者或由官员升迁的流动带来,也或因政治核心区对中上层社会的吸引力而产生。

除此之外的楚文化因素与江东文化因素对鲁南苏北皖北豫东区汉墓的影响则更为全面,四类墓葬中均有涉及。其中楚文化的影响不仅有汉时出现的漆衣陶、C型罐,还有战国已产生的分厢木椁墓。江东文化因素更是贯穿两汉,从乙、丙类墓中成套的钙釉陶礼器、土墩墓等礼仪葬俗,到丁类墓中的模型明器。究其成因或许与其历史沿革有关。东周诸侯纷争之世,鲁南苏北皖北豫东一带分布着大小不等的十余个诸侯国,后在兼并战争中逐步均归于楚。该区所发现的战国中晚期墓葬中除填充膏泥的分厢木椁墓外,还见有一种高锥足鬲。如郯城二中 M1∶32,其尖唇、鼓腹、高裆、高锥足的形态特征几乎与襄樊彭岗 M29∶1 如出一辙①。战国时期中原陶鬲已渐衰退,鬲足越来越矮,此种高锥足鬲应是源自楚文化的影响。据此可再次证明楚文化对该区的影响应由来已久。相对于随葬品的不断推陈出新,墓葬形制的形成与一定社会环境中所形成的生死观以及自然、地理环境等密切相关。接受一种异地的墓葬形制似乎意味着对其所属文化更为深层次的认同。填充膏泥的分厢木椁墓也许源于楚文化东渐带来的人口迁入,也许因征服、占领而产生了文化渗透。无论何种形式,其结果都是使其融入到了鲁南苏北皖北豫东之地,成为了当地本土文化的一部分。江东因素有着与楚文化因素近似的历程。鲁东南沿海、苏北运河以东的广大地区东周时曾一度属越。战国中期的淮阴高庄 M1 中随葬有 30 余件颇具江东特色的原始瓷器与印纹硬陶。至汉代,江东原始瓷器制作工艺衰落,钙釉陶兴起。鲁南苏

---

① 刘一俊等:《山东郯城县二中战国墓的清理》,《考古》1996 年第 3 期;湖北省文物考古研究所等:《湖北襄樊市彭岗东周墓群第三次发掘》,《考古》1997 年第 8 期。

北皖北豫东区的乙、丙类墓中成套的钙釉陶礼器以及丙、丁类墓中的模型明器、硬陶日用器，器形演变完全与江东同步。从以上两点亦能看出江东与此区积淀已深的文化交流。其中土墩墓、钙釉陶偏于鲁南苏北沿海的分布状况似乎反映出了这种地区间交往的路线应是沿海自南向北推进的。

综上所述，楚文化因素、江东因素对鲁南苏北皖北豫东区的影响均形成于有汉之前。由于军事、政治等种种原因，这里形成了对楚地及江东地区地域文化的心理认同，并将这种认同延续至汉，在地区间的交往中对其更为倚重。

三、鲁南苏北皖北豫东区的地域差异与整合

鲁南苏北皖北豫东区是关东东部三个墓葬区中地域范围最广的一区。在前文所述墓葬面貌共性特征的基础上，其内部也存在着一些各自的地域特点，尤其是西汉时期。如填充膏泥的分厢木椁墓、漆衣陶及土墩墓、钙釉陶等楚文化与江东文化因素主要出现在鲁南苏北的东部滨海；石椁墓以及C型鼎、Ac型盒、Ab型壶、A型盘、Ab或Ac型匜在以徐州为中心的苏鲁豫皖交界区出现频率最高；C型罐、C型灶、B型匜最常见于皖北。

如上文所述鲁南苏北皖北豫东区东周时期曾分属十余个小诸侯国，文化传统、历史沿革均有所差异。并且，该区位于齐、鲁、楚、越等大国之中，还是各大国竞相争夺之地。多重因素影响之下，这一地区的社会风俗表现出了不同的地域特征。《史记·货殖列传》中将其分为了邹鲁、梁宋、西楚与东楚四大风俗区。"邹鲁"约为今济宁为中心的鲁西南地区，尚礼重儒，虽地小人众、无山林湖泽之饶，但民风俭朴，以农业、纺织为胜。"梁宋"大致有今永城以北、金乡以西、开封以东的区域，亦为民风淳朴之地，尚勤俭、重农业。"西楚"为徐州以西的苏、皖、豫三省的淮北地区，民风勇悍轻率，人多刻薄、少聚财富。"东楚"为徐州以东的鲁南苏北沿海，风俗类齐地，人多稳重豁达，且志坚。从司马迁的记述中可见，在鲁南苏北皖北豫东这一大区中，邹鲁、梁宋皆为重礼尚简的礼仪之地，西楚民风悍勇刻薄，东楚有宽缓豁达的齐地之风。

虽然我们无法将社会风俗与墓葬面貌完全对应。但从以上三个民风各异的风俗区的分布范围可以看出，它们与西汉墓葬的地域差异似存在着一定的相合之处。石椁墓与C型鼎等本土陶礼器在邹鲁梁宋之地更为兴盛。楚文化与江东文化多集中于东楚。C型罐、C型灶、B型匜则集中于西楚。其中如填充石膏泥的分厢木椁墓、江东特有的陶瓷器、C型罐等早在战国时期已出现。它们出现的时间、分布的地域往往又与大国兼并、占据的历史吻

合。由此似乎可以推断，鲁南苏北皖北豫东的广大地区长期以来因相近的自然地理条件，形成了考古学文化上的诸多共性。东周之后兼并战争频仍的历史环境又造就了这里多样化的社会风俗。随着秦汉大一统的推进，受汉文化的影响，埋葬理念、礼仪制度随之转变，只是这一转变并非紧随汉朝的建立而实现，而是在继续先前已形成的地域特性基础上逐步整合完成。

第五章　上篇小结

关东东部是相对独立、地位特殊的王国地区。从西汉王朝建立伊始的燕、韩、赵、楚、梁五个异姓诸侯国，到翌年改封的楚、齐、赵、梁、淮阳、燕六个同姓诸侯国，再到西汉中期之后的数十王国，关东东部经历了频繁的政治变革。在如此纷繁复杂的政治环境中，各墓葬区汉文化的形成历程，各阶层文化及实力的变迁，一定程度上反映了政治因素对王国地区不同阶层的影响。同时，关东东部所分三个墓葬区具有迥然相异的历史文化传统，甚至在同一墓葬区内部还存在着民情风俗的差异。在如此多元化的文化背景下，汉初关东东部考古学文化的地域差异与王国疆域的关联，则可成为观察文化因素影响政治决策的视角。

第一节　关东东部各阶层的发展与政治变迁

综合本篇论述可以看出，关东东部同类墓葬的面貌虽存在地域差异，但同一阶层的文化特点及墓葬规模之变迁大致相近。甲类墓规模宏大，随葬品丰富，其中大量的铜、陶、漆礼器、生活明器显示出鲜明的汉文化特征。墓葬规模自西汉中期起明显缩减。乙类墓亦较早地显现出了浓重的汉文化色彩，尤为重视代表生前政治地位的礼器，并与关中、三河等政治核心区保持着较频密的关联。与此同时，在日常生活方面则深受各自本土文化影响。东汉晚期，其内部出现了明显的分化。丙类墓中汉墓共性因素与本土文化因素并重，西汉中期之后，汉文化丧葬观渐趋普及，但各类器物的形态依旧体现着鲜明的本土特征。东汉时这种表象层面的本土化因素也渐趋消失，实现了与汉文化的彻底融合。丙类墓平稳发展，始终未出现如乙类墓般明显的阶层分化。丁类墓最具本土性，融入汉文化的进程虽有地域差异，但时间大致均需至东汉中晚期。丁类墓的规模与乙、丙类墓相距悬殊，但极为稳定，终汉一代几无变化。

第五章 上篇小结

关中是汉代政治的核心区,汉文化形成的中心,比较关中同类墓葬的特质,可进一步深入认识王国地区各阶层的发展。关中汉墓规格最高者当属西汉诸帝陵,其中惠帝安陵、景帝阳陵、武帝茂陵、昭帝平陵以及宣帝杜陵均有过考古工作①。通过对其调查、勘探与试掘的结果可知西汉帝陵的陵园均筑夯土墙为界,陵园内设寝殿、便殿等礼制建筑,如杜陵中的一号、五号遗址。陵园中心巨型封土之下多为带四条墓道的"亚"字形竖穴土坑墓,墓道周边建有大量从葬坑,如茂陵已探明63座,阳陵更是多达86座。以上帝陵的建制,在关东东部的甲类墓中也多有近似的发现。如定县M40、保安山M1、M2、石桥M1、M2的外围均发现有残存的夯土或石砌围墙。满城墓、保安山墓、窑山M1、狮子山墓周边出土了大量的砖瓦等建筑构件,其中保安山M1出土的筒瓦上还带有"孝园"戳印②。据此可见,诸侯王陵园及陵寝建筑等方面与帝陵存在较多相似。此外,在墓葬形制方面,关东东部除鲁、梁、楚等国流行的崖洞墓外,其余均为带有一条或两条墓道的竖穴土坑墓,其中洛庄墓、窝托墓亦在墓葬周围发现了数量不等的各类从葬坑③。这些仿照帝陵而设的葬制充分反映出王国"同制京师"的特权,并且在王国实力受限的西汉中期之后,仍旧延续这些葬制,可见诸侯王作为特权阶层的等级地位始终未变。

---

① 咸阳市博物馆:《汉安陵的勘查及其陪葬墓中的彩绘陶俑》,《考古》1981年第5期;陕西省考古研究所:《西汉安陵调查简报》,《考古与文物》2002年第4期;陕西省考古研究所汉陵考古队:《汉景帝阳陵南区从葬坑发掘第一号简报》,《文物》1992年第4期;陕西省考古研究所汉陵考古队:《汉景帝阳陵南区从葬坑发掘第二号简报》,《文物》1994年第6期;陕西省考古研究所汉陵考古队:《汉景帝阳陵考古新发现(1996~1998年)》,《文博》1999年第6期;陕西省考古研究所:《汉阳陵》,重庆出版社,2001年;陕西省考古研究院、咸阳市文物考古研究所、茂陵博物馆:《汉武帝茂陵考古调查、勘探简报》,《考古与文物》2011年第2期;咸阳市文物考古研究所:《汉武帝茂陵钻探调查简报》,《考古与文物》2007年第6期;中国社会科学院考古研究所杜陵工作队:《1982~1983年西汉杜陵的考古工作收获》,《考古》1984年第10期;中国社会科学院考古研究所杜陵工作队:《1984~1985年西汉宣帝杜陵的考古工作收获》,《考古》1991年第12期;中国社会科学院考古研究所:《汉杜陵陵园遗址》,科学出版社,1993年;咸阳市文物考古研究所:《西汉昭帝平陵钻探调查简报》,《考古与文物》2007年第5期;汉平陵考古队:《巨形动物陪葬少年天子——初探汉平陵从葬坑》,《文物天地》2002年第4期。
② 中国社会科学院考古研究所、河北省文物管理处:《满城汉墓发掘报告》;河南省文物考古研究所:《永城西汉梁国王陵与寝园》,中州古籍出版社,1996年;河南省商丘市文物管理委员会等:《芒砀山西汉梁王墓地》;狮子山楚王陵考古发掘队:《徐州狮子山西汉楚王陵发掘简报》,《文物》1998年第8期;韦正、李虎仁、邹厚本:《江苏徐州市狮子山西汉墓的发掘与收获》,《考古》1998年第8期。
③ 济南市考古研究所、山东大学考古系、山东省文物考古研究所、章丘市博物馆:《山东章丘市洛庄汉墓陪葬坑的清理》,《考古》2004年第8期;山东省淄博市博物馆:《西汉齐王墓随葬器物坑》,《考古学报》1985年第2期。

关中诸帝陵周边均建有功臣贵戚的陪葬墓，已进行过发掘或勘探者如凤栖原 M8、杨家湾 M4、安陵 M11、阳陵陪葬墓园以及卫青墓、霍去病墓、"延家"等。墓主中有卫将军富平侯张安世、绛侯周勃等名噪一时的西汉权臣，他们或官拜宰辅，或受封列侯，是关中上层社会的典型代表，地位与王国地区部分乙类墓墓主相当。墓葬面貌上，上述关中大墓与王国地区的乙类墓近似，大量的陶俑、模型明器、生活明器显示出汉文化特色，同时茧形壶、屋形仓、蒜头壶又具有鲜明的关中本土特征，亦表现为汉文化与本土文化的融合。然而，在墓葬规模上，两地差距显著。如杨家湾 M4、凤栖原 M8 均在墓葬周边设置了大量从葬坑，随葬大批兵马俑、车马等。而关东东部的乙类墓中极少有设从葬坑者，如宛朐侯墓，墓侧虽建有陪葬坑，但仅有 1 座，随葬陶俑也不过 20 余件①，规模、数量均无法与关中诸墓相比。

长安城东郊及东南郊的坡梁、台地上分布着数量庞大的两汉中小型墓，集中反映了长安城内中下层居民的考古学文化②，墓主身份与关东东部丙、丁两类墓葬大致相当，墓葬面貌却存在着明显差异。墓葬形制方面，长安汉墓中流行洞穴结构，关东东部则多见竖穴结构。不过，从墓葬埋葬理念看，无论是长安汉墓中的小砖券、子母砖券洞室墓或是带斜坡墓道的前后纵向多室墓，还是关东东部的竖穴砖（石）室墓均显示出墓葬正由密闭的地下世界转向开通的来世居所。这一变革在西汉中晚期的长安已初见端倪③，而在关东东部则普遍见于东汉。随葬品方面，长安西汉墓中随葬陶礼器组合为鼎、盒、壶、钫，比关东东部更为丰富；模型明器中少见井，但仓、灶组合出现并流行的时间更早，西汉早期的龙首原墓地中已有近 36% 的墓葬随葬有这一组合，并且同一组合中仓的数量常有数个④。此外，长安东汉墓中大量出现的表现社会生产、生活场景的陶俑，以及西汉中晚期铅釉陶中流行的装饰丰富、富于想象力的博山式盖，均少见于关东东部。如前文文化因素分析的结论，以上随葬品均属汉墓共性因素，长安与关东东部的差异似乎表明，汉文化在关东东部中下层群体中的认同感、普及程度远不及首都长安。

在以上对比分析的基础上，结合关东东部的历史发展背景不难看出，与权力核心关联最为紧密的诸侯王阶层无疑是政治变动中反应最为敏感的群体。规划严整的陵寝，仿帝陵而设的葬制体现了诸侯王的特权地位，墓葬规

---

① 徐州博物馆：《徐州西汉宛朐侯刘埶墓》，《文物》1997 年第 2 期。
② 西安市文物保护考古所：《长安汉墓》，陕西人民出版社，2004 年，第 336 页。
③ 参见西安市文物保护考古所：《长安汉墓》，第 836 页；西安市文物保护考古所：《西安东汉墓》，文物出版社，2008 年，第 1013 页。
④ 西安市文物保护考古所：《西安龙首原汉墓》，西北大学出版社，1999 年，第 219～221 页。

模的兴衰变迁大致反映了中央王国政策的转变。西汉初,诸侯王虽受制于中央,但有权"自置吏"、"得赋敛",拥有相对独立的政治与经济权力。齐、楚、梁等大国甚至还具备强大的军事力量。窝托墓随葬的大量铜、铁兵器,保安山墓规模恢宏的仿宫殿式墓室,均是王国力量的展现。这一时期的王国既是汉帝国的一部分,又是与汉分土而立的"国"。王国在制度、行政层面的独立性在传统史料与出土简牍中亦有所反映①。西汉中期,经景帝削蕃,武帝推恩,诸侯王在政治上毫无作为,经济来源仅余田租一项,诸侯王的自治权被削夺,王国与汉郡已无本质区别。虽然如大葆台墓等依然使用"天子之制"的黄肠题凑,但从封土规模所见,关中的凤栖原 M8 等墓亦可与之相当。东汉,吸取汉初王国势力强大威胁皇权的教训,王国领域狭小,不相毗连,中央仅供其衣食租税,"诸侯"仅余毫无实权的封号。各区均有部分乙类墓的规模与之不相上下,如东汉晚期的定县北庄 M43 中山王墓与阜城桑庄M1、安平逯家庄墓,均为竖穴砖室墓,墓室长均近 30 米、最宽处均在 13~15 米左右。

与诸侯王阶层对政治变革的敏感形成鲜明对比的是世代生活在关东东部这片土地上的平民阶层。这一阶层考古学文化的发展似乎全然不受政治环境变迁的影响。无论历经王朝的更迭变换,还是郡、国的析置离合,他们始终处于社会下层,经济能力有限,执着坚守着自身的本土文化。并且通过与长安汉墓的对比可以看出,似乎距离政治中心越远、本土地域传统越深厚的地区,平民阶层融入汉文化的进程则越迟缓,这点在鲁北区得到了突出表现。

乙、丙两类墓墓主生前所拥有的社会地位来自王朝的统治者,使其对汉文化具有较强的认同感,自身的文化背景又使其与各区本土文化保持着密切关联。其中,乙类墓中汉墓共性因素比例更高,并且较早地在丧葬理念(如随葬陶礼器之风)与表象形式(如陶礼器器形)上均表现出鲜明的汉文化特征。这一现象显示出乙类墓主似乎更为靠近汉朝的权力核心,更为注重因此而来的政治地位。西汉中期起,这一阶层就已完全接受了汉文化葬制。两汉之际,他们完成了各自本土文化与汉文化的彻底整合。然而从西汉墓葬的规模,尤其成组车马、陶俑等具有身份象征意义的随葬品看,这一阶层在东部王国与首都长安两地存在着悬殊的实力差距。汉初为防范诸侯王,明令禁止汉朝士人私自至王国为官,武帝时设左官之律进一步贬抑王国官吏的政治地位。而汉朝官吏,他们接近权力中心,有更多机会参与朝廷重

---

① 陈苏镇曾据张家山汉简对此问题进行过系统论述。见氏著:《〈春秋〉与"汉道":两汉政治与政治文化研究》,第 77~94 页。

大政治、军事活动,以赢得功绩,获得超越自身等级的葬制。如文献有记,霍去病薨逝,武帝征发属国军队为其送葬;张安世葬礼,汉宣帝"(亲)赠印绶,送以轻车介士";霍光更是得到了"上及皇太后亲临光丧"的殊荣,并获赐玉衣、黄肠题凑等天子葬具①。东汉之后,豪族势力膨胀,左右地方政治、经济。发展至东汉晚期,王室衰微,外戚、宦官秉政,许多豪族大姓实质上已成地方权力的控制者,实力甚至超越诸侯王。乙类墓的明显分化正是出现在此背景之下。丙类墓中本土文化因素比例更高,丧葬观念虽紧随汉文化葬制变迁,但表象形式上则往往更具本土文化色彩。这一现象似乎表明了丙类墓主与各自地域文化更为紧密的关联。造成这一现象的原因或许可从汉代官吏选用制度中探寻。顾炎武《日知录》卷八"掾属"条有论"盖其时惟守相命于朝廷,而自曹掾以下,无非本郡之人,故能知一方之人情,而为之兴利除害"②。西汉中期随着政权大一统的强化,这一阶层将本土文化融入汉文化葬制衍生出了本土汉代新生因素。两汉之际,这种改良的进程结束,本土文化完全融入汉文化之中。东汉晚期的社会变迁中,这一阶层并未出现如乙类墓主那般的明显分化,始终发展平稳。

综上可见,关东东部王国地区的四类阶层,诸侯王阶层的文化发展、实力消长与中央的王国政策几乎同步。社会最底层的普通平民则截然相反,政治因素对他们的影响远不及文化本身的自然演进。乙、丙两个中间阶层,对于政治环境的敏感程度与其等级身份成正比。

第二节　关东东部的考古学文化格局与王国疆域

通过本章论述,可将关东东部三个墓葬区的地域文化及其发展概括为三点。第一,冀中南区战国时期分属燕、赵所辖。农业不甚发达,民俗僄急,尚武之风浓厚。三河地区对该区文化产生了较大影响。东汉早期完成了本土文化与汉文化的整合。第二,鲁北区战国时属齐,农业发达、工商业繁盛,民俗阔达,崇尚功名,经学、纵横、黄老之学皆兴。由于文化传统、地理位置等原因,鲁北西部兴薄葬之风,东部沿海则文化因素多元,与辽东、江东海路

---

① 分别出自:《汉书》卷五十五《卫青霍去病传》、卷五十九《张汤列传》、卷六十八《霍光金日䃅传》,第 2489、2653、2948 页。
② [清]顾炎武著,黄汝成集释,乐宝群、吕宗力校点:《日知录集释:全校本》,第 479 页。

交往密切。东汉晚期才得以完成本土文化与汉文化的彻底整合。第三，鲁南苏北皖北豫东区战国初年曾分属宋、楚、越、鲁，后统一于楚。其地风俗各异，有东楚、西楚及邹鲁梁宋之分。该区地域文化颇受楚与江东之影响。东汉中期汉文化面貌才得以完全确立。

以上墓葬区虽不能与汉初关东东部各王国疆域完全重合，但有诸多相合之处。冀中南大部属赵，鲁北区基本与刘肥齐国疆域重合。鲁南苏北皖北豫东区包含楚、梁、淮阳三国，三国封域又与东楚、西楚及邹鲁梁宋三小区多有重合。"邹鲁梁宋"与刘恢梁国大致相当。汉夏肥水以西之"西楚"属淮阳，以东之"东楚"属楚。由此可见，汉初始封王国划定疆域似乎充分考虑了关东东部原有的风俗、文化差异。此外，文献中如"诸民能齐言者皆予齐王"等记载也可进一步佐证这点。

西汉中期之后，一方面，王国废置无常，诸侯国数量不断增加，赵先后分为广川、河间、中山等十三郡国；齐先后分出齐、千乘、平原等九郡以及淄川、胶东、城阳三国；楚、梁、淮阳境内先后析置出鲁国、泗水、东平、定陶等王国及沛郡、东海、汝南、陈留、山阳等汉郡。另一方面，关东东部各区的考古学文化却稳步发展，平稳过渡，几乎均在东汉中晚期表现出清晰的汉文化面貌。从以上两方面似乎可以看出，随着政权的巩固，汉朝相对宽松的东方政策发生了明显转变，虽然各地的文化差异并未完全弥合，但出于强化皇权的需要，打破原有文化区，收夺王国自治权的政治需求超越了文化整合的需要，从制度层面强行将东、西整合为一。

下 篇
关东西部地区汉墓研究

关东西部地区大致包括了今山西省中南部、河南省中西部及湖北省东北部的广大地区。这里的地形以山地为主,大部分地区的海拔在1 000米至2 000米之间。区内山、水相间,东有太行山,西有吕梁山,南有伏牛山,中有中条山、嵩山;山间纵横交错分布着黄河、长江水系的1 000多条大小河流,主要有汾河、洛河、伊河、沁河等。每条大河流又与山间盆地相连,其中较大的盆地有晋中太原盆地、晋南临汾盆地、豫西南鄂北南阳盆地。低平的盆地与山脉相间分布,构成了本区突出的地貌特色。

关东西部地区的气候条件,以伏牛山为界南北相异,南部的南阳盆地属亚热带湿润气候,广大北部地区属于暖温带半湿润季风气候,南部气候条件优于北部,但整体上该区气候温和,日照充足,四季分明。同时这里还拥有丰富的矿产资源、优越的耕地条件,是我国重要的能源工业基地及粮棉产区。

优越的自然环境孕育出了黄河流域灿烂的农业文明,自新石器时代以来,这里文化的发展连绵不断,在中国古代文明起源、形成与发展中占有举足轻重的地位①。以洛阳为中心的"三河"地区,东连华北平原,西接关中盆地,司马迁在《史记·货殖列传》中称其为"天下之中",特殊的地理位置,使这里在中国历史上始终扮演着极重要的角色,商周王朝建都于此,战国时期,这里又是韩、魏的政治中心所在。汉代郡国并行,"内地北距山以东尽诸侯地,……汉独有三河、东郡、颍川、南阳,自江陵以西至蜀,北自云中至陇西,与内史凡十五郡"②。关东西部的大部分地区即位列这十五郡之中,由此这里成为了拱卫汉王室的畿辅重地,东汉迁都洛阳之后,这里更是一跃成为全国的政治中心。

两汉时期,关东西部与关东东部郡、国分制,形成了汉代地方行政制度的一大特色,关东西部的政治地位、自然背景均与关东东部存在明显差异,本篇将从汉代墓葬出发,解析"汉郡"地区考古学文化的特征及其地域差异,以及社会各阶层的发展变迁。

---

① 靳松安:《河洛与海岱地区考古学文化的交流与融合》,科学出版社,2006年,第2页。
② 《史记》卷十七《汉兴以来诸侯王年表》,第802页。

第一章　关东西部汉墓的形制与墓葬的分类、分区

关东西部地区汉墓分布密集，迄今为止发掘的墓葬数以万计。它们在墓葬形制与随葬品类型方面均表现出不同于关东东部的面貌。特别是在墓葬形制方面，地域差异显著。同时，墓葬面貌亦如关东东部呈现出不同的等级层次。本章将首先确立关东西部汉墓的空间框架与层次结构。

第一节　墓葬形制分析

关东西部汉墓的形制丰富多样，包含了东部王国地区除黄肠题凑墓、崖洞墓之外的各种类型，故关东东部墓葬形制类型的划分标准亦可用于关东西部。不过，各类墓葬的流行程度在关东东、西两地截然不同。据前文论述可知，椁墓在关东东部各区流行甚广。而关东西部则盛行室墓，其中竖穴室墓（即室A型）的构建方式与埋葬理念几乎与东部地区无异，仅在墓室布局上略具特性；而洞室墓（即室B型）中复杂多样的结构则是关东东部汉墓所不见的。基于关东西部汉墓形制的以上特点，考虑到与前文的对应以及后文的清晰，本节将对关东西部汉墓中的竖穴室墓（室A型）以及洞室墓（室B型）重新进行类型分析。

关东西部的室A型墓，以砖或砖石结合构筑墓室为多，也有少数墓葬采用纯石结构。砖石合筑墓中常以刻有画像的石材作为墓门的门柱、门楣、门扉等部件，墓室四壁及墓顶多以砖砌。根据墓室的结构与布局，可将其分为四个亚型。

室Aa型：单室墓。占室A型墓的绝大多数。墓室规模较小，部分墓顶已塌陷，保存完好的多平顶与券顶。如桐柏万岗M7，墓底长2.7、宽1.74、距地面0.9米①（图1-1,1）。此外，还有少数在墓室一端设器物厢或在墓

---

① 河南省文化局文物工作队：《河南桐柏万岗汉墓的发掘》，《考古》1964年第8期。

室中部以隔墙分隔。如方城平高台 M1,中竖隔墙,隔墙南部开拱形门,墓室长 2.32、宽 1.86 米,券顶高 1.44 米①(图 1-1,2)。

室 Ab 型:"T"字形前后室墓。这类墓葬数量较多,在室 A 型墓中占有一定比例。前室横置,后室为双室、三室或四室横向排列,前室地面略低于后室,墓顶多为券顶,墓门、甬道数量多与后室相对应。如陈棚 M1,三间后室并列,对应设三墓门,墓室全长 4.8、前室宽 4.95、后室宽 4.72 米②(图 1-1,4)。还有的前室、后室再附带侧室。如八一路 M49,前室附东西侧室,后室附西侧室,墓室全长 5.18、前室宽 5.4 米、后室宽 2.88 米③(图 1-1,3)。

室 Ac 型:"⊥"形多室墓。前室或前、中室宽度明显小于后室,后室以隔墙分为双室,设单一墓门、甬道,墓室多穹窿顶,甬道常为两层或三层拱券顶。如防爆厂 M84,后室中部竖立隔墙,墓室全长 11.3、前室宽 5.8、后室宽 7.2 米④(图 1-1,5)。

室 Ad 型:回廊结构多室墓。数量很少。墓室主体结构与室 Ab 或室 Ac 型相同,只是围绕墓室砌筑一周回廊。如唐河冯君墓,墓室全长 9.5、最大宽度 6.15 米⑤(图 1-1,6)。

有关汉代洞室墓的类型分析多以《洛阳烧沟汉墓》的研究成果为基础。报告中将烧沟发掘的 225 座洞室墓,首先依据洞室布局及其顶部形制分为五型,进而再依洞室、墓道形状以及有无甬道等细节特征划分式别。从报告的分期结论看,所分的五型洞室墓具有先后演进关系,因而严格说来它们应是洞室墓结构演变的五式。除烧沟墓地外,洛阳西郊、天马—曲村、侯马乔村等墓地的相继发现为关东西部洞室墓的研究补充了诸多新资料,弥补了烧沟墓地缺少年代较早的墓葬材料的不足。这些墓地的发掘报告也均对洞室墓进行了深入的类型学研究。参考以上研究成果,并综合考虑关东西部洞室墓的整体特征以及与关东东部墓葬形制分类标准的对应等因素,本文将关东西部地区的洞室墓分为五式,各式基本情况如表 1-1。

---

① 河南省文物考古研究所、南阳市文物考古研究所:《河南方城县平高台遗址汉墓发掘简报》,《华夏考古》2007 年第 4 期。
② 河南南阳市文物考古研究所:《河南南阳陈棚汉代彩绘画像石墓》,《考古学报》2007 年第 2 期。
③ 南阳市文物考古研究所:《河南南阳市八一路汉代画像石墓》,《考古》2012 年第 6 期。
④ 南阳市文物考古研究所:《南阳市防爆厂住宅小区汉墓 M62、M84 发掘简报》,《中原文物》2008 年第 4 期。
⑤ 南阳地区文物队、南阳博物馆:《唐河汉郁平大尹冯君孺人画象石墓》,《考古学报》1980 年第 2 期。

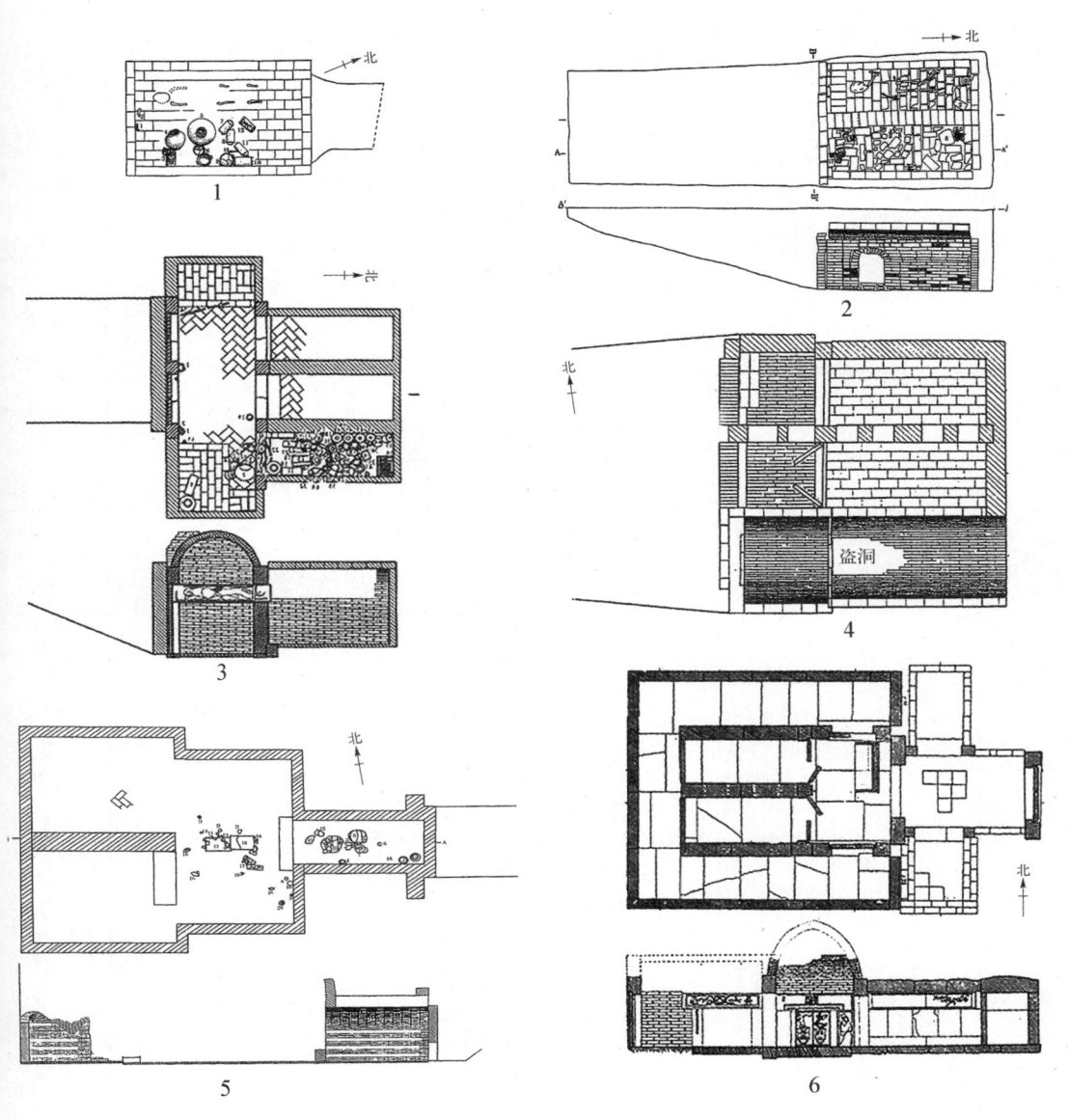

图 1-1 关东西部竖穴室墓分型图

1. Aa 型（桐柏万岗 M7） 2. Aa 型（方城平高台 M1） 3. Ab 型（八一路 M49） 4. Ab 型（陈棚 M1） 5. Ac 型（防爆厂 M84） 6. Ad 型（冯君墓）

表 1-1　关东西部地区洞室墓分式说明表

式别	分式标准	墓内设施材质	说　明	图示
Ⅰ	平顶	土圹或空心砖墓室	竖井形墓道，墓道之后即为长方形平顶洞室，有的在土圹洞室内再砌筑空心砖墓室。洞室前端一侧或两侧常开凿有土洞耳室，耳室多为长方形，也有"丁"字形、"L"形等其他形态。空心砖墓多用空心砖封门，土坑墓多用小砖封门。洞室内多有木棺，随葬陶器常置于耳室。	图 1-2，1、2
Ⅱ	弧顶	土圹或空心砖、小砖墓室	多为竖井形墓道，也有个别在竖井墓道之前附加一段斜长阶梯墓道。洞室结构与Ⅰ式近似，只是部分洞室前段和后段通过地面高度的差异将其分为两部分，也有少数墓葬在墓门之内增添一段甬道。耳室仍以土圹为主，少数砖砌。墓门以砖或土坯封堵。洞室内置木棺。耳室内置随葬陶器。	图 1-2，3、4
Ⅲ	单穹窿顶	土圹或小砖墓室	墓道形制与Ⅱ式近似。洞室结构发生了较大变化，分隔为前后室。前室穹窿形顶，宽敞高大，一侧或两侧掏长方形土圹耳室。后室拱形，略窄。前室安放葬具，常有1~4具不等的木棺，有的棺下筑有棺床。随葬品散置。	图 1-2，5、6
Ⅳ	双穹窿顶	土圹或砖墓室	竖井或斜坡墓道。洞室结构与Ⅲ式近似，前后室墓顶均为穹窿形，且墓室宽度趋于一致。	图 1-3，1、2
Ⅴ	横列前室	砖室	墓道多斜坡形，竖井形较少。横前室，有的无后室，有后室者，前、后室之间多有甬道相连。	图 1-3，3、4

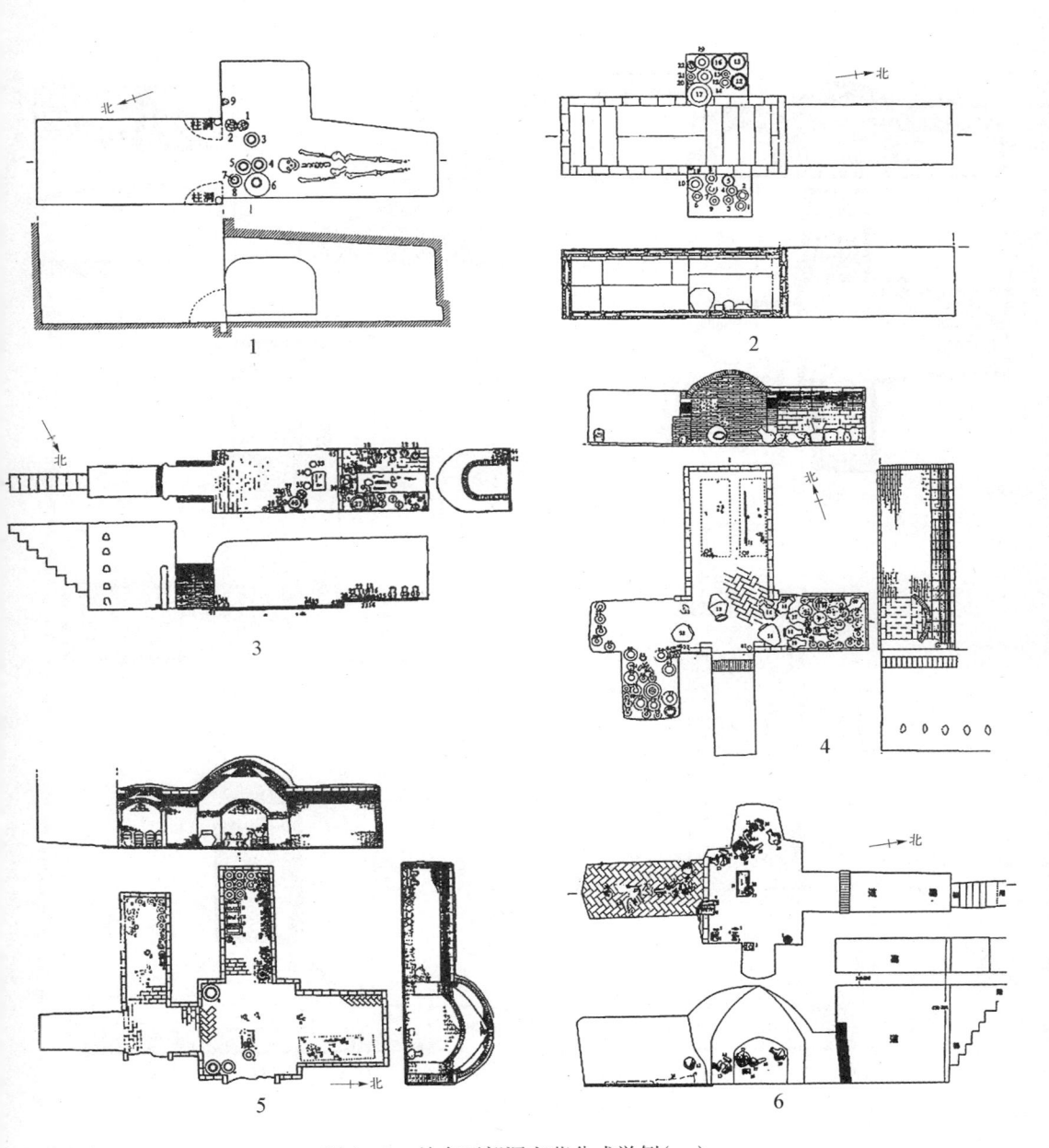

图 1-2 关东西部洞室墓分式举例(一)

1. 室 B Ⅰ 式墓(北站 M2) 2. 室 B Ⅰ 式墓(叶岭砖厂 M12) 3. 室 B Ⅱ 式(桐花沟 M10) 4. 室 B Ⅱ 式墓(邮电局 IM372) 5. 室 B Ⅲ 式墓(五女冢 IM461) 6. 室 B Ⅲ 式墓(烧沟 M114)

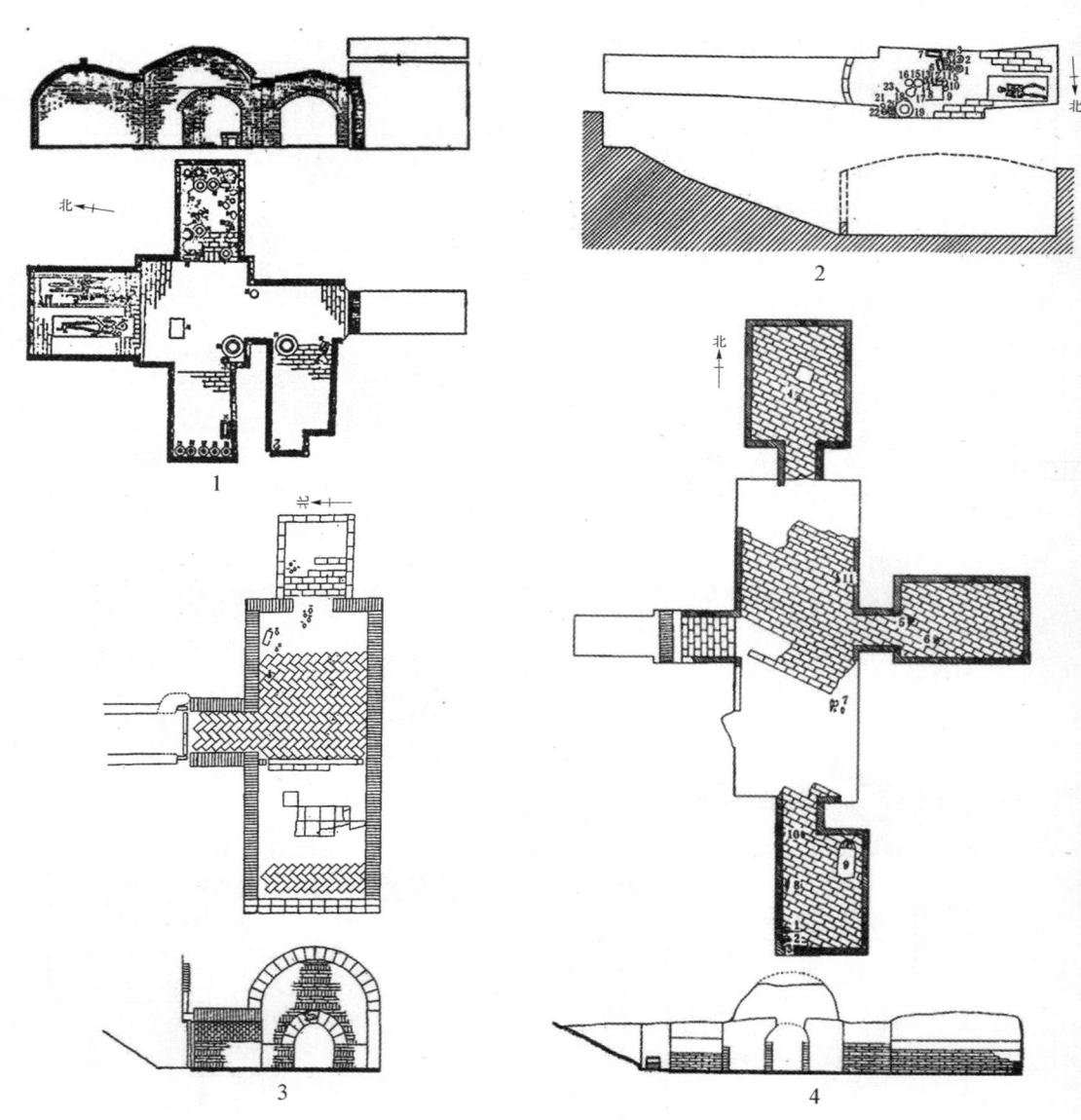

图 1-3 关东西部洞室墓分式举例(二)
1. 室 BⅣ式墓(北郊 M689) 2. 室 BⅣ式墓(郭家湾 M15) 3. 室 BⅤ式墓(朱村 BM2) 4. 室 BⅤ式墓(南蔡庄 M3)

第二节 关东西部汉墓的分类

关东西部的洛阳曾为东汉国都,东汉十四帝中除两位少帝被废,其余十二帝的皇陵均位于此,它们是西部汉墓中最高等级者。东汉帝陵的相关考古和研究工作虽取得了一定的成果,但还较为有限,如洛阳周边的十一座帝陵的分布与归属仅有较为明确的倾向性意见仍未能确定[①]。加之西汉帝陵位于关中,讨论同类墓葬演变等问题缺乏延续性。故本篇所论将不涉及关东西部的帝陵。

关东西部为中央直属汉郡之地,不存在与关东东部甲类墓主相当的诸侯王阶层。参照关东东部汉墓分类的标准,对关东西部汉墓的形制与随葬品组合进行综合考察,可将其分为三类,分别对应关东东部的乙、丙、丁三类墓葬。因关东东、西部汉墓的面貌存在差异,本节将举例说明关东西部乙、丙、丁三类墓葬的特征。

1. 乙类墓

随葬品中包含青铜礼器或玉衣,或墓葬形制为前、中、后三间主室的竖穴/洞穴多室墓(室 Ac 型、室 B 型Ⅲ、Ⅳ式)及回廊结构竖穴多室墓(室 Ad 型)。

随葬有青铜礼器者往往还会共出类型丰富的陶礼器、日用陶器、生活明器、车马明器及制作精良的玉器、漆器等。墓葬形制多为椁 A、B 型或室 B 型Ⅰ～Ⅲ式。墓葬规模方面,椁 A、B 型墓葬,墓圹长 4.2～9 米不等;室 B 型墓,竖穴长 2.8～3.86 米左右,洞室通长 3.8～11.8 米。葬具多为木质一棺一椁,也有个别单棺重椁者。如南阳麒麟岗 M8,椁 B 型墓,墓口长 9、宽 7.42 米。内置一棺一椁。随葬有铜鼎 2 件、钫 2 件、勺 2 件、漆衣陶壶 4 件、漆盒 2 件、盘 3 件、耳杯 9 件及铜矛、玉佩、玉剑饰、陶俑、陶车轮模型等[②]。

墓葬形制为三间主室的竖穴/洞穴多室墓或回廊结构多室墓者,其墓室、洞室的通长在 9.5～17 米之间,面积多在 30～40 平方米左右。墓内常有题材丰富的石刻画像或壁画。随葬品有类型多样的铜、陶生活明器、日用陶器、模型明器及铜车马明器等。如洛阳北郊 CIM689,室 BⅣ型墓,有竖井墓道,前、中、后三室及前西侧室,中东、西侧室组成,南北长 10.42、东西最宽

---

① 中国社会科学院考古研究所:《中国考古学·秦汉卷》,第 338、339 页。
② 南阳市文物工作队:《河南南阳市麒麟岗 8 号西汉木椁墓》,《考古》1996 年第 3 期。

处 7.36 米。后室并列放置二木棺。随葬有陶鼎 1 件、盒 1 件、壶 7 件、方案 1 件、筒形樽 6 件、耳杯 5 件、盘 1 件、勺 1 件、罐 10 件、甑 1 件、方盒 3 件、囷 5 件、灶 1 件、井 1 件；铜刷柄 2 件、铜镜 2 件、带钩 2 件、钱币 400 余枚，此外还有剑、刀等 6 件铁器，琉璃耳瑱、水晶珠等饰件①。

乙类墓主的身份与东区乙类墓相当，大致属大将军、公卿、列侯以及郡守一类的高级官吏，或经济实力与之相当的大庄园主等。

2. 丙类墓

随葬器物中包括两类以上的陶礼器，或墓葬形制为前、后两间主室的竖穴/洞穴多室墓。

随葬两类以上陶礼器者。常共出大量生活明器、模型明器与日用陶器，少数还出有青铜容器。墓葬形制多椁 A 型、室 B 型Ⅰ～Ⅱ式及少数椁 B 型。椁 A 型墓的墓圹长 2.1～5.8 米，葬具多为一椁一棺。室 B 型Ⅰ～Ⅱ式墓，墓道长 1.7～2.8 米，洞室通长 2.3～7 米，葬具多为单棺。如侯马乔村 M3181，室 B 型Ⅰ式墓。墓道长 2.4、宽 0.9 米，洞室长 3.3、宽 1.3 米。随葬有陶鼎 1 件、盒 2 件、壶 2 件及陶罐 1 件②。

墓葬形制为两间主室的竖穴/洞穴多室墓者。墓室通长 4.06～10.54 米。随葬有类型丰富的生活明器、模型明器及日用陶器，少数墓内还出有陶礼器、铜容器。如洛阳东北郊 C5M860，室 B 型Ⅴ式墓，由竖井墓道、甬道、前、后室及前后室甬道组成。墓道底长 3.2、宽 1 米，洞室通长 7.7、最宽处 2.47 米。随葬有陶壶 17 件、筒形樽 3 件、方盒 3 件、方炙炉 1 件、罐 8 件、囷 4 件、灶 2 件、井 2 件、猪圈 1 件、磨 1 件、伎乐俑 12 件以及鸡、狗、鸽等家禽家畜俑 4 件，另有铅釉陶壶 8 件、铜镜 2 件、钱币 200 余枚③。

丙类墓主的等级亦同于东区丙类墓，属令、丞、长等级别的中下层官吏或部分经济实力与之相当的地主阶层。

3. 丁类墓

随葬品以日用陶器为主，墓葬形制为椁 Aa 型、室 Aa 型或室 B 型Ⅰ、Ⅱ、Ⅴ式。随葬品类型简单、数量少。墓葬规模小，椁 Aa 型墓墓圹长 2～4.5 米，各式室 B 型墓的墓室长通常在 3.25～9.3 米之间。有葬具者多仅有单棺。如郑州九州城 M1，室 B 型Ⅰ式墓，洞室长 3.75、宽 1.1 米。随葬有釜、

---

① 洛阳市文物工作队：《河南洛阳北郊东汉壁画墓》，《考古》1991 年第 8 期。
② 山西省考古研究所：《侯马乔村墓地（1959～1996）》。
③ 洛阳市文物工作队：《洛阳东北郊东汉墓发掘简报》，《文物》2000 年第 8 期。

罐各 1 件①。洛阳民族路 C3M226,室 B 型 V 式墓,由竖井墓道、甬道、横向洞室组成。洞室长 7.2、宽 2.9 米。随葬有陶方盒、囷、灶、猪圈各 1 件、罐 4 件、铜钱 27 枚、铁镜 1 件②。

丁类墓主当属汉代的普通平民阶层。

第三节　关东西部汉墓的分区

关东西部汉墓在墓葬形制方面差异显著,据此可将其分为晋中南豫北和豫西南鄂北两区(图 1-4)。除墓葬形制外,关东西部二区的地理环境、社会经济、思想文化及风俗民情也都具有鲜明的地域差异。对应上篇,本节将对晋中南豫北和豫西南鄂北二区汉墓的地域特征及自然环境予以分析梳理。二区的历史沿革、思想文化及风俗民情等人文背景将于后文各区汉墓研究中详论。

一、晋中南豫北区

太行山以西、伏牛山以北的广大地区,包括晋中南的忻州、太原、吕梁、晋中、长治、临汾、晋城、运城以及豫北的三门峡、洛阳、焦作、郑州、新乡、安阳、鹤壁、许昌、漯河等地。大致相当于汉初所置的太原③、上党、河东、河内、河南、颍川六郡。

晋中南豫北区地势东西高中间低,山脉、河流、山间盆地相间。北部太行山、吕梁山间分布着太原盆地、临汾盆地,汾河及其支流穿行其间。南部熊耳山、外方山、崤山等山系与伊河、洛河、颍河等水系纵横交织,洛阳盆地、三门峡盆地点缀其间④。温和的气候、充沛的雨量以及疏松肥沃的黄土造就了这里发达的农业,七八千年前豫西地区就已率先进入农业社会⑤。重视农业的地区传统在秦汉时期依然延续,该区是西汉京畿地区的重要粮食补给地,"三辅、弘农、河东、上党、太原郡谷,足供京

---

① 郑州市文物考古研究所:《郑州市九洲城西汉墓的发掘》,《中原文物》1997 年第 3 期。
② 洛阳市文物工作队:《河南洛阳市东汉孝女黄晨、黄芍合葬墓》,《考古》1997 年第 7 期。
③ 高帝十一年(公元前 196 年)封代,武帝元鼎四年(公元前 113 年)除为郡,并在其西部另置西河郡。因其大部分时间为郡,故文中将其归入关东西部汉郡区。
④ 晋中南及豫北地势情况依据杜秀荣、唐建军主编《中国地图集》,中国地图出版社,2004 年,第 60～61、142～143 页。
⑤ 邹逸麟:《中国历史地理概述》,第 242 页。

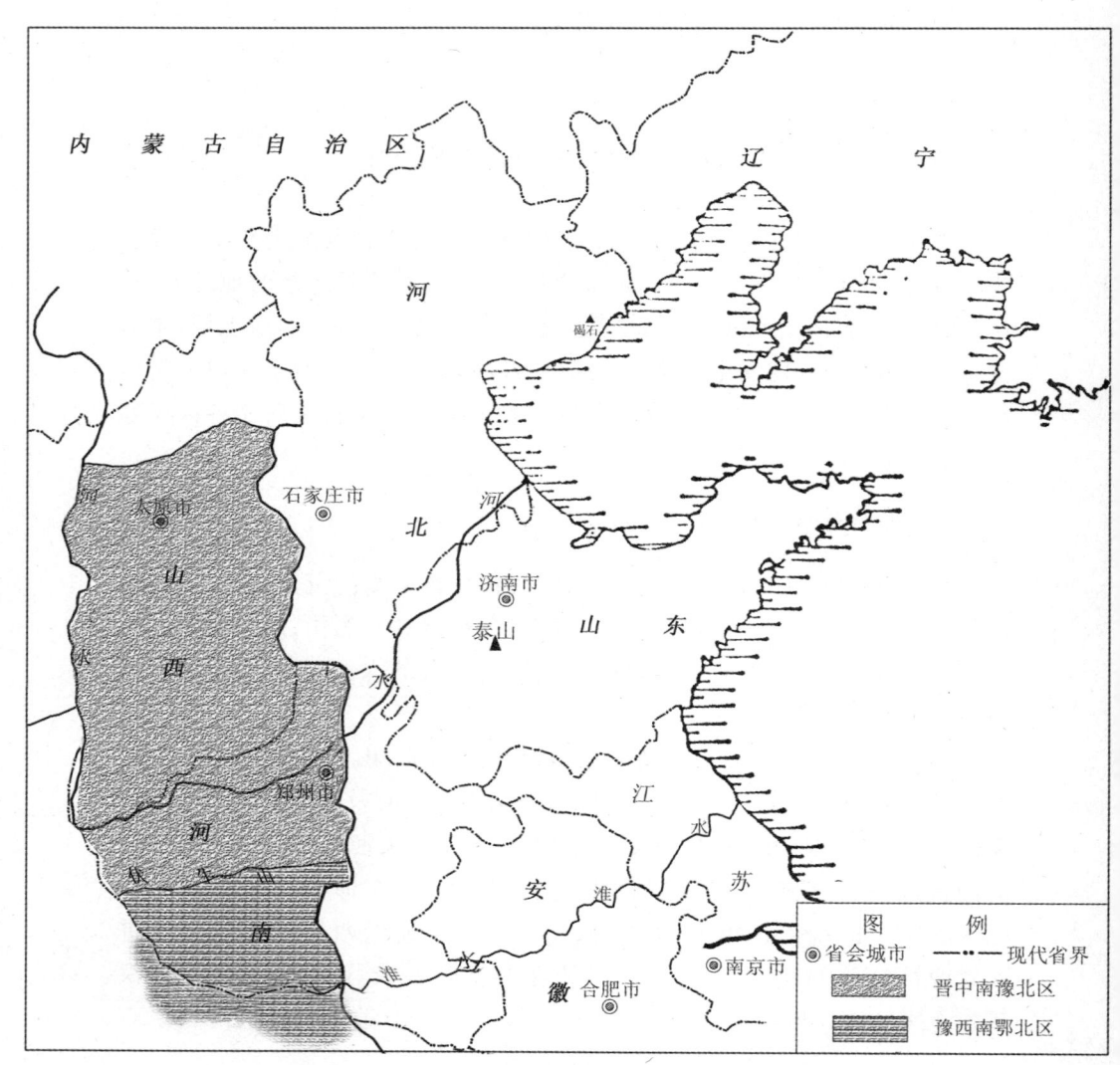

图 1-4 关东西部汉墓分区示意图

师"①。同时,晋中南豫北的手工业生产也极为兴盛,汉时有三处工官设置于此,河内的丝织业,河东、河南的冶铁业,河东、太原的制盐业均曾闻名天下②。

该区汉墓以三河地区的分布最为密集,多达数万座,分布地点遍及三门峡、孟津、新安、义马、洛阳、偃师、巩义、荥阳、郑州、新郑、新密、济源、焦作、安阳、新乡、侯马、曲沃、夏县、永济、平陆、芮城等地。此外,太原盆地的太原、忻州、离石、榆次、孝义等地也有零星的汉墓分布。洞室砖墓(室 B 型)发达是该区汉墓最为突出的特点。西汉早期至东汉早期,洞室墓的比例始终高达85%以上。东汉中期之后竖穴室墓(室 A 型)渐趋流行,但仍有半数以上的墓葬以洞室墓为葬。

二、豫西南鄂北区

该区北依伏牛山,西依秦岭,东望桐柏山,南临汉水,与今所谓"南阳盆地"大致相当,包括今栾川、鲁山以南,汉江以北,西峡、均县以东,信阳、随县以西的地区。秦昭襄王三十五年(公元前 272 年)秦伐楚占领此地,以宛县为治所设南阳郡,汉代沿用③。

豫西南鄂北区地势低平,土壤肥沃,河流纵横,气候温和。该区耕地条件优越,矿产资源丰富,是汉代农业发达、手工业兴盛、商业繁荣的富庶之地。

该区发现的汉墓不计其数,主要的分布区集中在今南阳市区及其近郊,即汉南阳郡治所宛县周边地区④,此外在今南阳所辖方城、淅川、邓州、唐河、桐柏以及襄樊所辖老河口等地也发现了数量众多的汉代墓葬。竖穴室墓(室 A 型)发达是该区汉墓最为突出的特点。西汉中期室 A 型墓的比例已达42.86%,之后发展迅速,至西汉晚期,其比例已达 70% 以上,进入东汉,几乎所有墓葬均为竖穴室墓。

---

① 《汉书》卷二十四《食货志》,第 1141 页。
② 汉代,晋中南豫北区的三处工官分别设在河南郡、河内郡的"怀"以及颍川郡的"阳翟";六处铁官分别设置在河南郡的"渑池"(西汉中期后入弘农郡),河东郡的"安邑"、"皮氏"、"平阳"、"绛",河内郡的"隆庐";两处盐官设在河东郡的"安邑"以及太原郡的"晋阳"。(见《汉书》卷二十八《地理志》,第 1554、1560、1555、1550、1551 页。)
③ 武帝元鼎三年(公元前 114 年)将淅县与丹水割予弘农郡,二县于建武十五年(公元 39 年)又重归南阳,持续至东汉末南阳郡境几无变化(周振鹤:《西汉政区地理》,第 134 页;李晓杰:《东汉政区地理》,第 198~201 页)。
④ 目前报道的南阳市区及其周边区县汉墓简报、报告约五十余篇、部,涉及墓葬百余座。此外据《南阳战国晚期至秦汉墓葬出土仿铜陶礼器研究》一文介绍,仅 20 世纪 90 年代以来,在南阳市及其近郊发掘的墓地近百处,清理东周秦汉墓葬数千座。参见徐承泰、蒋宏杰:《南阳战国晚期至秦汉墓葬出土仿铜陶礼器研究》,《江汉考古》2011 年第 2 期。

第二章　晋中南豫北区汉墓的分期、文化因素分析及相关问题

　　晋中南豫北区是战国时所谓三晋两周之地。豫北集中分布着周、卫、郑等姬姓小国。晋中属赵，公元前425年，赵献子迁都中牟（今河南鹤壁市西）之前的赵都晋阳位于今太原西南。晋西南属魏，公元前361年，迁大梁（今河南开封）之前的魏都位于夏县。晋东南部、豫中属韩，临汾、宜阳都曾为韩都①。该区西临秦国，是秦东进统一时首先席卷之地，秦先后在此设太原、上党、河东、河内、三川、颍川六郡。汉袭秦郡，仅将三川郡更名为河南郡。汉初大行分封，这里的大部分土地归属"高帝十五郡"，仅颍川、太原曾分别入淮阳与代两国，但很快即于惠帝元年（公元前194年）和武帝元鼎三年（公元前114年）再次划入汉郡。武帝元鼎三年迁函谷关于新安后，割河南郡部分地予弘农郡，河南郡的郡界略有收缩。除此之外，终汉一朝以上六郡几无变化②。

　　晋中南豫北区是连接关中与华北平原的通道，交通便利，商业发达。河东郡的杨县（今山西洪洞县东南）、平阳（今山西临汾市西南），河内郡的温（今河南温县西）、轵（今河南济源县东南），河南郡的洛阳都曾为盛极一时的商业城市③。民风"喜为商贾，不好仕宦"④。晋中南豫北亦是农业发达、手工业繁荣之地，司马迁将河南、河内与河东三郡比作"鼎足"⑤，足见其地位的重要。自战国以来，晋中南豫北之地孕育出了李悝、韩非、申不害等诸多法家代表人物，是法家思想最为兴盛的地区⑥。

---

① 周地大致包括今黄河南岸的洛阳、偃师、巩义、孟津及过黄河温县的小部分地，都城位于成周，即今洛阳市东北；豫鲁两省北部的小部分地区曾是卫国封域，都城位于濮阳，即今濮阳市西南；郑位于河南中部，国都位于郑，即新郑市（杨宽：《战国史》，第262～264页）。
② 周振鹤：《西汉政区地理》，第43～45、70～73、129～133页；李晓杰：《东汉政区地理》，第17、18、25、123～126页。
③ 参见《史记》卷一百二十九《货殖列传》，第3263页。
④ 《汉书》卷二十八《地理志》，第1651页。
⑤ 《史记》卷一百二十九《货殖列传》，第3262页。
⑥ 邹逸麟：《中国历史人文地理》，第432页。

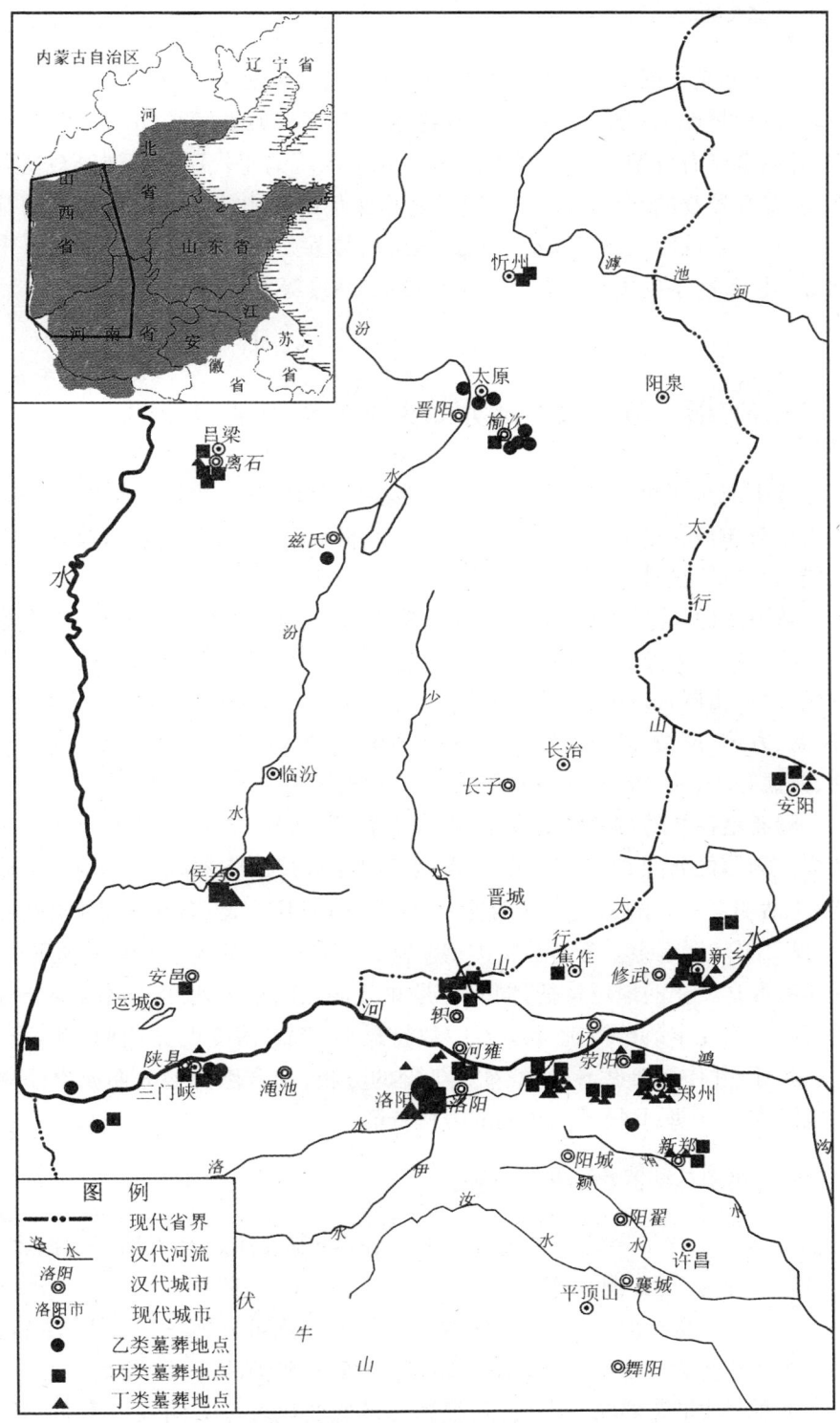

图 2-1 晋中南豫北区各类汉墓分布示意图

该区亦是全国汉墓分布最密集的地区,包括了前文论及的乙、丙、丁三类墓葬,数量庞大(图2-1)。本章将通过对墓葬典型随葬品的类型学研究,并结合已有分期、年代研究成果建立该区汉墓的年代序列。通过对墓葬形制、随葬器物的文化因素分析探讨墓葬文化因素构成。在以上研究的基础上,考察不同时期各类墓葬文化因素构成与墓葬规模演变,进而探讨晋中南豫北区各阶层的发展以及地域文化形成、演进等方面的相关问题。

第一节　典型随葬品类型分析与墓葬分期

晋中南豫北地区发现的汉代墓葬多达万余座,其中以洛阳为中心的黄河南岸分布最为密集。此外,黄河以北的济源、焦作、安阳、新乡以及晋西南的侯马、曲沃、夏县、永济、平陆、芮城等地也发现了大量汉墓。

晋中南豫北区汉墓的随葬器物类型丰富,涵盖礼器、模型明器、日用器与生活明器四大类。其中礼器的常见组合为鼎、盒、壶;日用器以罐、釜最为常见;模型明器常以囷、灶、井为组合;生活明器种类多样,以筒形樽、案、耳杯、魁、方炉、熏炉、灯最为常见,此外还有瓿、茧形壶、钫、盆形樽、鼎形圆炉、奁、方盒等。各组器物又有铜、陶质地的差异。

陶器是各类随葬品中的大宗,器表有彩绘、铅釉、钙釉三种不同工艺的装饰。陶器的常见组合有:陶礼器+生活明器+日用陶器+模型明器;陶礼器+生活明器+日用陶器;生活明器+模型明器+日用陶器;日用陶器+模型明器;仅日用陶器五组。各组器物类型丰富,不但集中体现了晋中南豫北地区汉代考古学文化的地域特征,同时也是建立该区汉墓分期和文化因素分析的基础。因此本节选取随葬陶器中数量最多、形态演变明显的鼎、盒、壶、罐、囷、灶、井作为典型器,通过对其类型的分析,结合已有的分期成果建立该区汉墓的分期,并梳理出各期的时代特征。

一、典型随葬器物的类型分析

1. 鼎　大多数器物的表面饰有彩绘,有的器表还施有铅釉。依据腹、足形态可分为三型(图2-2)。

A型　高足釜形鼎。根据盖、腹和三足的变化可分为三式。Ⅰ式→Ⅲ式的演变趋势为:鼎盖口径减小,隆起高度渐小,腹渐深,三足渐矮。

B型　矮足釜形鼎。根据盖、腹和三足的变化可分为四式。Ⅰ式→Ⅳ式的演变趋势为:口渐内敛,腹壁由圆缓渐斜直,三足渐矮。

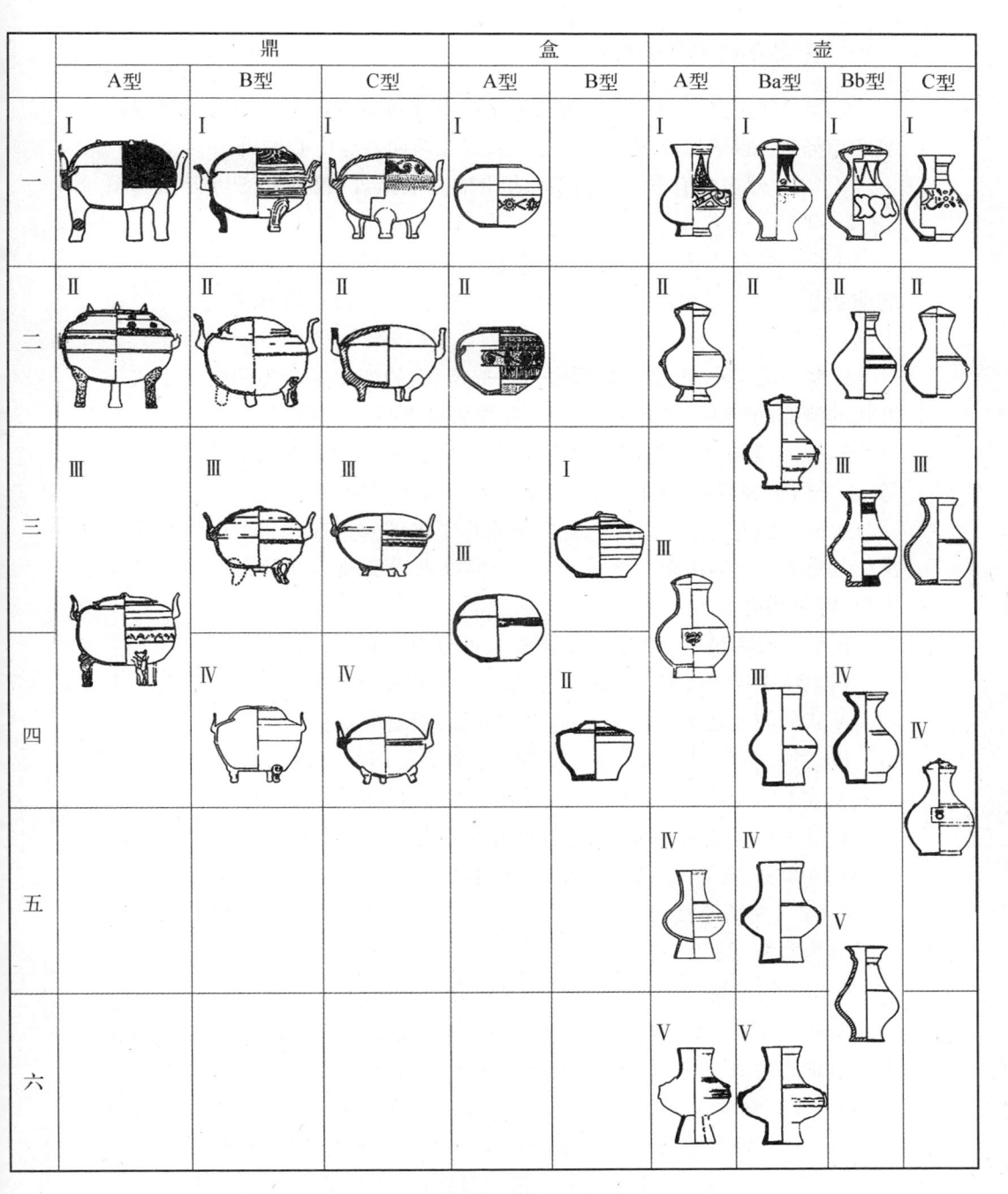

	鼎			盒		壶			
	A型	B型	C型	A型	B型	A型	Ba型	Bb型	C型
一	Ⅰ	Ⅰ	Ⅰ	Ⅰ		Ⅰ	Ⅰ	Ⅰ	Ⅰ
二	Ⅱ	Ⅱ	Ⅱ	Ⅱ		Ⅱ	Ⅱ	Ⅱ	Ⅱ
三	Ⅲ	Ⅲ	Ⅲ		Ⅰ		Ⅲ	Ⅲ	Ⅲ
四		Ⅳ	Ⅳ	Ⅲ	Ⅱ	Ⅲ	Ⅳ	Ⅳ	Ⅳ
五						Ⅳ	Ⅳ		Ⅴ
六						Ⅴ	Ⅴ		

图 2-2 晋中南豫北汉墓分期图(一)

A 型鼎：Ⅰ式(九州城 M3：7) Ⅱ式(蓼坞 M1：2) Ⅲ式(北郊 M689：31) B 型鼎：Ⅰ式(桐花沟 M63：3) Ⅱ式(万宝苑 M6：3) Ⅲ式(万宝苑 M11：9) Ⅳ式(白庄 M41：10) C 型鼎：Ⅰ式(泗涧沟 M60：1) Ⅱ式(金谷园墓) Ⅲ式(邮电局 IM372：32) Ⅳ式(金谷园 IM337：31) A 型盒：Ⅰ式(巩义 M5：6) Ⅱ式(泗涧沟 M99：5) Ⅲ式(浅井头 M1231：54) B 型盒：Ⅰ式(北郊 M689：32) Ⅱ式(西南郊 M241：29) A 型壶：Ⅰ式(桐花沟 M63：7) Ⅱ式(金谷园墓) Ⅲ式(唐庄 M6：11) Ⅳ式(郭家湾 M20：3) Ⅴ式(后土郭 M2：92) Ba 型壶：Ⅰ式(泗涧沟 M4：1) Ⅱ式(邮电局 M372：75) Ⅲ式(梯家口 M41：1) Ⅳ式(苗南新村 M528：6) Ⅴ式(金谷园 IM：337：33) Bb 型壶：Ⅰ式(巩义 M1：10) Ⅱ式(南关外 M5：10) Ⅲ式(孟津 M55：4) Ⅳ式(郭家湾 M11：46) Ⅴ式(二里岗 M2：19) C 型壶：Ⅰ式(巩义 M5：8) Ⅱ式(周山路 M1776：4) Ⅲ式(泗涧沟 M29：19) Ⅳ式(吉利区 M445：28)

C型　矮足盆形鼎。根据腹及三足的变化可分为四式。Ⅰ式→Ⅳ式的演变趋势为：腹壁弧度减小，三足渐矮，并逐渐向器底中心聚拢。

2. 盒　器表多有彩绘，有的施有铅釉。根据盖、腹的形态可分为二型（图2-2）。

A型　弧顶小盖，钵形腹。根据盖、腹的变化可分为三式。Ⅰ式→Ⅲ式的演变趋势为：盖顶部捉手逐渐弱化，最终消失，腹壁渐圆鼓，最大腹径上移。

B型　尖顶小盖，敛口罐形腹。根据盖、腹的变化可分为两式。Ⅰ式→Ⅱ式的演变趋势为：盒盖底径减小，腹壁弧度渐缓，平底渐小。

3. 壶　常在颈、腹描绘彩带，有的在彩带基础上再描绘三角纹、云纹等，部分器物表面有铅釉。根据底部形态可分为三型（图2-2）。

A型　圈足壶。根据口、颈及底部的变化可分为五式。Ⅰ式→Ⅴ式的演变趋势为：口部由敞口渐成直口，颈部收束程度减小，腹渐扁，最大腹径突出，圈足增高。

B型　假圈足壶。根据口部形态又可分为二亚型。

Ba型　喇叭口，圈足较高。根据口、颈及底部的变化可分为五式。Ⅰ式→Ⅴ式的演变趋势为：口渐内收，颈渐长，圈足增高。

Bb型　盘口，圈足较矮。根据口、颈及底部的变化可分为五式。Ⅰ式→Ⅴ式的演变趋势为：盘口逐渐加深，颈部内收明显，圈足增高。

C型　平底壶。根据颈、腹的变化可分为四式。Ⅰ式→Ⅳ式的演变趋势为：颈渐短，腹部渐圆鼓，最大腹径上移。

4. 罐　多为素面，部分器物在肩、腹施弦纹、波浪纹等。根据口、领形态可分为两型（图2-3）。

A型　高领罐。根据口、腹形态又可分为五亚型。

Aa型　侈口，溜肩，弧腹，平底。根据口、腹及底部的变化可分为三式。Ⅰ式→Ⅲ式的演变趋势为：圆唇渐厚，腹渐深，腹壁渐缓，最大腹径上移。

Ab型　小侈口，鼓肩，斜直腹。根据口、腹及底部的变化可分为五式。Ⅰ式→Ⅴ式的演变趋势为：圆唇增厚逐渐外翻，腹渐扁，底径增大。

Ac型　小口卷沿，溜肩，深弧腹。根据口、腹的变化可分为两式。Ⅰ式→Ⅱ式的演变趋势为：口径减小，肩部渐鼓，下腹近底处渐内收。

Ad型　小口窄平沿，折肩，斜直腹。根据口、腹的变化可分为两式。Ⅰ式→Ⅱ式的演变趋势为：口径增大，腹渐深，底径减小。

Ae型　小口卷沿，溜肩，弧腹。根据口、腹的变化可分为三式。Ⅰ式→Ⅲ式的演变趋势为：口沿外卷加大，最大腹径减小，底径增大。

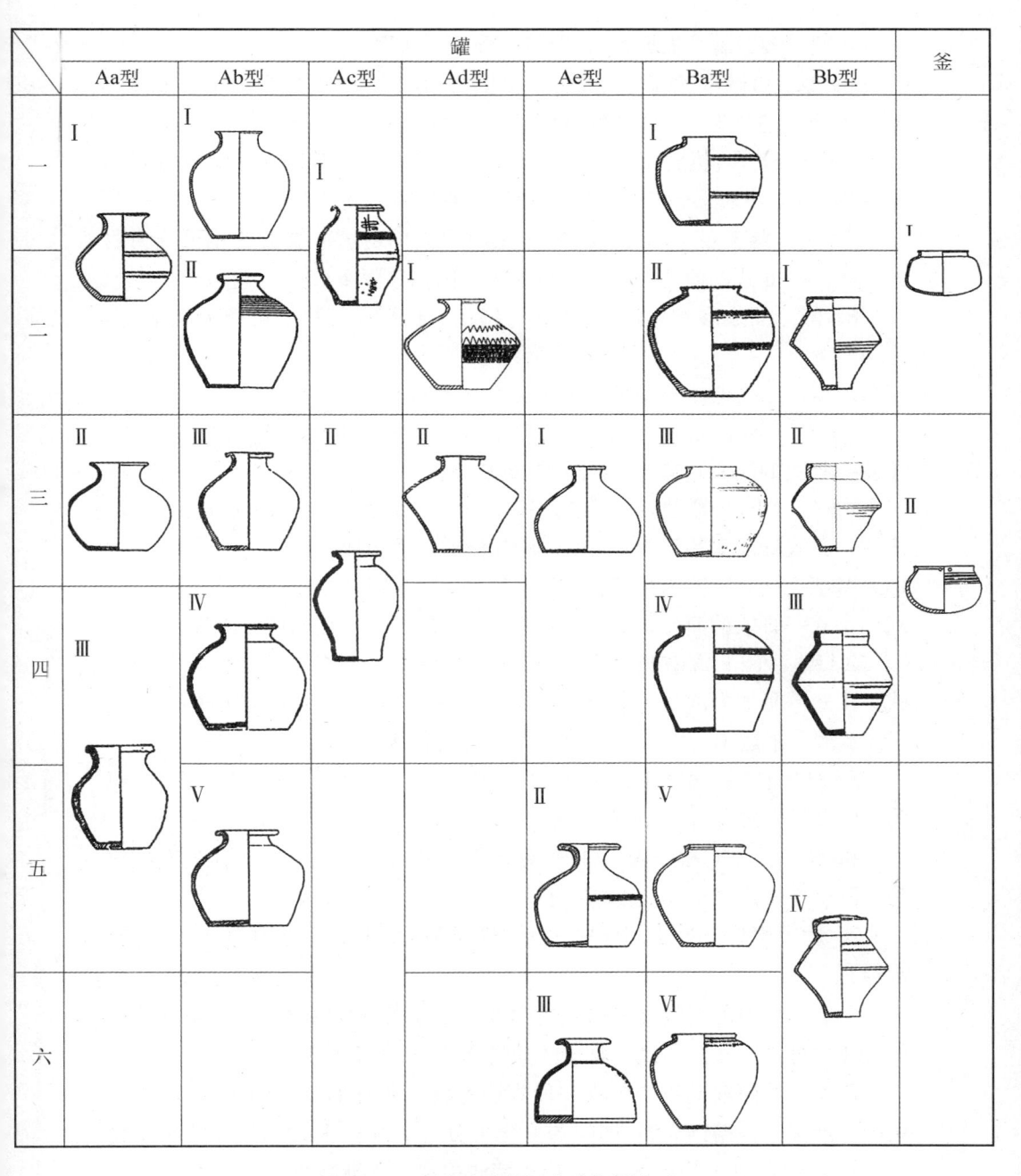

图 2-3 晋中南豫北汉墓分期图(二)

Aa 型罐：Ⅰ式(泗涧沟 M60∶3) Ⅱ式(火电厂 1995M13∶5) Ⅲ式(姚孝经 M1∶29) Ab 型罐：Ⅰ式(巩义 M2∶4) Ⅱ式(南关外 M5∶8) Ⅲ式(东城路 M6∶4) Ⅳ式(姚孝经 M1∶17) Ⅴ式(东北郊 C5M860∶6) Ac 型罐：Ⅰ式(东城路 M4∶7) Ⅱ式(浅头井 M1231∶66) Ad 型罐：Ⅰ式(北站 M3∶4) Ⅱ式(火电厂 97M4∶2) Ae 型罐：Ⅰ式(北站 M12∶1) Ⅱ式(纺织厂 M1∶22) Ⅲ式(李屯 M1∶13) Ba 型罐：Ⅰ式(泗涧沟 M60∶5) Ⅱ式(唐庄 M6∶7) Ⅲ式(叶岭砖厂 M11∶1) Ⅳ式(白庄 M41∶11-2) Ⅴ式(王门村 M1∶5) Ⅵ式(南昌路 M1151∶29) Bb 型罐：Ⅰ式(食品站 CIM35∶24) Ⅱ式(高新区 M646∶6) Ⅲ式(金谷园 IM337∶42) Ⅳ式(西南郊 M241∶1) 釜：Ⅰ式(九州城 M1∶1) Ⅱ式(北站 M7∶4)

B 型　矮领罐。根据口、腹形态可分为二亚型。

Ba 型　口微侈,鼓肩,斜弧腹。根据腹、底的变化可分为六式。Ⅰ式→Ⅵ式的演变趋势为:肩部渐鼓,腹渐深,底径减小。

Bb 型　直口,折肩,斜直腹。根据腹部的变化可分为四式。Ⅰ式→Ⅳ式的演变趋势为:下腹近底处的内收逐渐明显,且收束处逐渐上移。

5. 釜　器表多为素面。矮领、垂腹、圜底。根据领、腹的变化可分为两式。Ⅰ式→Ⅱ式的演变趋势为:领变矮,腹渐扁(图2-3)。

6. 囷　器表多有彩绘,有的施有铅釉。根据底部形态可分为两型(图2-4)。

A 型　三足囷。根据腹部形态又可分为四亚型。

Aa 型　小口,粗直腹,顶带弧顶小盖。根据腹部的变化可分为三式。Ⅰ式→Ⅲ式的演变趋势为:肩渐鼓,腹渐矮粗。

Ab 型　小口,瘦直腹,顶带弧顶小盖。根据腹的变化可以分为三式。Ⅰ式→Ⅲ式的演变趋势为:腹壁由圆弧渐成斜直内收。

Ac 型　小口,浅斜腹,顶带弧顶小盖。根据腹及三足的变化可分为三式。Ⅰ式→Ⅲ式的演变趋势为:肩渐鼓,底径减小,三足向底心聚拢。

Ad 型　小口,深斜腹,顶带弧顶小盖。根据腹及三足的变化可分为三式。Ⅰ式→Ⅲ式的演变趋势为:腹渐瘦长,底径减小,三足向底心聚拢。

B 型　平底囷。根据腹壁形态可分为二亚型。

Ba 型　直壁。根据腹、底的变化可分为五式。Ⅰ式→Ⅴ式的演变趋势为:折肩渐成鼓肩,腹壁渐内收,底径减小。

Bb 型　弧壁。根据腹、底的变化可分为两式。Ⅰ式→Ⅱ式的演变趋势为:腹渐瘦长,口径增大,底径减小。

7. 灶　均为方头灶,根据挡火墙、烟囱等细部形态可将其分为两型(图2-4)。

A 型　灶面前端竖立一堵底边宽度等于灶面宽度的挡火墙。根据灶体的变化可分为三式。Ⅰ式→Ⅲ式的演变趋势为:灶体渐矮、宽。

B 型　灶面前端正中竖立一段底边宽度小于灶面宽度的挡火墙,后端正中立烟囱。根据挡火墙、烟囱的变化可分为五式。Ⅰ式→Ⅴ式的演变趋势为:挡火墙、烟囱均逐渐变矮,挡火墙底边宽度逐渐减小。

8. 井　陶井形态多样,制作精细,多带有井架等附属部件。根据腹部形态可分为五型(图2-5)。

A 型　口大底小深筒形腹。根据腹部的变化可分为两式。Ⅰ式→Ⅱ式的演变趋势为:口径增大,底径减小,腹壁内收幅度加大。

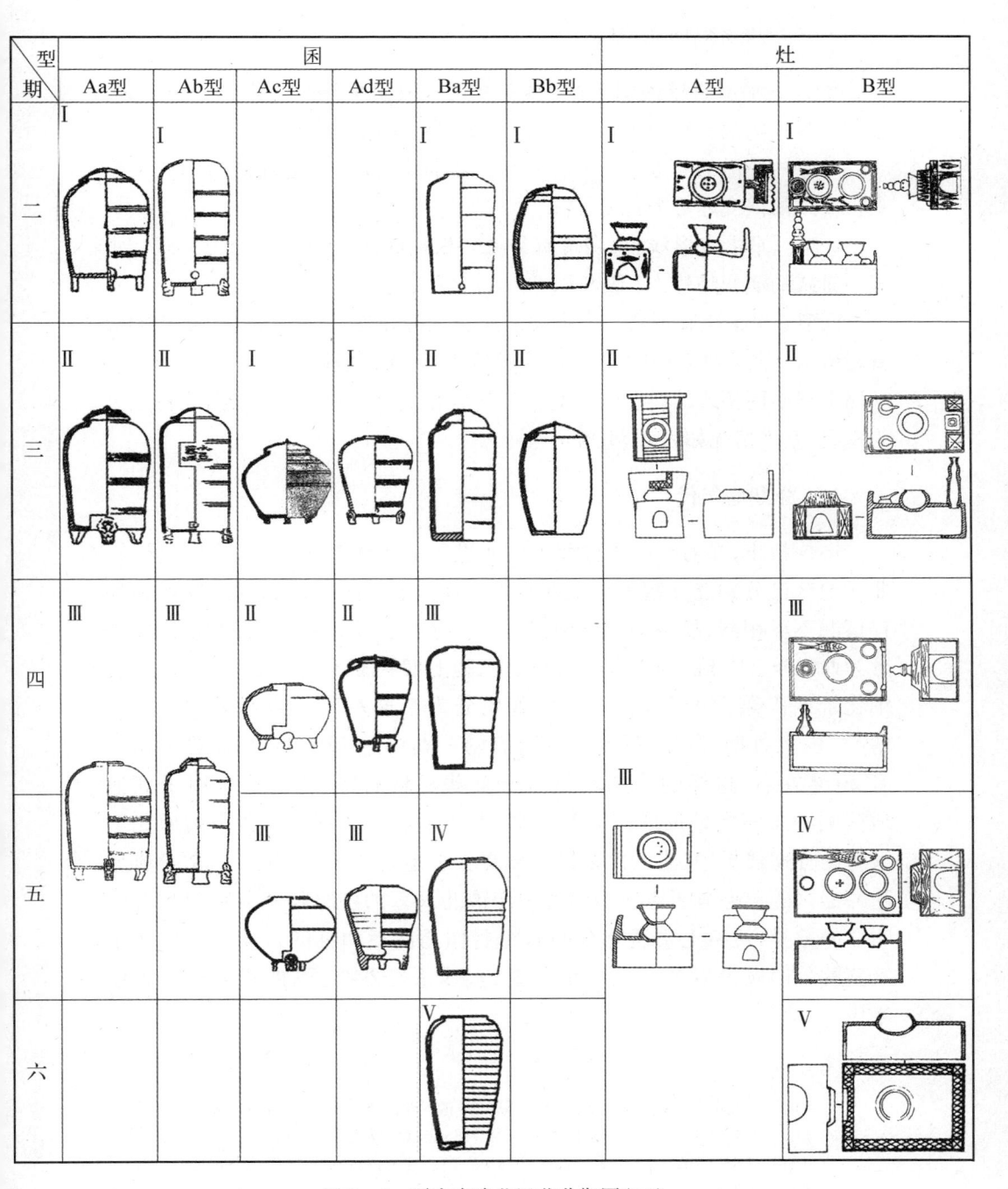

图 2-4 晋中南豫北汉墓分期图(三)

Aa 型囷：Ⅰ式(铁路饭店 M1∶11) Ⅱ式(泗涧沟 M29∶23) Ⅲ式(吉利 M445∶19) Ab 型囷：Ⅰ式(金谷 M1254∶23) Ⅱ式(春都 M2354∶16) Ⅲ式(洛西南 M241∶19) Ac 型囷：Ⅰ式(五里岗墓) Ⅱ式(桐花沟 M10∶7) Ⅲ式(赵庄 M1∶34) Ad 型囷：Ⅰ式(梯家口 M46∶18) Ⅱ式(新火电 97M11∶3) Ⅲ式(郭家湾 M47∶42) Ba 型囷：Ⅰ式(金谷 M1254∶23) Ⅱ式(张就 M1835∶33) Ⅲ式(苗南 M528∶27) Ⅳ式(洛东北 C5M860∶36) Ⅴ式(孟津 M38∶2) Bb 型囷：Ⅰ式(唐庄 M6∶10) Ⅱ式(唐庄 M5∶9) A 型灶：Ⅰ式(东城路 M3∶4) Ⅱ式(南仓 M1∶9) Ⅲ式(郑机油 M1∶10) B 型灶：Ⅰ式(万宝苑 M6∶8) Ⅱ式(泗涧沟 M29∶4) Ⅲ式(孟津 M8∶17) Ⅳ式(吉利 CIM445∶38) Ⅴ式(孟津 M38∶16)

B 型　平沿直壁浅筒形腹,带有井架。根据腹部的变化可分为三式。Ⅰ式→Ⅲ式的演变趋势为:口径减小,腹部纵剖面由梯形渐成方形。

　　C 型　平沿筒形折腹,带有井架。根据腹部的变化可分为两式。Ⅰ式→Ⅱ式的演变趋势为:腹渐扁。

　　D 型　平沿方形浅腹,多带有井架。根据腹部的变化可分为三式。Ⅰ式→Ⅲ式的演变趋势为:腹渐深。

　　E 型　平沿束腰形腹。根据腹部的变化可分为三式。Ⅰ式→Ⅲ式的演变趋势为:腹部收束幅度加大,收束位置上移,腹渐瘦高。

　　上述不同型式的典型陶器间多有比较稳定的共存关系,可据此将其分为六组,基本情况如表 2-1 所示。

二、分期与年代

　　迄今为止,在对晋中南豫北汉墓所进行的年代学研究中,洛阳、侯马、曲沃地区已分别建立起了分期序列①。但由于上述三地汉墓的发现和保存情况不尽相同,故各墓地分期在尺度上存在着较大差异:洛阳地区汉墓分为西汉早、中、晚、新莽和东汉早、中、晚七期②;侯马、曲沃地区则进一步细化了西汉墓葬的分期,如乔村墓地分为三期八段③,曲村墓地分为四期④。以上各期、段年代跨度悬殊,有的一期可达 120 年,而有的一期仅有 20 年左右,这样的分期均是基于墓葬材料的特性而得,应用于其他地区则很难真实地反映出墓葬的阶段性特征⑤。因此,在晋中南豫北区汉墓的分期成果中,洛阳汉墓的分期更具普遍适用性。同时,上文对典型随葬器物的形态分析也显示出晋中南豫北汉墓的各组随葬器物间均有较明显的差异,可将上文所划分的六组看作是前后相继的六期。参考洛阳汉墓的分期成果以及各期伴出的铜镜、钱币等器物,可推断各期的大致年代。

---

① 中国科学院考古研究所:《洛阳烧沟汉墓》;中国科学院考古研究所洛阳发掘队:《洛阳西郊汉墓发掘报告》,《考古学报》1963 年第 2 期;北京大学考古系商周组等:《天马—曲村(1980~1989)》第三册,科学出版社,2000 年;山西省考古研究所:《侯马乔村墓地(1959~1996)》上册。
② 高炜:《洛阳汉墓的发掘和编年》,《新中国的考古发现和研究》。
③ 北京大学考古系商周组等:《天马—曲村(1980~1989)》第三册。
④ 山西省考古研究所:《侯马乔村墓地(1959~1996)》上册。
⑤ 有的地区年代跨度过大的期可能会弱化某些可能存在的阶段性差异,而年代跨度过细的期可能又会因大量器物新旧形态的交替、并存不可避免地出现墓葬真实埋葬年代与其划定期别不一致的现象。

表 2-1　典型随葬陶器分组情况

类别	型	一	二	三	四	五	六
鼎	A型	Ⅰ	Ⅱ	Ⅲ	Ⅲ		
鼎	B型	Ⅰ	Ⅱ	Ⅲ	Ⅳ		
鼎	C型	Ⅰ	Ⅱ	Ⅲ	Ⅳ		
盒	A型	Ⅰ	Ⅱ	Ⅲ	Ⅲ		
盒	B型			Ⅰ	Ⅱ		
壶	A型	Ⅰ	Ⅱ	Ⅲ	Ⅲ	Ⅳ	Ⅴ
壶	Ba型		Ⅰ	Ⅱ	Ⅲ	Ⅳ	Ⅴ
壶	Bb型	Ⅰ	Ⅱ	Ⅲ	Ⅳ	Ⅴ	Ⅴ
壶	C型	Ⅰ	Ⅱ	Ⅲ	Ⅳ	Ⅳ	
罐	Aa型	Ⅰ	Ⅰ	Ⅱ	Ⅲ	Ⅲ	
罐	Ab型	Ⅰ	Ⅰ	Ⅱ	Ⅳ	Ⅴ	
罐	Ac型	Ⅰ	Ⅰ	Ⅱ	Ⅱ		
罐	Ad型		Ⅱ				
罐	Ae型				Ⅰ	Ⅱ	Ⅲ
罐	Ba型	Ⅰ	Ⅱ	Ⅲ	Ⅳ	Ⅴ	Ⅵ
罐	Bb型			Ⅲ	Ⅲ	Ⅳ	Ⅳ
釜		Ⅰ	Ⅰ	Ⅱ	Ⅱ		
囷	Aa型	Ⅰ	Ⅰ	Ⅱ	Ⅲ	Ⅲ	
囷	Ab型	Ⅰ	Ⅰ	Ⅱ	Ⅲ	Ⅲ	
囷	Ac型		Ⅰ	Ⅱ	Ⅲ		
囷	Ad型		Ⅰ	Ⅱ	Ⅲ		
囷	Ba型	Ⅰ	Ⅱ	Ⅲ	Ⅳ	Ⅴ	
囷	Bb型	Ⅰ	Ⅱ				
灶	A型		Ⅰ	Ⅱ	Ⅲ	Ⅲ	Ⅲ
灶	B型		Ⅰ	Ⅱ	Ⅲ	Ⅳ	Ⅴ
井	A型			Ⅰ	Ⅱ		
井	B型			Ⅰ	Ⅱ	Ⅲ	
井	C型			Ⅰ	Ⅱ	Ⅱ	
井	D型			Ⅰ	Ⅱ	Ⅲ	
井	E型				Ⅰ	Ⅱ	Ⅲ

第一期 西汉早期,大致相当于汉初至武帝元狩五年之前的阶段。

相当于洛阳汉墓的第一期,包括乔村墓地第四、五期,曲村墓地第三期4、5段。随葬陶器大多为泥质陶,常见组合有以下三组:陶礼器(鼎、盒、壶)+生活明器(钫、茧形壶、甗①)+日用陶器(罐、釜)+模型明器(仓、灶);陶礼器+生活明器+日用陶器;仅有日用陶器。以上各类陶器中,生活明器类型简单,模型明器数量少,仅出现在个别墓葬中。陶礼器和日用陶器则数量众多、形态丰富。

该期还伴出有铜、铁及漆器等其他质地的器物。铜器有鼎、壶、钫、蒜头壶、钜镂、扁壶、釜甑、鍪、盆等容器,以及一些车马明器、带钩、装饰构件等小型器物。铁器主要是削、铲一类。共出钱币均为半两(图2-5,4)②。铜镜数量较少,常见山字纹镜、蟠螭纹镜等(图2-5,1~3)③。

第二期 西汉中期,武帝元狩五年至宣帝末年。

相当于洛阳汉墓的第二期,包括烧沟汉墓第一、二期、曲村墓地第三期6、7段及第四期、乔村墓地第六期。随葬陶器组合除西汉早期常见的三种形式外,开始流行囷、灶、井、猪圈、磨等模型明器,出现了日用陶器+模型明器的组合形式。此外,部分墓葬中出现了铅釉陶。器物类型也有所丰富,新出现了筒形樽、耳杯、方炉、熏炉、灯、鼎形圆炉、奁、鸮形器④等。陶囷在这一期发展迅速,成为随葬品组合中最重要的器物,同一组合中囷的数量少则三四个,多则20余个。

该期共出的铜容器种类有所丰富,有镰、铃、灯、碗、釜、盆等。铁器仍以刀一类的工具为主。共出的钱币均为五铢,钱文风格近似烧沟汉墓Ⅰ型五铢,有的"五"字交笔略直,如太原尖草坪M1所出五铢(图2-5,8)⑤,有的"五"字交笔稍曲,如洛阳火车站M1779所出Ⅰ式五铢(图2-5,9)⑥。常见的铜镜有草叶纹镜、星云纹镜、昭明镜、日光镜等(图2-5,5~7)⑦。

---

① 甗是蒸饭的器具,先秦多为上甑下鬲。秦汉时,常见上甑下釜的组合,釜常有敛口圜底或敛口三足、折肩出檐两种形态。本文将前者称为釜甑,后者称甗,以示区别。
② 郑州市文物考古研究所、巩义市文物保护管理所:《河南巩义西汉墓》,《文物》2004年第11期。
③ 三门峡市文物工作队:《河南三门峡市火电厂西汉墓》,《考古》1996年第6期;北京大学考古系商周组、山西省考古研究所:《天马—曲村(1980~1989)》第三册。
④ 此类器形为收翅伫立状猫头鹰。对半模制成型,中空,下端敞开,上端有小孔。部分器表彩绘羽毛,个别施铅釉,面部眼、耳、喙分明。应为专为丧葬而设的明器。
⑤ 山西省博物馆:《太原市尖草坪汉墓》,《考古》1985年第6期。
⑥ 洛阳市第二文物工作队:《洛阳火车站西汉墓(IM1779)发掘简报》,《文物》2004年第9期。
⑦ 中国科学院考古研究所:《洛阳烧沟汉墓》。

第三期 西汉晚期,元帝至新莽时期。

相当于洛阳汉墓的第三、四期,包括烧沟汉墓第三期、乔村墓地第七期、曲村墓地第五期。第三期是各期中年代跨度最长的一期,墓葬数量众多,随葬品类型丰富。尤以生活明器、模型明器发展迅速,出现了案、魁、鼎形圆炉、方盒等诸多新器类。模型明器则形成了囷、灶、井的稳定组合形式,囷、井、灶的器形更加丰富。此外,铅釉陶的数量明显增加,个别墓葬中还出现了钙釉陶壶、瓿。

该期共出的铁器种类、数量均有所增加,除工具外,还出现了鍪、釜、炉、釜甑等容器。共出钱币除五铢钱外,还有大量新莽时期铸行的货泉、大泉五十、契刀等(图2-5,13、14)①。五铢的钱文风格近似烧沟汉墓所出Ⅱ型五铢,五字交笔略曲,如洛阳春都IM2354：9(图2-5,12)②。铜镜除上一期常见的昭明镜外,出现了多乳规矩纹镜、变形四螭纹镜等新镜型(图2-5,10、11)③。

第四期 东汉早期,建武十六年至章帝时期。

相当于洛阳汉墓的第五期,包括烧沟汉墓第四期。陶器组合发生了很大变化,陶礼器衰落,鼎、盒骤减,组合中或有鼎无盒,或有盒无鼎,完整的组合形式已十分罕见。日用陶器的器形亦有所简化。而生活明器、模型明器及各类家禽家畜俑则发展迅速,类型不断丰富。

该期共出的铜器中礼器、生活明器已基本不见,偶见盆、釜一类容器,多为装饰构件、车马明器等。铁器多为刀、削类工具,偶有釜、炉等。共出的钱币以五铢钱为主,仍有少量莽钱。五铢的钱文风格近似烧沟Ⅲ型五铢,朱字头圆折,五字交笔较宽,如偃师姚孝经M1：42(图2-5,17)④。铜镜以各种搭配的规矩纹镜为主,典型如洛阳西南郊东汉墓所出(图2-5,16)⑤。同时仍有昭明镜、变形四螭纹镜,并出现了连弧云雷纹镜(图2-5,15)⑥。

---

① 洛阳博物馆：《洛阳金谷园新莽时期壁画墓》,《文物资料丛刊》第9辑,第163~173页;河南省文物研究所：《新郑山水寨汉墓发掘简报》,《中原文物》1987年第1期。
② 洛阳市第二文物工作队：《洛阳春都花园小区西汉墓(IM2354)发掘简报》,《文物》2006年第11期。
③ 洛阳博物馆：《洛阳金谷园新莽时期壁画墓》,《文物资料丛刊》第9辑,第163~173页;河南省文物研究所：《新郑山水寨汉墓发掘简报》,《中原文物》1987年第1期。
④ 偃师商城博物馆：《河南偃师东汉姚孝经墓》,《考古》1992年第3期。
⑤ 洛阳市第二文物工作队：《洛阳西郊东汉墓发掘简报》,《中原文物》1995年第4期。
⑥ 中国科学院考古研究所洛阳发掘队：《洛阳西郊汉墓发掘报告》,《考古学报》1963年第2期;洛阳市第二文物工作队：《洛阳市西南郊东汉墓发掘简报》,《中原文物》1995年第4期。

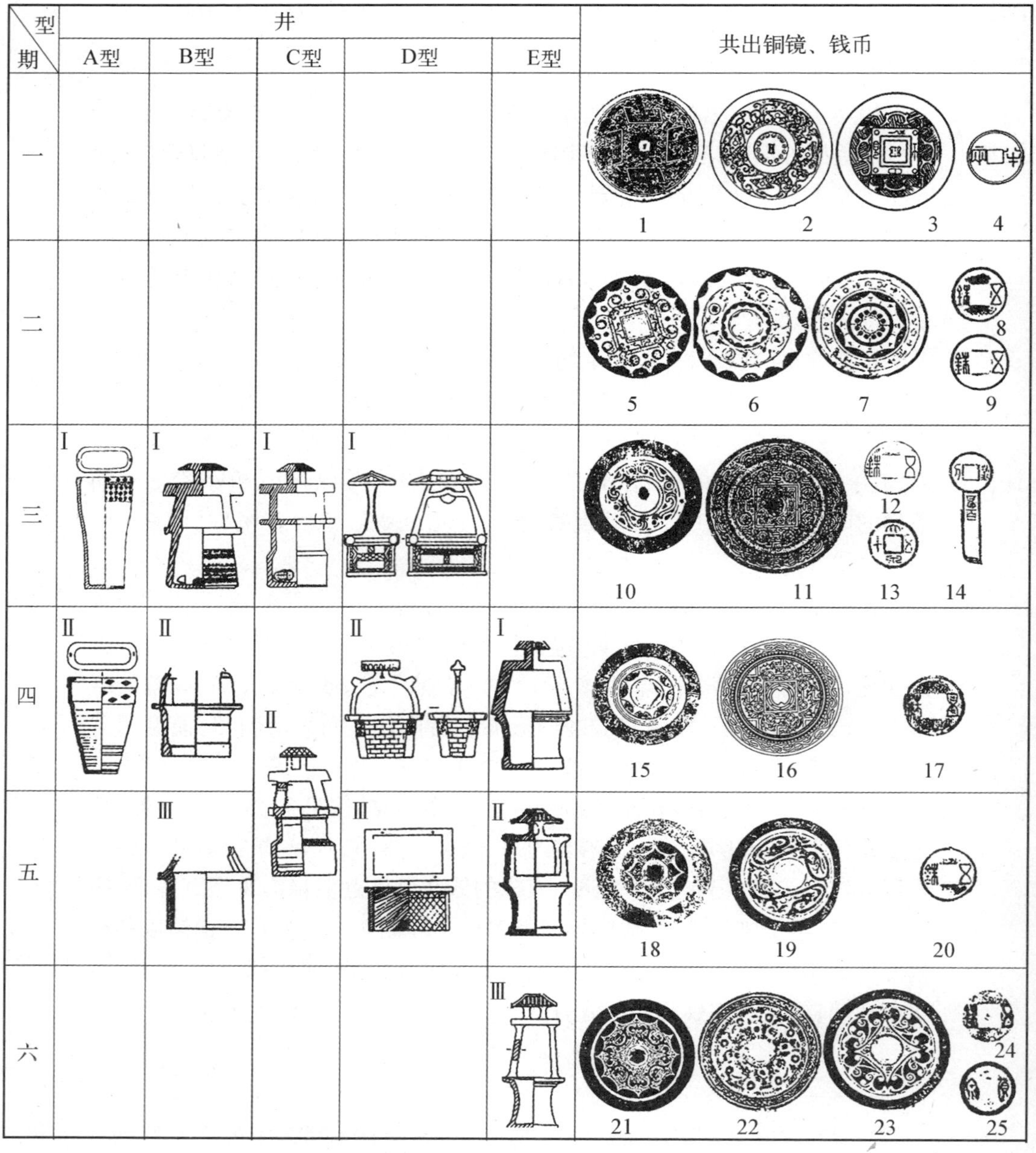

型\期	井					共出铜镜、钱币
	A型	B型	C型	D型	E型	
一						1　2　3　4
二						5　6　7　8　9
三	Ⅰ	Ⅰ	Ⅰ	Ⅰ	Ⅰ	10　11　12　13　14
四	Ⅱ	Ⅱ	Ⅱ	Ⅱ	Ⅰ	15　16　17
五	Ⅲ	Ⅲ		Ⅲ	Ⅱ	18　19　20
六					Ⅲ	21　22　23　24　25

图 2-5　晋中南豫北汉墓分期图（四）

A型井：Ⅰ式（春都 M2354：48）Ⅱ式（洛北郊 M689：60）　B型井：Ⅰ式（梯家口 M49：20）Ⅱ式（新火电 97M11：9）Ⅲ式（郑纺机 M1：2）　C型井：Ⅰ式（梯家口 M46：25）Ⅱ式（郭家湾 M47：35）　D型井：Ⅰ式（五女冢 M261：27）Ⅱ式（苗南 M528：52）Ⅲ式（洛东北郊 M860：14）　E型井：Ⅰ式（白庄 M41：21）Ⅱ式（姚孝经 M1：15）Ⅲ式（郭家湾 M40：15）

1. 山字纹镜（三火电墓）2. 蟠螭纹镜（曲村 M6424：3）3. 蟠螭纹镜（曲村 M6508：3）4. 半两钱（巩义 M4：18）5. 草叶纹镜（烧沟 M171：1）6. 星云纹镜（烧沟 173：5）7. 昭明镜（烧沟 M136A：47）8. 五铢钱（济源蓼坞 M1）9. 五铢钱（洛火车站 M1779）10. 四乳四螭镜（山水寨墓）11. 多乳规矩纹镜（金谷园墓）12. 五铢钱（春都 M2354：9）13. 大泉五十（金谷园墓）14. 契刀（金谷园墓）15. 连弧云雷纹镜（洛西郊 M9012：3）16. 规矩四神镜（洛西南 M241：64）17. 五铢钱（姚孝经 M1：42）18. 长宜子孙镜（梯家口 M39：3）19. 夔凤纹镜（烧沟 M146：33）20. 五铢钱（王门村 M1：27-3）21. 位至三公镜（巩新华 M1：50）22. 人物画像镜（烧沟 M160：11）23. 变形四叶纹镜（烧沟 M147：7）24. 剪轮五铢（沙碧墓）25. 货泉（沙碧墓）

第五期　东汉中期,和帝至质帝时期。

相当于洛阳汉墓的第六期,包括烧沟汉墓第五期、乔村墓地第八期、曲村墓地第六期12段。随葬陶器基本沿袭了第四期的特征,只各型陶壶圈足明显增高。家禽家畜俑更为流行,生活明器的类型亦有所丰富,出现了盆形樽等新器类。

该期共出的铜、铁器仍以小件器物、工具为主。共出钱币均为五铢,钱文风格亦与烧沟Ⅲ型五铢近似,只是铸造得更为精细,书法隽秀(图2-5,20)[①]。铜镜除规矩纹镜外,出现了长宜子孙镜、夔凤纹镜等新镜型(图2-5,18、19)[②]。

第六期　东汉晚期,桓帝至东汉末期。

相当于洛阳汉墓的第七期,包括烧沟汉墓第六期、乔村墓地第九期、曲村墓地第六期13段。陶礼器彻底消失,其余各类器物的器形也出现了不同程度的简化,日用陶器中Aa、Ab两型罐消失,模型明器中囷的数量明显减少,井、灶形态简化。

该期共出的铜、铁器的类型与第五期近似。共出钱币的钱文风格近似烧沟Ⅳ、Ⅴ型五铢,大多铸造粗劣、轻薄。除五铢外还有部分制造粗疏的莽钱、铁钱、铅、锡冥币、剪轮、磨廓钱等(图2-5,24、25)[③]。铜镜中出现了位至三公镜、人物画像镜、变形四叶纹镜等(图2-5,21~23)[④],个别墓葬随葬品中还出有铁镜。

第二节　墓葬文化因素属性分析

一、墓葬形制分析

晋中南豫北区汉墓中90%以上为洞室墓(室B型墓),其流行时间从西汉早期一直延续至东汉晚期。除洞室墓外,西汉墓葬中还有部分竖穴土坑墓(椁Aa型墓),西汉晚期之后出现了带横向墓道的竖穴室墓(室A型墓)。竖穴室墓的构筑方式与洞室墓和竖穴土坑墓截然不同,能够多次开启的墓门实现了墓内空间与外界的联通,是汉代葬制变革的重要内容。

[①] 新乡市文物工作队、新乡市博物馆:《河南新乡市王门村汉墓》,《考古》2003年第4期。
[②] 安阳市文物工作队:《安阳梯家口村汉墓的发掘》,《华夏考古》1993年第1期;中国科学院考古研究所:《洛阳烧沟汉墓》。
[③] 郑州市博物馆:《河南郑州市碧沙岗公园东汉墓》,《考古》1966年第5期。
[④] 郑州市文物考古研究所、巩义市文物保护管理所:《河南巩义市新华小区汉墓发掘简报》,《华夏考古》2001年第4期;中国科学院考古研究所:《洛阳烧沟汉墓》。

有学者认为晋中南豫北区出现的洞室墓是受到了秦文化的影响①。也有学者认为洞室墓是战国中晚期在关中和关东两地同时出现的②,如此则应视之为晋中南豫北区的本土文化因素。从已有考古资料看,晋西南的侯马乔村墓地战国中期墓葬中约三分之一为洞室墓,战国晚期洞室墓的比例上升到50%,西汉早期洞室墓成为唯一的墓葬形制③。侯马属魏之河东地,战国晚期秦据此地,也就是说在秦人到达以前,这里已出现了洞室墓,因此很难说这种形制的墓葬是受到了秦文化的影响。乔村墓地中洞室墓出现之早,发展之迅速更像是其自身发展的结果。从这个意义上,本文将晋中南豫北区汉代洞室墓的流行视为对当地文化传统的继承。

竖穴土坑墓是黄河中下游地区春秋至战国早中期墓葬中广为流行的形制,如洛阳中州路墓地,92座战国中小型墓葬中有88座为竖穴土坑墓,其中绝大部分的年代在战国早中期④;侯马乔村墓地中的战国早期墓葬均为竖穴土坑墓,战国中期墓葬中约三分之二为竖穴土坑墓⑤。但战国晚期洞室墓广泛流行后,该地区的竖穴土坑墓日渐衰落,至西汉时仅有约6.1%的墓葬采用竖穴土坑墓的形制。由此可见,竖穴土坑墓亦是当地战国传统的墓葬形制,只是至汉代这种传统已呈衰落之势。

竖穴室墓在各类形制的墓葬中出现最晚,但分布地域最广,从统治中心的关中地区到长江下游的吴越之地、长城以北的塞外边郡都曾出现过这种形制的墓葬,尽管砖室墓在各地出现的时间早晚有别,但最终都成为了各地唯一的墓葬形制,可将其称为汉墓共性因素。晋中南豫北区洞室墓发达,竖穴室墓在西汉中期出现之后一直未流行开来,直到东汉中晚期才发展成为主流墓葬形制。不过西汉中期之后洞室墓在墓室布局、结构等方面逐渐与竖穴室墓趋同。洞室顶部增高,出现了拱券顶、人字形顶、穹窿顶等结构。并且在墓室侧面出现了模造或可开启的门扉,使得洞穴内的匣形椁逐渐转变为屋形墓室。甚至有的洞室墓的墓道也由纵向竖井式转变为横向斜坡式。如洛阳南昌路92CM1151与襄城茨沟汉墓,虽前者为洞室墓后者为砖室墓,但两者在墓道形制、墓室结构布局等方面都极为近似,所不同的仅是前者墓室建在洞穴中,而后者墓室建在竖穴土圹中⑥。有研究认为,西汉时

---

① 叶小燕:《秦墓初探》,《考古》1982年第1期。
② 滕铭予:《论关中秦墓中洞室墓的年代》,《华夏考古》1993年第2期。
③ 山西省考古研究所:《侯马乔村墓地(1959~1996)》,第510页。
④ 中国科学院考古研究所:《洛阳中州路(西工段)》,第156~163页。
⑤ 山西省考古研究所:《侯马乔村墓地(1959~1996)》,第990~1111页。
⑥ 洛阳市第二文物工作队:《洛阳市南昌路东汉墓发掘简报》,《中原文物》1995年第4期;河南省文化局文物工作队:《河南襄城茨沟汉画象石墓》,《考古学报》1964年第1期。

期中国古代墓制完成了由密闭型椁墓转变为开通型室墓的变革,竖穴室墓即是这一变革的产物①,从这个意义上说墓葬向开通型的转变也可视作汉墓的时代共性特征。晋中南豫北区虽然长期流行洞室墓,但从墓葬结构和功能的变化看,西汉中期洞室墓中屋形墓室的形成和迅速普及已标志着墓制变革的完成,而墓室开凿在洞穴中还是砌筑在竖穴中很可能只是不同自然条件中因地制宜的结果。

二、随葬器物

晋中南豫北区汉墓随葬器物种类繁多、常以组合的形式出现。陶礼器常以鼎、盒、壶为组合,这套随葬品广泛分布于汉代疆域内,是汉代墓葬的共性特征,组合中的各类器物均具有丰富的器形,其中有些形态的陶礼器在各地的汉墓中均能见到,如 C 型鼎、A 型盒和 A、Ba 两型壶,其形态往往与西汉时期的同类铜礼器相近(图 2-6),它们分布地域广泛,可称为汉墓共性因素。除此之外,大量形态各异的陶礼器往往显示出了各地地域文化的差异,如晋中南豫北区常见的 A、B 型鼎、B 型盒、Bb、C 型壶即少见于其他地区(图 2-7,1~5),应是当地文化自身发展的结果,可归入本土文化因素。

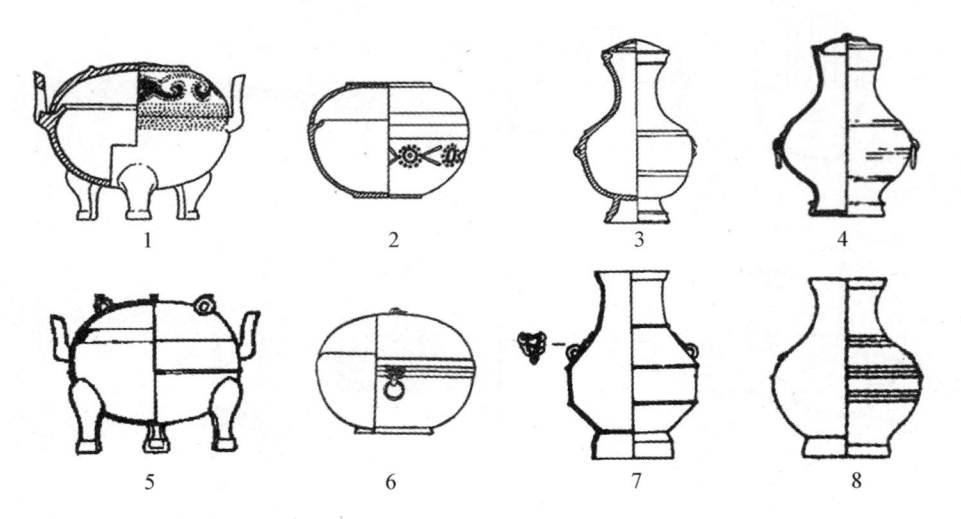

图 2-6 汉墓共性因素比较

1. C 型鼎(泗涧沟 M60∶1) 2. A 型盒(桐花沟 M63∶7) 3. A 型壶(金谷园墓) 4. Ba 型壶(泗涧沟 M4∶1) 5. 铜鼎(三火电 M25∶7) 6. 铜盒(长沙 M327∶13) 7. 铜壶(三火电 CM08179∶7) 8. 铜壶(天长三角圩 M1∶214)

---

① 黄晓芬:《汉墓的考古学研究》,第 157 页。

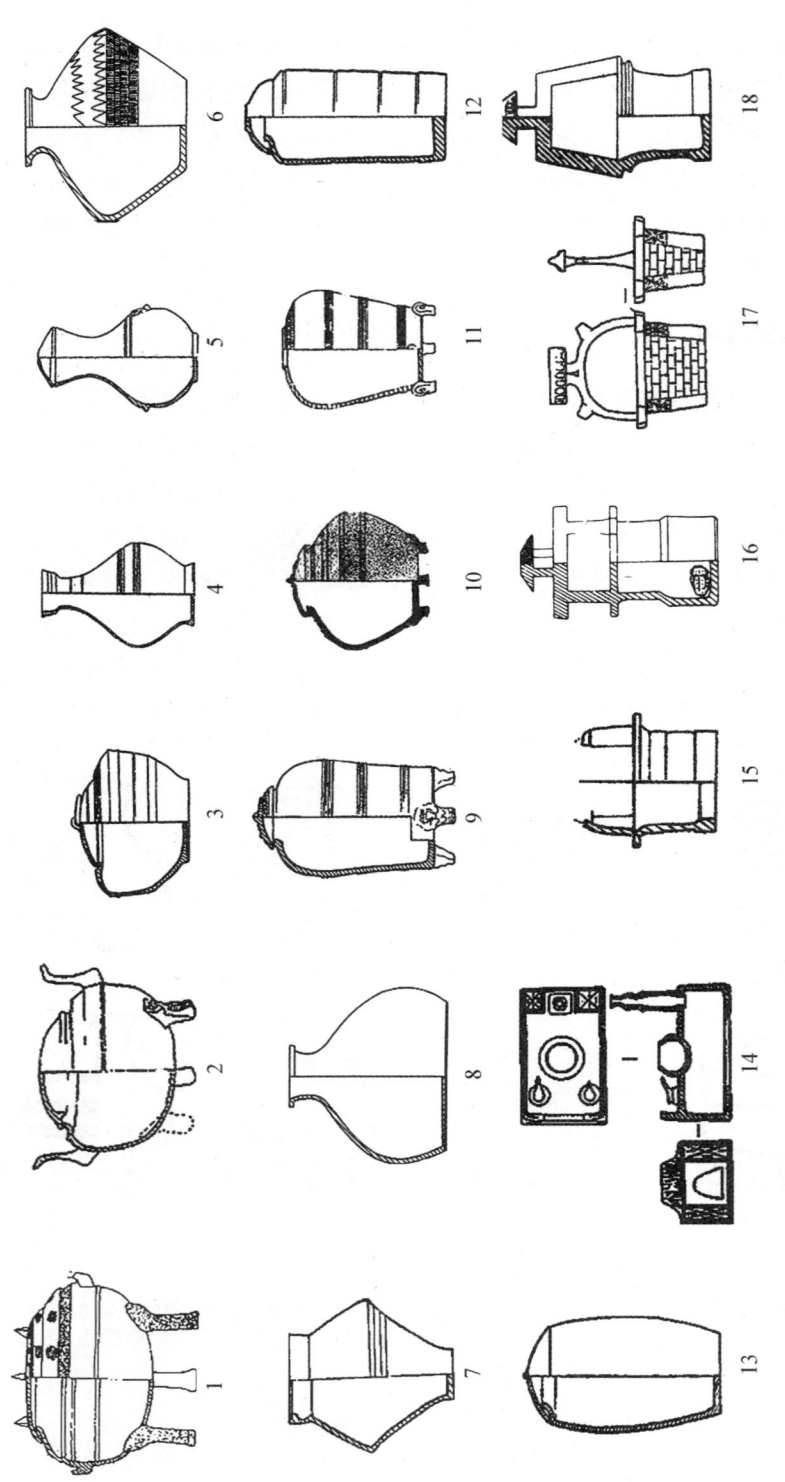

图 2－7 本土新生因素举例

1. A 型鼎(蓼坞 M1：2) 2. B 型鼎(万宝苑 M6：3) 3. B 型盒(洛西郊 M241：29) 4. Bb 型壶(南关外 M5：10) 5. C 型壶(周山路 M1776：4) 6. Ad 型罐(北站 M12：1) 7. Bb 型罐(北站 M3：4) 8. Ae 型罐(洛食 GJM35：24) 9. Aa 型囷(泗涧沟 M29：23) 10. Ac 型囷(五里岗塞) 11. Ad 型囷(梯家口 M46：18) 12. Ba 型囷(金谷 M1254：23) 13. Bb 型囷(苗庄 M6：10) 14. B 型灶(泗涧沟 M29：4) 15. B 型井(新火电 1997M11：9) 16. C 型井(梯家口 M46：25) 17. D 型井(苗南 M528：52) 18. E 型井(白庄 M41：21)

陶罐是日用陶器中数量最多、形态最丰富的器物,在所划分的七型陶罐中,Aa、Ab、Ac、Ba 四型罐在晋中南豫北区战国墓葬中已有发现,如侯马乔村 M483∶5、洛阳道北 M293∶10、洛阳道北 M293∶9、侯马乔村 M4310∶2①(图 2-8,5~8),其形态特征均与汉墓中的发现近似(图 2-8,1~4)。可见这四型陶罐应是当地传统文化因素在汉代的延续。还有如 Ad、Ae、Bb 三型陶罐则是西汉中期之后才出现并流行的新器形。Ad、Bb 两型罐少见于晋中南豫北以外的其他地区(图 2-7,6、7),应是本土文化发展的产物。Ae 型罐虽可见于东汉中晚期华北地区的汉墓随葬品中,但它在晋中南豫北区的西汉晚期墓葬中已出现,远早于其他地区,因此也应属于本土文化的产物(图 2-7,8)。此外,个别墓葬中还随葬有双系罐,其数量少、形态演变也存在明显的缺环,应是受外来文化影响而产生的器物。这种罐型在江东地区十分常见,如江苏邗江甘泉 M1 随葬的双系罐就与巩义叶岭砖厂 M9∶9 形态特征极为近似②(图 2-9,3、7),故可将其称为江东文化因素。

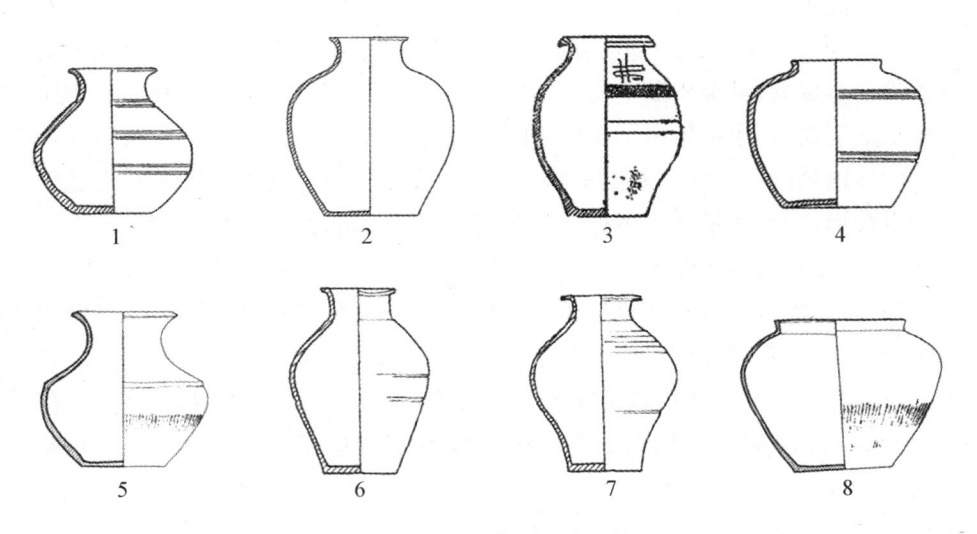

图 2-8 本土传统因素比较
1. Aa 型罐(泗涧沟 M60∶3) 2. Ab 型罐(巩义 M2∶4) 3. Ac 型罐(东城路 M4∶7) 4. Ba 型罐(泗涧沟 M60∶5) 5. Aa 型罐(乔村 M483∶5) 6. Ab 型罐(道北 M293∶10) 7. Ac 型罐(道北 M293∶9) 8. Ba 型罐(乔村 M4310∶2)

---

① 山西省考古研究所:《侯马乔村墓地(1959~1996)》,第 609、623 页;洛阳市第二文物工作队:《洛阳道北战国墓》,《洛阳考古集成补编》,北京图书馆出版社,2007 年,第 238 页。
② 南京博物馆:《江苏邗江甘泉东汉墓清理简况》,《文物资料丛刊》第 4 辑,第 116~119 页;郑州市文物考古研究所等:《河南巩义市康店叶岭砖厂汉墓发掘简报》,《华夏考古》2005 年第 3 期。

随葬的日用器中除形态丰富的陶罐外,还有一定数量的陶釜和铜/铁鍪。陶釜形态相近,皆口部微敞、腹部垂鼓。釜原本是战国时期关中地区秦墓中的典型随葬器物,伴随着秦的扩张进入关东地区①。洛阳和侯马的战国晚期墓葬中都出现了同时期秦墓中常见的敞口垂腹陶釜,如侯马乔村M435:8的形态特征就与兰田泄湖M14:4极为近似②(图2-9,1、5),因此这种敞口垂腹的陶釜可称为秦文化因素。鍪原是巴蜀东周墓葬中的典型器物,战国晚期伴随着秦对巴蜀的军事征服,逐渐融入秦文化,以致成为战国晚期至汉初各地秦墓的标识器物③(图2-9,6)。晋中南豫北区在战国晚期出现了这种小口、有颈、圜底、单耳或双耳的铜鍪,如陕县M3410:5④(图2-9,2),它的出现应与秦的占领有关,而并非直接源自巴蜀,从这个意义上说,鍪也应属于秦文化因素。

晋中南豫北区的模型明器种类丰富,常见组合为囷、灶、井。这一组合是西汉中期之后各地汉墓中广为流行的随葬品,也可视为汉墓的共性特征之一。由于秦墓中仓的出现可早至春秋晚期,灶的出现也不晚于秦代,故有研究认为汉墓中随葬模型明器是继承自秦文化⑤。进入汉代之后,模型明器进一步发展,种类不断丰富,尤其到了东汉时期逐渐形成了一套象征庄园生活的明器群,也折射出了汉代庄园经济的迅速发展,是汉文化极具时代特性的新内容⑥。但因各地自然环境、生活方式的差异,模型明器在器物造型和组合形式上,又呈现出多样化的特点。晋中南豫北地区的模型明器中以陶囷最具特色,它在随葬品组合中的数量最多,往往少则三四件,多则20余件,并且其数量一般与墓葬规模成正比。出土时有的囷内有炭化的谷物颗粒,有的则在腹部直接墨书或朱书"粟万石"、"大豆万石"等文字以象征墓主所拥有的五谷。汉代政府重视农业生产,推行重农抑商政策,司马迁在《史记·货殖列传》中也表述了这种观念,称经商赚得的钱财通过投资农业

---

① 滕铭予:《论秦釜》,《考古》1995年第8期。
② 山西省考古研究所:《侯马乔村墓地(1959~1996)》,第225页;中国社会科学院考古研究所陕西六队:《陕西兰田泄湖战国墓发掘简报》,《考古》1988年第12期。
③ 滕铭予:《秦文化:从封国到帝国的考古学观察》,学苑出版社,2002年,第136、137页;赵化成:《秦统一前后秦文化与列国文化的碰撞及融合》,《苏秉琦与当代中国考古学》,科学出版社,2001年,第619~630页;雍城考古工作队:《凤翔县高庄战国秦墓发掘简报》,《文物》1980年第9期。
④ 中国社会科学院考古研究所:《陕县东周秦汉墓》,科学出版社,1994年,第132页。
⑤ 赵化成:《秦统一前后秦文化与列国文化的碰撞及融合》,《苏秉琦与当代中国考古学》,科学出版社,2001年,第619~630页。
⑥ 俞伟超:《考古学中的汉文化问题》,《古史的考古学探索》,第186页。

才能得以保存①,并且汉代的粮食有时甚至还可兼具货币的功能②。晋中南豫北区是汉代商业最为繁荣的地区,加之地少人众,社会上普遍存在着"喜为商贾"又各啬节俭的风气。陶囷的大量随葬可能正是汉代重视农业的时代特征与当地社会风尚在墓葬礼俗上的集中体现。该区陶囷的器形极为多样,但整体看来共性特征明显,囷身均近似带启口式盖的小口罐,与其他地区所出差异明显(图2-7,9~13)。由此可见,无论组合形式还是器物形态,陶囷均体现着鲜明的晋中南豫北本土文化特征。与陶囷相比,井、灶在组合形式上并无特殊之处,但在形态上同样体现了鲜明的本土特色。如陶井都带有井栏、辘轳、汲水瓶等附属设施(图2-7,15~18),而在同时期的其他地区,特别是广大南方地区,常见的陶井多仅有井圈,很少见井架、辘轳等辅助汲水装置。陶灶灶面较宽,常设置一到四个大小不等的火眼,灶面之上或前端有等于灶面宽度的挡火墙,或后有烟囱,前有窄于灶面的小段挡火墙(图2-7,14),这些形态特征都是首先出现在晋中南豫北区且少见于其他地区的,因此这些形态特别的井、灶也可称为本土文化因素。

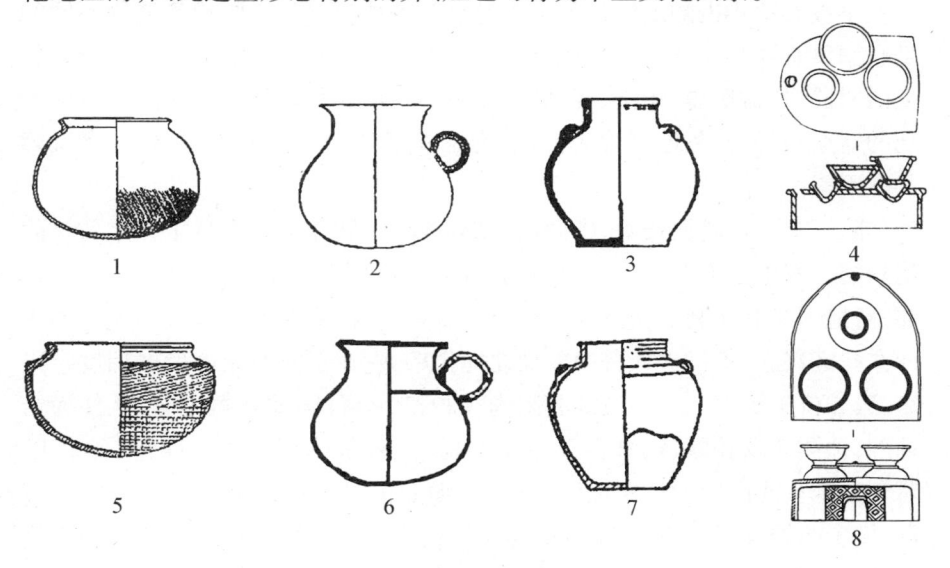

图 2-9　外来文化因素比较(一)

1. 釜(乔村 M435:8) 2. 鍪(陕县 M3410:5) 3. 双系罐(叶岭 M9:9) 4. 马蹄灶(三立交 M4:12) 5. 釜(兰田泄湖 M14:4) 6. 鍪(高庄 79M1:8) 7. 双系罐(甘泉 M1) 8. 马蹄灶(西北医疗设备厂 M11)

---

① 《史记》卷一百二十九《货殖列传》,第3253~3256页。
② 汉代,粮食可作为官吏的俸禄,如《汉书·百官公卿表》颜师古注云:"汉制,三公号称万石,其俸月各三百五十斛谷,其称中二千石者月各百八十斛,二千石者百二十斛。"(参见《汉书》卷十九,第721页。)

除上述最为常见的典型模型明器外,该区西部三门峡、陕县等地的西汉墓葬中还偶见有马蹄形灶和屋形仓①(图2-9,4;图2-10,4)。马蹄形灶在秦至汉初首先形成于关中地区②(图2-9,8),之后沿黄河北岸逐渐向东扩展,从而影响到关东地区。底带圈足的屋形仓也是关中地区汉墓中的典型器物③(图2-10,8)。陕县、三门峡与关中毗邻,这两种少见于晋中南豫北其他区域的仓和灶很可能是受关中地区影响而产生的,可称为关中文化因素。

晋中南豫北区汉墓随葬的生活明器种类繁多,有铜/陶茧形壶、铜蒜头壶、铜/陶钫、铜/陶镳、铜/陶筒形樽、铜/陶盆形樽、铜钘镂、铜铎、铜扁壶、陶耳杯、陶案、陶魁、陶奁、陶方盒、铜/陶灯、铜/陶熏炉、铜熨斗等。如上篇所论,钫、镳、筒形樽、耳杯、案等器物出现于战国时期,伴随着战国晚期的军事扩张、文化交流,它们的分布范围不断扩大,至汉初已成为了各地墓葬中常见的随葬品,可将其归入汉墓共性因素。茧形壶和蒜头壶也形成于战国时期,是秦文化的代表器物,伴随着秦军的军事征程进入关东,在楚地、三晋这些较早被秦军攻占的地区都曾发现过这两种器物,但与钫、镳等器物不同的是它们没有在其他地区广泛流行开来,故还应称为秦文化因素。此外大量生活明器,如盆形樽、钘镂、铎、魁、奁、方盒、熨斗等均是进入汉代之后新出现的器类,它们在各地广为流行,成为了汉墓中的典型随葬器物,也属汉墓共性因素。

除以上讨论的泥质陶、青铜器,该区西汉中期之后还出现了一定数量的釉陶器。其中大部分为兴起于关中地区的铅釉陶。晋中南豫北与关中相邻,两地间又有便利的交通,因此这种陶器施釉技术在关中地区形成后不久即在此区兴起,不过进入晋中南豫北地区后,它在黄河两岸的发展程度差距显著,如位于黄河北岸的济源泗涧沟M29,30余件随葬陶器中有25件为铅釉陶,种类涉及礼器、饮食器及模型明器,无釉灰陶仅有几件陶罐④。而同时期位于黄河南岸的洛阳地区,墓葬随葬品仍以无釉灰陶为主,礼器、饮食器、模型明器等很少施釉,常见的铅釉陶仅有陶壶一种。这种差异可能正是铅釉陶技术传播路线的反映。除铅釉陶外,在洛阳、巩义两地个别西汉晚期墓葬中还偶见少量钙釉陶壶、瓿,其工艺、造型均不同于本地同期的普通灰

---

① 三门峡市文物工作队:《三门峡市立交桥西汉墓发掘简报》,《华夏考古》1994年第1期;河南省文物考古研究所:《河南省济源市桐花沟汉墓发掘简报》,《文物》1999年第12期。
② 梁云:《论秦汉时代的陶灶》,《考古与文物》1999年第1期。
③ 西安市文物保护考古所:《西安龙首原汉墓》,第18页。
④ 河南省博物馆:《济源泗涧沟三座汉墓的发掘》,《文物》1973年第2期。

陶,而近似江东地区出产的釉陶器①(图2-10,1~3、5~7),可将其称为江东文化因素。

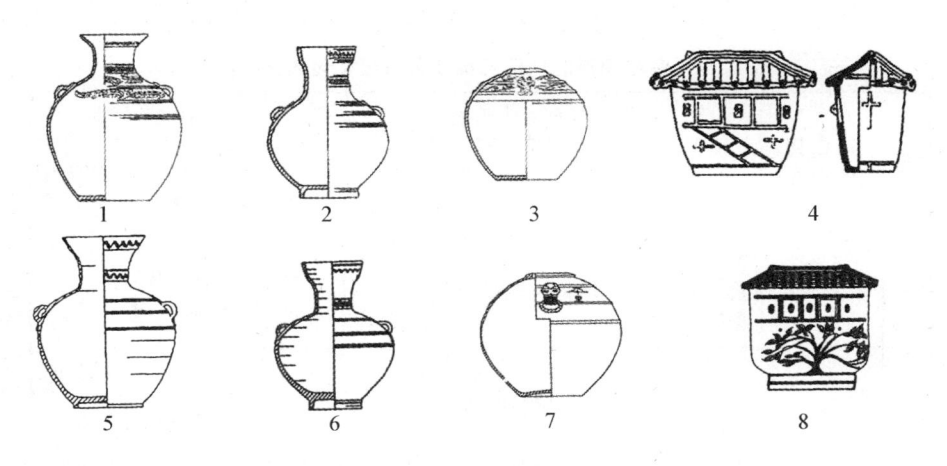

图2-10 外来文化因素比较(二)
 1. 钙釉陶壶(春都 IM254∶31) 2. 钙釉陶壶(春都 IM254∶28) 3. 钙釉陶瓿(春都 IM254∶27) 4. 仓(桐花沟 M63∶4) 5. 钙釉陶壶(方家山 M28∶25) 6. 釉陶壶方家山 M28∶33) 7. 钙釉陶瓿(方家山 M28∶23) 8. 仓(西北医设厂 M2∶168)

综合以上分析可见,晋中南豫北汉墓主要包含了三组不同属性的文化因素:汉墓共性因素、本土文化因素以及外来文化因素。其中汉墓共性因素广泛分布于汉代统治疆域内,这种空前一致的文化面貌的形成与汉代的统一有密不可分的关系,因此可以说它所代表的正是晋中南豫北区汉墓的时代特征。而本土文化因素不论是继承自战国传统,还是产生于汉代,它们或基本不见于其他地区,或始见于晋中南豫北,是该区地域特色的体现。此外,从类型丰富的陶礼器、模型明器中亦可见本土文化因素与汉文化葬俗的有机融合。相对于以上两类内涵丰富的文化因素,外来文化因素则较为简单,主要源自关中,有秦文化的影响也有汉代关中地区文化的融入,充分显示出了两地间紧密的联系。

第三节 三类墓葬的文化因素构成分析

一、乙类墓

乙类墓分布分散,主要集中在汉代的中心城市附近,如河南郡的陕县

---

① 洛阳市第二文物工作队:《洛阳春都花园小区西汉墓(IM2354)发掘简报》,《文物》2006年第11期;浙江省文物考古研究所:《浙江湖州市方家山第三号墩汉墓》,《考古》2002年第1期。

(今三门峡市西北)、洛阳(今洛阳市西)、太原郡的晋阳(今太原市西南)(参见图2-1)。乙类墓的数量较少,大多历经数次盗扰,随葬陶器损毁严重(详见附录4-1),仅能从残存部分着手探讨其文化因素构成及变化。

表2-2 晋中南豫北地区乙类墓各阶段文化因素构成表

期别	汉墓共性因素	本土文化因素			关中文化因素	
		战国传统	汉代新生		战国秦文化因素	汉代关中文化因素
			甲组	乙组		
一	生活明器	室B型、椁A型墓;Aa、Ab、Ba型罐	本土陶礼器		蒜头壶、茧形壶、鍪	
二	同上	椁B型墓	同上+本土模型明器			马蹄形灶
三	同上	室B型墓;Ba型罐	同上	Bb型罐、炉		铅釉陶
四	同上	同上+Aa、Ac型罐	同上	Bb型罐		
五	同上+室Ac-1型墓	Ba型罐	本土模型明器	Ae型罐		铅釉陶
六	同上	Ba型罐	同上			同上

从表2-2中可见,乙类墓的形制在东汉中期发生了明显改变。此前,具有鲜明本土文化特征的洞室墓广为流行。此后,具有汉文化共性特征的竖穴多室墓将其取代,在墓葬形制方面完成了与汉文化同步的进程。此外,西汉早中期的乙类墓中还有少量椁A型墓与椁B型墓,其数量之少再次表明了传统竖穴椁墓的衰落。

随葬品方面,由于西汉早中期的乙类墓多已遭破坏,随葬品损毁严重,很难完整呈现文化因素的构成情况。从西汉晚期之后乙类墓随葬品的演变可以看出,明显转变亦发生于东汉中期。此前,虽然具有汉墓共性因素的生活明器以及融合了汉文化的本土陶礼器、模型明器在随葬品组合中占有数量上的绝对优势,但本土传统及汉代新生的日用陶器也占有一定比例,并且还在器形上推陈出新、不断丰富,表现出较强的生命力。而自东汉中期始,本土陶礼器消失殆尽,本土日用器所剩无几,与之相对,汉文化典型的生活明器则愈发盛行。在外来文化因素方面,战国时深入该区的秦文化因素至汉初犹存,西汉中期之后,随着汉文化大一统的强化渐趋弱化直至消失。不过,接踵而来的外来影响依然主要来自秦之腹地关中,并一直持续至汉末。

综上,乙类墓的文化因素构成可以东汉中期为界分为两个发展阶段。前一阶段本土文化因素与汉墓共性因素并重;后一阶段汉墓共性因素取代本土文化因素成为主导。此外,战国以来形成的本土传统在日用陶器方面始终发挥着重要影响。

二、丙类墓

该区丙类墓数量众多,仅洛阳的发现就多达千余座。不过各地的分布情况极不均衡,豫北的三门峡、洛阳、安阳、郑州等地分布密集,晋西南的侯马、曲沃,晋中的太原、离石等地亦有一定数量的分布,除此之外的其他地区则几乎为空白地带(分布情况参见图2-1;墓葬详情参见附录4-2)。

从表2-3中可见,丙类墓在墓葬形制方面的演变与乙类墓近似,文化因素构成的明显改变出现于东汉中期。前一阶段,本土传统的洞室墓盛行,并且西汉早中期还曾有一定比例的传统竖穴木椁墓。后一阶段,体现汉墓时代性特征的竖穴室墓(主要为室Ab、室Ac-1两型墓)开始流行,并取代了洞室墓,完成了与汉代葬制的整合。随葬品方面亦如乙类墓,转变完成于东汉中期。本土陶礼器消失,本土模型明器、日用陶器亦见简化之势;而生活明器的类型、数量则愈发丰富。由此清晰可见本土文化的衰退与汉文化的强化。除以上共性,丙类墓的文化因素构成也有其独特性。如本土文化因素的分量明显超过同期乙类墓,其表现形式也更为丰富,B型鼎、Bb型壶、Ac、Ad、Bb型罐、Ba型囷、瓿等器均不见于乙类墓。此外,丙类墓的文化因素构成也更为多元,西汉晚期之后出现的钙釉壶、瓿、双系罐等江东因素是乙类墓中所不见的。

表2-3 晋中南豫北地区丙类墓各阶段文化因素构成表

期别	汉墓共性因素	本土文化因素			关中文化因素		其他外来文化因素
		战国传统	汉代新生		战国秦文化因素	汉代关中文化因素	
			甲组	乙组			
一	汉文化陶礼器、钫	室B型、椁A型墓;Aa、Ab型罐	本土陶礼器	瓿	茧形壶、蒜头壶、釜	圈足仓	
二	同上+生活明器	同上+Ac、Ba型罐	同上+本土模型明器	Ad、Bb型罐、炉	釜	铅釉陶器	

（续　表）

期别	汉墓共性因素	本土文化因素			关中文化因素		其他外来文化因素
		战国传统	汉代新生		战国秦文化因素	汉代关中文化因素	
			甲组	乙组			
三	同上	同上－椁A型墓	同上	同上＋Ae型罐	同上	同上	钙釉壶、瓿、双系罐
四	同上	同上	同上－Ab型囷＋E型井	同上－Ad型罐		同上	同上
五	室Ab型墓；Bb、C型壶、生活明器		本土模型明器	Aa、Ab、Ba型罐		同上	
六	同上＋室Ac－1型墓		同上	Ba型罐		同上	梯形灶、双口罐

综上可见，丙类墓文化因素构成亦可分为西汉早期至东汉早期与东汉中晚期两大发展阶段。其演变过程表现为本土文化因素的弱化与汉墓共性因素的强化。与乙类墓相比，丙类墓文化因素构成中本土因素分量更重，西汉晚期之后外来因素更为丰富多样，尤其与东部王国地区的联系日渐加深。

三、丁类墓

丁类墓虽然数量庞大，但分布主要集中于豫北的黄河两岸。晋中、晋东南的广大地区则几近空白（分布情况参见图2－1；墓葬详情参见附录4－3）。

据表2－4，西汉早中期的丁类墓以洞室墓为主，此外还有少量椁Aa型墓，表现出鲜明的本土文化特征。西汉晚期出现了具有汉墓共性因素的室Aa型墓，但数量有限，影响力远不及洞室墓。东汉中期之后，室Aa型墓的数量剧增，洞室墓骤减。至此基本完成了汉代葬制的变革。相比较，随葬品中所见文化因素构成的转变发生略早，但进展略缓。一方面，西汉中期出现了融合汉文化时代特征的模型明器，并且类型不断丰富。同时，生活明器也开始出现在随葬品组合中，类型、数量均现增长之势。另一方面，本土文化因素依然在日用陶器方面具有强大的影响力，虽然陶罐的器形从东汉早期起日渐简化,但 Ba、Ae 两型罐至东汉末仍延续不衰。

综合墓葬形制与随葬品的演变,丁类墓完成本土文化与汉文化的整合当为各类墓葬中最晚,须迟至东汉晚期。本土文化因素中,传统因素在丁类墓中表现出了强劲的生命力,贯穿两汉始终的洞室墓以及日用陶器中的 Ba 型罐充分表明了这点。此外,西汉时期丁类墓中所受外来文化影响以秦文化为最,其影响形成于战国,历西汉而不衰。再次表明了传统文化对这一阶层的深入影响。

表 2-4　晋中南豫北地区丁类墓各阶段文化因素构成表

期别	汉墓共性因素	本土文化因素			关中文化因素		其他外来文化因素
		战国传统	汉代新生		战国秦文化因素	汉代关中文化因素	
			甲组	乙组			
一	钫、盆	室 B 型墓、椁 Aa 型墓；Aa、Ab、Ac、Ba 型罐		瓺	釜、茧形壶		盘口罐
二	A 型壶、Ba 型壶、生活明器	同上	Bb 型壶、本土模型明器	Bb 型罐	釜	铅釉陶	双耳罐
三	同上＋室 Aa 型墓	同上	同上＋炉	同上＋Ad 型罐	同上	同上	盘口罐、青釉陶壶、瓺
四	同上	同上－椁 Aa 型墓	同上	同上－Ad 型罐		同上	
五	同上	同上	同上	同上＋Ae 型罐		同上＋马蹄灶	
六	同上	室 B 型墓；Ba 型罐	本土模型明器	Ae 型罐		铅釉陶	

第四节　相关问题讨论

一、晋中南豫北区各阶层社会文化变迁

乙、丙、丁三类汉墓中,以乙类墓中的汉墓共性因素所占比例最高,表

明了乙类墓主与中央王朝之间的紧密关联。与此同时,从西汉初至东汉初,以日用陶器为代表的日常生活中本土传统文化影响持久不衰,又表明了这一阶层所受晋中南豫北本土文化影响之深。相较于其他两类墓葬,乙类墓的文化因素构成较为简单,外来因素中仅有来自关中地区的影响。这一现象也从一定程度上反映出了这一阶层相对的保守与封闭。从墓葬规模的变迁看,从西汉晚期开始,乙类墓的规模较之前明显有所扩展。其成因一方面可能源自"厚资多藏,器用如生人"①观念的深入,仿生前所居的多室墓广泛流行;另一方面,能够建造出如此规模的墓葬也表明了乙类墓主所具有的经济能力。乙类墓规模的扩展到东汉晚期发展到极致,如密县打虎亭 M1 等大墓规模急剧增大,墓室全长可达 26.46 米,最宽处有 20.68 米②。而同时期大部分乙类墓的墓室长、宽仅有 10 米左右。墓葬规模的悬殊差距表现出了这一阶层内部的分化,其中部分群体的实力可能出现了急剧膨胀。

丙类墓中陶礼器在随葬品组合中所占比例之高、流行时间之久,反映出丙类墓主对这套器物所象征的礼制的重视。随葬品中生活明器出现早,类型、数量丰富则显示出丙类墓紧跟汉文化时代特性的敏感性。整体而言,丙类墓的文化因素构成与乙类墓较为近似,但也略有区别。一方面,丙类墓中本土新生因素出现更早、内涵更为丰富,表明本土文化对这一阶层更为深入的影响;另一方面,西汉中期之后丙类墓的文化因素构成逐渐丰富,尤其来自东部王国地区的影响日渐显现,表明这一阶层文化的多元,同时也反映出丙类墓主与东部王国地区更多的联系。丙类墓规模的变迁亦近乙类墓,西汉晚期开始,多室洞室墓流行,墓葬规模有所扩大,这种趋势到东汉晚期达到顶峰,个别丙类墓的规模接近同期乙类墓,如密县后士郭 M1 甚至超过了同时期乙类墓的平均水平,墓室南北全长 12.46、东西最宽处达 15.34 米③。可见东汉晚期丙类墓墓主中亦有部分群体实力膨胀,使之出现了阶层内部的明显分化。

丁类墓主是世代生活在晋中南豫北地区的广大平民,文化因素构成中厚重的本土传统文化因素与鲜明的汉代本土新生因素表明了他们与这片土地的紧密联系。西汉早期,战国传统文化依然极具生命力,延续不衰。西汉

---

① [西汉]桓宽:《盐铁论·散不足》,国学整理社辑《诸子集成》第七册,第 124 页。
② 河南省文物研究所:《密县打虎亭汉墓》。
③ 河南省文物研究所:《密县后士郭汉画像石墓发掘报告》,《华夏考古》1987 年第 2 期。

中期之后在继承传统的基础上又不断融合时代特性创造出了新的本土特色。本土文化对丁类墓主的深入影响一直持续到东汉晚期。丁类墓中的汉墓共性因素虽在东汉中期之前始终未成为主流,但汉初已显现其影响,可见这一阶层对新生的汉文化并不排斥。此外,丁类墓中外来文化因素成分多样,尤其东部王国地区的影响贯穿两汉,又表现出了丁类墓墓主相对开放的特征。在墓葬规模方面,丁类墓始终未表现出如乙、丙两类墓葬般的明显变化,反映了这一阶层较为稳定的发展状况。

二、晋中南豫北汉墓分布成因的推测

晋中南豫北区的汉代墓葬数量众多,但分布却极不均衡。晋中与晋东南的广大区域,除太原、榆次、离石、长子等地外,几乎均为空白地带。而黄河两岸的豫北与晋西南则分布密集。这种分布状况有考古发现的偶然性,亦可能与当时晋中南豫北地区发展的不均衡与人口分布存在一定关联。

晋中南豫北在两汉时期所设太原、上党、河东、河内、河南及颍川六郡的人口密度相差悬殊。如河南、颍川两郡属于"西汉人口密度最高郡国"之列,两地每平方公里的人口数量分别高达 135.07 人和 192.06 人,而太原、上党两郡,西汉时期每平方公里的人口数量分别仅有 15.63 人和 12.57 人①。人口最稠密的颍川郡与最稀疏的上党郡,人口密度相差 10 倍有余。这种人口分布状态与汉墓分布大致吻合。人口稠密的豫北二郡正是该区汉墓分布最为密集之处,晋中与晋东南二郡仅有零星发现或几为空白地带。可见,晋中南豫北区汉墓的分布状况在一定程度上也是汉代人口分布不均衡的反映。

三、晋中南豫北区汉文化的形成

晋中南豫北区汉墓中的时代特征与地域特色各有侧重,但又在很多方面彼此交融,各类文化因素在汉代的不同历史阶段呈现出不同的发展轨迹。本节将从不同时期各类文化因素的接触方式及影响程度两方面考察晋中南豫北区汉代文化的特点及其发展历程。

西汉早期,在墓葬形制方面本地战国传统文化因素完全居于主导地位,竖穴土坑墓和洞室墓流行,洞室均为平顶,葬具仍为传统的匣形木椁

---

① 葛剑雄:《西汉人口地理》,第 29、98 页。

或砖椁。随葬器物方面,常见组合为陶礼器+日用陶器。陶礼器中,既有体现本土文化特色的器物,又有具汉墓共性特征的仿青铜器造型的器物。从两种文化因素的接触方式看,本土文化因素与汉墓共性因素互相交融,随葬陶礼器的习俗体现出汉墓的共性特征,但部分器物的形态,如 A 型、B 型鼎及 Bb 型、C 型壶又具有鲜明的地域特色;从影响程度上看,仿铜陶礼器的出现频率远高于本土化的陶礼器,前者的出现频率约为 0.75,而后者仅为 0.25,因此随葬礼器中汉墓共性因素是绝对的主导因素。日用陶器中,除继承自本土传统因素的四型陶罐,还有受秦文化影响而产生的釜和鍪,从接触方式看,来自战国晚期秦文化的这两种器物已融入了当地的日常生活,但从影响程度看,它并没有对当地本土文化传统造成冲击,该区最重要的日用器仍是陶罐,釜、鍪的出现频率不足 0.2。由此可见,汉初的晋中南豫北区,并没有因政治上的统一而立刻放弃其自身的地域传统,相反在文化上表现出了对本土传统文化的坚持,尤其是墓葬形制和日用陶器方面,甚至战国时期吸收的部分秦文化因素也延续至汉代。

  从西汉中期开始,墓葬形制方面出现了具有汉墓共性特征的砖室墓,虽然数量很少,影响程度远不及洞室墓,但在墓葬构建理念和墓室结构上,洞室墓完成了墓制向开通型的转变,与砖室墓逐渐趋同,又一次表现出了本土因素与汉墓共性特征的相互交融。陶礼器和日用陶器方面则均出现了具有本土特性的新生器形,如 B 型盒,此类本土新生因素的出现频率由早期的 0.25 上升至 0.36;日用陶器中出现的 Ad 型、Ae 型和 Bb 型三种新罐型,出现频率约为 0.29。但 Aa 型等四型传统陶罐仍高居 0.65 的出现频率,可见本土传统因素依然处于核心地位。此外,模型明器、生活明器的种类、数量迅速增加。在模型明器中也充分体现出了本土文化因素与汉墓共性因素的融合,但与陶礼器不同的是,它们在造型上所体现出的本土特色更加鲜明,本土模型明器的出现频率高达 0.98;而生活明器中,除个别器物外,绝大多数的器物均体现了汉文化时代共性的影响。从这一时期开始,外来文化因素的内容逐渐丰富,除秦文化外,还出现了源自关中的铅釉陶技术、马蹄形灶以及源自江东的钙釉陶和双耳罐。不过,其影响程度仍旧有限,马蹄形灶和双耳罐的出现频率仅为 0.015 和 0.008。同时,秦文化因素也显示出了明显的衰退之势,釜、鍪的出现频率降至 0.05。随葬有铅釉陶和钙釉陶的墓葬也仅占同期墓葬总数的 12% 和 2.7%。以上种种充分显示出西汉中期之后战国传统文化因素所受的冲击,以及汉墓共性因素影响的日益强化与本土新生文化因素的逐渐丰富。

东汉中期晋中南豫北区汉墓的面貌发生了彻底改变。墓葬形式方面,此前兴盛不衰的洞室墓明显衰落,仅表现在个别规模小、随葬品简单的丁类墓中,而具有汉文化时代共性的砖室墓逐渐盛行。随葬品方面,陶礼器消失,代之而起的是汉文化中的各类生活明器和模型明器,同时各类器物的造型不断简化,大量具有本土特色的器物消失。这些变化标志着晋中南豫北区的地域文化已完全融入汉文化。

以上晋中南豫北区汉墓面貌的阶段性变迁在一定程度上揭示出了这里地域文化整合与汉文化形成的历史进程。汉初,战国本地传统文化因素的主导地位充分显示出了这里深厚的文化底蕴。陶礼器中大量仿青铜器造型的器物也许源自对周礼传统的怀念和坚守。西汉中期之后,墓葬转向开通,礼器失去了周礼内涵流于形式,并逐渐被模型明器、生活明器所取代,具有新时代特征的丧葬观念在晋中南豫北大地广泛流传,但在随葬器物的造型及墓葬的开凿方式等丧葬表现形式上依旧保留着自身的地域特色。然而,统一背景下各地文化面貌逐渐趋同的发展趋势已形成,至东汉中晚期,晋中南豫北地区的地域文化彻底完成整合,融入汉文化的时代潮流之中。

四、三河汉墓地域差异及其成因

三河之地是晋中南豫北区汉墓分布最密集的地区,这些数量庞大的汉代墓葬形制相同,随葬品类型近似,但究其常见型式可见其中存在着一定的地域差异。将随葬品组合中最常见之陶礼器、日用器中的陶罐与模型明器,依各类型的出现频率分别制为统计图表2-1~3。从中可以看出,三地在随葬品形式上有着各自的偏好。河内最常见的组合形式为B型鼎、A型盒、Bb型壶、Ac型罐、Aa型囷、Ba型囷、B型灶、B型井;河南多A型鼎、A型盒、Ba型壶、Ac型罐、Aa型囷、B型灶、A型井的组合;河东则以C型鼎、A型盒、A型壶、Ab型罐、Ab型囷、B型灶、E型井最为普遍。此外,茧形壶、圆炉、鸮形器等器物仅出现于豫西三门峡及黄河北岸的河东、河内之地。而A、B型鼎,B型盒,Ba、Bb型罐,Aa、Ba、Bb型囷,A型灶,A、D型井仅见于河南、河内之地。

三河地区是中国黄河流域农业文明的起源地,自新石器时代至两汉时期一直是我国重要的农业区之一,手工业、商业的发展也都位居全国前列。此外,三河还是与三辅并称的政治核心区。共同的生产方式,相同的经济发展水平,同属三晋文化系统的渊源背景,使得河东、河内、河南三地在文化方面产生了许多共同之处。社会风俗方面,从《史记·货殖列传》的记述可见,先秦以来三河各地都普遍存在人口众多、土地狭小的情况①，滋长了啬节俭、精于世故的风气②。而三地资源与传统的差异又造就了各具特点的民风民俗。河内之地，因曾为殷商旧都所在，故至秦汉"纣之化犹存，故俗刚强，多豪桀侵夺，薄恩礼，好生分"。河东之地，自然资源丰厚，"土地平易，有盐铁之饶"，又是传说中帝尧的居所，故"其民有先王遗教，君子深思，小人俭陋"。河南郡西部的洛阳是东周王畿，地处中州，四通八达，利于行商，因此民风"巧伪趋利，贵财贱义，高富下贫"。河南郡东部的新郑是春秋郑国都城，后为战国韩都，"土陿而险，山居谷汲，男女亟聚会，故其俗淫"③。丧葬礼俗作为社会风俗的一部分，虽不能完全体现在墓葬这一丧葬的最终环节，但或多或少均受其影响，而三河汉墓随葬品所表现出的地域差异确与河内、河东、河南所见风俗区之划分存在相合之处。

晋中南豫北区内的其他地区由于受墓葬发现和保存状况的限制，无法进行同类比较，但通过三河地区内部存在着地域差异这一事实推测，在晋中南豫北这个广大的区域内，因社会风俗等各方面的原因，其内部也应存在着一些地域的差异。

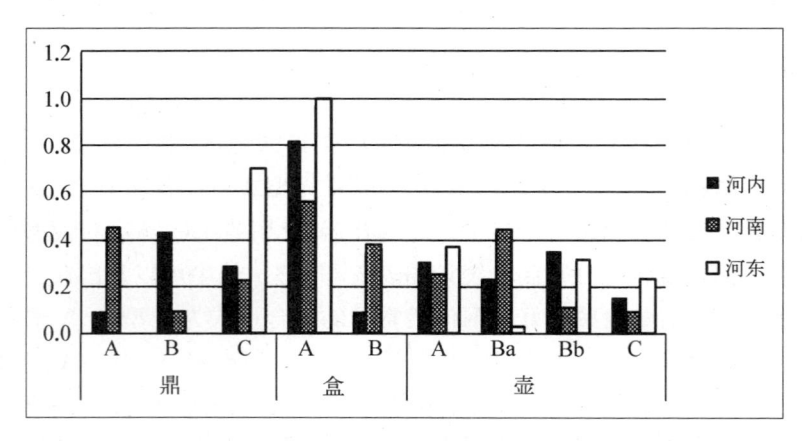

统计图表 2-1　三河各郡陶礼器出现频率统计

---

① 按《西汉人口地理》的计算，河南郡的人口密度为每平方公里 135.07 人；河内郡为每平方公里 80.47 人，但郡内包括了一部分太行山区，山区很少或没有县治，人口极少，所以太行山以外的平原区人口密度估计也在每平方公里百人以上；河东郡虽仅为每平方公里 27.33 人，但其属县多分布在临汾和运城河谷盆地，此范围外的吕梁山、中条山区，县少且小，因此河谷盆地的人口密度估计在每平方公里 50~80 人。（葛剑雄：《西汉人口地理》，第 96、97、102、103 页。）

② 《史记·货殖列传》载："夫三河在天下之中，若鼎足，……土地小狭，民人众，都国诸侯所聚会，故其俗纤俭习事。"（《史记》卷一百二十九《货殖列传》，第 3262、3263 页。）

③ 《汉书》卷二十八《地理志》，第 1647~1652 页。

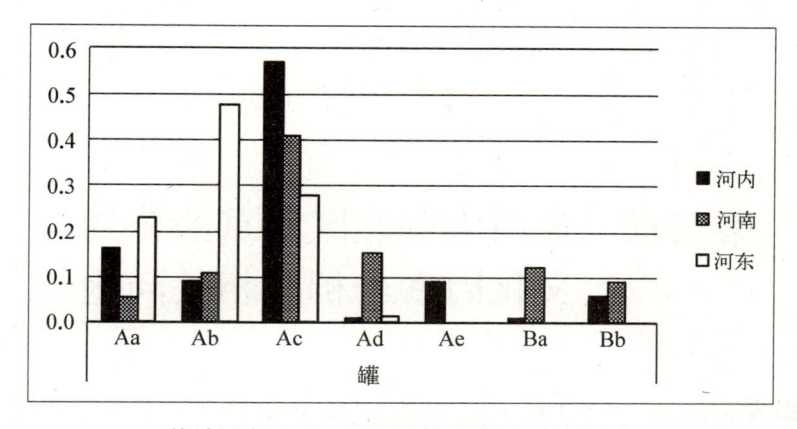

统计图表 2-2　三河各郡陶罐出现频率统计

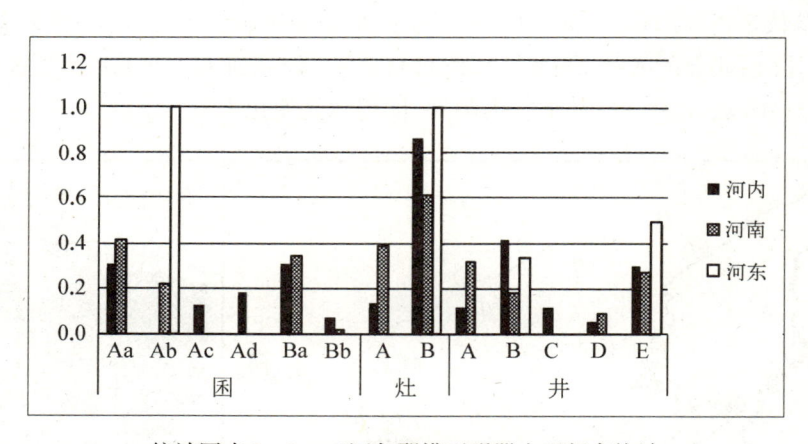

统计图表 2-3　三河各郡模型明器出现频率统计

第三章 豫西南鄂北区汉墓的分期、
　　　　文化因素分析及相关问题

　　豫西南鄂北区与今所谓"南阳盆地"大致相当(图3-1)。战国时期,曾是楚、韩、秦的角逐之地,先属楚,后入韩。秦昭襄王三十五年(公元前272年)秦伐楚占领此地,以宛县(南阳)为治所设置南阳郡①。汉代沿袭秦南阳郡制,除西北部的淅县、丹水二县在元鼎三年(公元前114年)割予弘农,建武十五年(公元39年)又重归南阳外,郡境几无变化②。

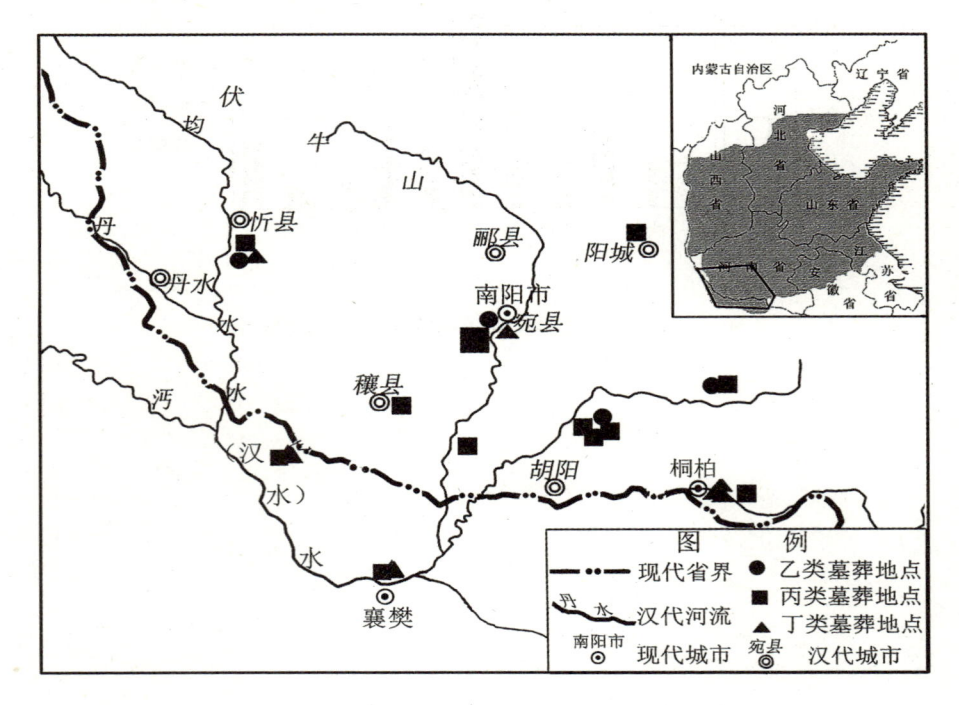

图3-1　豫西南鄂北区各类汉墓分布示意图

---

① 吴邦藩、陈淑兰:《南阳的历史地理及发展前景》,《地域研究与开发》1993年第4期。
② 周振鹤:《西汉政区地理》,第134页;李晓杰:《东汉政区地理》。

豫西南鄂北区虽无三河之地那样悠久的文明史，也未有齐地那般地域鲜明的思想积淀。但东汉帝乡、陪都的特殊政治地位使得南阳在历史中留下诸多浓墨重彩。地处黄河流域与长江流域、黄淮平原与陕甘高原之间，使其成为了秦汉时代"西通武关、郧关，东南受汉、江、淮"的交通要塞①。优越的耕地条件，丰富的矿产资源又使得南阳成为了汉代农业发达、手工业兴盛、商业繁荣的经济中心。同时，随着地方教育的不断发展，这里还逐渐成为了儒学盛行、学术活跃的文化中心之一。《后汉书·儒林传》中收录的经学大师，有洼丹、魏满、尹敏三位南阳人，这些大儒广收门徒，南阳治内郡有郡学，县有县学，还有兴盛的私学。《后汉书·樊宏阴识列传》载，删定《公羊严氏春秋》章句，世号"樊侯学"的樊儵，教授门徒前后达三千余人。

东周时期，豫西南鄂北区是楚国与中原大国相交的前沿地带，墓葬面貌上，两种文化因素兼而有之②。西汉初年大行分封，南阳郡为直属中央的十五郡之一，并成为了沟通南北的重要都会。东汉陪都更使其成为政治核心区。鲜明的地域文化与两汉重要的区位优势共同作用下，豫西南鄂北区汉代考古学文化的形成模式及其社会各阶层的发展演变是本章探讨的主要问题。

第一节　典型随葬品类型分析与墓葬分期

豫西南鄂北区汉代墓葬的随葬品，依照质地的不同有陶器、铜器、铁器、漆器、玉石器和玻璃、水晶、玛瑙器等。其中铁器、漆木器多已严重朽蚀。玉石器和玻璃、水晶、玛瑙器以装饰品为主，数量很少，铜器虽占一定比例，但容器较少，多数为车马饰件、带钩等小件物品。陶器保存较完好，数量丰富，是各类随葬品中的大宗，包括了礼器、生活明器、模型明器及日用器四类。礼器大多装饰精美，器表有彩绘或铅釉，常见组合为鼎、盒、壶。模型明器多制作精良，有的器表有几何形纹，有的施铅釉，常见组合为囷、井、灶、磨、圈厕，还有农夫、侍者等人物俑及鸡、鸭、狗等动物俑。日用器器表多拍印、碾压绳纹，器多罐、釜等；生活明器种类丰富，包含熏炉、灯、炙炉、案、耳杯、盘、奁、魁等仿漆器或青铜器而制的各类明器，大多器表有釉层或器内涂朱。在以上各类陶器中，礼器、模型明器和日用器具有基本稳定的组合形式，其形

---

① 《史记》卷一百二十九《货殖列传》，第3269页。
② 中国社会科学院考古研究所：《中国考古学·两周卷》，第353、354页。

态存在着比较明显的阶段性变化,故本文将其作为典型器物,分析它们的类型、演变及共存关系。

一、典型随葬品类型分析

1. 鼎　数量较少,器物表面常有彩绘或铅釉。鼎足的模印图案和鼎盖的贴塑纹样富有特色,可分为二型(图3-2)。

A型:人面纹蹄足,四叶钮弧顶盖。根据盖、腹及三足的变化,可分四式。Ⅰ式→Ⅳ式的演变趋势为:盖顶、器底的弧度增大,鼎身的整体形状由扁球形逐渐变为长球形,三足由直立变为外撇。

B型:熊形足,博山式盖。根据盖、腹及三足的变化,可分三式。Ⅰ式→Ⅲ式的演变趋势为:盖顶变尖耸,腹部逐渐变浅,底部由圜底变为小平底,三足下移并逐渐向中心聚拢。

2. 盒　数量较多,器形丰富。部分器物表面带有彩绘或器内涂朱。根据盖、腹的形态,可分为二型(图3-2)。

A型:覆碗形盖,盖、腹形态、大小相若。器表饰数周弦纹,有的盖顶带有四叶形钮。根据器盖装饰及腹部的变化,可分四式。Ⅰ式→Ⅳ式的演变趋势为:盖顶圈足形捉手逐渐演变为四叶形钮,盒身纵剖面由扁圆形逐渐变为八边形。

B型:博山式盖,钵形深腹。根据有无器耳,可分二亚型。

Ba型:无附耳。根据盖、腹变化,可分三式。Ⅰ式→Ⅲ式的演变趋势为:盖顶逐渐尖耸,腹部由弧腹变为折腹。

Bb型:双附耳。附耳对称置于盒口外侧。根据腹部变化,可分三式。Ⅰ式→Ⅲ式的演变趋势为:最大腹径下移,深腹逐渐变为浅腹,鼓腹渐变为弧腹,最终变为折腹。

3. 壶　占礼器的绝大部分。器表施铅釉。根据底部的不同,可分二型(图3-2)。

A型:圈足壶。根据圈足的不同,可分二亚型。

Aa型:高圈足。器形较大,弧顶盖,盖顶中部多有四叶形钮,子母口相扣,束颈,圆鼓腹,肩部对称置一对铺首衔环。腹部饰二组凹弦纹。根据颈、腹及圈足的变化,可分四式。Ⅰ式→Ⅳ式的演变趋势为:颈部渐细长,最大腹径下移,腹部逐渐变扁,圈足由竖直逐渐外撇。

Ab型:矮圈足。器形稍小,多有博山式盖,子母口相扣,束颈,圆鼓腹。腹部饰二组凹弦纹。根据颈、腹及圈足的变化,可分三式。Ⅰ式→Ⅲ式的演变趋势为:颈部渐长,腹部渐扁,圈足径增大。

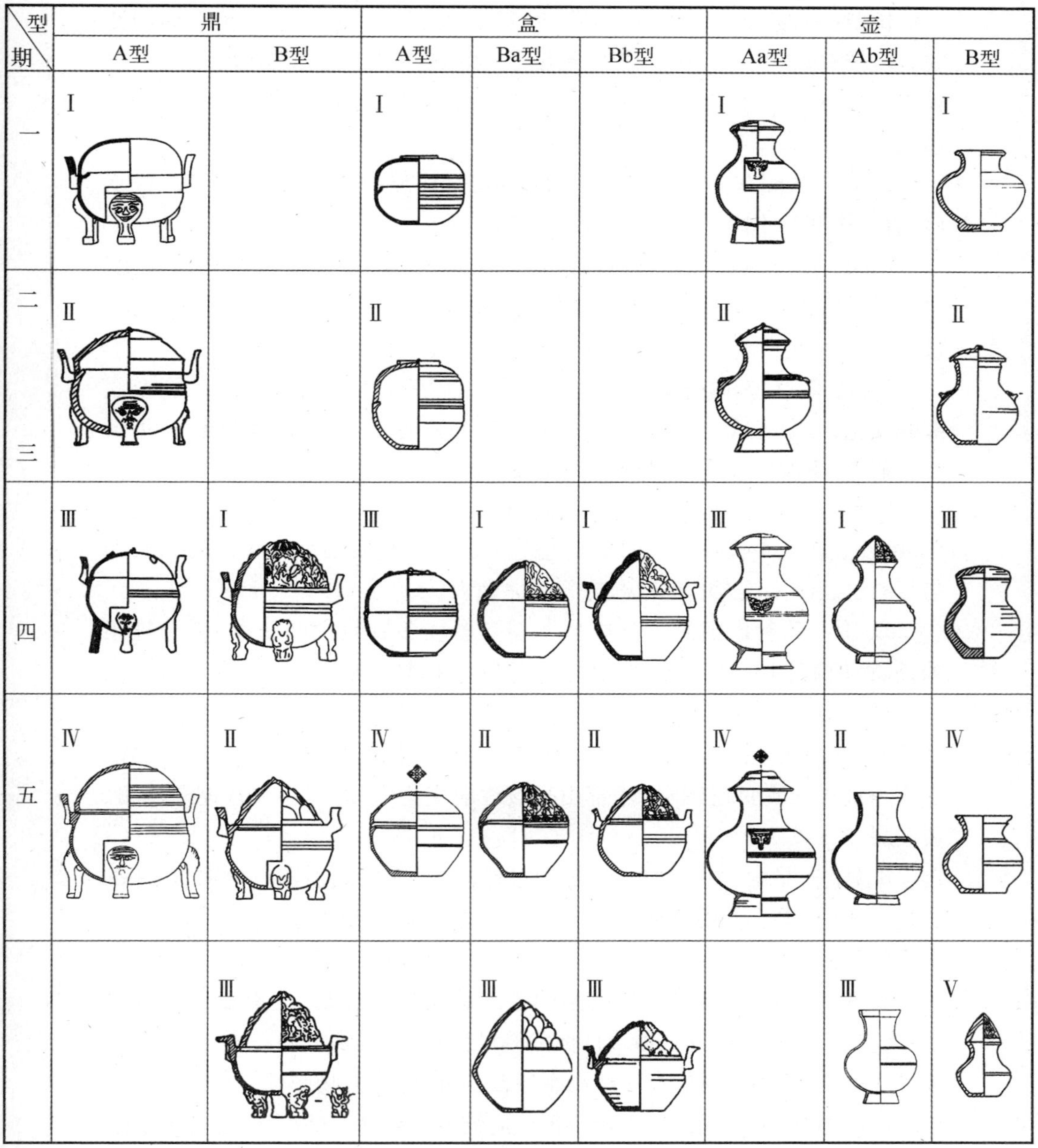

型\期	鼎		盒			壶		
	A型	B型	A型	Ba型	Bb型	Aa型	Ab型	B型
一	Ⅰ		Ⅰ			Ⅰ		Ⅰ
二	Ⅱ		Ⅱ			Ⅱ		Ⅱ
三								
四	Ⅲ	Ⅰ	Ⅲ	Ⅰ	Ⅰ	Ⅲ	Ⅰ	Ⅲ
五	Ⅳ	Ⅱ	Ⅳ	Ⅱ	Ⅱ	Ⅳ	Ⅱ	Ⅳ
		Ⅲ		Ⅲ	Ⅲ		Ⅲ	Ⅴ

图 3-2 豫西南鄂北汉墓分期图（一）

A 型鼎：Ⅰ式（一中 M36：9）Ⅱ式（烟草局 M5：3）Ⅲ式（审计局 M69：11）Ⅳ式（丰泰 M294：2） B 型鼎：Ⅰ式（陈棚村 M68：13）Ⅱ式（八一路 M49：24）Ⅲ式（拆迁办 M3：2） A 型盒：Ⅰ式（一中 M36：1）Ⅱ式（烟草局 M5：8）Ⅲ式（审计局 M69：7）Ⅳ式（平高台 M3：4） Ba 型盒：Ⅰ式（永泰 M194：1）Ⅱ式（陈棚村 M1：162）Ⅲ式（汽车厂 M2：12） Bb 型盒：Ⅰ式（永泰 M194：6）Ⅱ式（八一路 M49：32）Ⅲ式（丰泰 M149：10） Aa 型壶：Ⅰ式（九里山 M161：3）Ⅱ式（烟草局 M5：2）Ⅲ式（平高台 M6：1）Ⅳ式（平高台 M3：5） Ab 型壶：Ⅰ式（陈棚村 M68：9）Ⅱ式（陈棚村 M1：21）Ⅲ式（胶片厂 M6：2） B 型壶：Ⅰ式（九里山 M192：11）Ⅱ式（烟草局 M5：6）Ⅲ式（万岗 M1：5）Ⅳ式（烟草局 M1：4）Ⅴ式（桑园路 M132：10）

B型：平底壶。形体较小，敞口，束颈，圆鼓腹。腹部饰一至二周凹弦纹。多带有弧顶小盖，有少数为博山式。根据口、腹及底部的变化，可分五式。Ⅰ式→Ⅴ式的演变趋势为：口部外敞幅度增大，腹部渐扁，最大腹径下移，底径增大。

4. 罐　数量最为丰富。器表多素面，少数带有弦纹、弦断绳纹。根据口、肩及腹部的不同，可分三型（图3-3）。

A型：直口，圆唇，鼓肩，扁腹，器物形体较大。根据腹及底部的变化，可分六式。Ⅰ式→Ⅵ式的演变趋势为：最大腹径上移且渐突出，底径逐渐减小。

B型：敞口，圆唇外卷，短束颈，鼓肩。器物形体较小。根据口、腹及底部的变化，可分三式。Ⅰ式→Ⅲ式的演变趋势为：口部外敞幅度增大，最大腹径渐突，下腹由弧缓渐斜直，底径逐渐增大。

C型：敞口，方唇，溜肩，球形腹，肩部附一对环耳。根据口及颈部的变化，可分五式。Ⅰ式→Ⅴ式的演变趋势为：口部外敞幅度增大，颈渐长，颈与腹的过渡渐平缓，腹渐弧缓，底径随之渐大。

5. 囷　数量最多的一类模型明器。器表多有数周凹弦纹，部分施铅釉，近底处有圆孔或刀刻竖线象征仓门。根据底部不同，可分二型（图3-3）。

A型：平底囷。小口，博山式顶盖。根据肩、腹部的变化，可分三式。Ⅰ式→Ⅲ式的演变趋势为：腹部由直腹逐渐变为内收斜腹，并且逐渐向粗、矮发展。

B型：三足囷。小口，折肩，足部模印熊形，博山式顶盖。根据腹、底的变化，可分三式。Ⅰ式→Ⅲ式的演变趋势为：腹部渐粗，底径增大，三足位置逐渐分散。

6. 灶　数量较多的一类模型明器。灶面呈长方形，上有二至三个火眼，火眼上置有釜、甑等炊器。灶面两端设挡火墙，通常一高一矮，前端挡火墙呈半圆形，墙面上模印有一至二亭，有的亭内印有人物图像。根据火眼和挡火墙的不同，可分四式。Ⅰ式→Ⅳ式的演变趋势为：灶面上的三个火眼，由大小相当变为中间大两侧小，后逐渐减少到二个，前端挡火墙逐渐后倾，后端挡火墙逐渐消失（图3-3）。

7. 井　数量较多的一类模型明器。短束颈。井外侧和口沿常有花纹。井内多带有一小敞口、鼓腹、平底的汲水小罐。根据井圈口、腹部的变化，可分四式。Ⅰ式→Ⅳ式的演变趋势为：口部卷沿逐渐消失，腹部纵剖面从梯形逐渐变为长方形（图3-3）。

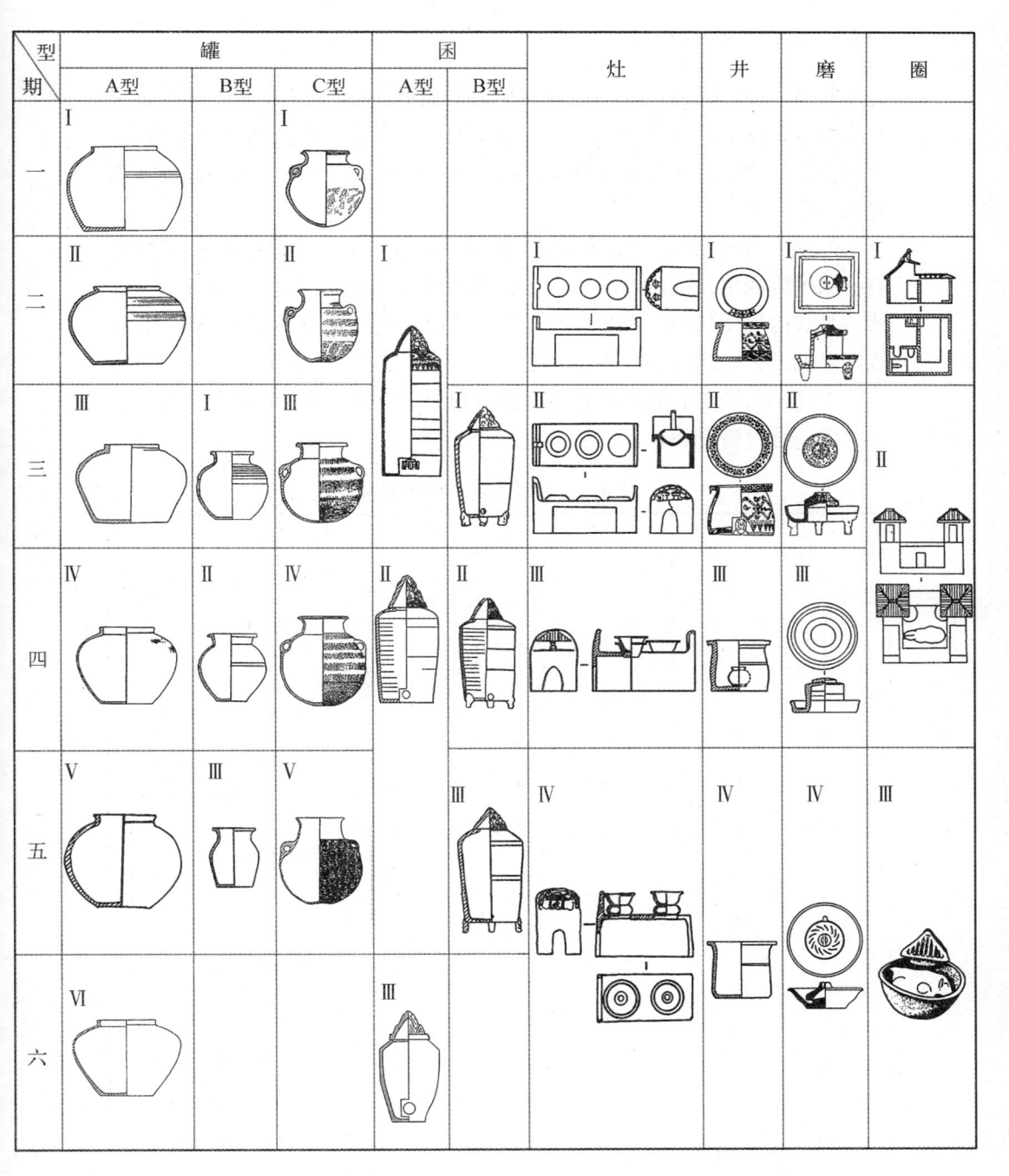

图 3-3　豫西南鄂北汉墓分期图（二）

A 型罐：Ⅰ式（丰泰 M385∶5）　Ⅱ式（九里山 M182∶4）　Ⅲ式（万岗 M7∶4）　Ⅳ式（平高台 M1∶5）　Ⅴ式（汽车厂 M2∶5）　Ⅵ式（丰泰 M305∶1）　B 型罐：Ⅰ式（永泰 M194∶4）　Ⅱ式（陈棚 M1∶171）　Ⅲ式（杨岗 M17∶3）　C 型罐：Ⅰ式（九里山 M152∶4）　Ⅱ式（九里山 M31∶1）　Ⅲ式（熊营 M1∶19）　Ⅳ式（平高台 M5∶2）　Ⅴ式（防爆厂 M84∶1）　A 型囷：Ⅰ式（汽修厂 M1∶8）　Ⅱ式（八一路 M49∶43）　Ⅲ式（长岭 M61∶8）　B 型囷：Ⅰ式（熊营 M1∶1）　Ⅱ式（八一路 M49∶40）　Ⅲ式（桑园路 M132∶1）　灶：Ⅰ式（东苑 M31∶18）　Ⅱ式（汽修厂 M1∶6）　Ⅲ式（八一路 M49∶29）　Ⅳ式（拆迁办 M3∶11）　井：Ⅰ式（东苑 M31∶20）　Ⅱ式（汽修厂 M1∶18）　Ⅲ式（八一路 M49∶15）　Ⅳ式（拆迁办 M3∶1）　磨：Ⅰ式（东苑 M31∶16）　Ⅱ式（阎杆岭 M38∶20）　Ⅲ式（八一路 M49∶49）　Ⅳ式（杨岗 M8∶7）　圈：Ⅰ式（东苑 M31∶12）　Ⅱ式（永泰 M194∶13）　Ⅲ式（杨岗 M8∶9）

8. 磨　数量较少。制作精细,磨盘、磨扇具备,磨扇正中做出圆孔以象征磨膛。根据磨盘、磨扇的变化,可分为四式。Ⅰ式→Ⅳ式的演变趋势为:磨盘由方形四足盘逐渐变为圆形平底盘,磨盘直径逐渐减小,磨扇高度逐渐降低(图3-3)。

9. 圈　数量较少,制作精细,屋顶瓦楞痕迹、门窗均清晰可见,圈内常有一只俯卧的猪,造型逼真、生动。根据圈建筑结构的变化,可分三式。Ⅰ式→Ⅲ式的演变趋势为:圈舍由方形围墙院落逐渐简化为圆形小圈,高度逐渐降低,制作逐渐粗糙(图3-3)。

上述不同型式的典型器间多有相对稳定的共存关系,可据此将其分成十六组。分组情况如表3-1:

表3-1　典型随葬品分组情况

型\组	鼎		盒			壶			罐			囷		灶	井	磨	圈
	A型	B型	A型	Ba型	Bb型	Aa型	Ab型	B型	A型	B型	C型	A型	B型				
1	Ⅰ		Ⅰ			Ⅰ		Ⅰ	Ⅰ								
2	Ⅰ		Ⅰ			Ⅰ		Ⅰ		Ⅰ							
3	Ⅱ		Ⅱ			Ⅱ		Ⅱ	Ⅱ								
4	Ⅱ		Ⅱ			Ⅱ		Ⅱ		Ⅱ							
5	Ⅱ		Ⅱ			Ⅱ		Ⅱ	Ⅱ		Ⅰ			Ⅰ	Ⅰ	Ⅰ	Ⅰ
6	Ⅱ		Ⅱ			Ⅱ		Ⅱ						Ⅰ	Ⅰ	Ⅰ	Ⅰ
7	Ⅲ		Ⅲ			Ⅲ		Ⅲ	Ⅲ					Ⅱ	Ⅱ	Ⅱ	Ⅱ
8		Ⅰ	Ⅰ	Ⅰ	Ⅰ		Ⅰ		Ⅲ	Ⅰ	Ⅲ	Ⅰ		Ⅱ	Ⅱ	Ⅱ	Ⅱ
9	Ⅲ	Ⅰ	Ⅲ	Ⅰ	Ⅰ	Ⅲ	Ⅰ					Ⅰ					
10	Ⅳ		Ⅳ			Ⅳ		Ⅳ	Ⅳ		Ⅳ			Ⅲ	Ⅲ		Ⅱ
11		Ⅱ	Ⅱ	Ⅱ	Ⅱ		Ⅱ		Ⅳ	Ⅱ	Ⅳ	Ⅱ	Ⅳ	Ⅲ	Ⅲ	Ⅲ	Ⅱ
12	Ⅳ		Ⅱ			Ⅱ								Ⅲ	Ⅲ	Ⅲ	Ⅱ
13		Ⅲ		Ⅲ	Ⅲ				Ⅴ	Ⅴ		Ⅲ			Ⅳ		
14			Ⅲ	Ⅲ	Ⅲ			Ⅴ	Ⅴ	Ⅲ			Ⅲ	Ⅳ		Ⅳ	Ⅲ
15								Ⅴ			Ⅴ	Ⅱ			Ⅳ		
16								Ⅵ		Ⅴ	Ⅴ			Ⅳ	Ⅳ	Ⅳ	Ⅲ

二、墓葬分期与年代

在目前发表的资料中,豫西南鄂北区的各类墓葬多缺乏层位关系,纪年墓仅有始建国天凤五年(公元 18 年)的唐河冯君墓、永建七年(公元 132 年)正月的襄城茨沟墓及东汉建宁三年(公元 170 年)的许阿瞿墓三座,三墓均已被严重破坏,随葬品所剩无几,许阿瞿墓还出有三国时期的钱币"定平一百"[①],由此可见,层位关系、纪年墓葬难以作为分期的依据。

通过上文的分析,典型器物的变化各自显示出内在逻辑关系,据其所对应的墓葬形制及其他共出器物特征可确定逻辑链条的首尾。同时,各器物序列的式别之间无较大缺环,且有较稳定的共存关系,在一定程度上代表了豫西南鄂北区汉墓连续发展的全过程,故可将其作为该区汉代墓葬分期的依据。上述十六组共存关系,从器物式别、器表装饰等方面看,1~2 组、3~6 组、7~9 组、10~12 组、13~15 组间有较多共性;从墓葬形制、墓内装饰及其他共存器物的特点看,2 与 3、6 与 7、9 与 10、12 与 13、15 与 16 组之间差距较大。据此以上 16 组可进一步整合为依次发展的六期。

第一期,包括第 1~2 组。流行椁 Aa 型竖穴土坑墓。随葬器物中 A 型鼎、A 型盒、Aa 型壶、B 型壶与 A 型罐、C 型罐的组合最为常见,组合完整稳定,每型陶礼器皆为 2 件。陶礼器内壁常涂成朱红色。规模较大的墓葬中有的还随葬有铜鼎、壶等。伴出的钱币均为半两(图 3-4,7、8)。共出的铜镜中有战国晚期流行的"山"字纹镜(图 3-4,6)。综合可见,第一期年代应接近战国,当属六期中年代最早者。

第二期,包括第 3~6 组。出现了一定数量的室 Aa 型墓及少量室 Ab 型墓。从结构上看,此时的室 A 型墓表现出了一些与椁 Aa 型墓相似的特性,如部分墓室的顶部采用石板封盖,酷似木椁墓中所设边厢与足厢。随葬器物除第一期中常见的组合外,出现了模型明器 A 型囷、灶、井、磨、圈,生活明器灯、方炉、熏炉以及动物俑(图 3-4,1)。有的陶礼器、模型明器表面施铅釉。伴出五铢钱以及星云纹镜、日光镜等(图 3-4,9~12)。综合以上特征,该期应紧接第一期之后,年代稍晚。

第三期,包括第 7~9 组。室 Aa 型、室 Ab 型墓成为主要墓葬形制,比例在 65% 以上。部分墓室的墓门部位出现了画像石,画像图案简单,如熊营

---

① 南阳地区文物队、南阳博物馆:《唐河汉郁平大尹冯君孺人画象石墓》,《考古学报》1980 年第 2 期;河南省文化局文物工作队:《河南襄城茨沟汉画象石墓》,《考古学报》1964 年第 1 期;南阳市博物馆:《南阳发现东汉许阿瞿墓志画像石》,《文物》1974 年第 8 期。

M1、万家园 M244 在门柱及门楣上刻菱形套环、菱形纹等几何图案,门扉刻铺首衔环、白虎、朱雀等①;画像线条粗犷,雕刻技法有凿纹地凹面刻,如唐河石灰窑村墓、赵寨砖瓦厂墓②,还有剔地浅浮雕,如前述熊营 M1、万家园 M244。随葬器物发生了较大变化。A 型鼎、A 型盒、Aa 型壶、B 型壶与 A 型罐、C 型罐的组合衰落,组合常不完整,礼器数量不固定,共出的模型明器中常见的仅有 A 型囷;新出现了 B 型鼎、Ba 型盒、Bb 型盒、Ab 型壶与 B 型罐的组合,组合完整,礼器数量固定,每型多为 2 件或仅有 1 件,共出的模型明器十分丰富,囷的数量常多至 3~5 件,共出的生活明器种类增多,出现了陶仓、方盒、耳杯、盘等新器类和鸡、鸭、猪、狗等,数量有所增加(图 3-4,2)。陶礼器和模型明器表面施铅釉的现象更加常见,有的生活明器表面也施有铅釉。伴出有五铢钱以及昭明镜、四乳四螭镜等(图 3-4,13~17)。

第四期,包括第 10~12 组。室 A 型墓的比例上升至 87%,特别是横列式结构的室 Ab 型墓,墓葬规模不断扩大,墓室券顶结构已渐成熟,平顶结构消失。画像石墓的数量倍增,画像在墓内的分布面积也空前扩大,不仅墓门及各室之门上可见,墓室顶部石梁、墓壁上也可见画像,墓内几乎每石必刻;画像内容也更为丰富,出现了历史人物故事等新题材,并且各类题材的布局基本形成了固定模式;画像普遍采用剔地浅浮雕的技法,图像效果更加醒目。随葬品中 A 型鼎、A 型盒、Aa 型壶、B 型壶组合的衰落更为明显。B 型鼎、Ba 型盒、Bb 型盒、Ab 型壶的组合出现了衰落之势,组合常不完整,尤其 B 型鼎明显减少。模型明器、生活明器种类、数量均有所增长,尤其 B 型囷,在同一组合中常有 5~6 个。动物俑更为流行。各类器物施铅釉的现象更为普遍。陶礼器的器形和装饰日趋简化。伴出有五铢钱及新莽时期铸行的货泉、大泉五十、小泉直一、货布等钱币(图 3-4,20~22),铜镜中以昭明镜居多,镜背铭文内容、构图形式多样,此外还有规矩四神镜等(图 3-4,18、19)。

第五期,包括第 13~15 组。竖穴椁墓消失,室 A 型墓成为主流。画像石墓内画像的分布趋向集中,布局更为稠密,常见一石多幅图像的现象,如桑园路 M132,墓内有画像石 6 块,但有画像 16 幅;英庄墓有画像石 25 块,画像 53 幅;平均每石至少有两幅以上的画像③。画像多采用凿纹减地浅浮

---

① 南阳市文物考古研究所:《河南南阳市辛店熊营汉画像石墓》,《考古》2008 年第 2 期;南阳市文物考古研究所:《河南省南阳市万家园汉画像石墓》,《中原文物》2010 年第 5 期。
② 南阳地区文物队、唐河县文化馆:《河南唐河县石灰窑村画像石墓》,《文物》1982 年第 5 期;南阳市博物馆:《南阳县赵寨砖瓦厂汉画像石墓》,《中原文物》1982 年第 1 期。
③ 南阳市古代建筑保护研究所:《河南南阳桑园路东汉画像石墓》,《文物》2003 年第 4 期;南阳地区文物工作队、南阳县文化馆:《河南南阳县英庄汉画像石墓》,《文物》1984 年第 3 期。

雕的新技法。随葬品中 A 型鼎、A 型盒、Aa 型壶、B 型壶的组合消失。B 型鼎、Ba 型盒、Bb 型盒、Ab 型壶的组合多不完整。模型明器组合中 B 型囷的数量减少,多仅有 1 件。生活明器的种类、数量更为丰富。各类陶俑的数量明显增加,60% 以上的墓葬均有发现,并出现了人物俑(图 3-4,4)。陶礼器表面几乎均有铅釉,器物的制作逐渐粗糙,鼎足及博山式盖的纹样多模糊不清。伴出有五铢钱及规矩五灵镜、多乳禽兽镜、长宜子孙镜等(图 3-4,23~25)。

第六期,包括第 16 组。室 Ac 型墓成为主流。画像石墓中画像的数量明显减少,图案出现了简化趋势,凿纹减地浅浮雕成为唯一的雕刻技法①。随葬品中 B 型鼎、Ba 型盒、Bb 型盒、Ab 型壶的组合消失。高圈足壶以及成组的生活明器、模型明器、陶俑盛行(图 3-4,5)。器物形态日趋简化,制作粗糙。伴出钱币多样,有五铢、半两、货泉、货布、大泉五十以及一定数量的剪轮、磨郭钱(图 3-4,28~32)。铜镜主要饰各类蝠形柿蒂纹(图 3-4,26、27)。

钱币、铜镜可为断代提供重要依据,结合各期其他特点,并综合考虑到前后期的相互衔接以及汉画像石的分期,可对以上六期进行年代的推断。

第一期,出土的半两之"两"字当中"人"字为连山式写法,如九里山 M152:1-1(图 3-4,8),与文帝时期铸行的四铢半两近似②,并未出现五铢钱。"山"字纹镜、竖穴土坑墓都具有战国晚期风格。因此可推知第一期大约相当于武帝铸行五铢之前的西汉早期。

第二期,出土钱币多为五铢钱,其钱文清晰,文字风格主要有两种。一种"五"字竖划较缓曲,"铢"字金头似三角形,如九里山 M95:3-1,与武帝时期所铸三官五铢接近(图 3-4,11)③;另一种"五"字略显消瘦,"铢"字金头尖锐,如平高台 M5 所出与西安出土昭帝"元凤四年造"及宣帝"元康二年八月乙未造"钱范相似(图 3-4,12)④。出土的日光镜、星云纹镜,都是武帝时期出现的镜型⑤。综上可以判断第二期大约处于武帝元狩五年之后到昭

---

① 有关画像雕刻技法的发展参见信立祥:《汉画像石的分区与分期研究》,《考古类型学的理论与实践》,文物出版社,1989 年,第 255~261 页。
② 襄樊市文物考古研究所、武安铁路复线九里山考古队:《老河口九里山秦汉墓》,文物出版社,2009 年,第 143 页;孙机:《汉代物质文化资料图说(增订本)》,第 100 页。
③ 襄樊市文物考古研究所、武安铁路复线九里山考古队:《老河口九里山秦汉墓》,第 261 页;蒋若是:《西汉五铢钱断代》,《秦汉钱币研究》,第 101~114 页。
④ 蔡永华:《解放后西安附近发现的西汉、新莽钱范》,《考古》1978 年第 2 期;河南省文物考古研究所、南阳市文物考古研究所:《河南方城县平高台遗址汉墓发掘简报》,《华夏考古》2007 年第 4 期。
⑤ 孔祥星、刘一曼:《中国古代铜镜》,第 74 页。

宣时期，即西汉中期。

第三期，出土钱币除三官五铢、昭宣时期五铢外（图3-4,15、17），还出现了一种"五"字放宽、竖划缓曲较平行的五铢钱，如陈棚M68：35，文字风格类似元帝"建昭五年"钱范①（图3-4,16）。出土的昭明镜、四乳四螭都具有西汉中晚期风格，如审计局M69：6，连峰式钮，内圈连弧纹外圈铭文，此类风格兴起于西汉中期，流行下限可至新莽时期（图3-4,13）。万家园墓出土四乳四螭镜，四枚大乳钉中安排四组变形蟠螭纹，此类风格流行于西汉晚期②（图3-4,14）。此外，画像石墓中画像的位置、图案及雕刻技法也具有早期画像石的风格③。综上，第三期的年代大约在元帝之后的西汉晚期。

第四期，其中唐河冯君墓石刻纪年为王莽始建国天凤五年。此外，该期出土钱币除元帝时期五铢外（图3-4,20），大多是货泉、大泉五十、小泉直一、货布等新莽时期的货币（图3-4,21、22）。铜镜中的重圈昭明镜、方字昭明镜主要流行于西汉中晚期，规矩四神镜是始建国年间出现的镜型（图3-4,18、19）④。画像石所体现的也正是新莽至东汉早期的风格特点⑤。综合上述，并统筹考虑第五期的年代上限，第四期的年代大约相当于王莽建新至东汉建武十六年。

第五期，出土了钱文风格明显不同于前三期的五铢钱，如拆迁办M3所出与传世的"建武十七年"钱范近似，应属东汉前期所铸"建武五铢"⑥（图3-4,24、25）。出土的规矩五灵镜是东汉初期的新镜型，多乳禽兽镜、长宜子孙镜的兴起则还要略晚，约为明帝时期⑦（图3-4,23）。此外，画像石的配置风格也略晚于前一期⑧。综合以上几点，第五期的年代大约相当于东汉重铸五铢之后的光武、明、章时期，即东汉前期。

---

① 河南南阳市文物考古研究所：《河南南阳市陈棚村68号汉墓》，《考古》2008年第10期；蒋若是：《西汉五铢钱断代》，《秦汉钱币研究》，第101~114页。
② 南阳张仲景博物馆、南阳市文物考古研究所：《南阳市审计局汉墓发掘简报》，《中原文物》2011年第4期；南阳市文物考古研究所：《河南省南阳市万家园汉画像石墓》，《中原文物》2010年第5期；孙机：《汉代物质文化资料图说（增订本）》，第308、309页。
③ 信立祥：《汉画像石的分区与分期研究》，《考古类型学的理论与实践》，第255~260页。
④ 孙机：《汉代物质文化资料图说（增订本）》，第310页；南阳市文物考古研究所：《河南南阳市安居新村汉画像石墓》，《考古》2005年第8期；蒋宏杰、郝玉建、刘小兵、鞠辉：《河南南阳陈棚汉代彩绘画像石墓》，《考古学报》2007年第2期。
⑤ 信立祥：《汉画像石的分区与分期研究》，《考古类型学的理论与实践》，第255~260页。
⑥ 蒋若是：《东汉五铢钱》，《秦汉钱币研究》，第207~231页；南阳市文物考古研究所：《南阳市拆迁办M3东汉墓发掘简报》，《中原文物》2010年第6期。
⑦ 孙机：《汉代物质文化资料图说（增订本）》，第312~314页；刘兴长、张居超：《河南南阳百里奚村汉墓的调查》，《考古通讯》1957年第6期。
⑧ 信立祥：《汉画像石的分区与分期研究》，《考古类型学的理论与实践》，第255~260页。

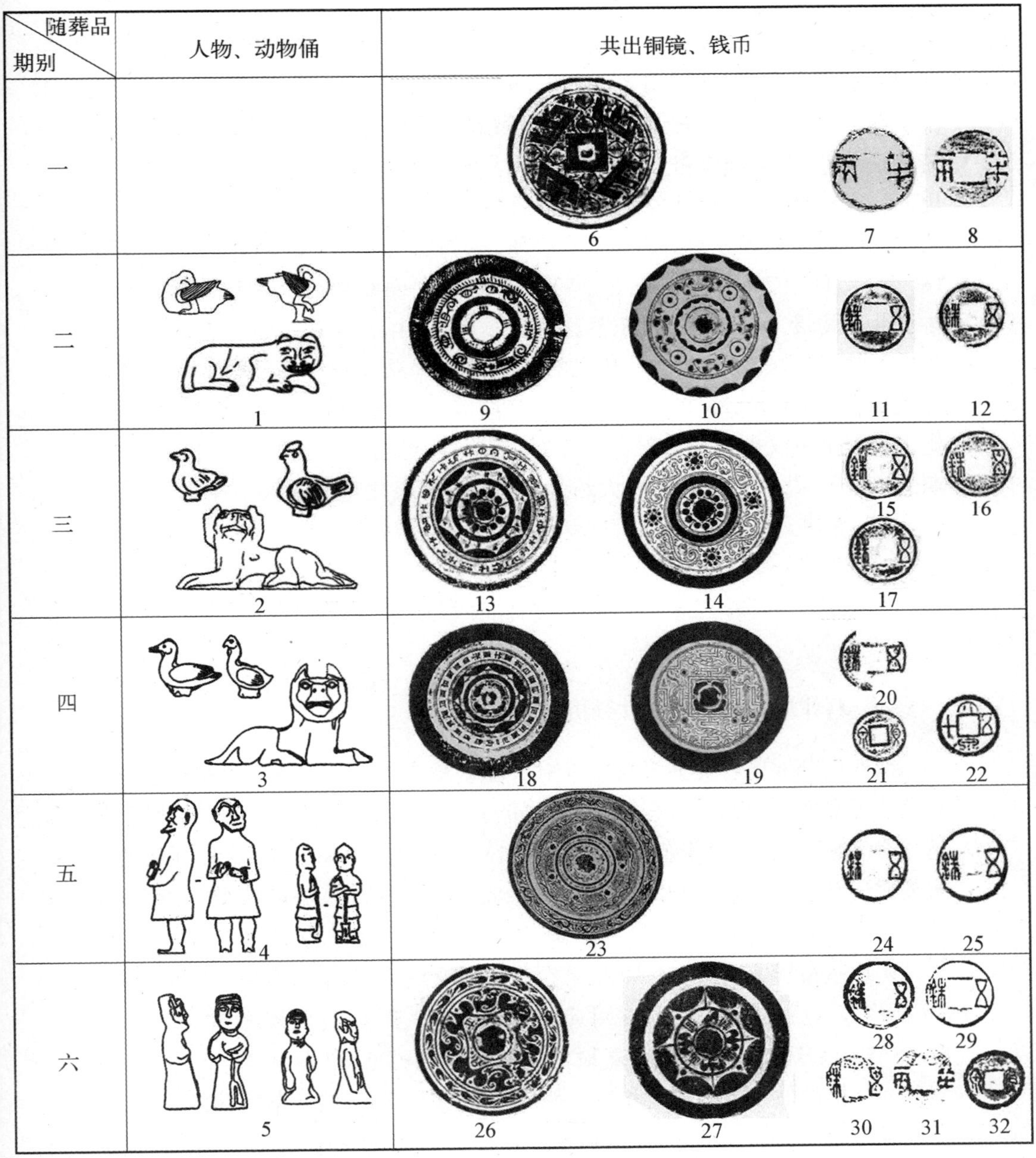

随葬品\期别	人物、动物俑	共出铜镜、钱币			
一		6		7	8
二	1	9	10	11	12
三	2	13	14	15 / 17	16
四	3	18	19	20 / 21	22
五	4	23		24	25
六	5	26	27	28 / 30 31	29 / 32

图3-4 豫西南鄂北汉墓分期图(三)

1. 动物俑(东苑M31:22、13、19) 2. 动物俑(熊营M1:12、10、8) 3. 动物俑(平高台M1:10、9、8) 4. 人物俑(桑园路M132:29、28) 5. 人物俑(防爆厂M62:29、8) 6. "山"字纹镜(一中M36:6) 7. 半两钱(丰泰M37:4) 8. 半两钱(九里山M152:1-1) 9. 日光镜(郑家山M39:14) 10. 星云纹镜(丰泰M356:6) 11. 五铢钱(九里山M95:3-1) 12. 五铢钱(平高台M5:5-1) 13. 昭明镜(审计局M69:6) 14. 四乳四螭镜(万家园墓出土) 15. 五铢钱(陈棚M68:30) 16. 五铢钱(陈棚M68:35) 17. 五铢钱(陈棚M68:36) 18. 重圈昭明镜(安居新村M2:3) 19. 规矩四神镜(丰泰M186:4) 20. 五铢钱(英庄墓) 21. 货泉(陈棚M1:72) 22. 大泉五十(陈棚M1:120) 23. 多乳禽兽镜(百里奚村墓) 24. 五铢钱(拆迁办M3:7-1) 25. 五铢钱(拆迁办M3:7-3) 26. 夔纹镜(防爆厂M208:4) 27. 君宜官位镜(防爆厂M62:51) 28. 五铢钱(防爆厂M62) 29. 五铢钱(防爆厂M62) 30. 剪轮钱(防爆厂M208:23-11) 31. 剪轮钱(防爆厂M208:23-1) 32. 货泉(防爆厂M208:23-5)

第六期,其中襄城茨沟墓纪年为"永建七年正月",即东汉顺帝时期。该期出土钱币有东汉五铢(图3-4,28、29)、西汉半两以及货泉、货布、大泉五十等新莽货币,此外还有剪轮、磨郭钱等(图3-4,30~32)。除部分五铢钱铸造精致外,大多制作粗劣,文字模糊,表现出了此时货制的混乱。从货币史的研究成果看,这种乱象是东汉中后期社会经济状况的集中反映:章帝之后的政治腐败和连年战事导致物资匮乏、物价飞涨。灵帝中平三年(公元186年)铸四出五铢、初平中(公元190~193年)董卓销融五铢铸小钱,"钱益轻薄而物贵"①,人们不肯积蓄这些劣质货币,由此引发了物价飞涨,币值急剧下跌,导致经济崩溃②。共出的各类蝠形柿蒂纹镜,布局繁简不一,但主题突出(图3-4,26、27),属东汉中晚期流行的风格③。画像石的日趋简化也是南阳东汉中晚期汉画像石墓的特点④。综合上述,并统筹考虑第五期的年代下限,第六期的年代大约处于和帝至桓灵之世的东汉中晚期。

第二节 墓葬文化因素属性分析

一、墓葬形制的文化属性分析

豫西南鄂北区各类型汉墓中以室A型墓最为盛行。这类墓葬在墓室一侧设置可多次开启的门实现了墓内空间与外界的联通,改变了自先秦以来墓葬上部封盖、完全封闭墓室的埋葬模式。自西汉中晚期开始,这种开放型的墓葬逐渐取代了密闭型的竖穴木椁墓成为各地汉代墓葬的典型标志,故可称之为汉墓共性因素。

从墓室布局方面看,室Aa型墓在墓室内设隔墙、墓室后端设器物厢;室Ab型墓多间后室横向并列,并对应设置多甬道、多墓门;出现之初的室Aa型、室Ab型墓常以石板封盖墓顶。由这些特性可见,早期室Aa型、室Ab型墓的结构颇似当地战国时设置足厢与边厢的木椁墓;但就墓室功能、墓门开设意图,它们又与分厢木椁墓截然不同。有研究将这种并列墓室的作风

---

① 《汉书》卷二十四《食货志》,第1163页。
② 彭信威:《两汉的货币》,《中国货币史》,上海人民出版社,1958年,第103~108页。
③ 南阳市文物考古研究所:《南阳市防爆厂住宅小区汉墓M62、M84发掘简报》,《中原文物》2008年第4期;南阳市文物考古研究所:《南阳市防爆厂M208汉墓发掘简报》,《中原文物》2012年第3期。
④ 李陈广、韩玉祥、牛天伟:《南阳汉代画像石墓分期研究》,《中原文物》1998年第4期。

归结为汉代合葬之风的盛行,认为是西汉晚期之后大土地所有制迅速发展、家族关系逐渐强化的产物,是汉文化的显著特点①。另外,西汉中期之后室 Ab 型墓中画像石墓的数量大增,这些墓内的石刻画像在早期阶段无论题材还是形式都表现出了对木椁墓中帛画与漆棺画的继承,到西汉末、新莽之后才渐成自身风格,并成为了汉代大庄园经济背景下倡导孝悌、重视厚葬的象征②,也是汉文化的典型标志。综上可见,豫西南鄂北区的室 Aa 型、Ab 型墓应是在本土传统文化的基础上逐渐改良的产物。室 Ab 型墓到了东汉时期甬道、墓门减少,前室变为方形,墓室演变为纵列结构的室 Ac 型墓,这种结构的墓葬与其他地区普遍流行的竖穴砖(石)室墓逐渐趋同,代表着汉文化影响下各地墓葬所形成的共性因素。

竖穴椁墓在豫西南鄂北汉墓中也占有较大比例(图 3-5,2、3)。这种形制的墓葬在战国时期已广泛流行,目前该区发现的战国墓葬均为此类,其中绝大多数为无墓道的椁 Aa 型,如桐柏月河 M4③(图 3-5,1)。仅四座带墓道的椁 B 型,这四座墓均随葬有丰富的青铜礼器、兵器和车马器,其中淅川杨河 M1 的墓主人可确认为楚国封君,徐家岭 M11 的墓主人蘧夫人为大夫级的贵族④(图 3-5,4)。可见,战国时期竖穴椁墓中墓道的有无、数量虽已不再如西周时期严格,但可能仍是墓主身份地位的象征。这种情形在豫西南鄂北西汉的竖穴椁墓中也有体现。椁 Aa 型墓葬墓穴面积较小,葬具虽多已腐朽,但从残存状况看多数仅有一棺,随葬器物几乎均为陶器;而椁 B 型墓内有的采取了积石积炭的防盗防腐措施,如阎杆岭 M38⑤;有的随葬有鼎、钫等青铜礼器,如麒麟岗 M8⑥;有的发现有玻璃器、玉器等贵重的物品,如陈棚 M68⑦。这些现象均表现出了墓主人不同寻常的实力,与东周时期椁 B 型墓的墓主身份大致相当。综合可见,竖穴椁墓应属当地本土文化传统。

---

① 俞伟超:《考古学中的汉文化问题》,《古史的考古学探索》,第 187 页。
② 信立祥:《汉代画像石综合研究》,第 190~198 页。
③ 河南省文物考古研究所、桐柏县文物管理委员会:《河南桐柏月河墓地第二次发掘》,《文物》2005 年第 8 期。
④ 参见曹桂岑:《淅川杨河楚墓》,《中国考古学年鉴(1996)》,文物出版社,1998 年,第 188 页;河南省文物管理局南水北调文物保护办公室、南阳市文物考古研究所:《河南淅川县徐家岭 11 号楚墓》,《考古》2008 年第 5 期。
⑤ 河南省文物考古研究所:《河南淅川县阎杆岭 38 号汉墓的发掘》,《华夏考古》2006 年第 2 期。
⑥ 南阳市文物工作队:《河南南阳市麒麟岗 8 号西汉木椁墓》,《考古》1996 年第 3 期。
⑦ 河南南阳市文物考古研究所:《河南南阳市陈棚村 68 号汉墓》,《考古》2008 年第 10 期。

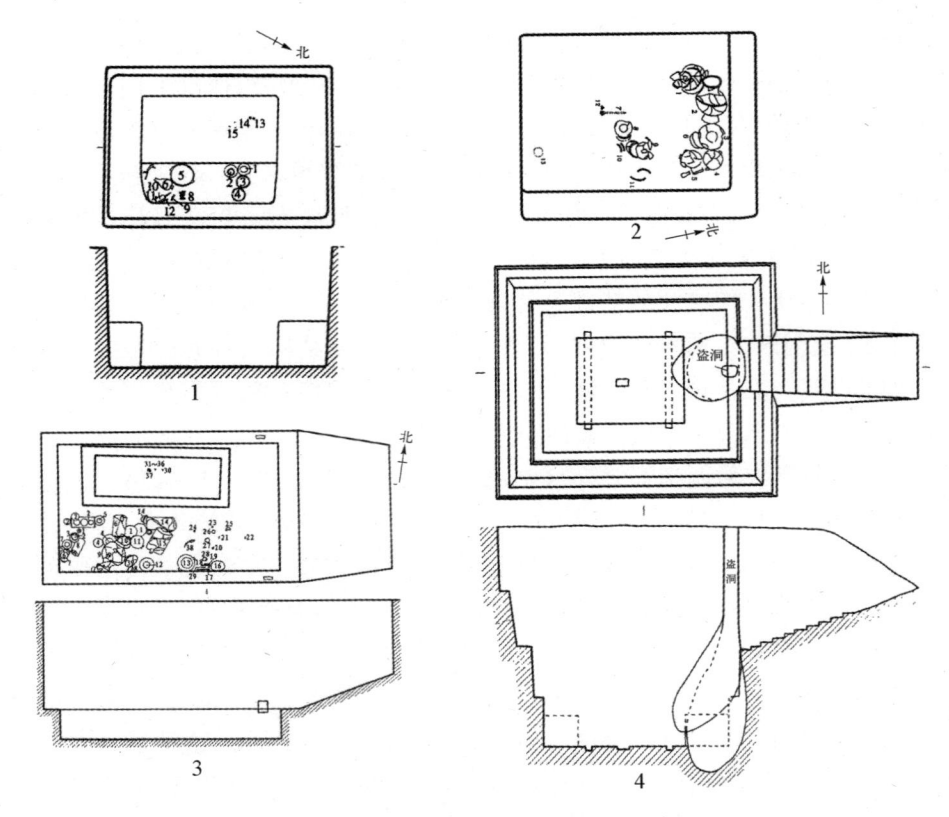

图 3-5　本土传统因素墓葬形制比较

1、2. 椁 Aa 型墓（桐柏月河 M4、烟草专卖局 M7）　3、4. 椁 B 型墓（陈棚村 M68、淅川徐家岭 M11）

二、随葬器物的文化属性分析

豫西南鄂北区汉墓丰富的随葬器物中，A 型鼎、A 型盒、Aa 型壶、B 型壶、B 型鼎、Ba 型盒、Bb 型盒、Ab 型壶等礼器，A 型囷、B 型囷、灶、井、磨、圈等模型明器以及豆形灯、博山炉、方形炙炉、方盒、奁、案、魁、耳杯、盘、碗等生活明器数量多、延续时间长，是代表该区汉代考古学文化的典型器物组合。同时，这组器物也是各地汉墓中常见的随葬品。俞伟超先生认为：鼎、盒、壶等陶礼器的出现是由于秦朝的覆灭去除了关东六国遗民的精神枷锁，带来了"六国文化遗风的复苏"，是汉文化形成期的典型特征；而各种生活明器及模型明器的流行则是西汉中期之后汉文化的新特点[①]。可见，以上这

---

① 俞伟超：《考古学中的汉文化问题》，《古史的考古学探索》，第 180~190 页。

些器物的出现均来自汉文化的影响,故可归入汉墓共性因素。

从器形、装饰等方面考察,A 型鼎、A 型盒、Aa 型壶、B 型壶组合,器物多带有盖面装饰着四叶形钮的弧顶器盖,器物内壁常涂成朱红色,鼎足根部常带有五官清晰的模印人面图案,为后文表述清晰暂将其称为 A 组陶礼器。在器形、装饰上,A 组陶礼器表现出了与豫西南鄂北战国楚文化、秦文化的关联:A 型鼎足根模印图案的作风及器体扁圆、圜底、方耳外侈的特点与荆门包山 M1、淅川毛坪 M25 等战国楚墓出土的鼎颇为相似(图 3-6,1~3)。Aa 型壶肩、腹饰凹弦纹,肩有环耳、腹部圆鼓、圈足较高的特点亦见于包山 M2、毛坪 M25 的壶中(图 3-6,7~9)①。A 型盒从器形和装饰看似源自战

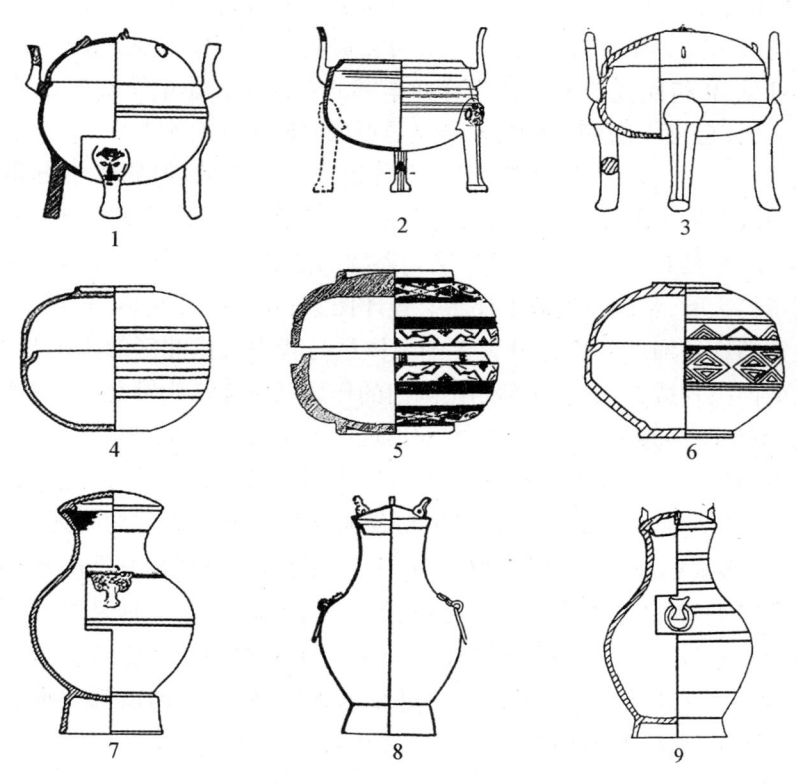

图 3-6 汉墓共性因素比较

1. A 型陶鼎(审计局 M69:11) 2. 青铜鼎(荆门包山 M1:12) 3. 陶鼎(淅川毛坪 M25 出土) 4. A 型陶盒(一中 M36:1) 5. 漆盒(云梦睡虎地 M12:8) 6. 陶盒(南阳五交化墓出土) 7. Aa 型壶(九里山 M161:3) 8. 青铜壶(包山 M2:154) 9. 陶壶(毛坪 M25 出土)

---

① 参见湖北省荆沙铁路考古队:《包山楚墓》,第 26、27、104 页;淅川县博物馆、南阳地区文物队:《淅川县毛坪楚墓发掘简报》,《中原文物》1982 年第 1 期。

国秦墓中的漆圆盒,如睡虎地 M12：8①(图 3-6,4、5)。这种类型的盒在豫西南战国晚期墓葬中常有发现,如五交化储运站战国墓出土陶盒②(图 3-6,6)。因此,A 组陶礼器应是战国时期吸收了楚、秦文化成分而形成的豫西南鄂北本土文化,在汉文化影响下再度复兴,并与汉文化融合。

B 型鼎、Ba 型盒、Bb 型盒、Ab 型壶组合,器物多带博山式器盖,近 40%的器物表面施一层黄褐色或红褐色的铅釉,鼎足多作三熊状,为与 A 组相区别暂将其称为 B 组陶礼器。在装饰上 B 组陶礼器表现出了典型的汉文化风格。博山造型所塑造的"仙山"象征着汉代人崇信的理想世界③,而熊则是汉代人所崇信的驱役辟邪祥兽④,它们都是充满想象力的汉代神仙信仰中的典型形象,是汉文化的重要组成部分;同时,在器表施铅釉亦是汉墓随葬品的通行做法。在器物形态上 B 组陶礼器具有不同于其他地区的独特面貌。可见,B 组陶礼器亦可视为豫西南鄂北在汉文化影响下而形成的本土新生文化,它与 A 组陶礼器的差异仅是形成时间早晚有别。

囷、灶、井、磨、圈等模型明器虽在各地汉墓中常见,但如豫西南鄂北这般从西汉中期至东汉后期始终保持着相对完整的组合形式则较为少见。器形上,灶、井具有不同于其他地区同类器物的独特之处。灶面两端有一高一矮两堵挡火墙,半圆形高墙上还常有模印图案;井身口大底小、方唇外卷,外侧装饰精细纹饰。A 型囷、B 型囷的囷体虽与晋中南豫北区的陶囷相近,但器盖的博山式造型、下腹部刻划出囷门的作风又是豫西南鄂北区所特有的。可见,模型明器亦是受汉文化影响而出现的本土新生文化因素。

豆形灯、博山炉、方形炙炉、方盒、奁、案、魁、耳杯、盘、碗等生活明器,无论形态特征还是装饰风格均表现出与各地汉墓所出同类器的较强一致性,与室 Ac 型墓相同,代表了汉文化影响下各地墓葬所形成的共性因素。

除以上陶礼器、模型明器、生活明器之外,A 型罐、C 型罐是豫西南鄂北汉墓中数量较多、序列完整的器物,两型陶罐各自具有不同于其他地区的独特性(图 3-7,4、1),可见不可能是外来因素,而应是豫西南鄂北本土文化的产物。A 型、C 型陶罐在当地战国中晚期墓葬中已常出现,如淅川毛坪

---

① 陈振裕：《战国秦汉漆器群研究》,文物出版社,2007 年,第 257～300 页;云梦睡虎地秦墓编写组：《云梦睡虎地秦墓》,文物出版社,1981 年,第 30 页。
② 南阳市文物工作队：《河南南阳五交化储运站战国墓》,《江汉考古》1996 年第 3 期。
③ 巫鸿：《汉代艺术中的"天堂"图像和"天堂"观念》,《礼仪中的美术：巫鸿中国古代美术史文编》,第 243～259 页,。
④ 杨孝军：《徐州汉画像石中的瑞兽——"熊"图像考释及其意义》,《四川文物》2011 年第 2 期。

M10、襄阳王坡墓地①(图3-7,5、2)。特征与鄂东楚文化中的典型陶罐十分相近②(图3-7,3、6),应是战国中晚期豫西南鄂北受楚文化影响而产生的器物,但不同于A组陶礼器,A型、C型陶罐中并未见汉文化的影响,是单纯的本土传统因素。

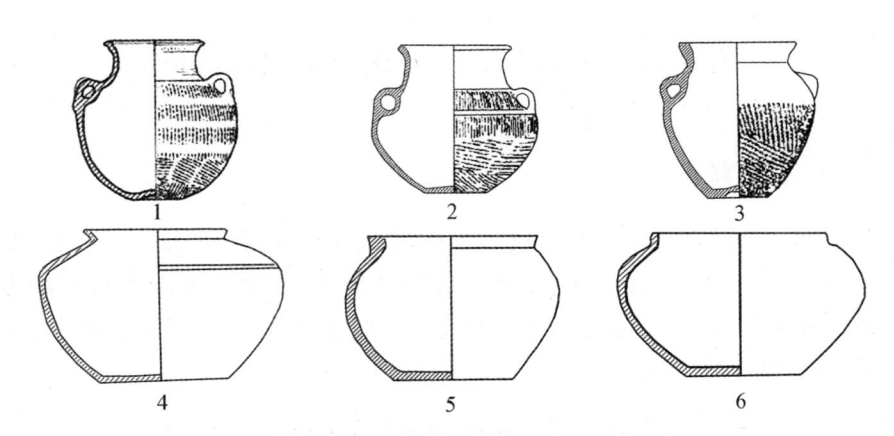

图 3-7 本土传统因素随葬品比较

1. C型罐(九里山 M31∶1) 2. C型罐(王坡 M26∶2) 3. C型罐(天津湖墓) 4. A型罐(程凹墓) 5. A型罐(毛坪 M10) 6. C型罐(麻城楚墓)

此外,该区汉墓中还有部分器物数量有限,使用时间缺乏延续性,它们的出现应不是本地文化自身发展的结果,故可将其统归入外来文化因素。在来源上外来文化因素内涵丰富,从前文论述可知第三至五期出现的 B 型罐、第二期出现的假圈足壶、第六期的高圈足壶、第四期出现的小盖折腹陶盒和方头灶、第六期出现的带井栏的方井,演变特征均与晋中南豫北地区广泛流行的同类器物相同(即晋中南豫北区 A 型壶、Ba 型壶、B 型壶、A 型灶、D 型井);鍪、敛口圜底釜、马蹄形灶则是战国以来关中地区的典型器物;钙釉陶、硬陶技术是江东地区自春秋至东汉几百年间一脉相承的特有工艺。

综上可见,豫西南鄂北区汉墓所含文化因素大致可分为汉墓共性因素、本土文化因素与外来文化因素三组。汉墓共性因素包含了室 Aa 型、室 Ab 型、室 Ac 型墓及各类生活明器。本土文化因素依其形成时间又可分为战国

---

① 湖北省文物考古研究所、襄樊市考古队、襄阳区文物管理处:《襄阳王坡东周秦汉墓》,科学出版社,2005 年,第 165 页;淅川县博物馆、南阳地区文物队:《淅川县毛坪楚墓发掘简报》,《中原文物》1982 年第 1 期。

② 丁兰:《湖北地区楚墓分区研究》,民族出版社,2006 年,第 138 页;孝感市博物馆:《孝感市天津湖战国墓清理》,《江汉考古》1990 年第 2 期;湖北省博物馆江陵工作站、麻城县革命博物馆:《麻城楚墓》,《江汉考古》1986 年第 2 期。

传统因素与汉代新生因素两类,前者包含了椁 Aa 型、椁 B 型墓与 A 型、C 型罐;后者与汉墓共性因素多有融合,包含了 A、B 两组陶礼器、模型明器。外来文化因素中包含了关中、晋中南豫北、江东三类彼此相对独立的因素。

第三节 三类墓葬的文化因素构成分析

一、乙类墓

该区乙类墓的数量很少,仅有南阳麒麟岗 M8、淅川程凹墓、唐河冯君墓及泌阳新客站 M1 等数座,且墓葬多已遭不同程度的盗扰,随葬品破坏严重(详见附录 5-1)。仅能从墓葬形制及残存随葬品对其文化因素构成及变迁作出大致分析(表 3-2)。

表 3-2 豫西南鄂北地区乙类墓各阶段文化因素构成表

期别	汉墓共性因素	本土文化因素		外来文化因素		
		战国传统	汉代新生	晋中南豫北	关中	江东
一	铜礼器、生活明器	椁 Aa 型、椁 B 型墓;A 型罐	陶礼器		铜鋞	
三	室 Ac 型墓;生活明器	A 型罐	不明	B 型罐	铅釉陶	
四	室 Ad 型墓;生活明器	同上	陶礼器、模型明器	小盖折腹盒、方井	同上	
六	室 Ac 型墓;生活明器	同上	模型明器	方井	同上	钙釉陶罐

西汉早期,乙类墓的形制均为继承自本土传统的竖穴木椁墓。随葬品中数量最多、种类最丰富的是融合了汉文化因素而形成的本土陶礼器。日用器中则多为本土传统罐型。外来文化因素的影响有限,主要来自关中。

西汉晚期至东汉,墓葬形制均转变为竖穴室墓。随葬品类型极大丰富,其中陶礼器、生活明器仍占较大比例,新出现了 Ab 型囷、B 型灶等融合了汉文化的本土模型明器。本土传统因素仅在日用陶器 A 型罐中有所体现。外来因素的种类更加丰富,出现了源自豫北的 B 型罐、小盖折腹盒、方井。以及源自关中与江东的两类釉陶器。

从以上有限的墓葬材料中可清晰地看出,汉墓共性因素在乙类墓文化因素构成中的重要地位,由西汉早期与本土因素并重到西汉晚期成为核心因素。

二、丙类墓

丙类墓是该区各类墓葬中数量最多,分布地域最广的一类。密集分布于南阳郡的治所宛县周边地区(详见附录5-2)。

如表3-3所示,墓葬形制方面,西汉早中期,本土传统的椁Aa型墓极为流行。虽然西汉中期出现了代表汉代葬制的竖穴室墓,但传统椁墓的比例仍高达80%。自西汉晚期起,墓葬形制发生了明显转变,室Ab型墓的数量远超椁Aa型墓。至东汉前期传统椁墓完全消失,墓葬形制实现了向汉代葬制的转变。不过,从墓室布局及结构看,西汉晚期至东汉前期流行的室Ab型墓还是与本土传统椁墓颇具渊源。东汉后期随着室Ac型墓的普遍流行,墓葬形制中的汉文化色彩才愈发鲜明。

表3-3　豫西南鄂北地区丙类墓各阶段文化因素构成表

期别	汉墓共性因素	本土文化因素		外来文化因素		
		战国传统	汉代新生	豫北	关中	江东
一	钫	椁Aa型墓;A、C型罐	本土陶礼器			
二	同上+室Ab型墓;生活明器	同上	同上+本土模型明器	假圈足壶、B型罐	铅釉陶	
三	同上	同上	同上	同上	同上	四系罐、硬陶罐
四	同上	同上	同上	同上	同上	
五	同上	同上-椁Aa型墓	同上-本土陶礼器	同上	同上	钙釉陶罐
六	同上+室Ac型墓	同上-C型罐	同上	高圈足壶、方井	同上	铅釉陶

随葬品方面,西汉早中期,融合了本土传统文化因素的A组陶礼器最为多见。西汉中期之后,模型明器、生活明器的种类、数量虽愈发丰富,但在随葬品组合中所占比例仍十分有限,远不及A组陶礼器。西汉晚期起A组陶礼器衰落,B组陶礼器兴起,模型明器与生活明器也更为流行。文化因素构成中本土文化因素,尤其本土传统因素衰落之势明显。东汉前期A组陶礼器消失,至此本土传统文化在葬制层面的影响已消失殆尽。东汉后期,随着

B组陶礼器消失、本土模型明器简化，生活明器成为主流，文化因素构成中本土特色已完全被汉墓共性特征所取代。不过与此同时，在象征日常生活层面的日用陶器中，本土传统的 A 型、C 型罐却始终保持着稳定的状态，足见本土文化对当地日常生活影响之深入。

综合墓葬形制和随葬品两方面，丙类墓的文化因素大致可分为西汉早中期、西汉晚期至东汉初、东汉中后期三个阶段。第一阶段本土传统文化因素影响深入。第二阶段汉墓共性因素成为核心，本土传统因素中的传统成分逐渐淡化。第三阶段汉墓共性因素完全成为主导，汉文化面貌愈发清晰。

三、丁类墓

该区丁类墓数量较少（详见附录 5-3）。墓葬形制的演变与丙类墓相近。从表 3-4 中可以看出，西汉早中期本土传统的竖穴土坑墓流行。西汉中期室 Aa 型墓兴起，但直至西汉晚期墓室券顶结构完善，才得以脱离当地本土文化之影响。随葬品方面，本土传统的 A、C 两型陶罐贯穿两汉，影响不衰。西汉中期，丁类墓受汉文化丧俗影响出现了 A 型囷等少量本土模型明器。东汉之后，随着本土模型明器种类、数量的增加，汉墓共性因素所占比例不断上升。东汉晚期，本土传统器物中仅可见少量 C 型罐，衰退之势明显。而汉墓共性因素则随着生活明器的出现、本土模型明器类型的增加，成为文化因素构成中的主导。

表 3-4　豫西南鄂北地区丁类墓各阶段文化因素构成表

期别	汉墓共性因素	本地文化因素		外来文化因素	
		战国传统	汉代新生	豫北	关中
一		椁 Aa 型墓；A 型、C 型罐			
二		同上	A 型囷		
三	室 Aa 型墓	同上	同上		马蹄形灶
四	同上	同上	同上+B 型囷、灶	方头灶	铅釉陶
五	同上	同上-椁 Aa 型墓	同上	同上	马蹄形灶
六	同上+生活明器	C 型罐	同上 + A 型囷、井、灶		

综上可见，丁类墓文化因素构成的演变基本与丙类墓同步。西汉早中期以本土传统因素为主导。自西汉晚期起，汉墓共性因素成为核心，之后比例不断上升。至东汉后期，汉文化面貌愈发清晰，本土特征仅在个别器物中零星可见。

第四节 相关问题讨论

一、豫西南鄂北区各阶层社会文化变迁

乙类墓主是豫西南鄂北区的权贵阶层。西汉随葬品中的铜礼器以及回廊结构墓室是其身份与地位的象征，也显示出这一阶层对汉代礼制的尊崇。同时，本土传统陶罐以及新生模型明器延续不绝的影响又反映出乙类墓主在日常生活层面完全融入了当地本土文化。墓葬规模方面，西汉早期的麒麟岗M8与新莽时代的唐河冯君墓相差无几。但至东汉晚期，如防爆厂M208等墓规模明显增大。可见，西汉初至东汉初，乙类墓主保持在相对平稳的发展状态，东汉晚期出现了内部分化，其中的部分群体实力急剧膨胀。

丙类墓主的社会地位略逊于乙类墓主，这点从同期乙、丙两类墓葬的规模上即可窥见一斑。如西汉早期的麒麟岗M8与南阳一中M36，均为竖穴木椁墓。前者墓口长9、宽7.42米。后者墓口长仅5.8、宽仅3.8米，规模不及前者一半。乙、丙两类墓葬的文化因素构成均表现出汉墓共性因素与本土文化因素并重的特点。但在所占比例上，丙类墓中本土文化因素所占比例更高，尤其是汉代新生因素。墓中随葬大量陶礼器表现出丙类墓主对其所象征的身份的看重；随葬模型明器之风表明其对汉文化丧俗的接纳；而本土特有的器形则又表明了他们与豫西南鄂北本土文化密不可分的关系。此外，丙类墓中种类丰富的外来文化因素体现出了这一阶层相对开放、文化多元的特点。在墓葬规模方面，除墓葬形制改变带来的规模变化，各阶段丙类墓并无明显差距。东汉晚期丙类墓数量较少，从现有墓葬材料看并未出现如晋中南豫北区般明显的内部分化。

丁类墓墓主是豫西南鄂北地区的普通民众。狭小的墓室、简单的随葬品表现出了这一阶层与乙、丙类墓主社会地位的差距。随葬品中不见陶礼器，突出日用陶器与模型明器也表明他们对生活富足而非礼制身份的关切。西汉中期起墓葬形制的改变表现出了豫西南鄂北民众对汉文化葬制演变的敏感反应，是关东各区中最先完成葬制变革的地区。墓葬规模方面，各阶段丁类墓几无改变表明了这一阶层发展的稳定。

二、豫西南鄂北区汉文化的形成与发展

通过上文对墓葬文化因素的分析可以看出，豫西南鄂北汉墓所包含的

汉墓共性、本土与外来三组文化因素,在汉代不同的历史阶段各有侧重又密切关联,呈现出不同的发展轨迹。以下将各组文化因素所占比例及组合方式作为参考值①,考察其在不同历史阶段的互动、融合,探讨豫西南鄂北区地域文化的发展历程。各组文化因素的内涵及其比例的统计参见表3-5。

表3-5 各类文化因素内涵及其比例 单位:%

项目\比例	墓葬形制			随葬器物						
	汉墓共性	本土传统	外来	本土新生			汉墓共性	本土传统	外来	
	室Aa、Ab型墓	室Ac型墓	椁A型墓	豫北	A组陶礼器	B组陶礼器	模型明器	生活明器	A、C型罐	晋中南豫北	关中	江东
西汉早中期	15.4		84.6		70		23.1	15.4	30.8	7.7	23.1
西汉晚期至东汉初期	74.4	23.3	2.3		38.6	43.2	75	40.9	47.7	18.2	4.5	9.1
东汉前期	72.7	27.3				45.5	81.8	63.6	36.4	27.3	4.5	9.1
东汉后期	50	50					50	100	50	18.2		12.5

从表3-5可见,西汉早中期,各类因素的比例相差悬殊。本土文化因素最具影响力,70%的墓葬随葬有A组陶礼器,并且大多保持了每型器物各二件的完整组合形式,84.6%的墓葬采用本土传统的竖穴椁墓。与之相比,其余各类因素的影响均十分有限。汉墓共性因素在这一时期的偏晚阶段才出现,表现形式也较简单,仅有生活明器,受其影响的墓葬约占15%;丙组中仅有关中因素和豫北因素,受其影响的墓葬仅占23.1%和7.7%。从各组因素的组合方式看,有超过50%的墓葬,墓葬形制为竖穴椁墓,核心随葬品为A组陶礼器;25%的墓葬,墓葬形制为竖穴椁墓,核心随葬品为本土传统的日用陶器;16.6%的墓葬,墓葬形制为竖穴椁墓,随葬品以A组陶礼器为主,同时伴出模型明器与生活明器;仅有8.4%的墓葬,墓葬形制为室Ab型,随葬品为本土模型明器与汉墓共有的生活明器,但这些墓葬在墓室结构、墓内画像石上仍具有诸多与木椁墓的相似之处。综上可见,此时文化因素构成中的主导应是本土文化因素,其中本土汉代新生因素还主要表现为具有明显传统特征的A组陶礼器,其余各类所占比例有限,且均依存于本土文化因素,未形成独立的组合。

---

① 文中讨论的各类文化因素所占比例是指受其影响的墓葬在同期墓葬中所占的比例,忽略器物的个数,如A组陶礼器所占比例=随葬有该组器物的墓葬数量÷同期墓葬总数×100%。

西汉早中期,在文化因素构成中占据主导地位的本土因素中,竖穴椁墓与 A 型、C 型罐均为本土传统文化的延续,A 组陶礼器也是融入了时代共性葬俗的"改良版"本土传统文化。据此推断,在这一历史阶段,豫西南鄂北的本土传统文化并没有因王朝的更迭而中断。相反,推翻秦的统治、随葬陶礼器之风复苏,在一定程度上还助长了当地楚文化遗风的复兴,本土传统文化在墓葬形制及随葬器物等方面得以延续。墓葬结构、埋葬方式以及随葬品组合形式、摆放方式等则在一定程度上传递出了丧葬观念的内涵,可作为这一行为思想层面的表现形式。从这一角度看,西汉早中期,竖穴椁墓完全封闭墓室的埋葬方式,室 Aa 型、室 Ab 型墓与分厢木椁墓形态上的共性,A 组陶礼器稳定的组合形式、固定的器物数量、集中的摆放位置似乎表明,这一时期所传承的本土传统文化不仅是表象层面的墓葬、器物本身,还有它们背后蕴含的传统丧葬理念。此外,西汉中期汉墓共性因素的出现显示出大一统中央集权逐步稳固之后,汉文化对豫西南鄂北区影响力的逐渐增强。同时,本土因素与汉墓共性因素的依存表明,新兴的汉文化并不是一种完全颠覆传统的全新文化,而是新的时代思潮逐渐与当地地域文化整合的结果。

西汉晚期至东汉初期,豫西南鄂北汉墓的文化因素构成发生了明显改变。从各类因素的比例看,本土传统因素明显衰落,本土新生因素与汉墓共性因素增长迅速。墓葬形制中传统竖穴椁墓的比例降至 23.3%,室 Aa 型、室 Ab 型墓的比例升至 74.4%。随葬器物中,本土新生因素中虽有 A 组陶礼器的衰落,但又有 B 组陶礼器代之而起,并且比例可达 43.2%,模型明器的比例也上升至 75%。汉墓共性因素中生活明器的比例由上一阶段的 15% 上升至 41%。外来文化因素整体保持了前一时期的水平,只是其中晋中南豫北因素有所增强,而关中因素略有衰落,新出现了来自江东地区的随葬器物。从各组因素的组合方式看,此时出现了两类不同的组合倾向,18.6% 的墓葬延续了前一时期的组合方式,墓葬形制为竖穴椁墓,核心随葬品为 A 组陶礼器或本土传统日用陶器,此类组合中常伴出外来文化因素中江东因素的器物;81.4% 的墓葬为新组合方式,墓葬形制为室 Aa 型或室 Ab 型,核心随葬器物为 B 组陶礼器、模型明器及生活明器,此类组合中常伴出外来文化因素中豫北因素的器物。在新组合方式中有近四分之一的墓葬中还会同时伴出 A 组陶礼器。由此可见,此时本土文化因素仍为主导,但其中汉代新生因素已超过了战国传统因素,传统因素虽仍有独立组合的情况,但所占比例已很低。

以上分析表明,经过前一阶段的积累,到西汉晚期,汉文化的影响力已在豫西南鄂北逐渐深化,当地战国时代流传下来的传统丧葬观念正在新兴的汉文化冲击下逐渐瓦解。一方面,墓葬结构转向开通,并且各类题材的画像石悄然兴起,墓葬由一个地下空间转变为寄予了美好、具体愿望的来世居所。墓内的石刻画像逐渐脱离传统帛画与漆棺画自成一格,画像中日益丰富的历史故事、祥瑞图像赞颂着以儒家思想为基础的"三纲五常"道德观与"天人感应"世界观①。另一方面,传统的陶礼器成为流于形式的普通明器,代表新时代精神信仰的形象也逐渐融入其中。与此同时,在墓葬的外在表象上,室 Ab 型墓中横向并列的墓室布局、别具特色的器物形态又清晰地显示出了豫西南鄂北鲜明的本土特征。由此推断,汉文化在豫西南鄂北区的推行进程并不是强行压制当地传统取而代之,而是在西汉早中期稳定过渡的基础上,采取了一种渐进改良的方式,A 组、B 组陶礼器的交替以及模型明器、生活明器的快速发展即是这一改良进程顺利实施的体现。此外,豫西南鄂北的汉文化表现出了传统与新兴两种类型,地区间的交流也表现出了不同的倾向。当地传统文化与江东地区的融合度更高,这也许是同属楚国故地,使两者更具文化认同感的缘故;而汉代新兴文化则与晋中南豫北地区这样的汉代政治核心区联系更加紧密。

到了东汉前期,豫西南鄂北区汉墓的文化因素构成又发生了一次明显变化。从各组因素的比例看,本土传统因素中仅有 A 型、C 型陶罐,受其影响的墓葬只有 36%。A 组陶礼器彻底消失,B 组陶礼器出现衰退,随葬完整陶礼器组合的墓葬仅有 7% 左右。与上述各组因素的衰退形成鲜明对比的是汉墓共性因素的迅速发展,生活明器种类、造型日益丰富,所占比例上升了 20 余个百分点,并且有 27.3% 的墓葬开始采用单一甬道、墓门、墓室纵列的室 Ac 型墓。合葬之风日盛。刻有历史故事、祥瑞图案的画像石依然在室 Ab 型、室 Ac 型墓中大量出现,并且画像幅数有所增加。外来文化因素还基本保持着前一时期的水平,晋中南豫北因素影响力持续增强,受其影响而出现的器物更加丰富,影响的范围也更加广泛。从组合方式上看,汉墓共性因素虽然已成为了当地文化中的重要组成部分,但仍未见其独立成组,还是要与本土新生因素共同组合。由此可见,到了东汉前期,豫西南鄂北地域文化的改良进程已基本完成,汉文化的面貌越发清晰明确。这种渐变的进程在东汉晚期彻底结束,半数墓葬为单一墓道、墓门的室 Ac 型墓,几乎所有墓葬的核心随葬器物都是汉墓共性因素中的生活明器。至此,豫西南鄂北区完成了本土文化与汉文化的彻底整合,形成了典型的汉文化面貌。与此

---

① 信立祥:《汉画像石的分区与分期研究》,《考古类型学的理论与实践》,第 255~260 页;俞伟超:《考古学中的汉文化问题》,《古史的考古学探索》,第 188、189 页。

同时,模型明器的简化、粗糙以及币制的混乱也在一定程度上昭示了汉文化已走上日渐衰落的道路。

综合上文的分析,豫西南鄂北区汉文化的形成特征可概括为三点。第一,形成过程大致可分为西汉早中期的孕育期、西汉晚期至东汉初年的成长期以及东汉前后期达到成熟继而衰落的三个阶段。这三个阶段脉络清晰,展现了豫西南鄂北本土文化不断改良最终融入汉文化的历史进程。第二,豫西南鄂北区本土文化与汉文化的整合进程直到东汉后期才得以实现。第三,楚文化、秦文化对豫西南鄂北的传统文化产生了深远影响;晋中南豫北地处汉文化核心区,在该区汉文化形成的过程中具有重要意义。

豫西南鄂北是江汉平原与中原交通的要地。自春秋时代起,取道南阳盆地的方城路和三鸦路就在楚地与中原的军事争夺和经济发展中发挥着重要作用①,因此,豫西南鄂北地区也成为了韩、秦、楚等国竞相争夺之地,秦、楚两国都曾长期占据豫西南鄂北。军事征服带来的人员流动、征服者对于自身文化的强制推行等原因必然会对豫西南鄂北当地的本土文化产生冲击,秦文化和楚文化可能正是在这样的历史背景下融入,逐渐成为了战国时期当地地域文化的有机组成部分。

---

① 王文楚:《历史时期南阳盆地与中原地区间的交通发展》,《史学月刊》1964 年第 10 期。

第四章　下篇小结

　　关东西部是直属中央的汉郡地区,郡级政区设置稳定,与东部王国地区郡、国废置无常的局面形成了鲜明对比。在相对平稳的政治环境中,各阶层的演变轨迹以及考古学文化分区与郡级政区设置之间的关联,是本篇考察汉郡地区文化与政治互动的视角。

第一节　关东西部各阶层的发展与政治变迁

　　综合本篇的论述可以看出,晋中南豫北与豫西南鄂北两区的墓葬面貌虽不尽相同,但同类墓葬的文化因素构成与墓葬规模变迁具有诸多共性。乙类墓文化因素构成相对简单:一方面,汉墓共性因素始终居于重要地位,外来文化因素大多源于政治核心区,显示出这一阶层对汉文化葬制的认同,以及与统治阶层的紧密关联;另一方面,象征日常生活的器物均源于本土文化,又表明了他们与关东西部地域文化的充分融合。东汉晚期部分乙类墓规模的急剧扩大反映出阶层内部的分化。丙类墓的文化因素构成是三类墓葬中最为丰富的,尤其诸多来自东部王国地区的文化因素显示出这一阶层的相对开放。同时,更为多样化的本土因素,尤其是陶礼器所见葬制的本土化,表明了丙类墓主对本土文化更深层的认同。东汉晚期,晋中南豫北区丙类墓出现了如乙类墓般的明显分化,但这一现象并未见于豫西南鄂北区,似乎再次显示了政治中心社会文化发展的特殊性。丁类墓文化因素构成突显出鲜明的本土特色,直至东汉中晚期清晰的汉文化面貌才渐形成。不过,自西汉中期起,丁类墓墓葬结构的转变、随葬品种类的丰富已表明这一阶层对汉文化的认同。墓葬规模上,它们与乙、丙两类墓葬的悬殊差距显示出其底层的社会地位,始终平稳的发展状况则表明了这一阶层的稳定性。

　　关东西部的洛阳在东汉时成为汉朝的政治中心,南阳因帝乡而成陪都,两区政治地位的改变,在一定程度上影响了不同层次考古学文化的发展。与此相对的是西汉首都长安,两汉之际的战乱使其遭受了毁灭性的破坏,东汉迁都又将之降为陪都。比较两地考古学文化在两汉之际的变化可进一步深入了解政治因素对考古学文化的影响。长安汉墓中东汉墓的数量远少于西汉墓,并且墓葬规模大多较小,类似西汉帝陵陪葬墓的大型墓葬未有发现。与关东西部相比,两地墓葬规模的差距十分显著,目前已发现的长安东汉中晚期墓葬中极少数规模稍大者,如中药厂 M14、电信局 M67,墓室全长均未超过 10 米①。而同时期关东西部的茨沟墓、防爆厂 M208 等,墓室全长均可达 17 米以上②,打虎亭 M1 的墓室全长更是超过了 25 米③。此外,在随葬品方面,长安东汉墓中几乎不见玉衣、车马明器以及大型建筑明器等常见于晋中南豫北区乙类墓中的高等级器物。不过,对大多数中小型墓葬而言,长安与关东西部则表现出了较多的共性。首先,墓葬规模相近,未见如乙类墓般的明显差距。其次,墓葬形制方面,虽然长安东汉墓中流行的长斜坡墓道为关东西部所少见,但两地均盛行洞室墓,并且墓室结构、布局也基本相同。再次,随葬品方面,两地东汉墓中均流行一类假圈足较高的陶壶。另外,在器物装饰上两地也表现出了一些颇为近似的风尚,如陶灶灶面的三火眼多呈"品"字形布局并模印食物等图像;陶囷三足常作三熊形;陶井多带井亭与汲水瓶等。然而,长安与关东西部也有部分相近的丧俗在两汉之际出现了不同的发展趋势。如随葬陶囷的作法,长安与关东西部的西汉墓中常见同一组合中随葬多个陶囷的现象,尤以两京地区为盛。东汉之后,这一丧俗在长安汉墓中逐渐消失,六成以上的模型明器组合中仅见 1 件囷。而关东西部的这一丧俗在东汉得以沿袭,三成以上的模型明器组合中有 5~10 件囷,近两成的组合中甚至仍可见 10 件以上的陶囷。与之情况近似的还有铅釉陶,长安西汉中晚期墓葬中随葬铅釉陶之风极盛,不但有彩绘、模印等精美装饰,而且釉陶器的种类也极为丰富,从陶礼器、生活明器、模型明器到各类家禽家畜俑无所不包。关东西部西汉晚期至新莽时期墓葬中亦常见各类铅釉陶,但数量及装饰均不及长安地区。然而进入东汉之后,由于陶礼器的衰落,两地铅釉陶都出现了简化的趋势,数量亦有所减少。不过,这一趋势在长安东汉墓中表现得更为突出,近五成的铅釉陶组合中仅见假圈足壶一类器物,仅有约 6%

---

① 西安市文物保护考古所:《西安东汉墓》,第 236~240、1063 页。
② 河南省文化局文物工作队:《河南襄城茨沟汉画象石墓》,《考古学报》1964 年第 1 期;南阳市文物考古研究所:《南阳市防爆厂 M208 汉墓发掘简报》,《中原文物》2012 年第 3 期。
③ 河南省文物研究所:《密县打虎亭汉墓》,第 8 页。

的组合还可见五种以上器类。相比之下,关东西部的演变则较平稳,虽然也有四成以上的组合简化为铅釉陶壶一类器物,但仍有超过两成的组合保持了五种以上的器类。如前文所述,陶囷在一定意义上用以象征生后的财富,而铅釉陶的种类、数量也往往与墓葬规模、墓主人生前地位相对应。通过长安与关东西部汉墓的比较可以看出,东汉政治中心的东移对关东西部考古学文化所产生的影响并非文化面貌的急剧改变,而是各阶层均不同程度地强化了象征身份与财富的内容。

将以上关东西部各阶层考古学文化的演变置于两汉政治变迁与历史发展的时代背景之中,考察不同阶层的文化变迁与实力消长,可进一步观察汉郡地区文化与政治的互动。关东西部紧临关中,西汉时为畿辅之地,东汉迁都洛阳,跃升为汉朝的政治中心。关东西部各阶层的考古学文化都较早地表现出对汉文化不同程度的认同。此外,在西汉中期郡级政区调整以及两汉之际政权更迭的重大历史变革中,关东西部的各阶层并未偏离原本的发展轨迹,平稳演进并逐步完成了各自本土文化与汉文化的整合。然而,依乙、丙、丁三类阶层的特性而言,政治因素对其所产生的影响又有强弱之差。处于社会上层的乙类墓主,其文化因素构成中汉墓共性因素始终居于重要位置,外来因素中除关中因素鲜有其他,表现出了与权力中心的联系。丙类墓主最具开放性,尤其西汉中期之后,与东部王国地区的联系从无到有,文化趋于多元。此时正是王国由盛转衰的开始,相对独立的地位被削夺,关东东、西的地域界限淡化。限制汉郡居民留居王国的禁令破除,王国与汉郡之间官吏升迁、商贾往来更为顺畅,文化的交往可能也因此渐趋频密。东汉中晚期豪族势力膨胀,他们或世代为官影响地方政治,或累世商贾控制一方经济,长久以来盘根错节的姻亲关系又使其彼此相联。汉王室的衰微使他们中的部分大族成为了地方权力的实际控制者。东汉首都洛阳与帝乡南阳正是当时豪族聚集的地区[①],尤其京城之地更有可能会聚集起手握权柄控制各级行政机构的豪族大姓,乙类墓以及晋中南豫北区丙类墓在东汉晚期的明显分化即发生于这样的历史背景之中。丁类墓主处于社会底层,文化因素构成的多元化及平稳发展均表明政治因素对其几无影响,他们基本处于一种渐进式的自然演进之中。

---

① 参见黎明钊:《辐辏与秩序:汉帝国地方社会研究》,香港中文大学出版社,2013 年,第 104 页,图 2 "东汉豪族大姓分布图"。

第二节　关东西部的考古学文化格局与汉郡设置

本章据墓葬面貌的差异将关东西部划分为晋中南豫北和豫西南鄂北两个墓葬区,两区的地域文化互有联系又各具特色。晋中南豫北属三晋文化系统,崇信法家,崇尚功利,笃信强权,工商业发达。文化传统深厚,外来文化影响有限。豫西南鄂北曾先属楚,后入韩,终为秦所据,地域传统中楚文化与三晋文化兼而有之。汉初发展相对滞后,之后迅速崛起,成为农业、手工业、商业及儒学繁荣的经济、文化中心。西汉晚期这里率先在墓葬形制方面完成了走向开通的变革。

对比墓葬区的划分与汉初郡级政区的设置,两者既有相合又有差异:一方面,豫西南鄂北大致与汉南阳郡相合;另一方面,晋中南豫北则包含了太原、上党、河东、河内、河南、颍川六郡。不过,从材料丰富的晋西南、豫北两地看,其中所表现出的地域特性与河东、河内、河南三郡的设置颇具相合之处,但又并非契合无间,如颍川与河南两郡,其地并无墓葬面貌与民俗风情的明显差异,但亦分为两个郡级政区。西汉中期开始,随着大一统的强化,关东西部虽未有如东部王国那般频繁的政区废置离合,但也存在着一些析置变动。在这一过程中,以上墓葬区的考古学文化均基本保持在自身稳定的演变轨迹之中,并未出现与之相应的改变。由此可见,汉初关东西部地域文化的差异在一定程度上影响了郡级政区的设置,但并非决定因素。政权趋于稳定之后,其影响力更趋弱化。

结语：汉代郡国分治的考古学观察

公元前202年，刘邦结束了旷日持久的楚汉战争将各地再次纳入统一王朝的管辖，面对当时"废分封立郡县"及"复封建立诸侯"两大潮流，刘邦选择了两大对立潮流的并存，创立了郡国并行之制①，由此在汉王朝的统治疆域内形成了东半部王国与西半部汉郡并立的局面。在两汉四百余年的历史中，王国的兴盛期虽仅有汉初的几十年，之后实力不断衰退、疆域一再缩减，但郡国并行之制，西部汉郡与东部王国并立的局面一直延续到东汉末。关东地区是汉代郡国分治局面的缩影，在这片农业兴盛、经济发达、文化繁荣的土地上，集中了当时全国60%以上的人口。他们的生活、文化已湮没于历史的尘埃之中，但"谓死如生"的生死观使我们今天能够透过墓葬面貌探寻当时不同阶层的社会文化及其发展变迁。前文通过对墓葬形制、随葬品的类型分析，建立起了关东地区汉墓的时空框架以及等级层次。通过对各区汉墓的文化因素分析研究，厘清了不同层次墓葬的文化因素构成及其演变。进而在汉代关东历史变迁的大背景下观察"郡国分治"与考古学文化的互动。一方面，关东东、西两区不同阶层的发展轨迹与郡、国制度演进历程的关系，一定程度上显示出了"郡国分治"对郡、国两区各阶层的不同影响；另一方面，关东东、西两区的地域文化差异及其演变与郡、国政区的划定及其废置离合的关联，又从一个侧面反映出了不同历史阶段社会文化对"郡国分治"所具有的影响力。

第一节　郡国分治与各阶层发展

通过前文对关东东、西两区汉墓的考察，可以看出不论王国、汉郡，墓主生前所拥有的等级地位决定了其对汉文化葬制的反应，等级愈高融入愈早，

---

① 陈苏镇：《汉代政治与〈春秋〉学》，中国广播电视出版社，2001年，第67页。

平民阶层则基本游离于政治因素之外。此外,墓葬规模的变迁也体现出了政治因素对上层社会更为深入的影响。东、西二区甲、乙、丙、丁四阶层考古学文化的演进与实力消长可概括为以下四点:

一、诸侯王在政治、经济方面所享有的权力远超过其他阶层,自西汉中期起,随着中央王国策略的调整,实力虽明显衰落,但在葬制方面始终维持着与帝陵的诸多共性。

二、东、西两区的乙类墓主均在东汉晚期出现了明显分化。但就文化特征与演进历程而言,两区又见差异。东区乙类墓主的文化较为多元,并始终与政治核心区保持着密切的联系;礼制层面几乎均为汉文化共有特性。西区乙类墓主的文化则相对单纯,与关中联系紧密而疏离于东部王国,礼制层面兼具汉墓共性与本土特性。

三、丙类墓主的考古学文化特征及其演进与乙类墓存在诸多共通之处,唯其本土性更鲜明。约自西汉中晚期起,东、西二区的交往增多,文化间的彼此影响加深。

四、丁类墓主是关东地区发展最为平稳的阶层,深受各自本土文化影响。东汉之后相继融入汉文化之中,但各地的完成时间相差很大。整体而言,本土传统越深厚悠久,距离政治中心越远,完成时间越滞后。此外,关东东、西二区丁类墓主的生死观有着较大差别。从统计图表4-1中可见,自汉初至东汉中期,东区丁类墓的平均随葬陶器数量远低于西区①,并且随时

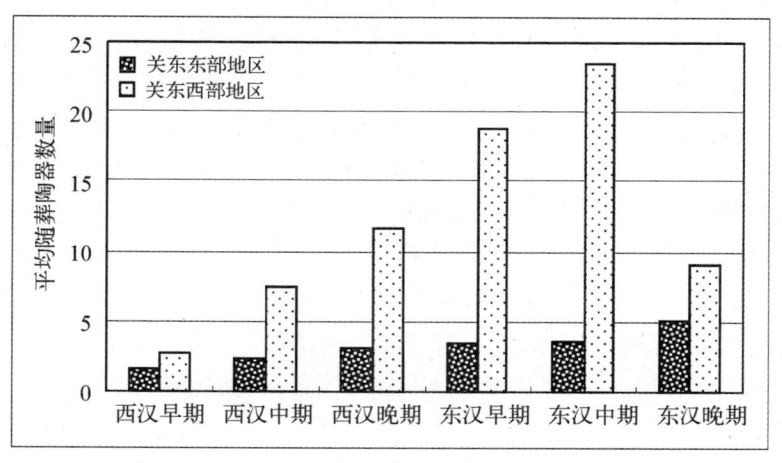

统计图表4-1　关东东、西部丁类墓平均随葬陶器数量比较图

---

① 所谓"平均随葬陶器数量"是将这一地区内所有同一时期的丁类墓随葬陶器相加,再除以墓葬总数,而得到的这一时期丁类墓随葬陶器数量的平均值,用以表示这一地区丁类墓随葬品数量的总体状况。

代发展差距不断加大,直到东汉晚期,才有所减小。可见所谓"厚资多藏"的观念似乎在关东西部影响更深入。

通过以上东、西二区的对比可见王国与汉郡各阶层考古学文化的不同表现。其中与政治变迁基本保持同步发展的是诸侯王阶层。在汉代的爵制中他们是仅次于皇帝的"有土之爵",汉初"宫室百官同制京师"[①]。甲类墓仿效帝陵的陵园布局,丰富多样的礼器、生活明器无不显示着墓主生前至高荣耀的政治地位与奢华考究的起居生活及其对汉文化的深度认同。西汉中期之后,墓葬规模的减小印证了王国综合实力的衰退。东部各国不但疆域一再缩减,而且政治上由"自置吏"、"得赋敛"的独立实体转变为毫无作为的普通郡级政区[②]。然而,即便如此,甲类墓的规模依然是其他阶层难以企及的,其特权地位可见一斑。这种特权地位在正史及出土简牍中亦不乏相关记载,如诸侯的后妃制度仅次于皇帝,远超列侯,在称谓上诸侯正妻称王后,长子亦可称太子等。

乙、丙两类墓主是关东社会中的中上层群体,他们生前的政治地位与财富得益于王朝的统治者,"谓死如生"的生死观又使其极力想将生前所享有的一切延续至生后世界。墓中依汉文化葬制而变的墓葬结构,象征身份的礼器,供给富足生活的生活明器与模型明器反复印证着这点。日常生活层面根深蒂固的文化传统以及生活中自然、人文环境等因素又将其与关东的本土文化紧密相连。严耕望先生以"郡以仰达君相,县以俯亲民事"概况郡、县职能[③],这或许也在一定程度上影响了乙、丙两类群体的文化倾向,是更多倚助权力核心还是深入植根地方。近年有学者从尹湾汉墓简牍的研究中提出了东海郡长吏可分为郡中士大夫与县中士大夫两阶层的观点。并指出郡中士大夫多由中央属吏转任,借由此实现中央王朝对郡县的有效管理[④]。虽然从考古学文化中还无法将乙、丙两类墓主与"郡中士大夫"、"县中士大夫"相对应,但至少从文化因素构成所显示出的特征可以看出乙、丙两类墓主中很可能即包含了这两阶层的成员。此外,关东东、西部政治环境的差异又使得两区乙、丙两类群体各具特性。关东东部政治变革频繁。汉初王国相对独立,加之禁止汉人擅居王国等律令的限制,一定程度上阻隔了东、西两区上层社会的交往。景帝中期起,王国转衰,政治独立性逐渐破除,转而

---

① 《汉书》卷十四《诸侯王表》,第394页。
② 周振鹤:《西汉政区地理》,第16页。
③ 严耕望:《中国地方行政制度史甲部:秦汉地方行政制度》序言,中研院史语所,1997年,第4页。
④ 黎明钊:《辐辏与秩序:汉帝国地方社会研究》,第146~169页。

成为与直属汉郡相当的地方政区,中上层社会与政治核心区的关系由此日益强化。武帝之后王国大小官吏均由中央任免。东部地区这些社会中上阶层的生前荣耀源于汉王朝,此时在生后的墓葬中彰显这一切时自然也不再依靠各地传统葬制,而是顺应汉朝礼仪规范的汉文化葬制。关东西部除个别郡界略有调整之外,终汉一代郡级政区几乎鲜有变动。西部之中的三河是汉代的政治核心区,同时也是汉文化的中心。受此影响,关东西部在西汉中期率先开启了葬制变革的进程,面对深厚的本土文化,渐进改良的方式应运而生。两汉之交的权力更迭中,豪族势力迅速膨胀。东汉后期,外戚与宦官之争击垮了汉王室的权威,"赵魏豪右,往往屯聚"[1],"西州豪右并兼"[2],豪族大姓成为了地方的实际控制者,其中有人甚至可"收税与封君比入"[3]。在这样的背景下,乙类墓主与政治核心区的丙类墓主中有人因生前实力的膨胀,拥有了超越自身原本等级的丰厚资源,并希望借由墓葬将其延续至生后世界。

丁类墓主是汉朝统治的基础,中央王朝通过严格的户籍制度将他们牢牢地控制在土地上。他们是关东两汉历史变迁中发展最平稳的阶层,世代生活在同一片土地上,充满着对本土文化的执着。"郡国分治"以及一系列的地方行政制度变革并未使其偏离自身文化演进的历程。在各自本土文化以及长期以来形成的民情风俗影响下进行着各自的文化整合进程。关东东、西二区丁类墓在随葬品数量方面显著的差异,应代表了两地不同的埋葬观念。虽然,汉代文献中多有厚葬与薄葬的争论,但对于丁类墓主这般普通百姓而言,厚葬还是薄葬的哲学思考恐怕过于高深。这场知识界关于生死观的辩论也许并不及根植于民间的地域风俗所产生的影响[4]。传统文献中往往将关东东部描述成文化传统深厚、儒学盛行、崇礼重义的传统社会;而关东西部则弥漫着追逐功利、轻视功名、崇尚财富的风气。当他墓葬中器形多样、数量丰富的罐类存储器及囷、仓等模型明器往往都是财富的象征,虽然它们不一定是关东西部地区平民阶层现世生活的写照,但长期受当地风俗浸染的普通百姓也渴望着来世能够拥有更多的财富。

---

[1]《后汉书》卷七十九《酷吏列传·李章传》。
[2]《后汉书》卷七十六《郭陈列传·陈宠》。
[3]《后汉书》卷二十八《桓谭冯衍列传·桓谭》,第958页。
[4] 余英时先生在《东汉生死观》一书中对思想史领域的薄葬与厚葬进行全面论述之后,指出两汉的丧葬形式实为一个实际的生活问题,上至皇帝下及百姓均将死后世界当作现世的延伸,除个别知识界人士的极端行为之外,厚葬之风日盛(参见氏著,联经出版事业股份有限公司,2008年,第101~141页)。

综上可见,政治层面的郡国分治虽仅存于汉初的数十年间,但分封制始终未除,郡、国两地的考古学文化在两汉四百余年的历史变迁中呈现出了不同的轨迹。中上层社会均不同程度地受到了政治环境变动所带来的影响。

第二节　东西分异与郡国异制

通过前文论述,可以看出关东东、西两地考古学文化存在着地域差异。东部的三个墓葬区各具特色,墓葬形制、随葬品类型的地域差异显著。西部两个墓葬区亦在墓葬形制上有所区别,但埋葬空间转向开通的理念相似;随葬品形态多有不同,但组合形式相近,追求来世富足的观念相同。此外,从关东的历史、风俗看,东部三区曾分属燕、赵、齐、楚等不同文化系统[1]。冀中南、鲁北两区风俗迥异,鲁南苏北皖北豫东之中还有东楚、西楚与邹鲁、梁宋之分。而西部二区均曾受三晋两周文化之强烈影响,风俗尚功利、轻功名。前文上、下篇的论述也显示出汉初王国疆域的划定、郡级政区的设置与关东东、西部的地域文化差异存在关联。从东、西两地考古学文化地域差异的程度看,似乎东部王国地区的差异更为显著,而西部汉郡地区的共性稍多。关东地区所见王国与汉郡的分野以及郡、国之内的政区区划均显示出与不同层次墓葬区之间的契合,汉初郡国制中的社会文化影响力可见一斑。

这种推论亦可在汉代文献中得到佐证。如《史记·齐悼惠王世家》载高祖封刘肥齐王时,曾以"民能齐言者皆予齐王"为原则划定齐域。东汉桓帝时期的巴郡太守但望所著《分巴郡疏》中则更为明确地指出分郡方案应兼顾自然、风俗与经济。"江州以东,滨江山险,其人半楚,姿态敦重;垫江以西,土地平敞,精敏轻疾。上下殊俗,性情不同。敢欲分为二郡,一治临江,一治安汉,各有桑麻、丹漆、布帛、鱼池、盐铁,足相供给,两近京师"[2]。在此之前的西汉晚期,王莽也表达过类似思想,"臣又闻圣王序天文,定地理,因山川民俗以制州界"[3]。由此可见,这种在政区设置时综合考量自然地理、人文传统的思想汉已有之。

此外,近20年来有关汉初王国问题的研究也有诸多论述可与汉代关东

---

[1] 孙华:《中原青铜文化系统的几个问题》,《中国考古学的跨世纪反思》,商务印书馆有限公司,1999年,第327页。
[2] 《华阳国志》卷一;《巴志》,据[晋]常璩撰、刘琳校注《华阳国注校注》,巴蜀书社,1984年,第49页。
[3] 《汉书》卷七十九《王莽传》,第4077页。

地区考古学文化的研究结论相互印证。如杨宽先生认为,汉初的分封在经济上解决了各地生产力不平衡的矛盾,加快了地区发展,缩小了差距,为中央集权的真正实现提供了统一的基础①。陈苏镇先生指出汉初东、西方区域文化的冲突,以及东方楚、齐、赵三地的激烈对抗是郡国制实施的深层背景②。关东汉墓的面貌也在考古学文化方面显现出了这样的区域文化差异。汉初虽然结束了诸侯割据的分裂局面,但战国时已形成的晋、秦、楚、齐、燕等若干以大国为中心的文化区③,并未因政治的统一而迅速融合。正如解决经济发展的不平衡一样,相同的文化传统、近似的民情风俗也能更好地因地制宜选择有效的治理方式,促进地区发展,正所谓"因民而作,追俗为制"④。因此,在王室根基尚未稳固,社会生产亟待恢复的时代背景下,在文化传统深厚而又差异显著,民情风俗亦纷繁多样的关东东部,基本保持原有的文化分区分封王国,分而治之,集中力量,实施更为有效的管理。同时,又能最大限度地尊重关东各地的文化、传统差异,也避免了如秦般强权统治带来的激烈冲突。而在关东西部,相近的文化传统与民情风俗可能正是汉王朝能够直接对其实行统一管辖的文化基础。刘邦建立帝业的进程中关东西部的韩、魏很快便接受了汉的统治,汉军并未遭遇在关东东部赵、齐、楚等地所受的重重困难⑤,其中可能即有区域文化相对能够兼容的原因。此外,关东西部是毗邻首都的畿辅要地,在军事、政治上的重要意义也决定了汉朝必须将其纳入直接管辖之中以拱卫京师。综合以上分析,也可以说汉初的郡国分治解决了关东地域文化差异显著的问题,加快了地区发展,为中央集权的真正实现打下了统一的基础。

　　西汉中期之后,地域文化的差异依然存在,但其对关东东、西两地的影响出现了明显区别。关东东部政区废置离合,频繁变更,王国疆域与文化区完全脱节。关东西部则较为平稳,考古学文化的分区与汉郡的设置所显现出的对应关系几乎未变。以上差异可能正是出于所谓"政治主导原则",即在地方行政制度的创设和变迁中首先要服从于政治目的和政治需要⑥。对于汉初拥有相对独立的政治与经济特权的诸侯国,当其社会生产繁荣、经济发达之后,它们所占有的千里封域,独立特权就有可能成为威胁中央王朝统

---

① 杨宽:《论秦汉的分封制》,《杨宽古史论文选集》,第130~145页。
② 陈苏镇:《〈春秋〉与"汉道":两汉政治与政治文化研究》,第76页。
③ 孙华:《中原青铜文化系统的几个问题》,《中国考古学的跨世纪反思》,第325页。
④ 《史记》卷二十三《礼书》,第1161页。
⑤ 陈苏镇:《〈春秋〉与"汉道":两汉政治与政治文化研究》,第66~76页。
⑥ 周振鹤:《中国地方行政制度史》,第235~259页。

治的割据势力。"七国之乱"的教训,使得汉朝的统治者更加清晰地认识到了这点,于是开始着手逐步分割王国土地、削弱诸侯特权。在政治主导原则影响下,统治日渐稳固,授土封王更多是基于集权的考虑而非地域文化之差异。对于关东西部,汉初所设之郡,境域有限,郡内官吏皆由中央任免,经济也完全受控于中央,很难形成如王国般的割据力量。在这种状况下,政区频繁的废置并不利于地方的稳定发展。从这个角度看,关东西部政区的相对稳定也体现着"政治主导原则"。

综上所述,汉初的郡国分治有基于关东地域文化差异的考量,但随着中央集权的强化,文化因素对政区设置的影响逐渐减弱,而政治主导原则日益突显。

第三节 地域文化的整合与汉文化的形成

本文将广泛存在于汉代统治疆域内的墓葬形制、随葬器物统称为"汉墓共性因素",其内涵包括了竖穴室墓(即室 A 型墓)、各类生活明器以及随葬礼器、模型明器之风。其中既有东周已有传统因素的延续又有汉时新兴因素。它们在汉代得以广泛流行,并逐步取代了各地原有的本土文化,使汉墓面貌趋于统一。

从形成过程看,竖穴室墓出现于西汉中期,豫西南鄂北区是其最早产生之地,也是其发展最为迅速的地区。自西汉中期开始,豫西南鄂北区的乙、丙、丁各类墓葬中都出现了顶部为拱券形结构的竖穴砖室墓,比例高达42.86%,到西汉晚期其比例超过了70%。然而,从墓室的构筑技术看,豫西南鄂北区西汉早期均为竖穴木椁墓,并没有出现使用砖筑椁室的先例。同时,木板从上方平顶封堵的方式也与起券的墓顶构筑技术相差甚远。因此,这种最先在豫西南鄂北区流行起来的券顶竖穴砖室墓很可能并不由其本土的竖穴木椁墓直接演变而来。有研究从墓葬构筑技术角度出发,认为这种券顶的砖室结构很可能是先出现在洞室墓中,之后才逐渐移植入竖穴墓中①。洞室墓的开凿方式不同于竖穴墓,它是在竖井式墓道的底部垂直于墓道的方向开凿洞穴,之后再在洞穴内放置棺椁或砌筑平顶、券顶的砖室,洞口以木板、石板封堵或者安装墓门,其侧面封堵洞穴的方式以及可

---

① 此观点参见杨哲峰:《汉墓结构和随葬釉陶器的类型及其变迁》,北京大学考古文博学院博士学位论文,2005 年,第 125 页。

开启的墓门似乎标志着墓内空间已向开通型转变。从出现时间看,洞室墓略早于竖穴室墓,战国晚期已在关中与关东西部相继出现。进入汉代,以洛阳为中心的晋中南豫北区是洞室墓分布最密集的地区之一,西汉中期出现了洞穴券顶砖室墓。若排除洞穴与竖穴的差异,单从墓室结构、布局来看,豫西南鄂北流行的竖穴券顶砖室墓与晋中南豫北流行的洞穴券顶砖室墓非常近似,尤其自西汉晚期起,部分洞室墓的墓道由纵向竖井转变为横向斜坡。如洛阳南昌路92CM1151与襄城茨沟墓,虽前者为洞室墓后者为竖穴室墓,但两者在墓道形制、墓室结构布局等方面都极为近似,所不同的仅是前者墓室建在洞穴中,而后者墓室建在竖穴土圹中。另外,从墓葬结构和功能上看,洞室墓已经迈出了密闭型椁墓向开通型室墓转变的第一步,随着墓道向斜坡式发展,这一转变更加彻底,而开凿洞穴还是竖穴来构筑墓室很可能只是由于各地地理状况的差异。因此,如果将竖穴室墓所体现出的墓葬空间转向开通的变革作为汉文化的一大特点,那么除了豫西南鄂北,盛行洞室墓的晋中南豫北无疑也应算作率先完成这一墓制变革的地区。

关东地区汉墓的随葬礼器组合以鼎、盒、壶最为常见,此外部分地区的礼器组合中还有盘、匜。汉代,各地墓葬中均能见到这套礼器组合,尽管各地器形各异,但以这套器物随葬的葬俗是各地汉墓所共有的。俞伟超先生认为这种葬俗的出现是由于秦朝的覆灭去除了关东六国遗民的精神枷锁,所以带来了"六国文化遗风的复苏"①。然而,此时这套礼器所蕴含的意义可能已不同于东周时期。盘、匜的功能有所扩展,不但可作盥洗器具,盘还可盛食,匜也可注酒。此外,礼器在墓中的摆放也不见周礼中的规制。因此很难说它们还是否具有严格的礼制意义,也许更接近日用器皿。从这个意义上看,汉墓随葬礼器的习俗只是"六国文化遗风"在形式上的复苏,在丧葬观念上并没有回复到战国时期的周礼传统,而是向着逐渐世俗化、生活化的方向发展。

关东地区的随葬模型明器种类丰富,常见的有储粮的仓、囷、仓楼、汲水的井、庖厨的灶、饲养牲畜的圈、加工谷物的磨、碓等,形象展现了汉代的庄园生活。与前文论述的礼器情况近似,虽然各地随葬模型明器的类、型不尽相同,但以模型明器随葬的习俗确是各地汉墓所共有的特征。将日常生活中的设施微缩成陶明器随葬在春秋晚期已出现,如春秋晚期的秦墓中就有

---

① 俞伟超:《考古学中的汉文化问题》,《古史的考古学探索》,第184页。

了陶囷。至迟在秦代,陶灶又最先出现在了关中秦墓中。因此,有研究认为汉代的模型明器正是继承于秦文化①。西汉首都长安即位于秦文化的中心,汉代模型明器的广泛流行在一定程度上可能也与政治核心区文化的强大辐射力有关。这些成组的陶模型形象展现了不同社会阶层的日常生活场景,也增添了汉墓随葬品生活化、世俗化的气息。

耳杯、案、魁、灯、奁、熏炉等生活明器也是各地汉墓中常见的一套典型器物。这组器物虽不具有传统礼器那样的等级意义,但其数量、种类的多少以及装饰的精美程度往往能够与墓葬等级相对应。因此,它们在一定程度上也反映了墓主生前的经济能力与地位,从不同侧面表现出了各阶层的世俗生活面貌。这些生活明器中有的源自战国列国文化,如筒形樽、耳杯、案、钫、镣承继自楚文化,茧形壶源自秦文化。有的为汉代新兴之物,如铩镂、盆形樽、铚、魁、灯等。

汉墓共性因素中表现出的对生后财富与享乐的追求,已与东周时期重"礼"、突出表现生前政治地位的丧葬观念完全不同。这种集体意识的转变成为了汉文化的时代特征。在文化传统、社会风俗多样的关东地区,政治统合之后的移风易俗并非一蹴而就,而是因各地差异逐步完成。在墓葬形制方面,率先完成墓制向开通型转变的地区是紧临政治中心的关东西部。关东东部葬制的变革则是自西向东推进。冀中南与鲁南苏北皖北豫东两区均在西汉晚期的甲、乙两类墓中开启了变革的进程,但完成时间略有早晚,前者完成于东汉早期,后者在东汉中期才彻底实现转变。而鲁北区则更为滞后,直至东汉晚期才得以完成葬制的变革。随葬品方面,礼器中虽已难见"藏礼于器"的传统观念,但在形式上仍代表着汉代"礼制"。西汉时期,随葬礼器之风普遍盛行于关东各地,东汉之后相继消失。但就流行状况而言,西部与东部表现出了较大差异。西部二区直到东汉早期依然保持着相对完整的礼器组合。而最东部的鲁北区自西汉中期之后除个别高规格墓葬已几乎不见礼器。与礼器所代表的旧传统互为补充的是模型明器、生活明器所代表的新观念,无论形式还是内涵均表现出了汉代人重视来世生活的丧葬观。关东地区大多在西汉早中期兴起这种新风尚,西汉晚期之后日渐盛行。在流行进程中也显现出了如礼器般的东西差异。关东西部二区的模型明器组合中着力强调陶囷,同一组合中常有三五件,有的甚至有20余件。如下篇第二章所述,囷可能象征财富,表达了对生

---

① 滕铭予:《秦文化:从封国到帝国的考古学观察》,第160页;赵化成:《秦统一前后秦文化与列国文化的碰撞及融合》,《苏秉琦与当代中国考古学》,第628页。

后富足生活的憧憬,是汉代丧葬新观念的体现。此外,在东汉之后模型明器组合普遍出现器类简化的背景下,豫西南鄂北区直至东汉后期依然能够保持囷、灶、井、圈、磨的完整组合形式,也可见这种"新观念"在关东西部影响之深。而鲁北区则与之截然相反,西汉晚期才在高等级墓葬中零星出现了灶、井的身影,但直到东汉后期依然未见模型明器的广泛流行之势。

通过以上分析,基本可为汉文化在关东地区的发展勾画出一条自西向东的路线。西汉的政治中心位于关中,对比关中地区汉墓共性因素的发展,可以看出其与关东西部间的诸多联系。在墓葬形制方面,龙首原墓地文景时期的洞室墓中既已出现了斜坡墓道,可见这里更早便开启了墓葬向开通转变的进程。随之,在武帝时期,长安汉墓中出现了券顶砖室墓,新莽之后又出现了穹窿顶墓室。种种现象均反映出长安地区葬制变革发展之快。随葬品方面,关中的随葬礼器之风与关东西部的发展基本同步,只是在铅釉陶技术迅速发展的西汉中晚期,关中汉墓中的铅釉陶礼器较关东西部更为丰富。此外,在模型明器方面,关中汉墓发展更早,文景时期的长安汉墓中就已常见成组的仓、囷、灶。并且,西汉模型明器组合也如关东西部一般,突出陶囷的重要性。如西北医疗设备厂墓地西汉中晚期至新莽时期的模型明器组合中平均有 5 个左右的陶囷。可见,在追求生后富足生活的丧葬新观念上两京地区颇为一致。不过,从下篇第四章的比较分析中可见,东汉迁都之后,这些象征着来世财富的丧葬新风尚在关中汉墓中都出现了不同程度的衰落,其成因与政治中心的转移、地区经济能力的兴衰有着重要关联。

综上所述,广泛存在于各地汉墓中的汉墓共性因素实则可看作考古学中汉文化的主要内涵。因此,可以说汉文化是在综合列国文化的基础上加入新的时代元素组合而成的。在其形成过程中,楚文化与秦文化发挥了重要影响。究其成因,汉初统治集团出自楚地,西汉政治中心位于秦地,似乎显示出了汉文化的形成与汉代权力核心的关联。究其发展进程,又可看到一种自两京向外推进的模式,自西向东影响关东,与关东各地原有的地域文化进行因地制宜的整合,逐渐弥合地域差异,形成统一的面貌。

郡国分治是一个涉及汉代政治、军事、经济、文化等多方面内容的历史问题。本书以考古学的视角,借由关东地区汉代考古学文化的发展历程探讨"郡国制"实行的文化背景,不过是观风一羽。书中所探讨的"社会文化"也有其局限,但从中我们还是看到了文化与政治的紧密联系。关东地区的社会文化在复兴六国遗风的表象中,弥合了地域差异,整合为崇尚世俗生活的汉文化。东、西分异的郡国制也在复行分封古制的名义之下,不断强化皇权,建立起了一套适应集权统治的汉制。关东地区的文化与政治在此番"移风易俗"式的改良中互动发展,平稳而有效、自上而下地完成了统合,实现了汉代广泛的大一统。

若再进而究其成因,从汉代儒家所倡导的治国理想中似乎可窥见一斑。《汉书·地理志》载"凡民函五常之性,而有刚柔缓急,音声不同,系水土之风气,故谓之风;好恶取舍,动静亡常,随君上之情欲,故谓之俗。孔子曰:'移风易俗,莫善于乐。'言圣王在上,统理人伦,必移其本,而易其末,此混同天下一之虖中和,然后王教成也"①。本书所探讨的汉代文化整合与政治统合,其更为深层的内在动力,也许正是源自这种根植于当世人心中的对"天下"及统治天下的王权的认同②。

---

① 《汉书》卷二十八,第 1640 页。
② 关于汉代天下、王权的认识参见渡边信一郎著,徐冲译:《中国古代的王权与天下秩序——从日中比较史的视角出发》,中华书局,2008 年,第 81 页。

附 录

附表1-1 冀中南区甲类墓统计表

名称	年代	墓葬形制	葬具	墓葬大小（米）	陶器	漆木器	铜器	铁器	玉石器	其他	备注
石家庄小沿村汉墓	西汉早期	椁C型	黄肠题凑	墓底14.5×12.4；北墓道14×5.9；南墓道10×7.8	罐3		鼎、铜印、带钩、铃、架、残器座；铜镜	铧	璧	象牙棋子6	墓主可能为赵王张耳
献县M36	西汉中期	椁B型	黄肠题凑	墓道长50余米，墓口14.4×13.8	铅釉陶壶23	木匜、勺、耳杯2（多仅余金属构件）	均已残碎，可能有鼎、盘等		璧2、璜2、耳塞2、环4、鼻塞2、暖人3、佩2、舞人4、带钩2、各种珠饰50	琥珀球、琥珀端兽、银印吉祥语章；金饼、金饰6	墓主可能为河间王后妃，椁外填充青泥
北京大葆台M1	西汉中期	椁B型	黄肠题凑	墓底23.2×18	多为漆衣陶：鼎、壶、耳杯、罐、盘等	床、案、奁、盒、金银钿耳杯（数量众多）等	鎏金铜饰、带钩、簪等大量五铢	数量大，主要是工具、武器	璧、螭虎、玉衣片等	木杖、象牙棋子；20余种纺织品；生禽鸟兽骸骨；车3辆、马11匹	墓主为西汉燕王刘旦，墓葬破坏严重，遗物多已不存

（续表）

名称	年代	墓葬形制	葬具	墓葬大小（米）	陶器	漆木器	铜器	铁器	玉石器	其他	备注
北京大葆台M2	西汉中期	梓B型	黄肠题凑	墓底21×16.2	盆、铅釉陶壶等				璧、螭虎、佩等		墓主为刘旦姜华答夫人，墓葬破坏严重，遗物多已不存
鹿泉高庄M1	西汉中期	梓C型	黄肠题凑	墓口35.3×32.2~33.8；墓底16.2×19.3	鼎3、盒3、壶7、筒形樽2、扁壶、钫、铙镂3、匜3、耳杯、碗4、釜2、盆3、罐12；硬陶罐	案、盘等（多已腐朽仅余铜构件）	鼎、壶3、钫、铙镂瓿、方炉2、灯、勺、药臼、药杵、盘、罐6、匜、车马饰	鼎5、壶11、铁锤、锛头	璧	银盘、银勺；磨石；木人、马俑、船、车3辆、马12匹	墓主为景帝少子常山王刘舜
定县北庄M40	西汉中期	梓B型	黄肠题凑	墓坑31×12.9	鼎、豆、壶、盘、匜、碗、瓶、罐等300余件（其中有部分漆衣陶）	应有大量漆器，但多已腐朽，可辨识的有耳杯、盘、卮等	鼎、壶、盘、盆、灯、弩机等；大量五铢	剑、削等	璧、瑗、佩、璜、环、玉人、王塞等；金缕玉衣1套	车3辆、马13匹、玛瑙饰	墓主为宣帝时中山王刘修
满城陵山M1	西汉中期	室C型		全长57.1，最宽37.5	鼎、壶、罐、瓮、瓿等500余件		鼎、壶、灯、熏炉、盆等	刀、剑、戟、矛、盾、铠甲等	金缕玉衣1套	车数量、马17匹、狗11、鹿	墓主为中山靖王刘胜

（续 表）

名称	年代	墓葬形制	葬具	墓葬大小（米）	陶器	漆木器	铜器	铁器	玉石器	其他	备注
满城陵山M2	西汉中期	室C型		不明	与M1相似，数量稍少		与M1相似，数量稍少		金缕玉衣1套	车4辆，马11匹	墓主为刘胜妻窦绾
定县北庄汉墓	东汉早期	室Ac-2型	不明	墓室全长26.75,最宽20	鼎、壶、盘2、碗10、魁5、方案4、圆案2、耳杯138、勺12、罐7、仓楼、灶、方井、楼	已经腐朽，仅余铜器附件，表面皆鎏金	熨斗2、灯3、器盖、器架、弩机3、矛9、戟5、刀铜饰45；铜镜3；五铢153	刀2、剑、铁镜5	枕、带钩、璧23、豚5、蝉3、眼盖、塞3、龟、玉衣片5169	石板7、研磨器、匕、骨、块3、簪3、金片；银饰	墓主为东汉中山简王刘焉
定县北庄M43	东汉晚期	室Ac-1型	不明	墓室南北长27,最宽13.8	多已破碎，可辨识的有钵、井、罐、方炉、方案、圆案、瓷、方盒、灶、盘、耳杯、猪、狗、鸡等		提梁筒；鎏金车马明器；大量五铢等	铁镜18；错金铁刀、齿轮、链、剑5、刀15、削、斧、钳	座屏、璧、扇面形饰片、璜2、环2、佩2、剑饰若干、玉衣	玛瑙饰、琥珀饰若干、石、猪、羊、案、塞、饰片若干；骨器	墓主为中山穆王刘畅

注：表格中出土器物数量如无特殊说明，则为1件。下同。

附录1-2　冀中南区乙类墓统计表

名称	年代	墓葬形制	葬具	墓葬大小（米）	陶器	漆木器	铜器	铁器	玉石器	其他	备注
南皮芦庄子汉墓	西汉晚期	室A型?	不明	不明			鼎2、壶；鎏金镶玉枕饰2、帐饰5		玉璧4、握2、眼盖		墓葬被严重破坏
邢台南郊汉墓	西汉晚期	椁B型	不明	墓道长8.2；墓穴7.09×2.85	鼎2、壶5；铅釉鼎	仅余鎏金铜附件	鼎、壶、熏炉、盆、铜印；昭明镜	灯、剑	璧、玉衣片20		墓穴南有器物坑，内有一堆动物骨骸，墓主可能为南曲侯刘迁
石家庄北郊东汉墓	东汉早期	室Ac-1型	不明	全长13、最宽4.8	方案、盘、灶、仓、井、猪圈		釜甑、熨斗；五铢18		玉珩、玉衣片79；石塞、石砚、研石		墓主是真定国或常山国贵族
滦县新农村汉墓	东汉中期	室Ac-1型	石木棺	长16.22、最宽11.5	罐8、盆2、盘2、甑、圆案、筒形樽2、耳杯6、勺2、灯4、灶2、仓、灯座、动物俑4；白陶罐		刀；五铢48				该墓早年被盗

（续表）

名称	年代	墓葬形制	葬具	墓葬大小（米）	陶器	漆木器	铜器	铁器	玉石器	其他	备注
蠡县汉墓	东汉中期	室Ac-1型	不明	（含墓道）全长32.55,最宽11.6	鼎,双耳壶,双耳罐,罐,瓮2,盘,三足盘,魁3,勺5,方案4,耳杯3,井,灶	已经腐朽	车马器模型及饰件263	朽烂不辨器形铁器5件	案、玉衣片222	骨:尺笄2,管3,蝉;珍珠3;金珠23,金箔片;银环	墓主可能是蠡吾侯家族成员
满城四道口汉墓	东汉中期	室Ac-1型	不明	全长11.86,宽1.66~1.8	壶,扁壶2,罐4,盆,耳杯3,圆案,魁,径,井,楼,俑			剑,削;铁镜	砺石,石板		
沙河兴固汉墓	东汉晚期	室Ac-1型	不明	全长15.74,宽3.56~3.74	盆2,罐2,耳杯盘,案,圆案,方盒10,盆形樽,方案,勺,圆炉,熏炉;铅釉:方盒8,案4,耳杯,盘,灯3,灶,楼6,圆囷,猪圈2,井2,碓磨,鸡3,狗3,俑5		铜车马器、饰件95	削2,凿,犁,锁	石灯,石球	骨器17;银饰;金珠;铅环	

（续表）

名称	年代	墓葬形制	葬具	墓葬大小（米）	陶器	漆木器	铜器	铁器	玉石器	其他	备注
阜城桑庄汉墓	东汉晚期	室Ac-1型	不明	全长28.36、最宽15.36	盆形樽2、筒形樽、耳杯7、碗2、釜4、盘20、壶、罐9、方盒3、瓷3、方案、圆案6、勺4、魁2、仓；铅釉：圆炉、盘、猪圈、泥塑、楼、器座		五铢4、货泉、无字钱、剪轮钱				
安平逯家庄汉墓	东汉晚期	室Ac-1型	不明	全长22.58、最宽11.63	罐5、盘4、碗杯11、方案、壶、勺2、瓷；铅釉灶；青瓷罐	仅余铜附件	熏炉盖、鉴、金铺首	铁镜；铁条、铁钉			早年即已被严重破坏，墓室壁上有精美壁画
望都南柳宿M1	东汉晚期	室Ac-1型	不明	全长13.75、最宽8.1	屋、猪圈、方盒、瓷、樽、壶、方案、盘、扁壶、罐2、碗、勺2；铅釉：井、炉、狗、灯、熏炉、圆炉		刀、车马器若干；五铢16				墓室被破坏

（续表）

名称	年代	墓葬形制	葬具	墓葬大小（米）	陶器	漆木器	铜器	铁器	玉石器	其他	备注
武邑中角M4	东汉晚期	室Ac-1型	不明	长29.3,最宽11	盆形樽,壶2,扁壶,罐13,盆2,釜2,盘,甑,盒,方案,圆案2,磨,碗6,魁2,勺2,耳杯2,楼,鸡,车害;铅釉:釜,圆炉,磨,井,猪圈,灶,灯,狗2,鸡,俑2	多已腐朽,仅余漆片,铜附件,仅一件漆盒完整	车马器6,部分鎏金;矛;五铢10	镢		铅车马器20余件	

附录1-3 冀中南区丙类墓统计表

名称	年代	墓葬形制	葬具	墓葬大小（米）	陶器	铜器	铁器	其他	备注
燕下都6号遗址M3	西汉早期	椁Aa型	一棺一椁	不明	壶,盒2,罐,俑	半两			
燕下都6号遗址M4	西汉早期	椁Aa型	一棺	3.7×1.25	鼎2,壶,罐,俑,马			玉饰	
燕下都D6T46②M15	西汉早期	椁Aa型	一棺	3.4×1.2	盒2,罐3,马,俑	带钩,管;半两13	权,削	玉饰	

（续　表）

名称	年代	墓葬形制	葬具	墓葬大小（米）	陶器	铜器	铁器	其他	备注
燕下都 D6T31②M8	西汉早期	椁 Aa 型	一棺	4×1.66	盒 2、壶 2、罐 2、马 3、俑 10	带钩；半两 10			
燕下都 D6T46②M14	西汉早期	椁 Aa 型	一棺	3.2×1.4	盒 3、壶 3、罐 3、马、俑 6、陶珠	半两 2	削	玛瑙珠	
燕下都 D6T61②M27	西汉早期	椁 Aa 型	一棺	3.68×1.4	盒、壶、罐 3、俑 4、马				
邢台曹演庄 M1	西汉中期	椁 Ac 型	已朽	3.2×1.24	壶 2、钵 2、车轮 2、俑 4				陶器皆有彩绘
邢台曹演庄 M6	西汉中期	椁 Aa 型	不明	3.7×1.4	鼎、盒、灯；铅釉壶				
邢台曹演庄 M18	西汉中期	椁 Aa 型	一棺	3.3×1.2	鼎、盒、壶 2、罐 2、盆；铅釉：壶、盘	五铢	剑		
燕下都 6 号遗址 M7	西汉中期	椁 Aa 型	一棺	不明	鼎、壶、罐、俑				
定州南关 M55	西汉中期	椁 Aa 型	砖椁	不明	壶 2、罐				被严重破坏
涉县索堡汉墓	西汉中期	室 B 型	木棺	1.9×0.36	罐 10、壶 3、釜甑、铅釉壶 2	车马器 13；五铢 2	带钩	骨饰件	

（续表）

名称	年代	墓葬形制	葬具	墓葬大小（米）	陶器	铜器	铁器	其他	备注
燕下都 M6T51②M17	西汉中期	椁 Aa 型	一棺	3.4×1.1	盒 3、壶	带钩；五铢 8		骨笄	
燕下都 D6T26②M2	西汉中期	椁 Aa 型	一棺一椁	4.06×1.4	鼎 2、盒 2、壶 5、釜、纺轮		锤、弓、铁块、残铁器	磨石、穿孔石器、滑石龟、水晶环	
燕下都 D6T28②M6	西汉中期	椁 Aa 型	不明	4.3×2.1	鼎 2、盒 2、壶 4、罐	削		锡盖；笄、管、水晶珠、琪、玛瑙球 2	
燕下都 D6T69②M26	西汉中期	椁 Aa 型	一棺	4.8×1.6	罐 3	豆 2、铅镞、金、五铢 51	剑、矛	银器 5；长条骨器 13；玉璜	被严重破坏
邢台曹演庄 M4	西汉中期	室 B 型	不明	4.1×1.24	铅釉：鼎、壶 2、盘 2、筒形樽、囷、方井			石磬	
邢台曹演庄 M24	西汉中期	椁 Aa 型	一棺	3.8×1.4	罐；铅釉：鼎、盒、盘 4、筒形樽、薰炉、灯、囷、方井、灶	昭明镜			
定州南关 M50	西汉晚期	椁 Aa 型	砖椁	4.4×1.9	盒 2、壶 3、罐；夹蚌鼎 2				被破坏
邢台曹演庄 M17	西汉晚期	椁 Aa 型	一棺	3.3×1.2	罐 2；铅釉：鼎、盒、盖壶 2、筒形樽、灯、方井、灶	昭明镜；货泉 39、大泉五十	镊		

（续　表）

名称	年代	墓葬形制	葬具	墓葬大小（米）	陶器	铜器	铁器	其他	备注
邢台曹演庄M22	西汉晚期	室B型	一棺	4.22×1.56	盆、罐 4、杯；铅釉：鼎、盒 2、壶 4、筒形樽、盘、熏炉、圆形炉、灯、囷、方井	昭明镜			
邢台曹演庄M25	西汉晚期	椁Aa型	无	3.1×1（残）	罐；铅釉：鼎、盒、壶 2	货泉 2、大泉五十	镢		被M20打破
燕下都M6T29②M7	西汉晚期	椁Aa型	不明	4.5×1.5	壶 2、罐 6、盘 2、盆、碗、瓿、耳杯、勺、釜、囷	釜；五铢 48	锸		
燕下都M6T64②M24	西汉晚期	椁Aa型	无	2.64×1.38	壶 3、罐 2、釜				被盗
燕下都M6T65②M22	西汉晚期	椁Aa型	无	2.92×1.16	鼎、壶 2、罐、盘、盒、筒形樽、釜 2、瓿、钵、勺	五铢 28			被盗
燕下都M6T52②M18	西汉晚期	椁Aa型	无	1.76×1.38	鼎 2、盒 2、壶 4				被盗
燕下都D6T29②M7	西汉晚期	椁Aa型	不明	4.5×1.5	壶 2、罐 5、盘 2、甑、形樽 2、钵 2、耳杯、囷	洗；五铢 48	锸		

（续 表）

名称	年代	墓葬形制	葬具	墓葬大小（米）	陶器	铜器	铁器	其他	备注
玉田大李庄汉墓	东汉早期	室 Ab 型	不明	全长 5，宽 0.83	罐 2、盆 2、盘、钵、甑、灶	灯；铜镜			
安平水泥管厂 M1	东汉早期	室 Ab 型	不明	不明	壶、耳杯			蚌器	损毁严重
安平水泥管厂 M2	东汉早期	室 Ab 型	不明	不明	壶 2、罐 5、方案 2、楼、猪圈、甬、猪				损毁严重
望都南柳宿 M1	东汉早期	室 Ac-1 型	不明	全长 7.9，最宽 2.76	楼、仓、猪圈、灶、熏炉、灯、圆炉、圆案、壶、扁壶、盆、三联碗、镦斗	铜镜	凿 2		
燕下都 W21T75①M4	东汉早期	室 Ab 型	无	长近 7，最宽 2	盘、筒形樽、耳杯、井 2、灶、环、猪、狗				
燕下都北沈村东汉墓	东汉中期	砖室墓？	不明	不明	盘、碗、釜 2、甑、圆炉、圆案、耳杯 3、灶 2、楼、俑 3、鸡、狗、鸭；铅釉：盏 2、盘 5、方案、灯、屋				

（续表）

名称	年代	墓葬形制	葬具	墓葬大小（米）	陶器	铜器	铁器	其他	备注
景县大代庄M1	东汉中期	室Ac-1型	不明	残长10.88	壶2、灯2、圆炉、方盒、盆、盘、熏炉、筒形樽、勺、罐、碗、方案、熏炉、耳杯、器座、猪圈、井2、灶2、仓2、楼、鸡、狗；铅釉：磨、碓、厕、猪	钱币若干		银指环	墓室及甬道均有壁画
保定西北郊东汉墓	东汉晚期	室Ab型	不明	全长8.4	壶、钵、釜、勺、俑、鸡	五铢、货泉、剪轮五铢共50			
抚宁郎各庄M1	东汉晚期	室Ac-1型	不明	南北（含墓道）21.35、东西12.5	盆形樽、筒形樽各2、罐4、釜、圆案、瓢、盆2、盘、甑2、耳杯2、圆炉、灯、仓、灶、楼；白陶罐	五铢若干			
石家庄岳村铺M1	东汉晚期	室Ab型	不明	长（含墓道）17.7、最宽3.7	罐、方案、耳杯2、碗、圆炉、方盒、盖；铅釉熏炉	半两、五铢11、剪轮五铢2、磨郭五铢			

（续表）

名称	年代	墓葬形制	葬具	墓葬大小（米）	陶器	铜器	铁器	其他	备注
燕下都郎井村67LLM1	东汉晚期	砖室墓？	不明	不明	壶、罐3、筒形樽、奁、魁、罐、圆案、甑2、盆2、灯、扁壶、井、磨盘、仓楼、礁房、屋、猪圈、鸡、鸭、猪、狗				
滦南汉墓	东汉晚期	室Ab型	不明	南北7.1，最宽2.9	盆形樽、壶、扁壶、奁、圆炉、方盒、奁、盒、盆、盘、耳杯、勺、釜、罐；铅釉：仓、楼、井、灯				

附录1-4　冀中南区丁类墓统计表

名称	年代	墓葬形制	葬具	墓葬大小（米）	陶器	铜器	铁器	其他	备注
邢台曹演庄M3	西汉早期	椁Aa型	一棺	2.05×0.6	钵2、罐3				
邢台曹演庄M5	西汉早期	椁Aa型	一棺	2.5×1.2	罐				
邢台曹演庄M7	西汉早期	椁Aa型	一棺	2.45×0.6	罐2	半两			

(续表)

名称	年代	墓葬形制	葬具	墓葬大小（米）	陶器	铜器	铁器	其他	备注
邢台曹演庄M8	西汉早期	椁Aa型	一棺	2.8×0.68	罐3				
邢台曹演庄M13	西汉早期	椁Aa型	一棺	2.8×0.9	罐3				
邢台曹演庄M14	西汉早期	椁Ab型	一棺	2.64×1.26	罐	铜镜；印章		石料	
燕下都6号遗址M5	西汉早期	椁Aa型	一棺一椁	不明	罐、釜				
邯郸龙城小区M10	西汉早期	椁Aa型	陶棺	棺1.3×0.25	釜				
燕下都6号遗址M1	西汉早期	椁Aa型	一棺	不明	罐				
邢台曹演庄M2	西汉中期	椁Aa型	一棺一椁	3.44×1.18	钵2、罐3				
邢台曹演庄M9	西汉中期	椁Aa型	一棺	2.5×1	壶、罐	五铢			
邢台曹演庄M10	西汉中期	椁Aa型	一棺	2.81×0.9	罐3	五铢			

（续 表）

名 称	年代	墓葬形制	葬具	墓葬大小（米）	陶 器	铜 器	铁 器	其 他	备 注
邢台曹演庄 M12	西汉中期	椁 Aa 型	不明	2.5×0.8	铅釉陶壶				
邢台曹演庄 M19	西汉中期	椁 Aa 型	一棺	3.4×1.2	罐 3	五铢			
任丘东关 M3	西汉中期	椁 Aa 型	砖椁木棺	不明	罐 3				
任丘东关 M4	西汉中期	椁 Aa 型	砖椁木棺	3.48×0.8	罐 2、釜				
邯郸龙城小区 M13	西汉中期	椁 Ab 型	无	2.1×0.84	钵				
邯郸龙城小区 M15	西汉中期	室 B 型	一棺	3.15×1.1－0.95	罐 3		铁器	石片	
定州南关 M41	西汉中期	椁 Aa 型	砖椁	不明	罐				被破坏
定州南关 M44	西汉中期	椁 Aa 型	砖椁	不明	罐 2；夹蚌罐				被破坏
定州南关 M47	西汉中期	椁 Aa 型	砖椁	不明	罐 2、盆				被破坏
定州南关 M48	西汉中期	椁 Aa 型	砖椁	不明	钵				被破坏
定州南关 M51	西汉中期	椁 Aa 型	砖椁	不明		铜镜；带钩			被破坏

(续表)

名称	年代	墓葬形制	葬具	墓葬大小（米）	陶器	铜器	铁器	其他	备注
定州南关 M52	西汉中期	竖Aa型	砖椁	不明	罐、钵				被破坏
定州南关 M53	西汉中期	竖Aa型	砖椁	不明	罐				被破坏
涉县索堡 M2	西汉中期	室B型	木棺	3.16×1.76	罐3、壶3	五铢			
燕下都6号遗址 M6	西汉中期	竖Aa型	一棺一椁	不明	罐				
燕下都 D6T51②M16	西汉中期	竖Aa型	一棺	3.84×1.1–1.2	罐4、釜、盆	五铢12			
邢台曹演庄 M11	西汉晚期	竖Aa型	一棺	2.34×0.58	罐	铜镜；货泉2			
邢台曹演庄 M23	西汉晚期	竖Aa型	一棺	3.5×1.06	铅釉灯；方井				
邯郸龙城小区 M4	西汉晚期	竖Aa型	砖椁	3.8×1.2	壶5	铜镜			
邯郸龙城小区 M6	西汉晚期	不明	不明	不明	壶3				
邯郸龙城小区 M8	西汉晚期	不明	不明	不明	壶3	大泉五十6；铜铃			

（续表）

名 称	年 代	墓葬形制	葬具	墓葬大小（米）	陶器	铜器	铁器	其他	备注
邯郸龙城小区 M11	西汉晚期	梓 Aa 型	砖梓木棺	3.5×1.5	壶、罐 2、灶、井				
涉县索堡 M3	西汉晚期	室 B 型	不明	不明		大布黄千 3			被盗
燕下都 M6T53②M21	西汉晚期	梓 Aa 型	无	3×0.6	罐 3、盘、釜	带钩	铁削		
河间东文庄 M10	西汉晚期	梓 Aa 型	砖梓	不明	罐 2				
河间东文庄 M6	西汉晚期	梓 Aa 型	砖梓	不明	罐 2、盆				
河间东文庄 M7	西汉晚期	梓 Aa 型	无	不明	罐 2、釜				被破坏
河间东文庄 M5	西汉晚期	梓 Aa 型	无	3.1×1.2	罐、釜				
深州下博 M15	东汉早期	室 Aa 型	无	1.5×1.35	罐 3				
深州下博 M10	东汉早期	室 Aa 型	无	3.2×1.2	罐 3				
深州下博 M7	东汉早期	室 Aa 型	无	3.6×2	罐 3				

(续表)

名称	年代	墓葬形制	葬具	墓葬大小（米）	陶器	铜器	铁器	其他	备注
滦南汉墓	东汉早期	室 Aa 型	一棺	3.84×2.04	壶 4	镳斗、釜甑；铜镜；鎏金铜饰若干		金剑鞘	
邯郸龙城小区 M9	东汉早期	不明	不明	不明	壶				
定州南关 M1	东汉早期	室 Aa 型	不明	不明	壶 2				被破坏
定州南关 M2	东汉早期	室 Aa 型	不明	不明	壶 2				被破坏
定州南关 M3	东汉早期	室 Aa 型	不明	不明	灶				被破坏
定州南关 M6	东汉早期	室 Aa 型	不明	不明	灶				被破坏
定州南关 M8	东汉早期	室 Aa 型	不明	不明	盆				被破坏
定州南关 M9	东汉早期	室 Aa 型	不明	不明	釜				被破坏
定州南关 M10	东汉早期	室 Aa 型	不明	不明	盘、釜、筒形樽	刷柄			被破坏
定州南关 M14	东汉早期	室 Aa 型	不明	不明	勺				被破坏
定州南关 M15	东汉早期	室 Aa 型	不明	不明	方井				被破坏
定州南关 M18	东汉早期	室 Aa 型	不明	不明	盘、灶				被破坏

(续表)

名称	年代	墓葬形制	葬具	墓葬大小（米）	陶器	铜器	铁器	其他	备注
燕下都 G2T4②M2	东汉早期	室 Aa 型	不明	4×2	壶盖、筒形樽	五铢 38、货泉、大泉五十			被盗
燕下都 W21T85①M7	东汉早期	室 Aa 型	不明	3.88×1.92	筒形樽、灶、甑、方形器、仓楼	铜印、环 2；铜镜；半两、货泉 2、五铢 60		石珠 2	
衡水汇龙中学 M4	东汉早期	室 Aa 型	无	残长 2.3、残宽 0.76	罐 2	五铢 2			
燕下都 W21T80①M9	东汉早期	室 Aa 型	不明	4.46×1.76	釜 2、耳杯 2、灶、井				
燕下都高陌村 66LGM1	东汉早期	室 Aa 型	不明	不明	甑 2、耳杯、楼、羊尊、灶 3				
深州下博 M20	东汉早期	室 Aa 型	无	5.05×1.9	方案、耳杯、灶、甑、碓、猪圈				
深州下博 M24	东汉早期	室 Aa 型	不明	4.7×1.95	筒形樽、磨、器座、灶、罐、耳杯、甑、碓、盘、釜、案				
深州下博 M22	东汉早期	室 Aa 型	不明	?×1.55	耳杯、罐、灶、釜、鸡、狗、杵				

（续表）

名称	年代	墓葬形制	葬具	墓葬大小（米）	陶器	铜器	铁器	其他	备注
燕下都 G2T5②M3	东汉早期	室Aa型	不明	4.1×2.35	罐3	五铢		石珠2	
廊坊小崔各庄汉墓	东汉早期	室Aa型	二棺	3.69×1.66	壶6、方盒、方案、耳杯3、井、盆、灶；夹蚌罐	铜镜2；五铢160、货泉			被破坏
定州南关M22	东汉中期	室Aa型	不明	不明	魁、甑				
任丘东关M2	东汉中期	室Aa型	无	不明	壶、罐5				被盗
燕下都 G2T2②M1	东汉中期	室Aa型	不明	3.95×1.85	罐、筒形樽、盘、钵、耳杯2、灶、井	五铢6			
燕下都东兵坻东汉墓	东汉中期	砖室墓？	不明	不明	罐、釜、甑、囷2、灶				
燕下都 W21T74①M5	东汉中期	室Aa型	不明	不明	罐3	铜印；五铢	棺钉		
燕下都 W21T74①M3	东汉中期	室Aa型	不明	不明	盘、猪圈	五铢			
定州南关M28	东汉中期	室Aa型	不明	4.1×2.3	罐、盘2、耳杯2、魁、灶、井				该墓地共有类似单室墓20座

（续表）

名称	年代	墓葬形制	葬具	墓葬大小（米）	陶器	铜器	铁器	其他	备注
文安苏家牌汉墓	东汉晚期	室 Aa 型	不明	不明	筒形樽、方盒、猪、井、铅釉；盆 2、灯座、仓、井、灶、磨 2、鸽 3、鸡、俑 2				
抚宁邴各庄 M3	东汉晚期	室 Aa 型	不明	3.68×2.16	罐、灯				
抚宁邴各庄 M2	东汉晚期	室 Aa 型	不明	不明	筒形樽、器盖、灯				
燕下都高陌村 76LGDBM1	东汉晚期	室 Aa 型	不明	不明	罐 2、盉、井、灶、钵				
燕下都 W21T86①M6	东汉晚期	室 Aa 型	不明	5.5×3.3	罐 4、筒形樽、耳杯 2、盘、釜 2、甑、磨、猪、鸡 3、灶、井、屋	铜镜 2；半两 2、五铢 155	钉		
深州下博 M18	东汉晚期	室 Aa 型	不明	1.28×0.45	罐 3				
定州南关 M20	东汉晚期	室 Aa 型	不明	5×2.1	方案、圆案、井、壶				

附录 2-1　鲁北区甲类墓葬统计表

墓葬名称	年代	墓葬形制	葬具	墓葬大小（米）	陶器	漆木器	铜器	铁器	玉石器	其他	备注
洛庄汉墓	西汉早期	椁 C 型	不明	东墓道长近 100；西墓道长约 40；墓室面积约 35×37 平方米	壶 2，罐	漆：案、盆、耳杯、盒、盘等；木俑仪仗类若干	鼎、盆、匜、勺等 90 余件；铜量 4；铜权 2、铜器、盾牌、兵器 19 件 1 套的编钟，6 套编磬，半两 20			炭化合物；大骨骼、动物骨骼；骨牌一箱鸡蛋；泥丸 10；鎏金、纯金、青铜、铁质、骨质马具、马饰 300 余件并有马 7 匹，3 辆骈骊马大车	墓室周围有祭祀坑和陪葬坑 36 座；主墓室未做清理
窝托村墓	西汉早期	椁 C 型	不明	南墓道长 63；北墓道长 39；墓口 42×41	鼎 14，壶 10，盘 3，匜 2，鎏 4，勺 8，罐 29，釜 3，甑、碗	仅余部分铜质附件	染器 2，勺 12，罐 10，熏炉 2，匜 2，盆 7，壶 10，鈁 3，釜 4，鼎 14，铜镜 5；鎏金铜炉仪、兵器、乐器 5 000 余件	削、铠甲		银盘 2，银盒；殉狗 30；马 13 匹，车 4 辆	封土下北墓道西侧和南墓道东西两侧发现五个随葬坑；主墓室未做清理

（续表）

墓葬名称	年代	墓葬形制	葬具	墓葬大小（米）	陶器	漆木器	铜器	铁器	玉石器	其他	备注
长清双乳山 M1	西汉中期	椁室 B 型	二椁三棺	墓室 25×24.3-5	罐 6	数量很大，主要有几案、樽、奁、耳杯、俑等，但均已腐朽，无法剥剔	鼎 9、壶 8、钫 4、灯 2、盆 2、勺、炉、弩机、铜镜、盘等 100 余件	剑、弩机、镞等	覆面、枕、璧、手握、九窍塞等 50 余件		M1 西侧并列另一座大墓，很可能是济北王夫人
昌乐东圈 M1	西汉中期	室 Ca 型	不明	墓室总面积约 86 平方米	罐 3、碗	皆腐朽严重，器形有案、杯、奁、仓等	鼎盖、灯盘 2；车马饰件及各种附件若干，部分鎏金；铜镜 2；五铢 769	环 3、钩 2	玉舞人 4、玉环 2；石块 12		
淄博金岭镇 M1	东汉早期	室 Ac-2 型	不明	23.6×17.4	鼎 9、筒形樽 2、奁 4、罐 2、甑、耳杯、魁、盒 4、灶、厕、亨堂、圈楼楼 2、享堂、井 2、米碓风车、井 2、俑、构件案 2、壶 3；铅釉：壶、器盖 2、镇墓兽 2、钙釉陶瓷 3	均已朽坏仅存铜附件	豆形灯、雁足灯、带钩、各式附件若干；五铢	铲、锛 3、镰、锸、戟、剑、各式构件 18、残断铁条、鎏金铁块	玉衣片 37、璧 13、环 7、璜、璇、剑首、格、塞 2、玉佩		

附录 2-2 鲁北区乙类墓统计表

墓葬名称	年代	墓葬形制	葬具	墓葬大小（米）	陶器	铜器	铁器	其他	备注
腊山汉墓	西汉早期	椁 B 型	木椁重棺	墓道残长 11，宽 6；墓坑底 25.5×2，盆 2，钵 4（4.8~6）	鼎 7，壶 21，罐 12 瓮	铜权 3，狗项饰 2 组，各式构件若干；半两 13	夯杵、马衔	玉龙；封泥；水晶印章、玛瑙印章	棺椁四周及顶部填充石块
莱芜东泉河村	西汉中期	砖结构室墓？			罐 2				
							矛 15，凿、鼎	玉、璧、环 3，兽形佩、璜 2，蝉、玉衣片 6；铅子弹 36	破坏严重
青岛平度界山 M1	西汉中期	椁 Ab 型	石椁木棺	墓口 5.7×4.2		鼎、壶、豆、盘、灯、戈、鎏金：弩机、饰件 8；铜镜 40		漆器数量较多，但均已腐朽，包括案、碗、盆、耳杯、玉、环、凤、佩、饰件、塞	
						鼎、壶、经、熏炉、钵、盆、灯、勺、镜刷、铜镜	壶、鉴、镢		
青岛平度界山 M3	西汉中期	椁 B 型	不明			壶 5，各式饰件 12；鎏金饰件 3；五铢 30	剑 2？	大批较完整的漆器成摞摆放（但均破坏）	

（续表）

墓葬名称	年代	墓葬形制	葬具	墓葬大小（米）	陶器	铜器	铁器	其他	备注
文登石羊村木椁墓（中墓）	西汉中期	椁 Aa 型	砖木椁重木棺	椁 3.8×3.7	罐 12	鼎、壶等		漆：碗、卮、盘、耳杯、案、虎形器等	发现时已严重破坏，器物多遗失
文登石羊村木椁墓（南墓）	西汉中期	椁 Aa 型	砖木椁重木棺	椁 3.4×3.3	不详	铜镜		漆：案、耳杯、卮、三格盒、杖	器物大多已遗失
平阴新屯 M1	西汉晚期	室 Ac－2 型	二棺二椁	8.6×6.98	鼎 2、壶 5、盆 3、罐 5、钵、甑、筒形樽 2、井、囷、熏炉 2、器盖 2；铅釉：鼎、壶 2、纺盘、灶、筒形樽、熏炉	盆、镶壶；玉铢若干	剑、削、棺钉 2		
荣成梁南庄 M1	西汉晚期	椁 Aa 型	砖椁木棺	墓口 5.6×4－4.4	不明	鼎 3、壶、盆、盆、熏炉、筒形樽、方炉、弩机、车軎、戈；铜镜 3		玉圭 2、玉璧 2	砖椁与圹壁之间用土和海蛎壳分层填实
荣成梁南庄 M2	西汉晚期	椁 Aa 型	砖椁重木棺	墓口 5.3×4.55	鼎、壶 8、钫 5、盆 2、钵 7、罐 3、熏炉、耳杯 8、圆炉、方炉、甑	鼎、镶壶、熏炉 2、盘、带钩、鎏金饰件若干；铜镜 2	削、匕、灯	漆盒	椁盖板上填铺海蛎壳

（续表）

墓葬名称	年代	墓葬形制	葬具	墓葬大小（米）	陶器	铜器	铁器	其他	备注
莱西董家庄M1	西汉晚期	已破坏	不明	不明	不明	鼎、锺、釜、弩机、带钩、铜镜2；鎏金盒	剑、刀、斧	珍珠82	
莱西董家庄M2	西汉晚期	椁Aa型	不明	墓底4×2	钙釉：壶3、瓿	盘、壶、盆，各式饰件16；铜镜；五铢	镊、刀	漆奁；木梳、玛瑙珠18；玉：圭、佩、石、贝珠10、圆片	
莱西岱野M1	西汉晚期	椁Aa型	砖木椁重木棺	5×3.4	壶3、钫4、罐	鼎、釜、壶、盆、经、铜镜	剑、刀、削、镊	漆：盘9、碟21、耳杯35、托盘、樽盖、卮、木、勺、几、发笄3、梳、篦；大量玉器	
莱西岱野M2	西汉晚期	椁Aa型	重木椁重木棺	5.7×4.3	壶8、罐5	环剪、镊子；鎏金：壶、釜、经、带钩、铜镜2	剑、刀、削、镊4	漆：盘11、樽2、耳杯29、盒4、碟18、卮4；木：大神13、蕙、六博、盘、梳、俑；仿玳瑁盒；玉璧3	

(续表)

墓葬名称	年代	墓葬形制	葬具	墓葬大小（米）	陶器	铜器	铁器	其他	备注
诸城杨家庄子木椁墓	西汉晚期	椁Aa型	重木椁重木棺	墓口（残）：4.14×3-6.61	壶、盖罐	铜胎漆壶；雁形炉、熏炉、带钩、昭明镜、百乳镜；五铢		漆：奁3，各式盒10，面罩7，杖；木：梳篦、枕板、彩绘玛瑙：坠2，珠3；毛刷2；角发笄3；蒲草垫、藤编页、毡垫片	
平度岔道口汉墓	西汉晚期	不明							
宁津庞家寺汉墓	东汉早期	室Ac-1型	仅余漆皮、棺钉	全长14.5，最宽3.1	铅釉：灶、鼎、扁壶、盆、魁、勺、案、炉2、狗、鸡等65件；白陶罐4件	鼎2，纺2，盆2			
平原韩王村汉墓	东汉中期	室Ac-1型	不明	全长12.5	罐、四系罐、熏炉、白陶器等50余件，大部分施铅釉	大量五铢			棺内人骨以下有大量穿后盘曲贯填铺的五铢
						铜器；五铢		玉器；水晶、玛瑙等	

(续表)

墓葬名称	年代	墓葬形制	葬具	墓葬大小（米）	陶器	铜器	铁器	其他	备注
长清大觉寺M2	东汉晚期	室Ac-1型	仅余棺钉、漆皮	全长47，最宽14	壶2、筒形樽、盆、盘3、奁10、圆案8、魁2、罐、楼2、鸡案2、狗、鹅、鸡、灯案4、扁壶2、豆7、鸭、钱范、井圈、铅釉陶双耳罐	铜器装饰构件（少数鎏金）	刀2、锄、斧、镰4	漆器铜附件；金品；玉：玉衣片1 000余片、蝉、窍塞9、璧、砚台5、猪6、绿松石珠	人骨附近发现大量玉片，穿孔中残留铜丝
平阴孟庄画像石墓	东汉晚期	室Ac-1型	不明	不明	耳杯、罐、魁、灯、楼、狗案3、勺、瓦当等、白陶罐	铜饰件若干；五铢165（磨郭、剪轮、涎环63）、货泉4、五铁共			
青州马家冢子东汉墓	东汉晚期	室Ac-1型	不明	全长13.5，宽11	盆2、魁2、釜、鼎、瓿、盘、耳杯30、瓿2、勺2、仓、灶2、井2、牛案2、鸡3、狗2；铅釉：壶38、博山炉、灯4、灶、屋、井、猪圈、厕所、狗、鸭4	车马器及各武附件若干、铜镜	铧2、锸、金钩、足、键、刀、剑、弩机、盘、甲；铁镜	玉器：猪3、剑饰、铜缕玉衣片19、璧9、金箔3；金罐、石印；水晶珠	

附录 2-3 鲁北区丙类墓统计表

墓葬名称	年代	墓葬形制	葬具	墓葬大小（米）	陶器	铜器	铁器	其他	备注
茌平南陈庄 M10	西汉早期	椁 Aa 型	砖椁	不明	鼎、壶	带钩、半两			
平阴新屯 M2	西汉晚期	椁 Ac 型	二石椁二木棺	2.38×1.7	壶 3、盘；铅釉壶 2	带钩 3；五铢 39	剑	铅车马器 3	
安丘王家沟汉墓	西汉晚期	椁 Aa 型	砖椁？		钙釉壶 3	铜镜；五铢 130	剑 2		破坏严重
威海嵩泊大天东村 M3	西汉晚期	椁 Aa 型	砖椁木棺	4.6×3.5	鼎 2、壶 2、罐 2、钫 2、方炉 2、尖状器	印、带钩、车马器 5；铜镜	小刀、环首刀、剑、铁块		椁盖之上填铺丁20厘米厚的海蛎壳
威海嵩泊大天东村 M4	西汉晚期	椁 Aa 型	砖椁木棺	3.44×2.5	鼎、壶、钫、罐 6、盘 5、耳杯 3、筒形樽 2、勺、豆、案、魁、瓢、甑、盆	刷、带钩；铜镜	小刀		椁盖上覆盖有 20 厘米的海蛎壳，椁下有一层黑灰，其下铺 6 厘米厚的海蛎壳
青岛崂山古庙夫妇合葬墓	西汉晚期	椁 Aa 型	石椁二木棺	3.65×2.57	钙釉壶 6	熏炉 2、盘、印、铺首 2、小铜弓 2；鎏金刷 2；铜镜 3；五铢近百枚	剑、环首刀	玉：珞、柱	此处可能是当时的某一家族墓地

（续表）

墓葬名称	年代	墓葬形制	葬具	墓葬大小（米）	陶器	铜器	铁器	其他	备注
滨州汲家湾汉墓	东汉早期	室Ac-1型	不明	全长5.6,最宽3.35	壶、罐、井、白陶罐；铅釉：鼎2、筒形樽、长颈壶、盘、熏炉				破坏严重
济南张庄M1	东汉早期	室Ac-1型	二棺	6.56×1.8	尊壶2、罐3、耳杯8、圆案5、勺案、灯、盘	片、镞；铜镜；铜钱10			墓门的门楣以及立柱上有画像
淄博张庄	东汉早期	室Ac-1型	不明	全长6.92、最宽4.5	耳杯17、圆案3、碗盘2、魁、勺3、壶、罐3、狗；瓷耳杯3		斧、镬、各式附件若干		墓内有画像石7幅
章丘黄土崖东汉墓	东汉早期	室Ac-1型	不明	残长10.4、最大残宽6.5	盆形樽、筒形樽、盘、壶2、耳杯15、碗3、罐3、勺；铅釉：器座、盘2	五铢76；铜泡			墓内有画像40幅
济南闵子骞祠堂东汉墓	东汉早期	室Ac-1型	已腐朽	全长9.1、最宽5.9	盆2、壶2、盆形樽、方案2、圆案、盘5、耳杯16、罐2、甑、灯、熏炉2、井、厕2、魁2、勺4、楼、鸡4、鸭2、鹅3、狗、猪、俑	五铢133，剪轮五铢；漆器铜饰件若干；五铢若干	铁棺钉	墨书瓦片	墓内有画像石

（续表）

墓葬名称	年代	墓葬形制	葬具	墓葬大小（米）	陶器	铜器	铁器	其他	备注
淄博商王M65	东汉中期	室Ac-1型	不明	全长8.12、最宽3.92	盆形樽2、罐7、耳杯6、盘22、壶、卮、钵11、高足钵、灯4、熏炉2、井、屋、魁2、勺4；钙釉四系罐	漆器铜附件若干；五铢7	铁镜		
泰安旧县村汉画像石墓	东汉中期	室Ac-1型	应有棺	全长9.15、最宽4.15	壶4、罐、盘6、魁、勺2、耳杯32、鸡2、鸭2、狗	戒指；大泉五十、五铢23		石棺床	墓门有画像石
济南青龙山东汉墓	东汉中期	室Ac-1型	已腐朽	全长9.53、最宽4.7	盆形樽2、方案、圆案3、盘8、耳杯18、瓮、魁、方炉、勺、磨、磨架、碓、猪圈、鸡、鸭2、鹅；铅釉：壶4、灶、井、狗	漆器铜饰件若干；五铢5、剪轮五铢17		银指环；骨笄、马镳2	墓内有画像石25块
肥城东汉墓	东汉晚期	室Ac-1型	应有棺椁	全长4.6、最宽2.98	壶2、盘、耳杯2、筒形樽、卮、勺	耳环；五铢12		漆：奁、耳杯；银耳环	墓内有画像石
大觉寺M1	东汉晚期	室Ac-1型	不明	全长6.5、最宽1.8	铅釉：盆形樽、壶、耳杯9、盘、壶、卮、灯、熏炉3、楼2、井架、猪圈、镰斗、勺、案、扁壶	铜钱7；铜棺钉			

（续表）

墓葬名称	年代	墓葬形制	葬具	墓葬大小（米）	陶器	铜器	铁器	其他	备注
淄博商王 M85	东汉晚期	室 Ac－1 型	不明	全长 9，最宽处 6.05	罐 3、耳杯 19、壶	耳杯、各式铜饰件若干、矛、戟；铜镜；五铢 46	铁锄	玉猪、玉剑璲；银条、骨片；水晶珠、料珠 14；珊瑚 14	
淄博商王 M86	东汉晚期	室 Ac－1 型	不明	全长 7.55、最宽 3.55	盘 6、魁 3、勺 4	五铢 3		玉片 3	
章丘女郎山南坡 M46	东汉晚期	室 Ac－1 型	不明	全长 12.4、宽 5.4	罐、圆炉、熏炉、勺；铅釉、壶、耳杯 10、魁、盘、井、圈厕、灶、器盖				
无棣车镇村汉墓	东汉晚期	室 Ac－1 型	不明	全长 10.4、宽 7.9	罐；白陶罐 2	铜钱百余枚			破坏严重，遗物几平被盗一空
福山东留公村汉墓	东汉晚期	室 Ab 型	不详	墓室 14.2×6.4	白陶残片	饰件、弩机；五铢	镩、棺钉	石几、石床	墓门有画像石

附录 2-4 鲁北区丁类墓统计表

墓葬名称	年代	墓葬形制	葬具	墓葬大小（米）	陶器	铜器	铁器	玉石器	其他	备注
章丘女郎山西坡 M16	西汉早期	椁 Ab 型	木棺	2.5×1.5	罐 2	铜镜				
淄博商王 M36	西汉早期	椁 Aa 型	木棺	2.4×1	壶	绳绕式蟠螭纹镜；铜钱				
淄博商王 M49	西汉早期	椁 Ab 型	木棺	2.8×1.5	壶	绳绕式蟠螭纹镜				
淄博商王 M28	西汉早期	椁 Aa 型	木棺	2.9×1.4	壶	半两				
长清小范庄 M14	西汉早期	椁 Ab 型	木棺	2.2×0.85	罐、豆	半两 10				
长清小范庄 M6	西汉早期	椁 Ac 型	无	2.1×0.8	罐					
淄博徐家村 M9	西汉早期	椁 Aa 型	木棺	2.4×1	壶					
淄博徐家村 M45	西汉早期	椁 Ab 型	木棺	2.6×1.1	壶	铜镜				
淄博徐家村 M31	西汉早期	椁 Ab 型	木棺	2.8×1.15	壶					

（续表）

墓葬名称	年代	墓葬形制	葬具	墓葬大小（米）	陶器	铜器	铁器	玉石器	其他	备注
淄博徐家村M42	西汉早期	椁Ab型	木棺	2.2×1	壶	铜镜				
章丘女郎山西坡M21	西汉早期	椁Ab型	木棺	3.2×1.65	罐4	铜带钩	铁刀			
章丘女郎山东坡M8	西汉早期	椁Aa型	木棺	3.2×1.8	罐					
章丘女郎山西坡M10	西汉早期	椁Ab型	木棺	2.75×1.5	壶 罐	草叶纹镜；印章				
淄博商王M10	西汉早期	椁Ac型	木棺	3.8×2.4	壶2					填土下层铺鹅卵石
淄博商王M13	西汉早期	椁Ac型	木棺	3.2×2	壶2	铜镜				填土下层铺2.6米厚的鹅卵石
章丘女郎山东坡M2	西汉早期	椁Ab型	木棺	2.7×1.5	罐2					
淄博商王M22	西汉早期	椁Aa型	木棺	2.85×1.45	壶					
淄博商王M32	西汉早期	椁Ab型	木棺	2.7×1	壶	草叶纹镜；半两				

（续表）

墓葬名称	年代	墓葬形制	葬具	墓葬大小（米）	陶器	铜器	铁器	玉石器	其他	备注
淄博商王 M39	西汉早期	椁 Aa 型	木椁	3.1×2	罐					填土下层铺鹅卵石
淄博商王 M73	西汉早期	椁 Aa 型	木椁	3.2×1.9	壶 2	铜镜				
章丘女郎山西坡 M17	西汉早期	椁 Aa 型	木椁木棺	3.9×1.5	罐 4					
潍坊会泉庄 M4	西汉早期	椁 Ac 型	重木棺	2.95×1.25	壶 2					
长清小范庄 M7	西汉早期	椁 Ac 型	木椁	2.4×1.2	壶					
长清小范庄 M2	西汉早期	椁 Ac 型	木椁	2.5×1.2	罐					
长清小范庄 M5	西汉早期	椁 Ab 型	无	2.9×1.1	罐					
淄博徐家村 M30	西汉早期	椁 Ab 型	木椁	2.3×1.1	罐					
章丘女郎山西坡 M2	西汉中期	椁 Ab 型	木椁	2.8×1.6	罐 4	草叶纹镜；五铢				

（续表）

墓葬名称	年代	墓葬形制	葬具	墓葬大小（米）	陶器	铜器	铁器	玉石器	其他	备注
淄博商王 M71	西汉中期	椁 Aa 型	不明	3.3×2.5	壶					
淄博商王 M12	西汉中期	椁 Ab 型	木棺	3.2×1.5	壶	日光镜	铁削			
章丘女郎山西坡 M6	西汉中期	椁 Aa 型	木棺	3.4×1.9	壶 2	五铢 12				
章丘女郎山西坡 M13	西汉中期	椁 Aa 型	木棺	2.9×1.6	壶 2	铜带钩 2；五铢 9				
章丘女郎山东坡 M4	西汉中期	椁 Ab 型	木棺	2.7×1.5	罐 2	铜带钩				
章丘女郎山东坡 M6	西汉中期	椁 Ab 型	木棺	2.55×1.4	罐					
淄博商王 M29	西汉中期	椁 Aa 型	木棺	2.7×1.2	壶 2					
潍坊后埠下 M103	西汉中期	椁 Aa 型	木棺	2×1.8	壶 2	带钩；五铢 3				
潍坊后埠下 M37	西汉中期	椁 Ab 型	无	2.64×(1.2~1.52)	壶 2	带钩				
淄博商王 M78	西汉中期	椁 Ac 型	木棺	2.8×2	壶 2,豆,钵				博具 12	填土下层铺鹅卵石

（续表）

墓葬名称	年代	墓葬形制	葬具	墓葬大小（米）	陶器	铜器	铁器	玉石器	其他	备注
潍坊后埠下M73	西汉中期	椁Ab型	无	2.8×2	罐					
章丘女郎山西坡M14	西汉中期	椁Ab型	无	2.67×1.23	壶2	五铢20				
长清小范庄M23	西汉中期	椁Ac型	木棺	1.9×0.8	罐		刀			墓底四周填鹅卵石
长清小范庄M1	西汉中期	椁Ac型	木棺	2.5×1.4	壶					
长清小范庄M36	西汉中期	椁Ac型	木棺	2.48×1.48	壶					
长清小范庄M12	西汉中期	椁Ac型	木棺	2.8×1.58	壶					
潍坊后埠下M52	西汉中期	椁Ab型	木棺	2.94×1.9	钫					
淄博徐家村M38	西汉中期	椁Ab型	木棺	2.6×1.4	罐				漆盒2	
青州戴家楼M60	西汉中期	椁Aa型	砖椁	2.4×(1.04~1.1)	壶2				兽骨	

（续表）

墓葬名称	年代	墓葬形制	葬具	墓葬大小（米）	陶器	铜器	铁器	玉石器	其他	备注
青州戴家楼M95	西汉中期	椁Ab型	砖椁	2.7×1.36	罐	铜钱3；规矩草叶纹镜				
潍坊会泉庄M5	西汉中期	椁Ac型	木椁	不明	罐	铜带钩			兔骨	
淄博商王M100	西汉中期	椁Aa型	木椁	2.8×2.1	壶2					填土下层铺鹅卵石
章丘女郎山西坡M15	西汉中期	椁Ab型	木椁	2.3×1.2	壶、罐	带钩；五铢3				
潍坊后埠下M13	西汉中期	椁Aa型	无	2.4×1.02	壶2					
章丘女郎山南坡M57	西汉中期	椁Aa型	木椁	2.8×1.4	罐2					
章丘女郎山南坡M44	西汉中期	椁Aa型	木椁	2.9×1.4	壶、罐					
潍坊后埠下M43	西汉中期	椁Aa型	木椁	2.3×1.14	罐		带钩			
淄博商王M50	西汉中期	椁Aa型	木椁	3.1×1.7	壶、钵	铜镜；带钩、泡钉	铁剑	石坏	兽骨	

附 录 ·297·

（续表）

墓葬名称	年代	墓葬形制	葬具	墓葬大小（米）	陶器	铜器	铁器	玉石器	其他	备注
淄博商王M60	西汉中期	椁Aa型	木棺	3×2.1	壶					填土下层铺鹅卵石
潍坊后埠下M55	西汉中期	椁Aa型	重木棺	3.3×2	壶 2	顶针；五铢14				棺旁并列1木器物厢
淄博商王M75	西汉中期	椁Aa型	木棺	2.8×2	壶					
淄博商王M77	西汉中期	椁Ab型	木棺	2.5×1.5	壶	铜镜；带钩				
淄博商王M93	西汉中期	椁Ab型	木棺	2.95×1.55	壶、罐、钵					
潍坊后埠下M67	西汉中期	椁Aa型	木椁木棺	2.95×1.82	罐	日光镜			骨耳珰2、鱼骨	
淄博商王M5	西汉中期	椁Aa型	木棺	2.9×1.4		釜、带钩 2；五铢；铜镜	剑、削		漆盒；兽骨	
青州戴家楼M23	西汉中期	椁Aa型	无	2.26×0.85	罐	连弧纹昭明镜				
青州戴家楼M24	西汉中期	椁Aa型	砖椁	2.52×0.85	罐					
青州戴家楼M34	西汉中期	椁Ab型	无	2.4×0.8	罐					

（续表）

墓葬名称	年代	墓葬形制	葬具	墓葬大小（米）	陶器	铜器	铁器	玉石器	其他	备注
青州戴家楼 M69	西汉中期	椁 Aa 型	木棺	3×(1.5~1.6)	罐	星云纹镜	环首刀		漆眉笔杆	
青州戴家楼 M83	西汉中期	椁 Aa 型	木棺	2.3×1.2	壶	铜钱				
青州戴家楼 M89	西汉中期	椁 Ab 型	木棺	2.5×0.88	罐					
蓬莱大迟家 M5	西汉中期	椁 Aa 型	木椁木棺	4.54×3.28	罐17	环、带钩；星云纹镜		石研板、研石		陶器内多有谷物和鸡骨；椁外北部、椁底填满海蛎壳
淄博徐家村 M28	西汉中期	椁 Ab 型	木棺	2.5×1.2	壶					
青州戴家楼 M46	西汉中期	椁 Ab 型	无	2.38×(1~1.2)	壶					
淄博商王 M63	西汉中期	椁 Aa 型	木棺	2.5×1.2	壶	星云纹镜				
淄博商王 M30	西汉晚期	椁 Aa 型	木棺	2.9×1.5	壶2					

（续表）

墓葬名称	年代	墓葬形制	葬具	墓葬大小（米）	陶器	铜器	铁器	玉石器	其他	备注
潍坊后埠下 M45	西汉晚期	椁 Aa 型	木棺	2.5×1.6	壶 2		刀		鱼骨	
淄博商王 M51	西汉晚期	椁 Aa 型	木棺	2.9×1.4	壶					
章丘女郎山西坡 M3	西汉晚期	椁 Ab 型	木棺	2.7×1.4	罐	星云纹镜				
潍坊后埠下 M62	西汉晚期	椁 Aa 型	不明	（残）2.4×1.5	钫 3、壶	铜盖弓帽 10、軎 2、镳、衔镳、当卢、横末 3、钉件 2				
潍坊后埠下 M63	西汉晚期	椁 Aa 型	木椁木棺	2.9×1.8	壶 2					
潍坊会泉庄 M2	西汉晚期	椁 Aa 型	木棺	不明	壶 2	铜带钩				有砖砌器物厢
潍坊后埠下 M64	西汉晚期	椁 Aa 型	木椁木棺	3.1×1.72	壶 2				鱼骨	
潍坊后埠下 M65	西汉晚期	椁 Ab 型	木棺	2.75×1.7	壶 2				鱼骨	
淄博商王 M95	西汉晚期	椁 Ad 型	木棺	3.05×1.95	壶 3	带钩残缺				填土下层铺鹅卵石

（续表）

墓葬名称	年代	墓葬形制	葬具	墓葬大小（米）	陶器	铜器	铁器	玉石器	其他	备注
潍坊后埠下 M69	西汉晚期	椁 Aa 型	重木椁木棺?	2.25×1.86	壶4				骨耳珰2；兔、鱼骨	
潍坊后埠下 M70	西汉晚期	椁 Aa 型	重木棺	2.8×1.8	壶2,壶盖				兔骨、鱼骨	
潍坊后埠下 M95	西汉晚期	椁 Ab 型	木棺	3.2×2.28	壶2					
潍坊后埠下 M96	西汉晚期	椁 Ac 型	木棺	2.65×1.47	壶					
章丘女郎山南坡 M45	西汉晚期	椁 Aa 型	木棺	2.1×1	壶2					
章丘女郎山西坡 M5	西汉晚期	椁 Ab 型	木棺	2.6×1.3	壶2,泥塑牛	五铢				
潍坊后埠下 M54	西汉晚期	椁 Ab 型	木椁木棺	2.9×2.47	钫	刷柄、带钩、印章、盖弓帽、横末、镦；日光镜；五铢7	镊子	石：剑饰3、砚、研子		
潍坊后埠下 M66	西汉晚期	椁 Aa 型	木棺	2.9×1.9	钫	带钩；五铢10	刀			

(续表)

墓葬名称	年代	墓葬形制	葬具	墓葬大小（米）	陶器	铜器	铁器	玉石器	其他	备注
淄博徐家村 M24	西汉晚期	椁 Ab 型	木棺	2×1.1	壶	铜镜				
淄博徐家村 M13	西汉晚期	椁 Aa 型	木棺	2.2×0.9	壶					
淄博徐家村 M39	西汉晚期	椁 Aa 型	木棺	3.4×2	壶					
蓬莱小迟家 M4	西汉晚期	椁 Ab 型	木椁重木棺	3.9×2.96	罐 8	不详		石砚板		棺面上覆盖有丝织品,椁底板上铺有苇席
潍坊后埠下 M10	西汉晚期	椁 Aa 型	木棺	2.9×2	壶 2	带钩;五铢 7、剪轮五铢 6				
章丘女郎山南坡 M40	西汉晚期	椁 Ab 型	木棺	2.5×1.2	壶 3					
章丘女郎山西坡 M11	西汉晚期	椁 Aa 型	木棺	2.9×1.42	壶 4	日光镜;五铢 11				
章丘女郎山西坡 M8	西汉晚期	椁 Aa 型	木棺	2.7×1.4	壶 罐	带钩				

（续表）

墓葬名称	年代	墓葬形制	葬具	墓葬大小（米）	陶器	铜器	铁器	玉石器	其他	备注
淄博商王 M89	西汉晚期	椁 Ab 型	木椁	3×1.55	壶	日光镜				
淄博商王 M94	西汉晚期	椁 Aa 型	木椁	2.7×1.4	壶					
章丘女郎山南坡 M42	西汉晚期	椁 Ab 型	木椁	2.5×0.9		五铢 30, 货泉				
长清小范庄 M11	西汉晚期	椁 Ac 型	木椁	2.4×0.85	钵					
长清小范庄 M9	西汉晚期	椁 Aa 型	无	（残）0.4×1	钵					墓底积石
潍坊后埠下 M79	西汉晚期	椁 Ac 型	木椁	2.5×1.3	扁壶 2	大泉五十 4				
淄博徐家村 M3	西汉晚期	椁 Ac 型	木椁	2.1×0.74	壶					
青州戴家楼 M21	西汉晚期	椁 Aa 型	砖椁	2.78×1.34	壶 2				兽骨	
青州戴家楼 M93	西汉晚期	椁 Ab 型	木椁	2.5×1.4	壶 2				兽骨	
淄博商王 M27	西汉晚期	椁 Aa 型	木椁	2.5×1.2	罐					

(续表)

墓葬名称	年代	墓葬形制	葬具	墓葬大小（米）	陶器	铜器	铁器	玉石器	其他	备注
潍坊后埠下 M87	东汉早期	室 Aa 型	不明	3.6×(1.5～2.3)	扁壶、案、盆形樽、耳杯4、盘、勺、灯座					
淄博商王 M44	东汉早期	椁 Aa 型	一棺	3×1.5	壶					填土下层为鹅卵石
淄博商王 M57	东汉早期	椁 Ab 型	一棺	2.7×1.3	壶、钵					
淄博商王 M38	东汉早期	椁 Aa 型	一棺	3×1.6	壶	带钩				
潍坊后埠下 M27	东汉早期	椁 Aa 型	不明	3.88×1.62	扁壶2	五铢2、半两				
长清小范庄 M13	东汉中期	椁 Aa 型	木棺	3.1×1.8	罐2		夯头			
潍坊后埠下 M82	东汉中期	室 Aa 型	不明	3.5×3	铅釉壶				玻璃耳珰	
潍坊后埠下 M86	东汉中期	室 Aa 型	不明	3.34×2.7	钵；白陶扁壶残片	泡2；五铢				
淄博商王 M52	东汉中期	椁 Aa 型	一棺	2.3×1	罐					

(续表)

墓葬名称	年代	墓葬形制	葬具	墓葬大小（米）	陶器	铜器	铁器	玉石器	其他	备注
淄博商王 M72	东汉中期	椁 Ab 型	一椁	3×1.6	壶					
淄博商王 M90	东汉中期	椁 Ab 型	一椁	2.6×1.2	壶、钵					
淄博商王 M6	东汉中期	椁 Ad 型	一椁	2.8×1.6	壶					
潍坊后埠下 M89	东汉中期	室 Aa 型	不明	5.7×3.49	釉陶壶					
济南张庄 M4	东汉中期	室 Ab 型	不明	3.86×(2.38~2.54)	盘、耳杯4、魁、案	五铢、剪轮五铢2				
潍坊后埠下 M99	东汉晚期	室 Aa 型	不明	3.95×2.45	盘、筒形樽、勺、案、耳杯					
潍坊后埠下 M106	东汉晚期	室 Aa 型	不明	2.4×2.4	盘、筒形樽、案3					
潍坊后埠下 M49	东汉晚期	室 Aa 型	不明	3.5×2.2	罐					
潍坊后埠下 M100	东汉晚期	室 Aa 型	不明	3.9×(1.76~2.58)	罐					扰土有碎骨
潍坊后埠下 M18	东汉晚期	室 Aa 型	不明	6.3×3.46	罐2、案2、盘2、灯座、灯盏、耳杯					所有器物皆出自扰土

（续表）

墓葬名称	年代	墓葬形制	葬具	墓葬大小（米）	陶器	铜器	铁器	玉石器	其他	备注
烟台毓璜顶汉墓	东汉晚期	室Aa型	不明	2.9×2.8		五铢40余枚；小铜件	残铁器		银环；纺织品	墓中有一完整鹿砸葬
济南张庄M5	东汉晚期	椁Aa型	无	不明	壶2					
潍坊后埠下M107	东汉晚期	室Aa型	不明	4.64×(2.04~2.1)	盆、灯盏；白陶扁壶	五铢2，剪轮五铢				

附表3-1 鲁南苏北皖北豫东区甲类墓统计表

墓葬名称	年代	墓葬形制	葬具	墓葬大小（米）	随葬品情况	墓主身份	备注
江苏徐州驮篮山M1	西汉早期	室Cb型	不明	不明	器物损毁严重	某代楚王	盗
江苏徐州驮篮山M2	西汉早期	室Cb型	不明	不明	器物损毁严重	某代楚王后	盗
河南永城芒砀山保安山M1	西汉早期	室Cb型	不明	全长96.45，南北最宽32.4，最高3；总面积612平方米	器物基本被盗一空	据推测墓主为梁孝王刘武；墓内装饰非常华丽，墓室内原有壁画，墓室被盗一空	盗

（续 表）

墓葬名称	年代	墓葬形制	葬具	墓葬大小(米)	随葬品情况	墓主身份	备注
河南永城芒砀山保安山 M2	西汉早期	室 Cb 型	棺椁已毁,仅存少量玉衣片	东西全长210.5,最宽72.6,内高4.4;总面积1600平方米	M2 墓顶中心偏南在山体表面开凿不规则石坑,坑内出土遗物1800余件,主要是铜质鎏金车马器,坑底有大量丝织物灰烬;生活用器主要有案栏、带钩、铜印、象牙、陶、石、骨器等首等;另外还有银、铁灯、铁镇、铺兵器	据推测墓主为梁孝王之妻李后	盗
保安山 M3	西汉中期	椁 A 型	不明	不明	玉衣片586片,玉璧、环、饰;玛瑙贝;铜镜;铜朱雀;半两钱等	位于孝王陵园墙内,据推测墓主是梁孝王的一位夫人。1971年发现时已被破坏大半	
江苏泗阳大青墩汉墓	西汉中期	椁 Aa 型	木棺椁,重数不明	墓室南北长9.6,宽8.8,高2.7	南外藏椁出木俑74、马15、猪、房屋模型、木车、陶器、铜器、铁器十余件,并有板栗、高粱;东南外藏椁有一大型木质院落模型;东北外藏椁为粮仓,主要放置稻谷;西南外藏椁有铜盆等各4件,陶盒、豆、罐等23件,木器、漆器6件,玉器1件,陶器5件,陪葬坑分为上下两层,均随葬出行仪仗俑	墓主为泗水王刘綜或刘骏;墓规模较小,无玉衣,无真车马,皆木质模型,铜器也无实用器,为制作粗糙的明器,可能与泗水国是小国,经济实力有限有关	

(续 表)

墓葬名称	年代	墓葬形制	葬具	墓葬大小(米)	随 葬 品 情 况	墓主身份	备注
河南永城芒砀山柿园村汉墓	西汉中期	室Cb型	棺椁已毁,有玉衣衣片	全长95.7,最宽13.5,最高3.1;面积383.55平方米	墓室多次被盗,埋葬器物分布情况已不明,出土有一枚金饼,侧室东南角有一件陶罐和成串铜钱。封石之间放置一车,陶质双轮马车,陶质双轮马车,陶质底部石坑内东南角发现一处钱管的铜钱。墓道底部摆放规整的铜钱。墓底部面积约60平方米的范围内发现大量排列有序的车马俑以及兵器	墓主可能是梁共王刘买或孝王的某夫人。墓道的封石上阴刻文字较多。主室的东室,南壁及西壁门道口南北侧均有彩色壁画	盗
江苏徐州北洞山M1	西汉中期	室Cb型	棺椁已毁,有金缕玉衣片	现存总长77.65	大型实用陶器散见于墓道填土和附属墓室中,主要有瓮、瓿、壶、缸、盆、钵等,并且随葬大量陶俑。铜器多为实用器,金银器,水晶、玻璃、漆木器已残破,并有玉器	某代楚王	盗
江苏徐州龟山M2(南墓)	西汉中期	室Cb型	不明	东西全长83.5,南北最宽33	器物已基本被盗一空	楚襄王刘注	盗
江苏徐州龟山M1(北墓)	西汉中期	室Cb型	不明	不明	器物已基本被盗一空	刘注之妻	盗
铁三角山M1	西汉中期	室Cb型	不明	不明	器物已基本被盗一空		盗
铁三角山M2	西汉中期	室Cb型	不明	不明	器物已基本被盗一空		盗

(续 表)

墓葬名称	年代	墓葬形制	葬具	墓葬大小（米）	随葬品情况	墓主身份	备注
山东巨野红土山汉墓	西汉中期	崖B型	石、木椁，木棺	广70×(4.7~7.1)~(6~11.9)	陶器：鼎3、壶11黑衣彩绘、瓿9、耳杯1、鱼2、俑1；漆器：衣附小盒7、铜胎漆盆1；铜器共526件：鼎10、锺3、豆1、罐1、耳杯1、盘1、勺1、甑1、舟1、卮3、缶1、洗4、盘1、方炉1、筒形器1、灯1、杵3、杓匙1、带钩2、骑马俑1鎏金、器盖1、剑3、戈2、镈17鎏金或错金、镞241号弩机铁镞嵌放在一起、弩机12鎏金、车马器若干；铜镜2，放在漆奁中，镜面上附有丝织物痕迹；铁器共405件：剑2、矛1、灯1、戟1、斧1、环首刀1、器柄、铁饰若干	墓主可能是昌邑哀王刘髆（武帝少子），此墓保存较完好	盗
徐州石桥M1	西汉中期	室Cb型	椁脊已毁，有玉衣片	全长61，最宽16.5	器物损毁严重	某代楚王	盗
徐州石桥M2	西汉中期	室Cb型	一棺一椁	通长24.2	铜：鼎、壶、勺、灯、行灯、盘、盉、博山炉、镜、铃形器、刷、泡钉	某代楚王之妻	破坏
夫子山M1	西汉中期	室Cb型	不明	不明	发现陶俑和车马器共57件；该墓东150米有一陪葬坑，内有铜灯、甑、壶、钫、勺、盘、盆	梁平王，武帝建元五年立为梁王	
大丁山M2	西汉中期	室Cb型	不明	不明	东50米处有器物坑，内多为车马器等	西汉中期梁平王后	

(续 表)

墓葬名称	年代	墓葬形制	葬具	墓葬大小(米)	随葬品情况	墓主身份	备注
南山 M1	西汉中期	室 Cb 型	不明	不明	墓道东南57米处有陪葬坑,坑底放置铜壶		
山东曲阜九龙山 M2～M5	西汉中晚期,元光六年至建平三年(公元前129～前4年)	室 Cb 型	不明	全长53.5～72.1,最宽19.8～24.3	四墓皆早年被盗,除车马室保存较好外,遗物多已被盗。陶器的有鼎、壶、盒、罐、耳杯、盘、匜、灶、瓿等;铜器多为车马器;还出有铁车马器、工具、金银饰物、玉石器等。四座墓均有殉葬的车马,共有车12辆、马50匹,都是骈马安车,如 M2 有3车16马;各墓的甬道中还有数辆车马模型。其中 M3 发现了银缕玉衣	某代鲁王或王后	盗
河南永城芒砀山僖山 M1	西汉中晚期	椁 A 型	棺椁已毁,金缕玉衣	不明	器物损毁严重	某代梁王	盗
僖山 M2	西汉晚期	椁 A 型	棺椁已毁	墓室东西长7.05,南北宽4.1,最高4.25	扰乱严重,少量遗物散见淤土中,主要有玉衣片、玉璧、玉璜、玛瑙饰、钱币;陶器可辨识的有罐、壶、盆,其中釉陶占一定数量		
窑山 M1	西汉晚期	室 Ac－1 型	不明	墓室东西长7,南北宽5,内高4	玉衣片300,玉璧9;青铜钫、剑;骨饰	梁荒王刘嘉	

（续表）

墓葬名称	年代	墓葬形制	葬具	墓葬大小（米）	随葬品情况	墓主身份	备注
崮山M2	西汉晚期	椁B型	不明	东西全长20.7，南北宽5.3；面积109.71平方米	玉衣片55、各种形状的玉饰件8；陶器多数为铅釉陶，有壶、盒、勺；铜器和金银器多为器物附件	砌墓石条之上多有刻划文字	
江苏徐州土山东汉墓	东汉中晚期	室Ac-1型	不明，有银缕玉衣	不明	器物损毁严重	某代彭城王或王后	盗

附录3-2 鲁南苏北皖北豫东区乙类墓统计表

墓葬名称	年代	墓葬形制	葬具	墓葬大小（米）	陶器	铜器	漆木器	铁器	玉石器	其他	备注
涡阳稽山汉墓	西汉早期	室B型	应有棺椁	竖穴残2×1.5~8；洞室2.4×1.8	钙釉：鼎2、壶2、瓿2						
徐州子房山M3	西汉早期	椁Aa型	葬具已朽	4×（2.4~3.2）	鼎、钫2、茧形壶2、罐、鐎	鼎4、壶4、盘、匜、灯、鐎、带钩、钟、铜镜、半两35	仅余铜质附件	铁斧头	错金铜樽玉杯、人形佩 玉：面饰、玲、瑗、璧、蝉、枕	牛骨	紧邻M1的南侧有类似的1座墓葬，亦已被破坏

（续表）

墓葬名称	年代	墓葬形制	葬具	墓葬大小（米）	陶器	铜器	漆木器	铁器	玉石器	其他	备注
徐州东甸子M1	西汉早期	椁Ac型	一棺一椁	墓口3.5×2.7	鼎14、盒12、壶13、钫3、茧形壶12、盘6、匜3、勺3、镶壶、罐8、钵4、灶、井、磨2、釜甑、俑47、陶饼57	车马器及附件若干、带钩；铜镜、半两23	漆眉笔	削刀、勺、算筹	玉衣片、璋、枕、圭、滑石璧	谷物；丝织品；金箔；银泡	虽早年被盗，但扰乱面积较小
徐州韩山西汉早期墓M1	西汉早期	室B型	不明	竖穴3.25×2.35～7.4；洞室3.25×3.25	鼎5、盒2、壶、茧形壶、盘2、匜2、镶壶2、罐、仓、陶饼100、陶俑21	车马器、削、印、带钩、铜镜			玉：璧、印、舞人、各种饰件、玉衣片		
徐州韩山西汉早期墓M2	西汉早期	椁Aa型	棺椁已朽	3.5×2.5	鼎、盒、匜、勺、钫、杯、钵、仓、灶、磨、饼、俑	镶、镜形器		镶形器、环首刀	剑饰、玉片	金箔	严重扰乱
徐州九里山M1	西汉早期	室B型	二棺二椁	竖穴3.2×3.5；洞室东2.95×1.2，西3.25×1	鼎6、盒4、壶9、钫2、茧形壶3、匜、勺2、镶壶、盆3、罐2、囷、仓、灶2、圈、磨2	帽、刷；铜镜2；半两		镇、锸	玉璧；石璧、石珠	六博棋	被盗

（续表）

墓葬名称	年代	墓葬形制	葬具	墓葬大小（米）	陶器	铜器	漆木器	铁器	玉石器	其他	备注
徐州米山M2	西汉早期	椁Aa型	不明	2.82×1.42	鼎、盒、罐、仓、井				玉枕		被盗
徐州米山M3	西汉早期	椁Aa型	腐朽木存	3.3×2.8	鼎、盒、壶、钫、匜、勺、茧形壶、罐、仓、井、灶、磨、泥饼、陶权	车马器		镢	玉衣片		被盗
徐州后楼山西汉墓	西汉早期	室B型	仅存漆皮	竖穴3.65×2.35-6.9；洞室4×1.64	鼎10、盒10、壶12、钫4、茧形壶10、盘、钵、釜、勺3、甑、仓、囷、井、灶、俑若干	匜2、剑、车马器及饰件若干、铜镜		釜、勺	玉：饰件10、面罩		
徐州后楼山M8	西汉早期	室B型	仅存漆皮	竖穴3.4×2.5-7.55；洞室3.8×2.6	壶盖3、茧形壶4、罐、匜、盘2、勺3、囷、仓、灶、井、磨、算子；钙釉：鼎4、盒2、壶4、钫2、罐	车马器若干、刷柄3、带扣2、方策、鎏金饰件4组；铜镜2	木（竹）尺、圆木杆	削、镢2	印、心形佩	锡铸2	破坏严重
徐州宛朐侯刘埶墓	西汉早期	椁Ac型	应有棺椁	3.6×2.6	瓮、熏炉、甑；漆衣陶：鼎9、盒9、壶2、钫4、盘2、罐2、镢	灯、刷、削、佩、戈、弩机、鎏金铜饰件		刀	玉佩	银刷、银环、金带扣、金印、骨饰件、六博棋子	

（续表）

墓葬名称	年代	墓葬形制	葬具	墓葬大小（米）	陶器	铜器	漆木器	铁器	玉石器	其他	备注
临沂刘疵墓	西汉早期	椁Aa型	石木椁木棺	4.2×5.5	不明	弩机；半两若干	大部已腐朽，可辨识的有卮、盘、耳杯等	剑	玉：璧、头套、手套、脚套、佩3；玛瑙印章		
徐州绣球山M2	西汉中期	椁Ac型	应有棺椁	2.9×1.05（残）	鼎2、盒2、壶5、囷井、磨	铜铃；铜镜			玉璜		
徐州米山M1	西汉中期	椁Aa型	不明	3.5×3.12	鼎3、盒2、壶4、钫3、茧形壶3、盆3、井、俑8	铜镜			玉璜		被扰乱
徐州米山M4	西汉中期	椁Aa型	腐朽不存	2.55×1.85	鼎2、壶2、钫、茧形壶、匜、镳壶、俑2、球9	勺、环、带扣、弩机		镢	玉蝉		保存完好
徐州陶楼M1	西汉中期	椁Aa型	应有棺椁	2.85×2.2	罐2	带钩、器足、印、鸟形饰；五铢3		镇、锸、刀、剑	玉璧、玉人	银印、银鐎	
徐州绣球山M1	西汉中期	室B型	应有棺椁	竖穴3.8×2.4	鼎、壶、钫、勺2、盆、熏炉	车马器及饰件若干、印、剑		剑	玉塞、饰件		破坏严重

（续表）

墓葬名称	年代	墓葬形制	葬具	墓葬大小（米）	陶器	铜器	漆木器	铁器	玉石器	其他	备注
五莲张家仲崮M1	西汉中期	椁B型	有棺椁痕	5.85×3.12	虎；钙釉：壶2、长颈壶	鼎、壶、盘、匜、熏炉、灯、勺、木瑟弦枘；铜镜3	案		玉舞人		
五莲张家仲崮M4	西汉中期	椁B型	有棺椁痕迹	4.2×3.4	壶、罐	弩机、印、铃；五铢			玉片150余片		
徐州九里山M2	西汉中期	椁Aa型	一棺	3.7×2.9	鼎2、盒2、壶2、钫、茧形壶2、盘、匜、勺2、镶壶、罐6、囷、井、灶	鼎2、镶19、弩机、铜镜	仅余铜质附件	灯、镶、矛；鎏金环首铁刀		锡铅器	
徐州碧螺山M5	西汉中期	室B型	应有棺椁	3×1.45	鼎3、盒2、壶2、钫2、茧形壶、盘、勺、镶壶、盆3、灶2、钵2；钙釉：鼎2、圈2、盒2、壶5、瓶2、仓、罐	鼎、壶、盘、钫、筒形樽、熏炉、灯、带钩、刷、镶、饰件		剑、刀	璧、剑璏、塞、玉片		洞室有木结构房屋
徐州琵琶山M2	西汉中期	椁Aa型	无	4.8×3.7	鼎、壶2、茧形壶2、罐2、灶、圈	龟钮铜印		剑	玉印		早年被盗

(续表)

墓葬名称	年代	墓葬形制	葬具	墓葬大小（米）	陶器	铜器	漆木器	铁器	玉石器	其他	备注
徐州凤凰山M1	西汉中期	椁Ac型	木棺	3.13×2.44	鼎4、盒4、壶、钫2、茧形壶2、盘2、匜2、勺、仓、井、灶、圈、磨	带钩			玉衣片、玉玲		南椁板破坏
徐州郭庄汉墓	西汉中期	室B型	不明	竖穴5×1.5（残）	瓦当、罐；钙釉壶、瓿	帽钉、片饰；铜镜2			玲	金饼	器物损坏严重
诸城木椁墓	西汉晚期	椁Aa型	重椁双棺	口（残）4.14×3	壶、罐	壶、熏炉、带钩；铜镜2；五铢	漆：奁3、马蹄形盒3、方形盒3、圆盒3、圆形盒，漆纱似做面罩用；木：瓶、笼、杖、枕架、彩绘板		玲	玛瑙坠2、玛瑙珠3；毛刷2；角发笄3；蒲草垫、藤编页、毡垫片	壶内盛粟，罐内盛合
莒县双合村汉墓	西汉晚期	椁Aa型	不明	砖椁2.85×0.85	罐	釜、造像；鎏金；鼎、马			羊	金：蝉、灶、盾；水晶器	器物均较小
五莲张家仲崮M3	西汉晚期	椁B型	有棺椁痕迹	3.38×2.85	钙釉壶2	熏炉、鸟形饰件；五铢	奁	灯、钉	舞人、璜、玉带板		

(续表)

墓葬名称	年代	墓葬形制	葬具	墓葬大小（米）	陶器	铜器	漆木器	铁器	玉石器	其他	备注
固镇濠城西汉墓	西汉晚期	室 Ac－1 型	无	全长4.9，最宽2.5	罐5、杯、磨、楼、圈；铅釉：鼎2、壶3、罐8	鼎、镰、盆、带钩、车马饰件若干；五铢2		剑、灯台	玲、塞3、珠		
连云港尹湾 M1	西汉晚期	椁 Aa 型	一棺一椁	3.4×2.4		熏炉、壶、碗、盘、饰件2；五铢227、货泉23					棺内随葬品被盗
泗阳贾家墩 M1	西汉晚期	椁 Aa 型	二椁三棺	5.5×5.3	钙釉：壶5、瓿2、蝉形玲	鼎、壶2、鋞、盆3、盘、碗、刷；铜镜3、铜钱3	漆：面罩盒2；木：尺、枕、梳	削、环首刀2、剑2	鼻塞、玲、肛塞	角笄3、发叉6、角管、角簪	
沂水荆山汉墓	西汉晚期	椁 B 型	腐朽不存	墓道3.6×1.6；墓室3.2×2.8	壶2、壮、盖豆、钵形豆、钵3、耳杯2	鼎2、鋞壶2、镰斗2、鋞、盆、盒？、弩机、带钩、钩形器、印、铜镜3		铁剑2	石片饰5、石璧2、石佩、玉剑首、玉剑珥		

（续表）

墓葬名称	年代	墓葬形制	葬具	墓葬大小（米）	陶器	铜器	漆木器	铁器	玉石器	其他	备注
杞县许村岗M1	西汉晚期	椁B型	三椁重棺	墓道（残）8×4.2；墓室21.5×11		带钩、弩机、罐2；鎏金饰件3、勺；五铢300；铜镜2	皆已残碎，木梳	刀、剑、锄3	龙形佩、玉人、玉饰件2、玉衣片、玉珠	鹿纹铅锡合金牌饰	椁盖上积炭、青膏泥
睢宁刘楼汉墓	东汉早期	室Ac-1型	不明	11.9×6	罐、楼、猪圈、猪、狗、鸡、鸭、鹅、灶、磨、缸；铅釉陶壶；硬陶：双耳壶、耳杯	甑、鼎、白、灯、雁足灯、盆、熏炉、镦3、弩机、铺首12；铜五铢镜		剑、环首刀	玉片40余，有铜绣痕迹	铅俑3	墓主可能与下邳国王族有关
永城太丘汉墓	东汉早期	室Ac-1型	不明	7.41×5.67	盆形樽2、壶2、罐、盘、井、耳杯2、灶、鸭4、鸡4、狗2、甬、猪圈；青瓷：双耳壶2、双耳罐、四系罐共15件	杯、碗、车害；五铢76、货泉2、大泉五十52		铁镜；剑、刀	石：板、灯台、半球	银钗；角器	

（续 表）

墓葬名称	年代	墓葬形制	葬具	墓葬大小（米）	陶器	铜器	漆木器	铁器	玉石器	其他	备注
淮北李家楼M1	东汉中期	室Ac-1型	不明	长23.4，最宽8.34	铅釉：壶2、盘、盆、碗、釜、甑、熏炉、斗形灯、器盖、楼、猪圈、鸡、鸭3	熊形器足					
新沂瓦窑汉墓	东汉晚期	室Ac-1型	不明	4.3×2.9	盘、灶、井	鼎、盆			玉饰		被严重破坏
枣庄桥上M1	东汉晚期	室Ac-1型	腐朽不存	全长9.66，最宽5.7	壶3、灯、案、碗3、盒、盘、灶、器足；铅釉壶	弩机；五铢63，其中剪轮五铢2、货泉3		环首刀、铧冠	握珤、晗、目形器		共出土画像石14块，21幅画面
徐州贾汪汉墓	东汉晚期	室Ac-1型	不明	7.43×2.73	碗、耳杯、罐、屋、井、猴、青瓷壶	铜镜、五铢半两、大泉五十、剪轮五铢		鼎、刀、剑			
南乐宋耿洛M1	东汉晚期	室Ac-1型	二棺	最宽处大于7.4，最长处大于9.65	壶3、扁壶、耳杯；铅釉：磨、井、猪圈						

（续 表）

墓葬名称	年代	墓葬形制	葬具	墓葬大小（米）	陶器	铜器	漆木器	铁器	玉石器	其他	备注
邳县缪宇墓	东汉晚期	室Ac-2型	不明	全长7.2，最宽4.65	少量陶罐碎片，陶屋顶	五铢				墓志；小狗骨架	墓内有画像石
东平王陵山汉墓	东汉中期	室Ac-1型	一棺	7.82×7.48	盆形樽2,方盒2,奁3,壶4,罐7,盆3,魁,灯2,耳杯42,案8,盘13,勺3	鎏金铜饰件；小铜刀，铜弩机模型	木甬残片若干		玉片1647，玉人；石人	银饰；铅质车马器；象牙管；粉团	使用了铜缕玉衣，可能与东平王有关

附录3-3 鲁南苏北皖北豫东区丙类墓统计表

墓葬名称	年代	墓葬形制	葬具	墓葬大小（米）	陶器	铜器	漆木器	铁器	玉器	其他	备注
临沂青峰岭砖椁墓	西汉早期	椁Aa型	一棺	2.7×2.34	鼎，盒，壶，罐	半两钱					
临沂庆云山M2	西汉早期	椁Aa型	一棺一椁	2.7×1.6	鼎2,盒2,壶2,罐3,女甬2			铲头3		石质棋子10余枚	
临沂金雀山M1	西汉早期	椁Aa型	一棺一椁	3.07×2	罐3,甬4;硬陶瓿	带钩；铜镜	漆奁2,盒3,罐2,盘4,案,杯,耳杯,杖7;木：枕,梳,篦,几	钫,釜,匜,剑			椁盖顶部覆盖青青泥

（续表）

墓葬名称	年代	墓葬形制	葬具	墓葬大小（米）	陶器	铜器	漆木器	铁器	玉器	其他	备注
临沂金南坛 M31	西汉早期	椁 Aa 型	一椁重棺	不明	鼎 2、盒 2、壶 2、罐 2、女俑 7	带钩；半两钱	漆：耳杯 6、奁 2、厄、几、棋盘、俎、棋子 12、杖、笄、梳、箧	勺、剑、环首刀		石剑饰；竹：笥；丝织品；麻鞋；银算筹	
临沂金南坛 M34	西汉早期	椁 Aa 型	一椁一棺	不明	鼎、盒、壶、罐、女俑 3	带钩、刷 2；半两钱 16；铜镜	漆：五子奁、耳杯 2；木：棋盘、棋子 1 套、瓶、箧 3	剑	玉饰 2		
微山独山 M3	西汉早期	椁 Aa 型	石椁	不明	鼎 2、盒 2、壶 2、盘 2、罐 2						
微山独山 M5	西汉早期	椁 Aa 型	石椁？	2.1×1	盒、壶、罐						
曲阜赵家村汉墓	西汉早期	椁 Aa 型	无	不明	鼎、盒、壶、罐、杯、盘、匜	半两 2					饰件（残）
宿州市骑路堌堆 M1	西汉早期	椁 Ab 型	一棺	2.9×2.4	鼎 2、盒 2、豆 2、壶 2、罐 2、杯 2、勺 4						

（续表）

墓葬名称	年代	墓葬形制	葬具	墓葬大小（米）	陶器	铜器	漆木器	铁器	玉器	其他	备注
宿州市骑路堆M3	西汉早期	椁Ab型	一棺	3×1.83	鼎2、盒2、壶3、钫2、罐3、釜、勺2	铜镜					
临沂庆云山M1	西汉早期	椁Aa型	一棺一椁	2.7×1.6	鼎、盒、壶、罐2、女俑2						
临沂银雀山73M4	西汉早期	椁Ab型	一棺一椁	2.9×2.1	盘、豆、盂、釜、鏊、灶、井、磨、白陶4；漆衣陶：鼎4、盒4、壶4、茧形壶、蒜头壶、盘	半两；铜镜	漆：耳杯16、盘4、卮2、盒2、梳2		珩		
临沂金南坛M27	西汉早期	椁Aa型	一棺	不明	鼎、盒、壶、罐、俑	半两钱3					
临沂银雀山73M3	西汉早期	椁Aa型	一棺一椁	3.6×2.7	鼎4、盒4、壶6、罐4、盆3、灶	镦、戈、弩机；铜镜	漆：盘、耳杯2	剑、镞		石枕	
永城磨山M40	西汉早期	椁A型	不明	?×2	鼎、壶、盖罐、熏炉、马蹄金模型15、泥丸5	镦、带钩；半两		矛			

（续表）

墓葬名称	年代	墓葬形制	葬具	墓葬大小（米）	陶器	铜器	漆木器	铁器	玉器	其他	备注
徐州东甸子 M3	西汉早期	椁 Aa 型	一棺一椁	3.5×2.5	囷 4、勺 4	奁、灯、弩机、镞；半两 31	仅余铜质附件	火盆、削、夯头		滑石璧、滑石珩	
宿州市骑路堌堆 M2	西汉早期	椁 Ab 型	一棺	2.73×2.14	鼎 2、盒 2、壶 4、杯、囷、磨、灶、圈	铜镜					
徐州凤凰山 M4	西汉早期	椁 Aa 型	已腐朽	3.5×2.35	鼎、壶、罐 2、釜、甑、马 4、骑俑 4、俑 6、圆形片	半两钱		铁铲		滑石璧 2；青六博棋子；贝壳、蚌珠、锡棒条	
临沂金雀·周 M14	西汉中期	椁 Aa 型	一棺一椁	3.3×2.6	鼎、壶、罐 2、俑 19	印、带钩、釜、刀、剑；五铢 24	漆：耳杯 12、盘 2、盒 2、勺 2、卮；木：案、杖、剑、几、枕、篦 2			帛画、纱帽、蒲帘、麻鞋、罐塞 2	椁外四周青膏填泥
临沂金雀·民 M4	西汉中期	椁 Ab 型	一棺一椁	2.8×2	盒、壶、罐	铜钱若干	木：板、梳篦；竹筒；漆耳杯 2				椁外四周青膏填泥

(续表)

墓葬名称	年代	墓葬形制	葬具	墓葬大小（米）	陶器	铜器	漆木器	铁器	玉器	其他	备注
临沂金雀周M10	西汉中期	椁Aa型	一棺一椁	2.9×2.2	壁，铅釉：鼎、壶		漆：耳杯4、盘2、勺；木：梳、箧、芋			竹杖2	椁外四周填充青膏泥
临沂金雀周M13	西汉中期	椁Aa型	一棺一椁	2.9×2.4	盒2、罐2、俑5	釜；五铢15	漆：耳杯12、盘6、勺、盒、案；木：梳、箧、俑、牍			帛画、纱帽、麻鞋、瓢	椁外四周填充青膏泥
临沂金雀山M9	西汉中期	椁Aa型	一棺一椁	不明	鼎2、盒2、壶2、俑2、罐	铜镜	耳杯2、枕、箧				椁外四周填充青膏泥
临沂银雀山M7	西汉中期	椁Aa型	一棺一椁	2.9×2	鼎、罐3	鎏金铜盆、鎏金剑	漆：盘3、耳杯30、卮；木：梳、箧、几、案		玉剑珌	竹：笄、剑、笥2；麻鞋、幼猪头骨、鸡骨2	
临沂银雀山97M10	西汉中期	椁Aa型	一棺一椁	2.7×2	鼎、盒、罐3、俑4	带钩、削；铜镜；五铢1串	漆：耳杯3、盘2、卮、木案	剑2	玉玲	棺上有帛画	
临沂银雀山97M4	西汉中期	椁Aa型	一棺一椁	3.4×2.8	鼎壶2、钫2、罐2、器盖	釜；五铢1串	已腐朽				

（续表）

墓葬名称	年代	墓葬形制	葬具	墓葬大小（米）	陶器	铜器	漆木器	铁器	玉器	其他	备注
临沂金雀山 M33	西汉中期	椁Aa型	一棺重椁	不明	鼎2、壶2、罐3	盆、镦4、勺、釜、带钩若干；五铢；铜镜	漆：盒2、奁、盘4、卮、耳杯；木：棋盘、几、剑、枕、俑5、板	剑、矛、环首刀2		竹笥；皮腰带	
滕州东小宫 M281	西汉中期	椁Aa型	石椁木棺	3.1×2.1	鼎2、盒2、钫2、罐、器盖						
滕州官桥车站 M22	西汉中期	椁Ac型	石椁木棺	2.84×1.27	鼎2、盒、壶、罐、匜	五铢					
济宁师专 M15	西汉中期	椁Aa型	石椁砖厢，棺？	椁2.39×0.88	鼎2、盒4、壶6、罐3、盘	带钩；五铢		刀	剑饰	残铅车马器	被盗
潘庙 M24	西汉中期	椁Aa型	石椁砖厢，棺？	2.95×2.4	鼎2、盒2、壶6、罐3	盆、带钩；五铢					
潘庙 M32	西汉中期	椁Aa型	砖椁，棺？	2.65×1.2	鼎2、盒3、盘	五铢					
潘庙 M16	西汉中期	椁Aa型	石椁砖厢，棺？	3.1×2.8	鼎2、盒12、壶6、盘、釜	五铢					

（续表）

墓葬名称	年代	墓葬形制	葬具	墓葬大小（米）	陶器	铜器	漆木器	铁器	玉器	其他	备注
夏邑杨楼 M5	西汉中期	椁 Aa 型	砖、棺?	3.04×1.46	鼎、壶 2、罐、盖罐	带钩		刀			
滕州羊庄对山 M1	西汉中期	椁 Ab 型	木棺	2.55×0.93	鼎 2、盒、壶 2、钫、盘			锛			
潘庙 M25	西汉中期	椁 Aa 型	石椁厢、棺?	3.3×2.55	鼎、盒、壶 2、盘、罐 3						
潘庙 M51	西汉中期	椁 Aa 型	砖、棺?	3.32×1.23	鼎 2、盒、壶 2、盘						
夏邑杨楼 M7	西汉中期	椁 Aa 型	砖、棺?	不明	鼎、壶、罐 2	釜					砖墓空心砖上有画像
滕州官桥车站 M5	西汉中期	椁 Aa 型	石椁木棺	4×3.3	壶 3；铅釉壶 2						
临沂银雀 M2	西汉中期	椁 Aa 型	一椁一棺	2.5×1.9	漆衣陶；鼎、盒、壶、罐						
临沂银雀山 73M6	西汉中期	椁 Aa 型	二棺	4.4×4	罐 3；铅釉：鼎 2、壶 8、盘 2、罐 3	带钩；五铢 2；铜镜		剑		石板	

（续表）

墓葬名称	年代	墓葬形制	葬具	墓葬大小（米）	陶器	铜器	漆木器	铁器	玉器	其他	备注
微山沟北村 M9	西汉中期	椁 Aa 型	石椁木棺	椁 2.5×1.65	鼎 2、罐 3、钵 2、仓 2、井 2、灶 2、磨 2、圈	带钩、带扣；五铢 9				骨纽扣	
滕州官桥车站 M9	西汉中期	椁 Aa 型	石椁木棺	2.6×1.2	鼎、盒、壶、罐						
滕州官桥车站 M19	西汉中期	椁 Aa 型	石椁木棺	2.7×1.42	鼎、盒、壶、罐 2						
济宁师专 M25	西汉中期	椁 Aa 型	石椁砖厢，棺？	砖厢 2.62×1.12	鼎 2、盒 2、壶 2、罐、扁壶、盘 6	釜、带钩					
潘庙 M37	西汉中期	椁 Aa 型	石椁砖厢，棺？	2.45×2.3	鼎、壶						
曹县江海村汉墓	西汉中期	椁 Aa 型	砖椁木棺	3.2×1.2	鼎 2、盒 3、壶 2、盘、俑 10						
永城夫子山 M3	西汉中期	室 Ac-1 型	不明	最长 9.04，最宽 6.65	鼎耳 2、盒 2、壶 8、钫				环	猪、羊动物残骸	
潘庙 M34	西汉中期	椁 Aa 型	不明	3.86×2.4	鼎、壶盖 4、罐 3	五铢					

（续表）

墓葬名称	年代	墓葬形制	葬具	墓葬大小（米）	陶器	铜器	漆木器	铁器	玉器	其他	备注
济宁玉皇顶M8	西汉中期	椁Aa型	石椁，棺？	2.85×1.3	鼎2、壶	带钩、刀					
潘庙M47	西汉中期	椁Aa型	石椁砖厢、棺？	4.86×1.54	鼎、盒、壶3、罐2	盆、釜、带钩；五铢					
潘庙M50	西汉中期	椁Aa型	石椁砖厢、棺？	3.06×2.34	盒、壶3、罐、盘						
凤台峡口山M10	西汉中期	室Aa型	未见	1.56×0.96	铅釉：鼎、盒、钵3、杯、匜、灶、囷、树；钙釉壶2	弩机2；铜镜					
夏邑吴庄M2	西汉中期	椁Aa型	石椁木棺	椁2.4×1.06	壶、盒、壶等						石椁四壁有刻划图案
徐州凤凰山M1	西汉中期	室B型	已腐朽	3.8×2.36	鼎6、盒5、壶4、钫2、茧形壶8、仓2、灶、井、磨、罐8、瓮2、盘13、盆、灯、豆形器、杯2、勺、匜	剑、带钩、钩形构件2、环、刷		环首刀2、矛、钉	玉料	骨六博棋子	

（续表）

墓葬名称	年代	墓葬形制	葬具	墓葬大小（米）	陶器	铜器	漆木器	铁器	玉器	其他	备注
徐州凤凰山M2	西汉中期	椁Aa型	已腐朽	3×1.7	鼎4、盒2、壶5、釜、甑、饼2、俑9	铺首衔环、熏炉、箭镞2、带钩5;铜镜		铁铲		泥球、泥囚、蚌珠;铅锡带钩	
徐州凤凰山M3	西汉中期	椁Aa型	已腐朽	3.4×2	鼎、罐、釜、甑、马、骑俑、俑10			铁釜			
微山独山M4	西汉晚期	椁Aa型	石椁?	2.2×0.9	鼎2、盒2、杯2、盘2、囷、井、灶、磨、铅釉匜、勺、罐2	盆					
赣榆金山乡汉墓	西汉晚期	椁Aa型	一椁二棺	3.5×2.2	钙釉:壶、甑	铜镜2					
海州网疃庄汉墓	西汉晚期	椁Aa型	二棺一椁	2.7×2.05	钙釉壶2	刷;五铢6;铜镜2	漆:各式奁5;木:衣物卷、钗、俑				
临沂金雀山南坛M32	西汉晚期	椁Aa型	一棺一椁	不明	罐2;钙釉壶2	熏炉;五铢27;铜铙2	漆:奁1套,卮、筒、耳杯、盘共30余件,箸		玉猪2	琥珀虎形饰	

(续表)

墓葬名称	年代	墓葬形制	葬具	墓葬大小（米）	陶器	铜器	漆木器	铁器	玉器	其他	备注
沂水龙泉站	西汉晚期	椁Aa型	二椁二棺	4.2×4.2	鼎、筒形樽2、方壶、钫、灯、灶、耳杯	盆、熏炉、镜、刷柄；铜镜2	盒8、奁盖4、奁身4但不配套、盘3、碗、耳杯2、匕、器柄				
滕州东小宫M331	西汉晚期	椁Ac型	石椁木棺	2.68×1.9	鼎2、盒4、壶2、罐、盘、盒形器2、匜、勺、杯3、仓、囷、灶、圈、猪	无廓半两2					
滕州官桥车站M17	西汉晚期	椁Aa型	石椁木棺型	2.42×1	鼎、盒、罐4	五铢、铜镜					
济宁师专M11	西汉晚期	椁Aa型	石椁砖厢，棺?	椁2.35×0.96	壶、罐；鼎；盒；铅釉；壶3、灶	釜；剪轮五铢9；铜镜		铜釜			被盗
济宁师专M16	西汉晚期	椁Aa型	石椁砖厢，棺?	椁2.32×0.85	鼎、壶4、罐	釜					石椁外壁刻有画像
潘庙M15	西汉晚期	椁Aa型	石椁砖厢，棺?	2.7×2.3	鼎、壶5、罐、盘、釜	五铢		环首刀		石玲	
济宁师专M4	西汉晚期	椁Aa型	不明	2.36×0.84	罐6；釉陶壶	五铢17、磨廓五铢7		鼎、剑	鼻塞2	石玲	石椁外壁刻有画像

(续表)

墓葬名称	年代	墓葬形制	葬具	墓葬大小（米）	陶器	铜器	漆木器	铁器	玉器	其他	备注
徐州凤凰山 M2	西汉晚期	椁 Aa 型	木椁	3.2×2.8	鼎 2、盒 2、壶、钫						
凤台峡口山 M9	西汉晚期	室 Aa 型	未见	2.2×1.4	铅釉：鼎 2、盒、钵 2、杯、匜、井、灶						
连云港花果山 M1	西汉晚期	椁 Aa 型	一棺一椁	2.9×1.8	壶、罐 3、盆、盘、奁；漆衣陶：壶、盘		木：枕、俑				
苍山 M1	西汉晚期	椁 Aa 型		椁 2.35×0.8	壶 3、甑、铅釉：鼎、筒形樽	大泉五十；铜镜					
连云港纱帽寺汉墓	西汉晚期	椁 Aa 型	砖木椁木棺	不明	盒 10；钙釉：鼎 2、壶 16、瓿 4		漆卮；木俑	匕首	鼻塞、璧		部分器物已破损不辨器形
连云港尹湾 M3	西汉晚期	椁 B 型	应有椁	5.25×6.4~8	屋、瓦当等	五铢若干			肛塞		
连云港尹湾 M4	西汉晚期	椁 Aa 型	二棺二椁	2.5×3.05~6	钙釉壶	盆、饰件若干；五铢、大泉五十 36					已遭破坏

（续表）

墓葬名称	年代	墓葬形制	葬具	墓葬大小（米）	陶器	铜器	漆木器	铁器	玉器	其他	备注
日照大古坡 M1	西汉晚期	椁 Aa 型	一棺一椁	3.4×1.53	钙釉壶 5	刷；五铢若干	漆：耳杯 5，奁 1 套（子奁 5）；木：梳 3，杖 2，尺、案			骨钗；竹筒 2	
日照大古坡 M2	西汉晚期	椁 Aa 型	一棺一椁	?×1.5	钙釉瓿 6	刷、印；铜镜 2	漆：耳杯 12，碗 2，勺；木：案 2，杖、板、剑、剑鞘、梳、篦			骨；钗；竹笄、筒；麻布、纱	
苍山 M1	西汉晚期	椁 Aa 型	石椁	不明	鼎、瓿、铅釉；壶 3、筒形樽	大泉五十；铜镜		削			
临沂金南坛 M28	西汉晚期	椁 Aa 型	一棺重椁	不明	罐 2	釜、盆；五铢 189	漆：筒形樽 2、盘 18、耳杯 32、勺；木：案 2、几、梳、篦、枕、笄		玉塞 2、玉玲	麻鞋；竹筒	

（续表）

墓葬名称	年代	墓葬形制	葬具	墓葬大小（米）	陶器	铜器	漆木器	铁器	玉器	其他	备注
连云港高顶汉墓	西汉晚期	椁Aa型	二棺二椁	6.6×4.65	钙釉：鼎2、盒2、壶4、瓿2	各式构件若干；五铢24；铜镜	漆：奁2、盂、耳杯、凭几；木：俑11、圆木器4、长方木器2、枕、梳篦、木方3、遣册			竹器：长柄扇、筒	
海州霍贺墓	西汉晚期	椁Aa型	二棺一椁	3.6×2.96	钙釉壶2	印、管；五铢；铜镜2	漆：碗、耳杯6、案、鸠杖、竹架9、木、鞭、筒、葫芦、篦、枕、砚盒、板、遣册	匕首、长刀、剑、环首小刀、匕首、夯锤		铅丸5；角管；丝织残片；帽织袋内装小米	
连云港尹湾M6	西汉晚期	椁Aa型	二棺一椁	4.2×2.7	钙釉：壶、瓿	带钩、书刀、筒形樽、盘；五铢；铜镜11	漆：勺、耳杯；凭几；木、虎头木雕、蝉、印、砚、梳篦	剑、刀	蝉	玻璃璧；面罩；毛笔；板砚；竹筒；骨簪	保存完整

(续表)

墓葬名称	年代	墓葬形制	葬具	墓葬大小（米）	陶器	铜器	漆木器	铁器	玉器	其他	备注
微山大辛庄汉画像石墓	西汉晚期	椁Aa型	石椁、棺?	椁2.63×2.3	鼎2、壶、罐；釉瓿3、瓿	釜、带钩、配饰、顶针；五铢71；铜镜		剑		石蝉、石环6	墓内有画像石5块
微山沟北村M8	西汉晚期	椁Aa型	石椁木棺	椁2.4×0.9	鼎、罐、井、灶、磨	五铢		削			石椁北壁有刻划图案
微山独山M6	西汉晚期	椁Aa型	石椁、棺?	2.2×0.96	盒、钫、罐						
滕州高庄画像石墓	西汉晚期	椁Aa型	石椁、棺?	椁2.2×0.9	鼎2、盒2、壶2、盘2、匜、勺、杯、罐	大泉五十					石椁四壁有阴刻图案
滕州官桥车站M7	西汉晚期	椁Aa型	石椁木棺	2.95×2.34	鼎、盒、壶、罐	五铢、大泉五十					
滕州官桥车站M8	西汉晚期	椁Aa型	石椁木棺	2.76×2.6	鼎、盒、壶、罐	五铢					
滕州官桥车站M10	西汉晚期	椁Aa型	石椁木棺	东2.7×1.4；西2.54×1.35	鼎2、盒2、壶2、罐2、扁壶、匜、瓿、圈						

（续表）

墓葬名称	年代	墓葬形制	葬具	墓葬大小（米）	陶器	铜器	漆木器	铁器	玉器	其他	备注
滕州官桥车站M11	西汉晚期	椁Aa型	石椁木棺	2.8×1.25	盒、匜	五铢、大泉五十					
金乡渔山M1	西汉晚期	不明	不明	不明	鼎2、罐						
潘庙M8	西汉晚期	椁Aa型	石椁砖厢，棺？	2.8×2.36	鼎、盒、壶3	盆					
永城磨山M45	西汉晚期	椁B型	应有棺椁	口（残）5.7×5.1	钵2、三足盘等						破坏严重
潘庙M20	西汉晚期	椁Aa型	石椁砖厢，棺？	3×3	鼎、盒、壶3、盘、罐4	盆、带钩2；五铢		刀			
滕州东小宫M324	西汉晚期	室Aa型	均有木椁棺	最长9.3，最宽3.7	鼎5、壶7、罐7	大泉五十7；铜镜2		环首刀、剑、戟			塞门上有刻划图案
灵璧大李墓群M5	西汉晚期	室Aa型	不明	4×2.05	鼎、罐、器盖、灶、匜	带钩；大泉五十若干			耳塞		
微山马陵山汉墓	西汉晚期	室Aa型	石椁，棺？	椁1.8×3.2	罐6	盘2（1件鎏金）、灯、熏炉					破坏严重

（续表）

墓葬名称	年代	墓葬形制	葬具	墓葬大小（米）	陶器	铜器	漆木器	铁器	玉器	其他	备注
凤台峡口山 M10	西汉晚期	室 Aa 型	未见	1.56×0.96	铅釉：鼎、釜、钵3、杯、匜、灶、圈、坩；钙釉陶壶2	弩机2；铜镜					
凤台峡口山 M9	西汉晚期	室 Aa 型	未见	2.2×1.4	铅釉：鼎2、盒、钵2、杯、匜、井、灶						
厩上 M1	西汉晚期	椁 Aa 型	一椁二棺，头、足2边厢	5×3.44	铅釉陶壶；钙釉陶壶2；漆衣陶壶；印纹硬陶壶	铜镜3（无法辨识1，连弧纹日光镜2），镜刷2，小构件；五铢10	木梳、木琴放柱2，七子圆奁1套，耳杯、尊、案		玉璧	角镝3；谷物	
骰家庄 M1	西汉晚期	椁 Aa 型	棺椁已毁，仅余两根垫木	5×3.5	铅釉：陶鼎2、罐4；钙釉：陶壶5、罐2、纺	昭明镜；铺首				石铢	
骰家庄 M2	西汉晚期	椁 Aa 型		3.2×1.6	钙釉：陶壶2、瓿2	规矩禽兽镜；柿蒂形饰				角镝	封土下墓穴南侧有一4.6×2.7米的器物坑

（续表）

墓葬名称	年代	墓葬形制	葬具	墓葬大小（米）	陶器	铜器	漆木器	铁器	玉器	其他	备注
灵璧大李M4	东汉早期	室Ab型	不明	4.2×2.45	铅釉：鼎、罐、器盖	车马器3；五铢、大泉五十3		铲			
固镇濠城东汉墓M2	东汉早期	室Aa型	棺椁已朽	8.15×6.1	钙釉陶壶2	壶2、麒麟盘2、箭头13、剑鞘头；五铢13、蚁鼻钱3		削	饰件、璧	金属球9、金属棒2	严重破坏
泰安大汶口汉墓	东汉早期	室Ac-1型	不明	全长6.64，宽8.08	盆形樽、耳杯、盆、甑、灶、勺；井、屋顶、器座、狗2						墓室内有画像石
睢宁塞山M1	东汉中期	室Ac-1型	不明	不明	仅余碎陶片	五铢若干					墓室四壁有画像石
睢宁塞山M2	东汉中期	室Ac-1型	不明	不明	仅发现若干红胎绿釉陶片	五铢若干					墓室四壁有画像石

附录 ·337·

(续表)

墓葬名称	年代	墓葬形制	葬具	墓葬大小（米）	陶器	铜器	漆木器	铁器	玉器	其他	备注
莒县沈刘庄画像石墓	东汉晚期	室Ac-1型	不明	7.5×3.95	铅釉（可复原的）：碗2、罐3、足盘、盘2、盆2、甑、熏炉、灯、筒形器	五铢15、剪轮五铢	仅余鎏金铜饰3件				破坏严重
徐州十里铺画像石墓	东汉晚期	室Ac-1型	不明	全长15.2、宽5.52	盘、盆、耳杯4、井灶2、三足盘、魁2、案4、楼2、圈、磨、虎子、九支灯、熏炉、鸡、鸭2、陶座	五铢、磨郭五铢、货泉				铅质车马器；石猪；琉璃珠；六博棋盘	该墓早年被盗
徐州利国汉墓	东汉晚期	室Ac-1型	不明	残长4.27、最宽4.43	盘、罐、罐盖	鎏金铜饰若干；五铢、剪轮五铢；铜镜		锄、刀			墓内画像石27幅
徐州青山泉白集东汉画像石墓	东汉晚期	室Ac-1型	不明	全长8.85	大部分已破碎，可辨识的有耳杯、案、勺、盘等	五铢6				鸡骨	墓葬平地起建，前有祠堂

（续表）

墓葬名称	年代	墓葬形制	葬具	墓葬大小（米）	陶器	铜器	漆木器	铁器	玉器	其他	备注
邹城车路口画像石墓	东汉晚期	室Ac-1型	二椁	全长6.94、宽6.46	铅釉:壶、罐	半两、五铢17、剪轮五铢2、货泉3					墓内有画像石共22幅
苍山M2	西汉晚期	椁Aa型	石椁	2.4×0.75	鼎、壶2;铅釉:甑、筒形樽	五铢					
苍山M3	西汉晚期	椁Aa型	石椁	2.1×1.35	釉陶:鼎2、壶5、甑、盆	铜饰件;五铢12					
苍山M4	西汉晚期	椁Aa型	石椁	2.4×1.8	鼎2、壶2;铅釉:筒形樽、鸳鸯、盆			刀			
河南正阳李家庄M6	东汉晚期	室Ab型	不明	8.8×2.55	罐2、双系罐;青瓷罐	羊、环;铜镜4;货泉、五铢共100余枚		剑、削、炉		铅器3;银耳环	
正阳李家M5	东汉晚期	室Ac-1型	不明	全长13.5	罐等3(均残破)	刀;铜镜	漆木器残块3	灯		骨头2;石磨2	该墓破坏严重

附录 3-4　鲁南苏北皖北豫东区丁类墓统计表

墓葬名称	年代	墓葬形制	葬具	墓葬大小（米）	陶器	铜器	漆木器	铁器	玉器	其他	备注
潘庙 M17	西汉早期	椁 Aa 型		2.4×0.95	罐	半两					
潘庙 M45	西汉早期	椁 Aa 型		2.1×0.85	罐						
临沂金雀民 M1	西汉中期	椁 Ab 型	仅存棺灰痕迹	2.4×1.6	罐 2						
临沂金周 M15	西汉中期	椁 Aa 型	一棺	2.5×2	罐 5	五铢 8					
临沂金南坛 M29	西汉中期	椁 Aa 型	一棺	不明	罐	盆；五铢 13；铜镜	漆盘			角饰	
临沂银畜 M4	西汉中期	椁 Ab 型	一棺	2.15×1.15		带钩、饰件、刷；五铢 41		剑			
临沂金民 M2	西汉中期	椁 Ab 型	一棺一椁	3×2.1	罐 2、壶、器盖、马、俑	五铢若干	木枕；漆片残迹				椁外四周填充青膏泥
临沂银雀山 97M3	西汉中期	椁 Aa 型	一棺一椁	2.7×1.6	罐 3	盆、釜；五铢 1 串	漆盘、耳杯等	剑	剑饰	石猪	

(续表)

墓葬名称	年代	墓葬形制	葬具	墓葬大小（米）	陶器	铜器	漆木器	铁器	玉器	其他	备注
临沂银雀山97M1	西汉中期	椁Aa型	一椁一棺	3.34×2.2	罐5、钵	五铢1串	1件已腐朽				
临沂银雀山97M8	西汉中期	椁Aa型	一椁一棺	2.5×2	罐2	盆;铜镜;五铢	漆:盒、盘、耳;木:枕、梳、篦			竹笥;鸡骨	
临沂银雀·畜M3	西汉中期	椁Aa型	一椁一棺	2.3×1.58	罐3	鎏金铜釜;五铢11	漆:盘、耳杯2;木梳			竹笥	
临沂银雀山97M6	西汉中期	椁Aa型	一椁一棺	2.9×2.6	罐3	五铢48	腐朽无法辨识				
临沂银雀山97M7	西汉中期	椁Aa型	一椁一棺	2.8×2.4	罐3	镇、盆、勺;五铢1串;铜镜		剑		石砚	边厢中有部分鸡骨
临沂银雀山97M2	西汉中期	椁Aa型	一椁一棺	2.9×2.14	罐3	五铢1串					
临沂银雀·畜M5	西汉中期	椁Aa型	一椁二棺	2.9×2.4	罐	带钩;铜镜;五铢30	漆盘				
临沂银雀山97M8	西汉中期	椁Aa型	一椁一棺	2.5×2	罐2	盆;铜镜;五铢	漆:盒、盘、耳;木:枕、梳、篦			竹笥;鸡骨	

（续表）

墓葬名称	年代	墓葬形制	葬具	墓葬大小（米）	陶器	铜器	漆木器	铁器	玉器	其他	备注
临沂银雀·畜 M3	西汉中期	椁 Aa 型	一棺一椁	2.3×1.58	罐 3	鎏金铜釜；五铢 11	漆：盘、耳杯 2；木梳			竹筒	
滕州东小宫 M57	西汉中期	椁 Aa 型	不明	2.1×0.64	罐 2、器盖	铜钱若干					
临沂银雀山 73M5	西汉中期	椁 Aa 型	一棺	2.85×1.6	铅釉壶 2						
临沂金雀周 M11	西汉中期	椁 Aa 型	一棺一椁	2.9×2.2	罐 4	印、带钩；五铢 22	砚盒、木剑、梳、枕、牍 7		璧	竹：笥、筒；毛笔	椁外四周填充青青泥
济宁潘庙 M6A	西汉中期	椁 Aa 型		3.2×0.98	罐 5	五铢					
济宁玉皇顶 M2	西汉中期	椁 Aa 型	石椁木棺	2.7×1.3	罐 6						
济宁玉皇顶 M5	西汉中期	椁 Aa 型	石椁	2.7×1.4	壶、罐 4	铜铃；五铢 2					
潘庙 M19	西汉中期	椁 Aa 型	石椁砖厢	2.2×1.9	罐 7、井	盆					

（续表）

墓葬名称	年代	墓葬形制	葬具	墓葬大小（米）	陶器	铜器	漆木器	铁器	玉器	其他	备注
潘庙 M27	西汉中期	椁 Aa 型	砖椁	3×1.16	罐 2					铅器	
潘庙 M6B	西汉中期	椁 Aa 型	砖椁	3.15×1.1	罐 5	五铢					
永城磨山 M43	西汉中期	椁 Ab 型	一棺?	2.85×(1.45~1.38)	罐 3	五铢					
潘庙 M36	西汉中期	椁 Aa 型	不明	3.32×1.24	罐						
潘庙 M41	西汉中期	椁 Aa 型	不明	2.92×1.1	罐 2	五铢					
潘庙 M48	西汉中期	椁 Aa 型	不明	1.9×1.8	罐 3						
潘庙 M53	西汉中期	椁 Aa 型	不明	2.26×0.6	罐						
潘庙附葬	西汉中期	椁 Aa 型	不明	2.05×0.48	罐 3						
临沂金南坛 M30	西汉中期	椁 Aa 型	一棺	不明		釜;五铢 11		剑			

(续表)

墓葬名称	年代	墓葬形制	葬具	墓葬大小（米）	陶器	铜器	漆木器	铁器	玉器	其他	备注
临沂金雀周 M12	西汉中期	椁Aa型	二棺	2.8×1.95		印、带钩					
临沂银雀山 97M5	西汉中期	椁Aa型	一棺	2.6×1.9	罐2	釜；五铢1串	腐朽无法辨识器形				
临沂金雀 M6	西汉中期	椁Aa型	一棺	2.58×1.4	罐2						
临沂金民 M3	西汉中期	椁Aa型	一棺一椁	2.5×1.8		铜钱1串					
临沂银雀 M1	西汉中期	椁Aa型	一棺一椁	2.8×1.4	罐5	铜饰件；五铢；铜镜	漆盘、漆耳杯2				
后桃林 M9	西汉中期	椁Ab型	石椁、漆棺	3.3×1.35	罐2	带钩、漆器附件10；星云纹镜		剑、刀			
后桃林 M12	西汉中期	椁Ab型		2.8×0.95	罐2						
后桃林 M13	西汉中期	椁Ab型		1.45×1.25	罐2	草叶纹镜				角摘	

（续表）

墓葬名称	年代	墓葬形制	葬具	墓葬大小（米）	陶器	铜器	漆木器	铁器	玉器	其他	备注
盛家庄M28	西汉中期	椁Ac型		3.4×1.6	彩绘壶9	星云纹镜；五铢钱					积贝
盛家庄M29	西汉中期	椁Ac型		3.2×1.8	彩绘壶8	连弧日光镜；五铢钱4；镜刷		环、剑、环首刀			积贝
济宁师专M21	西汉中期	椁Aa型	不明	2.3×0.83		铜印，带钩；五铢23		环首刀、剑			被盗
临沂金·南坛M26	西汉晚期	椁Aa型	一椁	不明	罐4、盘	五铢80		剑			
海州侍其繇墓	西汉晚期	椁Aa型	二椁二椁	4.9×(3.2~3.37)	罐4	带钩、锥	鸠杖；漆：耳杯6、卮、碗、盘5			骨笄	
济宁师专M10	西汉晚期	椁Aa型	石椁砖厢	椁2.47×0.95；器物坑2.65×0.9	罐6	印、带钩；五铢18；铜镜					石椁外壁刻有画像；被盗
潘庙M54A	西汉晚期	椁Aa型	砖椁	2.94×0.9	罐4						

（续表）

墓葬名称	年代	墓葬形制	葬具	墓葬大小（米）	陶器	铜器	漆木器	铁器	玉器	其他	备注
潘庙 M54B	西汉晚期	椁 Aa 型	砖椁	3.9×1.26	壶、罐 3	五铢					
滕州官桥车站 M12	西汉晚期	椁 Aa 型	石椁	东椁 2.6×1.33；西椁 2.8×1.4	罐	五铢；铜镜					
滕州官桥车站 M14	西汉晚期	椁 Aa 型	石椁	南椁 3.1×1.06；北椁 2.8×1.34		五铢					
微山两城山 M1	西汉晚期	椁 Aa 型	石椁	2.1×0.9	罐	带钩；五铢		刀			
夏邑吴庄 M28	西汉晚期	椁 Aa 型	砖椁	不明	网坠						
济宁师专 M1	西汉晚期	椁 Aa 型	石椁砖厢	椁 2.2×0.73	壶、罐 2	磨郭五铢 27		环首刀		石蝉	被盗
济宁师专 M17	西汉晚期	椁 Aa 型	石椁砖厢	椁 2.17×0.74	罐 3						石椁外壁刻有画像；被盗

（续表）

墓葬名称	年代	墓葬形制	葬具	墓葬大小（米）	陶器	铜器	漆木器	铁器	玉器	其他	备注
济宁师专M22	西汉晚期	椁Aa型	石椁砖厢	椁2.29×0.85	壶2、罐3						被盗
济宁师专M6	西汉晚期	椁Aa型	石椁砖厢	椁2.3×0.77	罐4	五铢5				残铅车马器	被盗
潘庙M56	西汉晚期	椁Aa型	石椁砖厢	2.76×1.13	罐5	盆					
潘庙M57	西汉晚期	椁Aa型	砖椁	3.96×1.28	罐3、器盖						
临沂银雀山97M9	西汉晚期	椁Aa型	不明	2.7×1.6		大泉五十12		铁剑			残墓
连云港尹湾M2	西汉晚期	椁Aa型	一棺一椁	3.03×2		大泉五十；铜镜	漆勺				
济宁师专M23	西汉晚期	椁Aa型	不明	1.98×0.74	罐2	大泉五十23;铜镜					被盗
济宁师专M24	西汉晚期	椁Aa型	不明	2.19×0.75		大泉五十6、货泉324					

(续表)

墓葬名称	年代	墓葬形制	葬具	墓葬大小（米）	陶器	铜器	漆木器	铁器	玉器	其他	备注
滕州官桥车站M13	西汉晚期	椁Ac型	石椁	南椁2.32×1；北椁2.63×1.1	罐2	五铢					
微山沟北村M10	西汉晚期	椁Ac型	石椁	椁2.5×0.95	罐2			耒耜2			
永城磨山M44	西汉晚期	椁Ab型	无	3.2×1.9	壶、罐、双耳盒						
济宁师专M2	西汉晚期	椁Aa型	石椁砖厢	2.19×0.9	罐4	大泉五十2				料珠串	
济宁师专M5	西汉晚期	椁Aa型	石椁砖厢	椁2×0.71	罐3	大泉五十29、大布黄千		剑			石椁外壁刻有画像
济宁师专M7	西汉晚期	椁Aa型	石椁砖厢	椁2.2×0.73	罐3	印；五铢5					被盗
济宁师专M8	西汉晚期	椁Aa型	石椁砖厢	椁2.32×0.76		带钩；大泉五十5					被盗
潘庙M18B	西汉晚期	椁Aa型	砖椁	3.64×1.03	罐5	五铢					

（续表）

墓葬名称	年代	墓葬形制	葬具	墓葬大小（米）	陶器	铜器	漆木器	铁器	玉器	其他	备注
微山沟北村M7	西汉晚期	椁Aa型	石椁	椁2.5×1.7	罐2、钵、盘、双耳盒、磨、井、仓2、熏炉	带钩；大泉五十10余枚		削			石椁后壁刻划图案有
微山两城山M2	西汉晚期	椁Aa型	石椁	2.9×1.9	罐3			钉			
邹城卧虎山M2	西汉晚期	椁Aa型	石椁木棺	5.75×3.5	罐4	五铢2					
沛县栖山画像石墓M1	西汉晚期	椁Aa型	石椁	3.5×3.6	罐6	五铢、货布		锯			石椁的四壁有画像
微山王庄M4	西汉晚期	椁Aa型	不明	1.9×0.9	罐	五铢2		剑			
永城磨山M48	西汉晚期	椁Aa型	不明	2.3×0.46	罐2	货泉312；铜镜		剑			
潘庙M9	西汉晚期	椁Aa型	石椁砖厢	4.36×1.16	罐2	货布、货泉					
潘庙M18A	西汉晚期	椁Aa型	砖椁	2.9×1.47	罐2						

（续表）

墓葬名称	年代	墓葬形制	葬具	墓葬大小（米）	陶器	铜器	漆木器	铁器	玉器	其他	备注
凤台殷家岗墓	西汉晚期	室型Aa	未见	3×(2.4~2.9)	罐5、匜	大泉五十12		剑、小刀			
夏邑吴庄M26	西汉晚期		单棺	椁2.6×0.96	壶4、罐2						石椁挡板上有图案
济宁师专M13	西汉晚期	椁Aa型		椁2.3×0.8	壶2、罐4						被盗
后桃林M3	西汉晚期	椁Aa型	漆棺	3.65×1.75	罐2						
后桃林M10	西汉晚期	椁Ab型	石椁漆棺	2.7×0.9	罐	草叶纹镜2					
文阳路M1	西汉晚期	椁Aa型	不明	残长0.2、宽1.6	钙釉陶壶2	铜钱包括货泉等					
文阳路M2	西汉晚期	椁Ac型	木棺	残长1.9、残宽0.11	钙釉陶壶	五铢若干					
文阳路M3	西汉晚期	椁Aa型	木棺	3.7×1.8	罐、钙釉陶壶	五铢钱；带钩、镜副		刀、剑、环			

(续表)

墓葬名称	年代	墓葬形制	葬具	墓葬大小（米）	陶器	铜器	漆木器	铁器	玉器	其他	备注
盛家庄 M1	西汉晚期	椁 Aa 型	木棺	3.7×1.2	彩绘罐 2	草叶纹镜				鸡、鱼骨	M1、M2、M3 在同一封土之下；积贝
盛家庄 M2	西汉晚期	椁 Aa 型	木棺	2.75×2.3	彩绘罐 4		漆盒			鸡、鱼、猪骨	M2、M3 并穴
盛家庄 M3	西汉晚期	椁 Aa 型	木棺	3.8×2.4	彩绘：罐 4、壶	五铢钱；星云纹镜（残）	漆盒			鸡、鱼、鸟喙、牛残骨	积贝
盛家庄 M7	西汉晚期	椁 A 型		1.96×0.92		铜剑					
盛家庄 M8	西汉晚期	椁 Aa 型	砖棺？	3×1.65	钙釉陶壶 2						M8、M9 并穴；积贝
盛家庄 M9	西汉晚期	椁 Aa 型	木棺	3.3×1.2	扁壶、罐						
盛家庄 M13	西汉晚期	椁 Aa 型	木棺	2.6×1.2	壶 2						M13、M14 并穴

（续表）

墓葬名称	年代	墓葬形制	葬具	墓葬大小（米）	陶器	铜器	漆木器	铁器	玉器	其他	备注
盛家庄M16	西汉晚期	椁Aa型		2.9×1.4	钙釉陶壶2	铜钱8					
盛家庄M19	西汉晚期	椁Aa型	木棺	3.1×1.3－1.46	罐						
滕州官桥车站M18	东汉早期	椁Ac型	木棺	2.7×1.86	盒3、罐3						
邹城卧虎山M1	东汉早期	椁Ac型	单棺	3.4×2.05	罐4						
滕州官桥车站M16	东汉早期	椁Aa型	木棺	2.56×1.29	罐2						
滕州官桥车站M6	东汉早期	椁Ac型	木棺	3.9×1.5	壶5、罐、筒瓦						
灵璧大李M2	东汉早期	椁Aa型	不明	4×2	长颈壶				蝉		
五河金岗M6	东汉早期	室Ab型	略见痕迹	6×3.94	罐2	铜镜					

(续表)

墓葬名称	年代	墓葬形制	葬具	墓葬大小（米）	陶器	铜器	漆木器	铁器	玉器	其他	备注
五河金岗 M7	东汉早期	室 Ab 型	不明	5.92×2.4	罐 2	铜镜		刀			
五河金岗 M12	东汉早期	室 Aa 型	略见痕迹	4.26×2	罐	铜镜 2					
固镇濠城东汉墓 M4	东汉早期	室 Aa 型	棺椁已朽	（残）6.9×4.35	铅釉陶壶 3	铜圈		铁器			严重破坏
微山王庄 M1	东汉中期	室 Ab 型	不明	墓室长不明，宽1.2	盘、盆 2、釜、磨、仓、瓦 3			钉 3			
微山王庄 M2	东汉中期	室 Aa 型	不明	墓室残长4、宽2.5	罐、盘、仓、灶、井、磨、圈	五铢；铜镜		锄	玉片	骨珠	
五河金岗 M5	东汉中期	室 Aa 型	略见痕迹	4.1×2	罐	铜镜；五铢 2		刀			
五河金岗 M4	东汉中期	室 Aa 型	不明	3.46×1.02	罐	铜镜					
五河金岗 M10	东汉中期	室 Aa 型	不明	4.1×1.8	罐						

(续表)

墓葬名称	年代	墓葬形制	葬具	墓葬大小（米）	陶器	铜器	漆木器	铁器	玉器	其他	备注
宿州二郎庙 M1	东汉中期	室 Aa 型	不明	4.5×1.5	仓、灶、井、磨 2、圈						
宿州二郎庙 M2	东汉中期	室 Aa 型	不明	3.6×1.36	碗、仓、灶、井、磨、圈						
宿州二郎庙 M3	东汉中期	室 Aa 型	不明	4.3×2.16	甑、井、屋顶、圈						
宿州二郎庙 M4	东汉中期	室 Aa 型	不明	4.58×1.74	罐、甑、仓、屋顶、磨、圈						
宿州二郎庙 M6	东汉中期	室 Aa 型	不明	4.26×1.94	仓、盆						
济宁张山 M1	东汉晚期	室 Aa 型	仅余漆皮、铁棺钉	墓室全长3.2,最宽1.16	盆形樽、壶、罐、奁、案、盘、耳杯						
济宁张山 M2	东汉晚期	椁 Aa 型	墓底有板灰	2×0.8		剪轮五铢 3		剑			
济宁张山 M3	东汉晚期	室 Aa 型	仅余板灰和铁棺钉	墓室全长5.26,宽0.65	罐 2	套饰;五铢					

（续表）

墓葬名称	年代	墓葬形制	葬具	墓葬大小（米）	陶器	铜器	漆木器	铁器	玉器	其他	备注
固镇渡口村M1	东汉晚期	室Aa型	不明	5.26×2.1	钙釉陶2;硬陶罐						
固镇渡口村M2	东汉晚期	室Aa型	不明	5.76×2.08	钙釉陶:壶、罐2	带钩;钱币;铜镜		剑、戈			

附录4-1 晋中南豫北区乙类墓统计表

名称	年代	墓葬形制	葬具	竖穴/墓道大小（米）	洞穴/墓室大小（米）	陶器	铜器	铁器	玉器	其他	备注
济源桐花沟M37	西汉早期	室BⅠ式	主室中一榔一椁;侧室一椁	2.8×2	主室3.8×1.6;侧室2.3×0.65	壶	鼎2、扁壶、饰件3、勺、器座3、钩、环			玉璧	
三门峡火电厂M21	西汉早期	室BⅠ式	一椁	3.86×2.36	4.25×(1.6~1.84)	茧形壶、罐	鼎2、钫2、蒜头壶2、盆、勺;铜镜	剑		玉璧、剑饰;印章	
三门峡火电厂M25	西汉早期	室BⅠ式	一椁	3.5×2.6	3.5×(1.84~1.9)	罐	鼎2、钫2、盘2、蒜头壶、盆2、釜甑、饰件9;铜镜	器架		玉璧、银饰件4	

(续表)

名称	年代	墓葬形制	葬具	竖穴/墓道大小(米)	洞穴/墓室大小(米)	陶器	铜器	铁器	其他	备注
榆次王湖岭M3	西汉早期	椁Aa型	一椁一棺	6.45×2.65		可辨识的有壶2、罐2	鼎2、壶2、扁壶、盆2、勺、弩机、带钩	锸、剑	木椟	陶器多已破碎
榆次王湖岭M4	西汉早期	椁Aa型	一椁一棺	5.5×2.3		壶2、罐5、壁、璜、鸟、球等14件	鼎2、矛、镞、铺首、带钩2		石印;漆盒残片	陶器多已破碎
榆次王湖岭M6	西汉早期	椁Aa型	一椁一棺	4.2×2.3		罐5	鼎2;铜镜2	剑	木梳	陶器多已破碎
榆次王湖岭M11	西汉早期	椁Aa型	一椁一棺	4.7×2.5		罐5	鼎2、矛、镞、带钩		漆器2;骨牌10	陶器多已破碎
孝义张家庄M8	西汉早期	椁Ab型	重椁一棺	长4米余,宽3米余		壶、罐	鼎、壶、盆、带钩		漆耳杯	
太原东太堡汉墓	西汉中期	室B型,具体不明	不明	规模较大,具体不明			壶4、钫2、鼎6、盆2、剑、盘5、筒形器、灯台、扁壶、熏炉、器座4、泡3、环5;鎏金铜勺;铜镜5;半两钱42斤		马蹄金5;封泥	该墓器物多为征集

（续表）

名称	年代	墓葬形制	葬具	竖穴/墓道大小（米）	洞穴/墓室大小（米）	陶器	铜器	铁器	其他	备注
太原尖草坪M1	西汉中期	椁B型	一棺一椁	残长6.2，宽3	4.62×3.1		鼎2、染器2、釜、勺、灯；五铢35		玉猪；漆器残片若干	破坏严重
太原尖草坪M2	西汉中期	椁B型	一棺一椁	残长5.2，宽1.6	墓口7.2×3.4		壶5、灶	漆器附件若干	铅当卢、马衔	
洛阳尹屯壁画墓	西汉晚期	室BⅢ式	不明	不明	全长11.9；面积38.6平方米	鼎、盒、壶5、罐3、钵、筒形樽、耳杯2、井、囷9、炉	车马模型14、柄刷；大泉五十、货布、货泉若干	剑3、镢、环、刀、铁器残件	石槽4、石臼2、石磨2、石盘、骨项	中室四壁及顶部绘有壁画
三门峡立交桥M5	西汉晚期	室BⅡ式	不明	不明	5.2×2.24	壶4、罐6、碗、盆、甑、囷3；铅釉陶壶	鼎、壶、釜、钫、行灯；铜镜、五铢若干	炉		
洛阳金谷园壁画墓	西汉晚期	室BⅢ式	不明	不明	7×6.1	鼎2、盒、壶16、筒形樽6、罐3、耳杯数枚、耳杯盒、方盒、案、魁、甑、盘、博山熏炉、炉、井、灶、囷5	熏炉、壶2、釜、车马明器1组；铜镜2；五铢240、大泉五十和契刀共588	剑3、刀3、矛、灯、镦、釜		

（续表）

名称	年代	墓葬形制	葬具	竖穴/墓道大小(米)	洞穴/墓室大小(米)	陶器	铜器	铁器	其他	备注
洛阳北郊CIM689	东汉早期	室BⅣ式	二棺	2.92×1.08	全长10.42,最宽7.36	鼎、盒3、壶7、罐10、方案、筒形樽6、耳杯5、盘、勺、甗、囷5、灶、井	刷柄2、带钩2；铜镜2、货泉、大泉五十	铁条2、环首刀2、残铁器2、剑2、棺钉若干	玉耳塞；石砚板、石磨、石臼；水晶珠	
襄城茨沟画像石墓	东汉中期	室Ac型	不明		东西长17,南北宽9.4	尊2、豆2、魁、耳杯、壶、瓮、盘、勺、方案、圆案、鸡、狗、屋脊、铅釉；镇墓兽、罐	铜铃、铜饰等；五铢27,磨郭五铢、铜镜	凿、锯钉、犁铧、镰，其余朽蚀无法辨识	漆器已朽	
灵宝张湾M5	东汉中期	室Ac型	不明		全长11.86,宽7.04	楼、仓房、囷5、井、碓房、猪圈、羊圈、炉、灶、灯2、博山熏炉、方案2、圆案、盘、魁、勺、耳杯15、碗2、盆4、盉3、壶4、扁壶、罐18、盆形樽、鸡2、狗、勺	盆、弩机，铜饰件10；五铢70；铜镜			

（续表）

名称	年代	墓葬形制	葬具	竖穴墓道大小(米)	洞穴/墓室大小(米)	陶器	铜器	铁器	其他	备注
洛阳南昌路92CM1151	东汉晚期	室Ac型	不明		不明	壶56(部分为铅釉陶)、罐6、耳杯3、杯4、奁、方盒4、方案、盆、魁3、勺、筒形樽、筒形器、狗、仓楼、鸡、鸭、甑、磨、筒瓦、舞乐俑10	车马器模型7、带钩、灯；铜镜、铜钱2	釜、戟、剑2、锤、铁器2、锄刀3、斧钺2、斧、马镫2	圭片	
密县打虎亭M1	东汉晚期	室Ac型			全长26.46,最宽20.68					墓内有画像石；该墓随葬品被盗一空
洛阳王干线商业局M4904	东汉晚期	室Ac型	有棺床		全长8.4,最宽6.46	罐5、囷8、壶4、盆形器4、奁3、方案9、盘、勺2、魁3、耳杯案4、灶2、鼎2、猪圈2、井2、鸡4、鹅2、狗2、兽2、人物俑26	铜饰件5、车马器模型19；五铢41	叉、铧、镰等	石猪4；玉晗2、玉塞2、玉衣片100余片	铜缕玉衣

（续 表）

名称	年代	墓葬形制	葬具	竖穴/墓道大小(米)	洞穴/墓室大小(米)	陶器	铜器	铁器	其他	备注
洛阳机车工厂M1	东汉晚期	室Ac型	不明		全长12.4,最宽8.7	罐9、方盒、猪圈、鸡、瓦当3			银饰;金饰2;玉枕;玉衣片近千片	鎏金铜缕玉衣
洛阳机车工厂C5M346	东汉晚期	室Ac型	不明		全长14.22	罐10、囷5、壶、盆、盘3、魁2、盆形樽2、方盒2、耳杯12、勺2、方案2、圆案2、仓楼、猪圈、鸡2、猪、人物俑2、泥饼85	羽人、刁斗、瓿、盆、盘、碗、薰炉、刀、弩机、车马器模型150、钱币101、饰件51	灯、刀、剑、壶、棍、铁片、铁钩、铁圈4;铁镜3	银饰2;铅饼3、铅盖18;石珠玻璃环5;玉饰3、玉衣片750;瓷片	鎏金铜缕玉衣
洛阳杨文铁路编组站C10M575	东汉晚期	室Ac型	不明		不明	皆被破坏			石榻;玉衣片530余	玉衣用金铜缕与银缕混合串缀
洛阳东关殉人东汉墓	东汉晚期	室Ac型	不明		全长10.55,宽9.5	米碓风车、仓楼、井、灶、壶4、方盒8、方案、圆案、盘2、人物俑22、鸡4、鹅4、狗	饰件5		铅车马器模型68;玉衣片42	填土中有殉10具骨骸;人墓内有铜缕玉衣
芮城石门村汉墓	东汉晚期	室Ac型	不明		全长10.6	鸡	铜镜3;剪轮五铢、涎环钱若干		串珠	

附录4-2 晋中南豫北区丙类墓统计表

名称	年代	墓葬形制	葬具	竖穴/墓道大小(米)	洞穴/墓室大小(米)	陶器	铜器	铁器	其他	备注
巩义99M1	西汉早期	室BⅠ式	一棺	2.6×1.98	3.4×1.3	鼎2、盒2、壶2、钫2、罐2、俑				
巩义99M4	西汉早期	室BⅠ式	一棺	2.4×1.32	3.9×(1.38~1.6)	鼎3、罐5、俑头	铃9;半两钱		漆器碎片;铅环2,铅毂	
巩义99M5	西汉早期	室BⅠ式	不明	不明	不明	盒、壶2、罐3、钫、马俑头、俑头2	勺			
济源泗涧沟M60	西汉早期	室BⅠ式	一棺	2.2×0.8	3×0.8	鼎、壶4、茧形壶、瓿、钫、仓、灶、俑头4				
济源桐花沟M63	西汉早期	室BⅠ式	一棺一椁	2.5×1.1;耳室1.4×1.35	3.7×1.3;耳室1.35×1.17	鼎2、茧形壶、瓿、钫、仓、灶、俑头4	车軎、盖弓帽、铺首			
洛阳北邙IM45	西汉早期	椁Aa型	一棺	3.4×1.6			盘2、漆头壶、盆、镦5	铁条	玉饰	
新乡北站01M2	西汉早期	室BⅠ式	一棺	2.5×1.2	2.84×(0.9~1.1)	鼎、壶2、罐3、碗、俑				
郑州九州城M3	西汉早期	椁Ab型	一棺一椁	墓口5.28×4.3		鼎2、盒2、壶、钫2、盘2				

（续表）

名称	年代	墓葬形制	葬具	竖穴/墓道大小（米）	洞穴/墓室大小（米）	陶器	铜器	铁器	其他	备注
郑州人民公园 M14	西汉早期	室 B I 式	一棺	3×1.32–1.4	3.64×0.9–1	鼎、盒、壶、碗、釜、杯、瓿、甬首、马甬首	釜			
侯马乔村 M3146	西汉早期	室 B I 式	无	2.38×1.3	2.46×0.8	鼎 2、盒 2、茧形壶、罐、锜	带钩、铃、环；半两 2		动物骨	
侯马乔村 M453	西汉早期	室 B I 式	无	2.24×1.1;2.4×1.2	2.3×0.82	鼎、盒、盘口小壶、茧形壶、锜、罐 3、球		铁器	动物骨	
侯马乔村 M358	西汉早期	室 B I 式	无	2.76×1.06	2.7×1	鼎、壶 4、瓿	镞、锺			
侯马乔村 M359	西汉早期	室 B I 式	无	2.6×1.22	2.7×1.22	鼎、盒 4、壶、锜、罐 2		剑		
侯马乔村 M3172	西汉早期	室 B I 式	一棺	（残）1.5×0.9	2.5×0.8	鼎、盒、锜、罐				
曲村 M6330	西汉早期	椁 Aa型	一棺一椁	3.02×(1.44~1.6)		鼎、盒、小壶、钫、盘、罐 2		凿、剑、勺、削、铲	料珠；玉片	
曲村 M6424	西汉早期	室 B I 式	一棺	2.79×1.61	3.12×1.52	鼎 2、盒 2、壶、茧形壶 2、瓿、盘	带钩；铜镜	剑	漆器残片	

（续表）

名称	年代	墓葬形制	葬具	竖穴/墓道大小(米)	洞穴/墓室大小(米)	陶器	铜器	铁器	其他	备注
曲村M6465	西汉早期	室BI式	一棺	2.5×1.46	3×1.2	鼎2、盒2、壶、茧形壶2、瓿、盘		残铁器		
曲村M6505	西汉早期	室BI式	一棺	2.53×1.5	2.8×(1.1~1.48)	鼎、盒、壶3、茧形壶3、钫	半两钱6;铜镜		漆器残片;动物骨骼	
曲村M6544	西汉早期	室BI式	不明	2.58×1.5	3.74×(0.71~1.13)	鼎2、盒、茧形壶3、钫3、盘、瓿				
曲村M6267	西汉早期	椁Aa型	无	3.41×0.97		鼎2、盒2、壶、茧形壶2、瓿、罐2				
曲村M6095	西汉早期	室BI式	一棺	2.4×1.8	2.75×1.06	鼎2、盒2、壶2、茧形壶、瓿、罐、筒瓦2			漆器残片2	
榆次王湖岭M1	西汉早期	椁Aa型	一棺一椁	4.05×1.7		盒2、壶2、罐2				
忻州明望93XM1	西汉早期	椁Aa型	一棺一椁	5.1×2.9		鼎2、盒2、壶3、陶垫	剑、带钩	环首刀	玉璧、玉环;水晶石2	
巩义叶岭砖厂M12	西汉中期	室BI式	一棺	不明	3.1×0.9	鼎2、罐2			石英石、石印	陶器多已破碎

（续表）

名称	年代	墓葬形制	葬具	竖穴/墓道大小(米)	洞穴/墓室大小(米)	陶器	铜器	铁器	其他	备注
巩义昱盈阁M6	西汉中期	室BI式	一棺	2.26×1	3.3×1.16	鼎、壶、灶				
辉县铁路饭店工地汉墓	西汉中期	室BI式	已朽	2.25×1.05	3×3.2	鼎、盒2、壶4、鸮2、勺、罐3、耳杯22、器座2、筒形樽、盘、灶2	带钩2、饰件3；五铢20；铜镜			
济源蓼坞M1	西汉中期	室BII式	二棺	不明	不明	壶4、罐7、囷4、筒形灶、盆、甑、壶2；铅釉：鼎、筒形樽、罐4、囷7	五铢8	刀		
济源泗涧沟	西汉中期	室BI式	不明	2.8×1.65	3×1.38	鼎、盒2、壶3、盘				
洛阳金谷园空心砖墓	西汉中期	室BI式	一棺	2.2×1.02	左室3.5×1，耳室0.82×0.87；右室3.2×1.1，耳室1.26×0.88	壶4、盒3	染器、盆2、器座、灯、蛙镇、带钩、印章；五铢若干	刀、剑、镊		

（续表）

名称	年代	墓葬形制	葬具	竖穴/墓道大小(米)	洞穴/墓室大小(米)	陶器	铜器	铁器	其他	备注
洛阳金谷园石椁墓	西汉中期	室BI式	一棺	2.5×1.04	2.8×1；侧室1.44×0.9	鼎2、盒2、壶4	五铢若干；铜镜		漆器残片5	
洛阳周山路石椁墓	西汉中期	室BI式	不明	2.4×1	4.72×1.22；侧室1.5×0.9	鼎2、盒2、壶4	盆；钱币			
新乡北站M15	西汉中期	室BI式	已朽	1.9×0.9	3.8×0.9	鼎2、盒2、壶2、罐5、釜甑、鸮鸮				
新乡北站M3	西汉中期	不明	不明	不明	不明	鼎2、盒2、壶2、罐、环			饼形石器	
新乡火电厂95M10	西汉中期	室BI式	一棺	2.45×0.93	3.78×0.93	盒2、壶2、罐6、锜、马俑头、鸮鸮2	带钩			
新乡火电厂95M35	西汉?	室BI式	不明	不明	不明	鼎、壶				
新乡火电厂97M7	西汉中期	室BI式	一棺	不明	3.9×1.06	鼎、盒2、罐2、壶5、鸮鸮2	盆、带钩	刀		
新郑东城路M10	西汉中期	椁Aa型	一棺	3.3×(1~1.35)		鼎2、壶2、盒3、盒、筒形椁、钵、釜、灶	五铢35			

（续表）

名称	年代	墓葬形制	葬具	竖穴/墓道大小(米)	洞穴/墓室大小(米)	陶器	铜器	铁器	其他	备注
新郑东城路M3	西汉中期	椁Aa型	不明	不明		鼎2、灶2	釜2			墓室四壁用画像砖砌
新郑东城路M4	西汉中期	室BⅡ式	不明	不明	2×1	鼎2、壶、筒形樽、罐2、甑、釜、杯、碗、灶				
新郑东城路M9	西汉中期	椁Aa型	不明	2×0.82		鼎、壶4、罐3、盘2、筒形樽、钵、甑、釜、灶	釜			
侯马乔村M322	西汉中期	室BⅠ式	无	1.7×0.92	3×0.9	鼎、盒、锜3、罐				
侯马乔村M379	西汉中期	室BⅡ式	无	2.7×0.9	3.5×1.1	鼎、盒、壶、罐3		剑		
侯马乔村M385	西汉中期	室BⅠ式	无	2.4×0.8	3.3×1	鼎2、盒、罐2				
侯马乔村M386	西汉中期	室BⅠ式	无	2.5×0.9	3.3×0.9	鼎、盒、壶、罐3、锜、鸮弩				
侯马乔村M3137	西汉中期	室BⅠ式	一棺	2.4×1	3×1.2	鼎、盒、壶、锜、鸮弩	带钩	带钩、剑、勺、棺钉、镞		

(续表)

名称	年代	墓葬形制	葬具	竖穴/墓道大小(米)	洞穴/墓室大小(米)	陶器	铜器	铁器	其他	备注
侯马乔村 M3181	西汉中期	竖室 B I 式	一棺	2.4×0.9	3.3×1.2	鼎、盒2、壶2、罐				
曲村 M6271	西汉中期	椁 Aa型	一棺	2.3×0.9						
曲村 M6145	西汉中期	竖室 B I 式	不明	2.8×1.18	?×(0.87~1.18)	鼎2、盒2、茧形壶2、瓶、罐				
曲村 M6178	西汉中期	竖室 B I 式	不明	2.5×1.15	3.75×1.15	鼎2、盒2、茧形壶2、瓿、罐	璜5			
曲村 M6193	西汉中期	竖室 B I 式	不明	2.45×1.1	2.5×0.81	鼎2、盒2、茧形壶2、瓿				
曲村 M6358	西汉中期	竖室 B I 式	不明	2.75×(1.1~1.4)	3.4×1.4	鼎2、盒、茧形壶2、瓿、罐	璜3、铃5			
曲村 M6485	西汉中期	竖室 B Ⅱ 式	一棺	2.67×1.12	3.15×1.1	鼎2、盒2、茧形壶2、罐、瓿	带钩	剑		
曲村 M6486	西汉中期	竖室 B 型?	一棺	2.63×1.26	3.5×1.26	鼎2、盒2、茧形壶2、罐2、瓿				
曲村 M6025	西汉中期	竖室 B Ⅱ 式	一棺	2.2×0.9	2.8×(0.75~0.9)	鼎2、盒2、茧形壶2、瓿、罐2			漆盘	

(续表)

名称	年代	墓葬形制	葬具	竖穴/墓道大小(米)	洞穴/墓室大小(米)	陶器	铜器	铁器	其他	备注
曲村 M6026	西汉中期	室B型?	一棺	2.3×1	3.2×(0.6~1.5)	鼎2、盒2、茧形壶2、瓿、罐2、釜		匕首	漆耳杯;木盘;骨饰	
曲村 M6065	西汉中期	室BⅡ式	一棺	2.5×0.8	3×(0.7~1.2)	鼎2、盒2、茧形壶2、瓿、罐	带钩;五铢	铁首刀		
曲村 M6323	西汉中期	室BⅡ式	不明	2.2×(0.84~0.9)	2.71×(0.83~1.03)	鼎2、盒2、茧形壶2、瓿、罐				
曲村 M6339	西汉中期	室BⅡ式	不明	2.5×1	2.6×1	鼎2、盒2、茧形壶、瓶				
曲村 M6385	西汉中期	室BⅡ式	不明	2.7×1.2	3.1×1.2	鼎2、盒2、茧形壶2、罐	带钩			
曲村 M6546	西汉中期	室BⅠ式	一棺	2.22×(1.15~1.2)	2.6×1.15	鼎2、盒2、罐3、瓶			动物骨骼	
曲村 M6157	西汉中期	室BⅠ式	不明	2.05×1	(3.5~4.25)×(1.1~1.4)	鼎2、盒2、瓿、鸮鸮	漆器铜铺首2;铜镜		漆器残片3;石印	
曲村 M6163	西汉中期	室BⅡ式	不明	2.6×1.4	3.2×1.1	鼎2、盒2、瓿、罐	带钩			
曲村 M6185	西汉中期	室BⅡ式	一棺	2.5×1.1	3×1	鼎2、盒2、壶2、瓿、鸟头壶、罐				

(续表)

名称	年代	墓葬形制	葬具	竖穴/墓道大小(米)	洞穴/墓室大小(米)	陶器	铜器	铁器	其他	备注
曲村M6272	西汉中期	室BⅡ式	不明	2.45×(1.04~1.1)		鼎2、盒2、壶2、瓿、罐	镜、盆2、盘			
曲村M6328	西汉中期	室BⅠ式	不明	2.45×(1.2~1.25)	2.65×(1.25~1.45)	鼎2、盒2、壶2、瓿、罐2				
曲村M6045	西汉中期	室BⅡ式	一棺	2.42×0.79	3.7×0.79	鼎2、盒2、壶2、茧形壶2、鸮鸮		残铁器	铅器3；漆器残片3	
曲村M6061	西汉中期	室BⅠ式	一棺	2.35×0.87	3.69×(0.6~0.87)	鼎2、盒2、壶2、瓿、罐2、鸮鸮	带钩		银簪首；漆器残片	
曲村M6074	西汉中期	室BⅡ式	无	2.4×0.8	3.1×1.05	鼎2、盒2、壶2、瓿、罐2、鸮鸮、筒形樽			漆耳杯3	
曲村M6098	西汉中期	室B型?	一棺	2.3×1	3.95×1	盒4、壶2、瓿、罐、鸮鸮			漆器残片；石饰	
曲村M6140	西汉中期	室B型	一棺	2.9×0.9	2.9×0.9	鼎2、盒2、壶2、瓿、罐2、鸮鸮	五铢		漆器残片4	
曲村M7168	西汉中期	室B型?	不明	2.35×0.8	2.25×1.61	鼎2、盒2、壶2、瓿、罐、鸮鸮			银簪首4	

（续表）

名称	年代	墓葬形制	葬具	竖穴/墓道大小(米)	洞穴/墓室大小(米)	陶器	铜器	铁器	其他	备注
洛阳火车站 IM1779	西汉中期	室BI式	不明	2.78×1.03	3.78×1.3；侧室3.62×1.3	壶6、罐、瓿、盆、筒形圆炉、釜	带钩、铜饰、镳、灯、车马器模型若干；铜镜5、五铢若干	刀2、剑2		
洛阳食品购销站 CIM35	西汉中期	室BI式	二棺	未完全清理	主室4.2×1.95，东西侧室2.84×1.12；附室2.1×1.2	鼎、盒、壶14、罐7、灶	铜镜；五铢若干			
洛阳卜千秋壁画墓	西汉晚期	室BⅡ式	二棺	不明	主室4.6×2.1；侧室3.43×1.18；附室2.98×1.08	鼎2、盒2、壶22、罐6、筒形樽3、瓿、囷10、井	盆、印章、饰件2；五铢6、铜镜2	炉、釜、刀、剑、镞		
洛阳春都花园 IM2354	西汉晚期	室BⅡ式	已朽	不明	6×1.8；侧室4.98×1.3、4.8×1.3	盒、壶10、罐7、筒形樽2、筒圆炉、囷7、灶、井；钙釉壶9、瓶2	甑、釜、盆2、盘、车马器模型10、弩机；五铢若干	釜、剑2		
洛阳浅井头 CM1231	西汉晚期	室BⅡ式	一棺	2.52×1	4.52×2.1	鼎、盒、壶、罐9、熏炉、瓿、灶、囷11	车马器模型若干、弩机、釜、带钩；铜镜2；五铢200余	釜、残铁器、刀、剑共9件	玉剑饰；方形石饰	墓室四壁的空心砖上有壁画

（续表）

名称	年代	葬葬形制	葬具	竖穴墓道大小(米)	洞穴墓室大小(米)	陶器	铜器	铁器	其他	备注
安阳梯家口M41	西汉晚期	室BⅠ式	二棺	不明	3.75×1.8	鼎3、壶4、盘、盆、罐3、筒形樽2、筒杯、耳杯、勺、炉、囷5、井、灶2	铜镜；五铢10、货泉35	钩2		
巩义叶岭砖厂M1	西汉晚期	室BⅡ式	不明	2.4×1.18	4.82×2.02	鼎4、壶2、罐7、器盖8、盘、甑、勺、灶2、囷2	盆、车马器模型16			
巩义叶岭砖厂M11	西汉晚期	室BⅡ式	一棺	2.4×1.2	5×2.02；龛0.6×0.7	鼎2、罐12、甑、盆、壶2、灶、囷12	钱币；铜镜			
巩义叶岭砖厂M2	西汉晚期	室BⅠ式	不明	2.32×1.4	5.7×2.4	鼎、壶、罐3、囷10、灶、盆				
巩义叶岭砖厂M4	西汉晚期	室BⅠ式	不明	2.2×0.92	2.8×1.42	鼎、罐5、甑、灶、囷5				
济源涧涧沟M29	西汉晚期	室BⅡ式	已朽	2.6×1.1	4.05×1.4	盒、罐9、薰炉；铅釉：鼎、壶2、斗形方形樽2、筒形炉、筒形圆炉、薰炉、灶、井				

(续表)

名称	年代	墓葬形制	葬具	竖穴墓道大小(米)	洞穴/墓室大小(米)	陶器	铜器	铁器	其他	备注
洛阳漳沱村GM646	西汉晚期	室BⅡ式	二棺	不明	最长5.85,最宽6.6	鼎、盒、壶11、筒形樽、罐4、器盖2、筒形圆炉、灶、井、囷9	车马器模型7、带钩;五铢若干	剑、刀		
洛阳五女冢IM261	西汉晚期	室BⅢ式	不明	2.62×(1.1~1.2)	主室5.36×(2.05~2.78);耳室3.4×1.18;侧室3.5×1.37	鼎、盒、壶8、耳杯19、案、耳杯数枚、筒形圆樽、筒形圆炉2、盆、盒3、方盒4、井、卧羊状水槽、灶、囷9	釜、带钩3;铜镜2;五铢若干	剑、釜、刀3、锯、铁器、釜、镰2	石磨、石臼	
洛阳邮电局M372	西汉晚期	室BⅡ式	二棺	2.5×1	主室4.5×(1.8~1.84);侧室2.43×(1.2~1.34)、2.29×1.3;附室1.66×(1.26~1.34)	鼎2、盒2、壶24、罐3、盆、筒形圆炉2、筒形樽6、甑、井、灶、囷19	车马器模型7、釜;铜镜2;五铢125	釜、削3、刀2、剑、钩		
洛阳张就墓IM1835	西汉晚期	室BⅡ式	不明	不明	最长6.78,最宽6.7	鼎2、盒2、壶21、盒3、罐、薰炉、方盒4、筒形圆炉、井、灶2、囷9	釜、带钩、印章2、饰件若干、铜镜;五铢若干	剑		

（续表）

名称	年代	墓葬形制	葬具	竖穴/墓道大小(米)	洞穴/墓室大小(米)	陶器	铜器	铁器	其他	备注
三门峡华余司包装公司M16	西汉晚期	室BⅡ式	不明	不明	4.3×1.6；耳室0.74×1	盒、壶3、筒形樽、方案、耳杯4、罐2、盘2、勺、壶、釜、熏炉、甑、筒形圆炉、囷5	釜；五铢3	支架		
三门峡立交桥M4	西汉晚期	室BⅡ式	不明	2.4×0.9	4.2×1.12	罐2、囷；铅釉：壶2、熏炉、鼎、筒形樽、囷4、灶、鸮鹯、鸡				
新蔡葛陵汉墓	西汉晚期	砖墓，形制不明	不明	不明	不明	瓮、壶等陶器残片			漆木器残片	
新乡火电厂97M1	西汉晚期	室BⅠ式	不明	不明	不明	壶、罐2、盒	壶2、扁壶2、长颈壶、甑2、釜2、车马明器若干、铜饰			
新乡火电厂97M8	西汉晚期	室BⅠ式	不明	不明	不明	鼎、盒、罐				
新乡火电厂M15	西汉晚期	室BⅠ式	不明	不明	不明	鼎、盒、罐2、瓿、甬首、鸮鹯				

（续表）

名称	年代	墓葬形制	葬具	竖穴墓道大小(米)	洞穴墓室大小(米)	陶器	铜器	铁器	其他	备注
新乡五里岗M54	西汉晚期	室BⅠ式	不明	不明	4.16×(0.88~1)	鼎、盒、壶3、罐6、筒形樽、盘2、耳杯2、囷5	五铢23	刀		
新郑山水寨沟画像砖墓	西汉晚期	室BⅡ式	一棺	不明	墓圹3.95×1.93	鼎、壶3、罐4、奁、釜、甑、灶	釜、镰壶；铜镜		兽骨	墓门用空心画像砖砌成
新郑山水寨汉墓	西汉晚期	室BⅡ式	二棺	不明	3.88×1.74	鼎、釜、灶等	铜镜；五铢、大泉五十共10枚	匕		
偃师辛村壁画墓	西汉晚期	室BⅡ式	不明	2.57×1.1	6.26×(2.3~2.32);耳室皆1.51×1.12	罐、囷、灶2、器盖、碗、甑				墓室壁上共有8处壁画
洛阳五女冢HM267	西汉晚期	室BⅡ式	一棺	2.5×1	主室5.82×2.1;侧室2.34×1.32	鼎、盒、壶3、罐8、罐12、双系筒形樽、方案、筒形樽2、勺2、甑、纺轮、囷10	车马器模型8	剑、斗形方炉、釜、刀、钩	石磨、石臼、石槽	
曲村M6205	西汉晚期	室BⅡ式	不明	2.4×0.87	?×(1.16~1.3)	鼎、壶2、瓿、罐7、灶、井				

（续表）

名称	年代	墓葬形制	葬具	竖穴/墓道大小(米)	洞穴/墓室大小(米)	陶器	铜器	铁器	其他	备注
济源桐花沟M10	东汉早期	室BⅡ式	一棺	不明	7.05×2.1	壶5,方盒,筒形樽,熏炉,耳杯8,方案,盘2,盉5,囷5,井,灯座,鸽俑,鹰扑兔俑		刀		
焦作白庄M41	东汉早期	室BⅢ式	三棺	不明	东西4.78,南北5.52	鼎,壶,耳杯盒,耳杯15,罐6,盆,魁2,筒杯,井,勺2,陶楼1套	五铢31,小泉直一22;铜镜			
洛阳金谷园IM337	东汉早期	室BⅡ式	不明	2.64×1	主室3.65×1.7;侧室3.6×0.95,4.3×1.2;附室1.38×1.5,1.38×1,1.9×1.2,1.4×0.98	鼎2,盒2,壶10,罐7,盆3,囷13,钙釉:壶6,瓿3	车马明器模型6,釜;钱币若干;铜镜2	刀,斗,形方炉,剑4,釜		
洛阳西南郊94GM241	东汉早期	室BⅢ式	已朽	2.6×1.2	5.1×(2.1~2.6)	鼎2,盒2,壶10,罐15,筒形樽,耳杯5,囷5,井;铅釉壶2	带钩,饰件,钩,钱币;铜镜	灯;瓶,剑,刀	绿松石	

（续表）

名称	年代	墓葬形制	葬具	竖穴/墓道大小(米)	洞穴/墓室大小(米)	陶器	铜器	铁器	其他	备注
济源承留JCM1	东汉中期	室BⅢ或室BⅣ式	不明		前室3.36×2.82；后室（残）6.26×4.48；侧室1.64×1.12	壶4,耳杯12,方盒3,卮3,罐14,盆,筒形樽2,魁,碗,连枝灯,方案,盘3,仓楼3,灶,碓房,井,磨2,勺,鸟头,狗,乐舞俑1组,鸡4,鸭4	车马器模型8；五铢5	钉,环,刀		
洛阳东北郊C5M860	东汉中期	室BⅤ式	二棺	3.2×1	前室4.9×2.47；后室2.8×2.07	罐8,方盒3,筒形樽3,筒足,圆炉,囷4,圈,井2,磨,灶2,鸡,狗,鸮8俑；铅釉壶8	五铢若干；铜镜2			
新乡王门村M1	东汉中期	室Ac型	不明		前室2.4×2.2；后室2.65×1.85	罐3,卮,甑,案,耳杯5,井,灶,囷2,盆,盘2,卮2,魁,勺	五铢若干	戟,剑,环,钉		

（续表）

名称	年代	墓葬形制	葬具	竖穴/墓道大小（米）	洞穴/墓室大小（米）	陶器	铜器	铁器	其他	备注
新乡王门村 M2	东汉中期	室 Ac 型	不明		前室 2.5×2.45；后室 3.7×2.1	罐 4、耳杯 7、魁 2、勺 2、案、盘、奁、甑、灶、井、鸡、狗	钵		动物骨	
荥阳河王水库 M6	东汉中期	室 BⅢ式	不明	不明	8.63×2.74–2.76	案、耳杯 6、罐、圈、猪；铅釉：熏炉 2、筒形樽 2	盆；五铢 169		棺钉若干	该墓破坏严重
安阳郭家湾 M2	东汉中期	室 Ac 型	有棺床		不明	壶、罐、筒形樽				
安阳郭家湾 M46	东汉中期	室 Ac 型	二棺		前室 2.7×2.65；后室 2.55×1.7	壶 2、甑 2、罐 6、盆、耳杯、器盖、灶、井	带钩			
安阳树家口 M38	东汉中期	室 Ac 型	不明		(3.1~3.25)×2.35	灶、井、方盒、耳杯				该墓破坏严重

（续表）

名称	年代	墓葬形制	葬具	竖穴墓道大小(米)	洞穴墓室大小(米)	陶器	铜器	铁器	其他	备注
济源赵庄M1	东汉中期	室BⅢ式	二棺	不明	最长7.5,最宽4.75	壶11、罐2、魁2、勺、耳杯9、耳杯盒、方案2、方盒2、奁12、筒形樽、扁壶2、盘、盆、筒形圆炉、井、磨、灶、圈、囷9、舞乐俑1组、狗	五铢若干;铜镜2			
荥阳河王水库CHM1	东汉中期	室BV式	三棺	不明	最长6.94,最宽3.94	壶6、罐9、方案2、耳杯11、盘2、勺、楼2、羊形答器4、熏炉2、方盒2、盉4、筒形樽2、井2、灶、圈2、猪3、鸡2;铅釉壶4	铜镜4;五铢699、货泉	剑、刀、釜、钩	耳饰	
郑纺机油库M1	东汉中期	室Ac型	不明		最长7.6,最宽5.04	壶、熏炉2、灶、井、圈、罐、狗3、鸡、盆、铅釉壶2、熏炉	五铢若干	刀	铅饰件3	

(续表)

名称	年代	墓葬形制	葬具	竖穴/墓道大小(米)	洞穴/墓室大小(米)	陶器	铜器	铁器	其他	备注
巩义二中99GEM1	东汉中期	室BIII式	二棺	2.66×1.2	全长6.6,最宽6	囷4,耳杯5,盒,魁,勺2,方案2,灶,井,俑,狗,鸡2,壶4,筒形圆炉	印章,铃,五铢56;铜镜2	削,饰件2	铅锡质饰件2;琉璃坠饰	被盗,组合不全
曲村M5221	东汉中期	室BV式	不明	不明	7.45×5.65	铅釉:耳杯4,魁,勺,灶,井,罐	半两钱,五铢336,货泉,大泉五十			被盗,组合不全
曲村M8002	东汉中期	室BV式	不明	未清理	7.8×4.13	壶3,罐5,筒形樽6,耳杯6,灶,井,俑2,鸡,鸭2,狗				
灵宝张湾M2	东汉中晚期?	室BV式	二棺	长16	全长9.38,宽9.4	楼2,仓2,井,碓房2,圈,筒形灶,炉,灯7,熏炉,圆案,方案,盘2,勺,盆,耳杯7,鸡2,狗2,羊	弩机2;五铢8,货泉4		骨簪	

（续表）

名称	年代	墓葬形制	葬具	竖穴/墓道大小（米）	洞穴/墓室大小（米）	陶器	铜器	铁器	其他	备注
灵宝张湾M3	东汉中晚期?	室BV式	二棺	19.3	全长10.38,宽7.03	楼、仓7、碓臼、磨、井、圈羊圈、筒形圆炉2、灶、连枝灯、灯3、熏炉、方案2、圆案、盘、魁、勺3、耳杯10、奁、壶、罐3、俑2、瓦当猪、狗	车马器模型2、饰件4;五铢2	釜、刀、小铲	石砚	
忻州粮食储备库M8	东汉中晚期	室Ac型	二棺	11.5×1	南北6.5,东西4.2	钵2、案、熏炉、鼎、形圆炉、盘、熨斗、筒形樽、方盒、勺2、耳杯4				
新乡火电厂95M8	东汉晚期	室BV式	一棺	?×0.8	4.3×(1.46~1.94)	罐2、甑、耳杯7、方案、魁、盘、奁、方盒、灶、井、囷3、圈	铜镜3;钱币	削	石砚;漆盒	

（续 表）

名称	年代	墓葬形制	葬具	竖穴/墓道大小(米)	洞穴/墓室大小(米)	陶器	铜器	铁器	其他	备注
后土郭 M2	东汉晚期	窑 Ac 型	不明		不明	壶 2、罐 12、盘 5、耳杯 7、耳杯盒、案 4、魁、甑、方盒 5、樽、灯、灶、俑 5、碓、鸡 2、鹏 3、鹅 2、狗 2、猪圈、枢荚 2、瓦当 5、筒瓦、砚、勺、纺轮	车马器模型、饰件若干；五铢 24、剪轮五铢、半两 5、货泉、无字钱	环 4、锸、钉 71、板	玉、蝉、盘、残器 2、猪 4、扣；石：虎头、羊头 5、砚台 2、案	曾多次被盗，破坏严重
巩义新华小区 M1	东汉晚期	窑 BV 式	二棺		最长 8.5，最宽 6.96	盆形樽、罐 15、壶、釜、甑、灶、盘 2、钵 2、盒、方盒、圆形圆炉、狗 7、鸽 2；铅釉：壶 2、罐	甑、钵 2、熏炉 2、盆、鸟车、托盘 2、耳杯 2、箸 2、盘 4、勺、盆形樽、弩机 2、灯、戒指、熨斗、顶针、车马器模型若干；铜镜；钱币	削 4、剪、鞭、门环、镢头、铲、镜 2	漆：耳杯 2、碗、罐，径 6；研墨石、墨球；砚、戒指；银：戒指、手镯 2、钗；金：水晶琥珀项链	后室靠墙处堆放了两堆薏苡米

（续表）

名称	年代	墓葬形制	葬具	竖穴/墓道大小(米)	洞穴/墓室大小(米)	陶器	铜器	铁器	其他	备注
后土郭M1	东汉晚期	室Ac型	不明		南北12.46,东西15.34	壶9、罐14、盘4、耳杯6、魁、碗、案、方盒4、甑、灯座3、磨、圈仓楼2、猪3、狗2、鸭2、鸳鸯2、瓦当3、筒瓦	车马器模型共102件;饰件31	铲2、剑、环8、带扣2、铁板、钉25、钩、灯3、金镶斗2;镜2	石:猪2、羊头5、砚、残铅器、卵;玻璃珠、玛瑙珠、玻璃环8	墓内有壁画和画像石;中室北部散布一层薏苡米,各室地面均有云母片
焦作白庄M6	东汉晚期	室BV式	不明	不明	通长6.26,宽6.92	壶2、罐、筒形樽、魁、碓、圈、筒杯、磨、楼、狗	当户			
洛阳夹马营路东汉墓	东汉晚期	室BV式	不明	不明	南北最长10.54,东西最宽9.95;面积35.6平方米	案6、勺4、圆案2、罐5、盆5、甑、耳杯9、釜2、瓶、器盖5、磨、方盘、碗、水桶、灯、屋顶、灶、磨、俑7、龟2、羊6、狗、鸡5、鸭3、猪	短剑、饰件若干		玉:带钩、佩、琥珀珠、琉璃填、金箔若干	

（续表）

名称	年代	墓葬形制	葬具	竖穴墓道大小（米）	洞穴/墓室大小（米）	陶器	铜器	铁器	其他	备注
洛阳南昌路BM3	东汉晚期	室BV式	多棺	不明	最长7.84,最宽7.6	罐2,奁2,方盒2,方案,圆案,灯,盘3,魁,盆形樽	铜镜2；半两、五铢等若干			
洛阳七里河汉墓	东汉晚期	室BV式	一棺	不明	全长9.18	囷,罐8,奁,作坊模型,勺,碗,盘,魁2,耳杯2,筷子,案,熏炉,方盒,井,甑2,囷5,灶,灯;铅釉壶8	刀;铜镜;五铢、货泉若干	钩、剑、戟、釜	残铅器	
洛阳王当墓	东汉晚期	室BV式	不明	不明	南北6.8,东西7.44	壶,罐4,盘,碗,杯,奁,甑,盆形樽,囷;铅釉壶	半两2、五铢4、莽钱3、币形器2			墓内买地券上有明确纪年
卫辉唐庄WTM1	东汉晚期	室BⅢ式	不明	不明	全长7,最宽5	耳杯2,奁2,方案2,圆案2,盘3,圈,罐6,仓,钵,勺,把,铺首,狗,甑,剪轮五铢若干釉;壶2,罐5,盆	饰件、车马器模型共9件,弩机；五铢；铜镜；铅	灯,釜,棍,提梁,剪刀2,钩、构件、铲、镬	骨簪、兽骨、骨形器；串形珠	

(续 表)

名称	年代	墓葬形制	葬具	竖穴墓道大小(米)	洞穴/墓室大小(米)	陶器	铜器	铁器	其他	备注
偃师南蔡庄汉墓	东汉晚期	室BV式	不明	11.2×1.15	前室及侧室15×3.05；后室3.3×2.2	罐2、方盒、魁、器座、鸟头等	圆饰	剑		墓内石碑有明确纪年
偃师杏园84YDT29M17	东汉晚期	室Ac型	不明		最长15,最宽8	罐、奁、圆案、方盒、碗5、盆、圈、猪、狗、鸡	半两、五铢2、剪轮五铢	铁镜		前室有壁画
新乡北站M6	东汉晚期	室Ac型	不明		全长4.5,最宽2.52	灶、圈顶、方案				被严重破坏
郑州二里岗M2	东汉晚期	室Ac型	不明		通长6.36	壶2、罐4、熏炉2、器盖2、陶屋模型2、囷4、灶、井、圈		铁钉、铁皮	碎漆皮；白料珠；残玉器	
新郑刘庄M1	东汉晚期	室BIV式	不明	未发掘	全长6.22,最宽3.2	罐3、盆	饰件3；五铢30,其中若干剪轮；铜镜2			
新郑刘庄M2	东汉晚期	室BIV式	不明	未发掘	全长7.14,最宽3.45	罐、井、灶、碓、圈、鸡、狗	带钩、饰件；五铢25	剑；镜		
侯马乔村M623	东汉晚期	室BV式	不明	13×0.9	5.22×(1.76~2.4)	灶、壶2、筒形樽20、井		残铁器		

（续表）

名称	年代	墓葬形制	葬具	竖穴墓道大小(米)	洞穴/墓室大小(米)	陶器	铜器	铁器	其他	备注
侯马乔村 M586	东汉晚期	室 BV 式	不明	8.8×0.88	6.7×(1.48~2.8)	熏炉、筒形圆炉、罐、井、筒形樽、灶、盆、案、勺2、钵、盘4、耳杯12	五铢	削、棺钉		
侯马乔村 M7230	东汉晚期	室 BV 式	二棺	6.8×(0.86~0.9)	6×(1.52~2.9)	熏炉、炉、壶、苍、高柄灯、筒形樽、灶、案2、魁、勺2、碗、釜、钵、三联灯、盘7、耳杯9				
侯马乔村 M7254	东汉晚期	室 BV 式	二棺	10.5×1	6.26×(1.75~2.74)	壶6、罐9、灶、筒形樽、井、案、魁、碗、盘3、耳杯4、仓2	带钩、铜镜2；五铢	削、残铁器2	骨簪；琉璃填	
侯马乔村 M4187	东汉晚期	室 BV 式	不明	6×1.14	5.85×(2.85~3)	熏炉、壶、罐5、井、案、钵、三联灯、盘、耳杯、仓、轮	弩机；货泉、五铢			
侯马乔村 M4259	东汉晚期	室 BV 式	二棺	?×0.9	5.4×(1.5~2.64)	罐3、灶、井、勺、钵	半两钱、五铢钱、货泉	棺钉		该墓被破坏严重

（续表）

名称	年代	墓葬形制	葬具	竖穴/墓道大小(米)	洞穴/墓室大小(米)	陶器	铜器	铁器	其他	备注
侯马乔村M5229	东汉晚期	室BV式	不明	17.8×1.1	不明	灶、罐2、井	铜镜、半两钱、五铢		骨簪；银环	
侯马乔村M624	东汉晚期	室BV式	不明	13×1	5.6×(2.6~3)	熏炉、炉、壶2、奁、高柄灯、罐5、案2、魁、碗、釜、盘9、耳杯11	五铢、货泉	釜、犁铧、削		
曲村M6120	东汉晚期	室BV式	不明	6×1.08	8.8×5.35	罐2、耳杯2；铅釉：方盘、盘3、耳杯2	五铢6	残铁器	石臼	被盗组合不全
夏县王村壁画墓	东汉晚期	室BV式	不明	不明	东西最长10.2，南北最宽12	方案、盘2、罐3；铅釉：耳杯、钵	铜灯、条形器	铁镜	碑残块片；石片	墓内绘有壁画
永济上村壁画墓	东汉晚期	室BV式	不明	不明	前室1.67×2.75；后室南北8.14，东西3.21	铅釉：壶、仓、耳杯4、罐3、井、筒形榼、魁、甑、案2、盘3、残底	货泉3、五铢3、剪轮五铢、小五铢2			墓内绘有壁画
离石石盘汉画像石墓	东汉晚期	室Ac型	不明		东西最宽7，南北残存5	尽毁				墓内有画像石

（续表）

名称	年代	墓葬形制	葬具	竖穴/墓道大小（米）	洞穴/墓室大小（米）	陶器	铜器	铁器	其他	备注
离石马茂庄93LM4	东汉晚期	室Ac型	不明		前室东西5.94，南北2.84；甬道0.9×2.74；后室1×4.2	勺2、盘3、杯2、盆5、罐9、壶6、钵3、灯、扁壶、马蹄形灶2、熏炉、圆炉、方盒、井、方案、圆案	带钩；五铢51（其中剪轮五铢、涎环五铢10余枚）			
离石马茂庄M14	东汉晚期	室Aa型	不明		墓室南北5.6，宽3.08；耳室南北1.48，东西2.08	罐、灶、铅釉钵	鐎壶、印；铜镜；五铢2			墓内有画像石
离石马茂庄M19	东汉晚期	室Ac型	不明		墓室总长8.96；主室宽2.64；前室宽5.62；东西1.88，南北1.74	盘2、盆、井、魁、卮、灯、灶				墓内有画像石
离石马茂庄M2	东汉晚期	室Ac型	不明		墓室全长9.48；前室宽2.82；后室宽1.86；耳室宽9.46	罐2、案、奁、方盒、耳杯等	盖弓帽、泡钉	锸、凿	铝衔镳	墓内有画像石

(续 表)

名称	年代	墓葬形制	葬具	竖穴/墓道大小(米)	洞穴/墓室大小(米)	陶器	铜器	铁器	其他	备注
离石马茂庄M3	东汉晚期	室Ac型	不明		全长8.45,宽6.65	方案,筒形樽,耳杯,方盒;铅釉钵				墓内有画像石
曲沃苏村M1	东汉晚期	室Ac型	应有棺		全长8.7,最宽6.3	圈2,罐7,灯,泥饼;铅釉:碗2,勺3,斗,熏炉,仓2,盘9,方盒3,甑,耳杯15,筒形樽3,方案,灯,炉,魁2,灶,井,量	铜镜;半两,五铢,货泉等259枚		银:手镯,戒指;骨笄	
离石马茂庄M4	东汉晚期	室Ac型	不明		长5.48,最宽处2.8	盆,案,罐,耳杯等				墓内有画像石

附录4-3 晋中南豫北区丁类墓统计表

名称	年代	墓葬形制	葬具	竖穴/墓道大小(米)	洞穴/墓室大小(米)	陶器	铜器	铁器	其他	备注
巩义99M2	西汉早期	室BI式	一棺	不明	不明	罐2,盆2				
巩义仓西M12	西汉早期	室BI式	不明	2.34×0.8	2.56×1.54	合碗2,壶,罐,器盖	璜			

（续表）

名称	年代	墓葬形制	葬具	竖穴/墓道大小（米）	洞穴/墓室大小（米）	陶器	铜器	铁器	其他	备注
巩义仓西M14	西汉早期	室BI式	不明	2.22×1.12	2.58×1.65	合碗3、杯2				
巩义仓西M24	西汉早期	室BI式	不明	2.2×0.84	2.38×1.52	匜、合碗2、盆、器盖	带钩			
巩义仓西M50	西汉早期	室BI式	不明	2.85×1.5	3.55×2.7	壶2、釜、合碗2	带钩、铃		石圭	
巩义仓西M8	西汉早期	室BI式	不明	2.1×1.04	2.7×1.66	器盖、盆、罐2	带钩、铃			
济源涧沟M4	西汉早期	室BI式	一棺	2.5×0.8	不明	壶、甬头、盘				
郑州九洲城M1	西汉早期	室BI式	不明	?×0.9	3.75×0.95	罐、釜				
侯马乔村M3169	西汉早期	室BI式	无	2.6×1.2	2.6×0.7	盒盖、锜盖、罐	铲			
侯马乔村M312	西汉早期	室BI式	无	2.6×1.45	2.65×(0.63~0.93)	罐2、盒			动物骨	
侯马乔村M311	西汉早期	室BI式	一棺	3.3×(2.6~2.9)	2.6×(1.3~1.5)	罐3			骨簪	

（续表）

名称	年代	墓葬形制	葬具	竖穴/墓道大小（米）	洞穴/墓室大小（米）	陶器	铜器	铁器	其他	备注
侯马乔村 M343	西汉早期	室BⅠ式	无	2.5×1	2.3×0.8	罐4				
侯马乔村 M345	西汉早期	室BⅠ式	无	1.84×0.8	1.9×0.6	罐		削、镰		
侯马乔村 M347	西汉早期	室BⅠ式	无	2×0.92	1.62×0.8	罐	半两			
侯马乔村 M364	西汉早期	室BⅠ式	无	3×0.98	2.7×0.98	罐2、瓶2		残铁器		
侯马乔村 M384	西汉早期	室BⅠ式	无	1.5×1.04	3.08×0.72	罐3	半两2			
侯马乔村 M397	西汉早期	室BⅠ式	无	2.64×1.1	2.72×0.92	罐2				
侯马乔村 M3156	西汉早期	室BⅠ式	无	2.1×1.3	2.3×0.7	罐3				
侯马乔村 M3182	西汉早期	室BⅠ式	不明	2.8×1	2.2×1	罐				
侯马乔村 M3186	西汉早期	室BⅠ式	无	2.3×1.2	2.8×0.7	罐2、壶			动物骨	

（续表）

名称	年代	墓葬形制	葬具	竖穴/墓道大小（米）	洞穴/墓室大小（米）	陶器	铜器	铁器	其他	备注
侯马乔村 M4157	西汉早期	室BI式	不明	2.8×(1.96~2.2)	2.64×0.9	罐3			动物骨2；玻璃	
侯马乔村 M310	西汉早期	室BI式	一棺	2.75×1.73	2.9×(1.04~1.14)	罐2、壶、茧形壶			动物骨	
侯马乔村 M313	西汉早期	室BI式	一棺	2.4×(1.25~1.3)	2.55×0.8	罐3		带钩	动物骨、骨饰；玉片；漆器残片	
侯马乔村 M326	西汉早期	室BI式	无	2.2×0.96	2.8×0.8	罐3				
侯马乔村 M327	西汉早期	室BI式	无	1.9×1.1	2.56×0.74	罐3	带钩	片、铲、剑		
侯马乔村 M328	西汉早期	室BI式	无	2.2×1.5	2.5×1.1	罐4				
侯马乔村 M336	西汉早期	室BI式	无	2.7×1.3；2.3×0.9	2.3×0.9	罐3				
侯马乔村 M342	西汉早期	室BI式	无	2.2×1.2	2.22×0.8	罐3、盆				

(续表)

名称	年代	墓葬形制	葬具	竖穴/墓道大小(米)	洞穴/墓室大小(米)	陶器	铜器	铁器	其他	备注
侯马乔村M357	西汉早期	室BI式	无	2.8×1.48	2.74×0.6	罐3			料珠	
侯马乔村M362	西汉早期	室BI式	无	2.4×0.8	2.4×0.8	罐				
侯马乔村M365	西汉早期	室BI式	无	2.6×1.3	2.6×0.8	罐3				
侯马乔村M380	西汉早期	室BI式	无	1.8×0.9	2×0.4	罐		剑		
侯马乔村M381	西汉早期	室BI式	无	2.2×0.9	2.7×0.9	罐3				
侯马乔村M390	西汉早期	室BI式	无	2.2×1.02	2.6×0.9	罐3				
侯马乔村M393	西汉早期	室BI式	一棺	2.4×1.2	2.64×0.84	罐3			动物骨	
侯马乔村M3119	西汉早期	室BI式	一棺	2×1.3	2.64×0.86	罐3		带钩		
侯马乔村M3134	西汉早期	室BI式	无	(2.4~2.8)×(1.2~1.6)	2.6×0.8	罐3			动物骨；漆器残片	

(续表)

名称	年代	墓葬形制	葬具	竖穴/墓道大小(米)	洞穴/墓室大小(米)	陶器	铜器	铁器	其他	备注
侯马乔村M3143	西汉早期	竖BI式	无	(2.2~2.3)×(0.8~1)	3.22×0.8	罐5				
侯马乔村M3149	西汉早期	竖BI式	无	2.36×1.18	3.1×(0.6~0.7)	罐3			动物骨	
侯马乔村M3160	西汉早期	竖BI式	无	2.4×1.4	2.6×0.9	罐3				
侯马乔村M3185	西汉早期	竖BI式	一棺	2.2×1.1	2.6×0.8	罐4				
侯马乔村M3190	西汉早期	竖BI式	无	2.3×1.4	2.4×0.8	罐				
侯马乔村M3207	西汉早期	竖BI式	无	2×0.98	2.7×0.86	罐				
侯马乔村M3209	西汉早期	竖BI式	无	2.1×1.1	2.7×0.8	罐4				
侯马乔村M3243	西汉早期	竖BI式	无	(2.1~2.2)×(1.1~1.2)	2.62×(0.68~0.8)	罐2、壶	半两			
侯马乔村M444	西汉早期	竖BI式	无	(2.2~2.48)×(0.8~1.3)	不明	罐				

(续表)

名称	年代	墓葬形制	葬具	竖穴墓道大小(米)	洞穴墓室大小(米)	陶器	铜器	铁器	其他	备注
侯马乔村 M4162	西汉早期	室BI式	一棺	2.45×1.65	1.9×0.8	罐2、釜				
侯马乔村 M4169	西汉早期	室BI式	无	1.86×0.75	2.4×(0.7~0.9)	罐				
侯马乔村 M4258	西汉早期	室BI式	一棺	2.14×(1.42~1.58)	2.45×1	罐	半两2		蚌壳;动物骨、骨饰	
侯马乔村 M3150	西汉早期	室BI式	无	2.1×1.1	1.7×0.6	罐				
侯马乔村 M4255	西汉早期	室BI式	无	(2.3~2.5)×(1.45~1.74)	2.5×0.9	罐2	环		漆器残片2	
侯马乔村 M376	西汉早期	室BI式	无	2.7×1	2.7×0.8	罐2	带钩			
侯马乔村 M3148	西汉早期	室BI式	无	(2.5~2.7)×(0.9~1.1)	2.8×(0.8~0.86)	壶2		残铁器	动物骨	
侯马乔村 M3170	西汉早期	室BI式	无	2.6×1.2	2.4×0.8	罐2		剑	动物骨	
曲村 M6407	西汉早期	室BI式	一棺	2.4×1.15	1.98×1.04	罐				

（续表）

名称	年代	墓葬形制	葬具	竖穴/墓道大小（米）	洞穴/墓室大小（米）	陶器	铜器	铁器	其他	备注
曲村 M6508	西汉早期	室BⅠ式	一棺	2.3×1	3.05×1	盘、罐2	铜镜			
曲村 M6392	西汉早期	室BⅠ式	不明	2.22×1	2.05×(0.75~0.8)	盘、罐3				
曲村 M6338	西汉早期	室BⅠ式	不明	2.3×1.2	2.05×0.9	壶、罐				
曲村 M6207	西汉早期	室BⅠ式	不明	2.49×1.1	2.82×1.1	罐	带钩2			
巩义叶岭砖厂 M9	西汉中期	室BⅠ式	不明	不明	2.66×1.04	罐9、釜2、甑、筒形樽、囷8				
巩义呈盈阁 M7	西汉中期	室BⅠ式	一棺	2.56×(1~1.16)	3.3×1.02	罐、釜				
洛阳金合园小学 IM1254	西汉中期	室BⅠ式	二棺	2.54×1	主室3.97×1.96；北侧室3.12×0.86；南侧室3.14×1.24	壶4、罐3、囷10	盖弓帽、釜；空首布3、五铢3	剑、刀		
新乡火电厂 95M30	西汉中期	室BⅠ式	一棺	?×0.9	3.5×0.9；侧室0.7×0.7	罐3、仓4				

（续表）

名称	年代	墓葬形制	葬具	竖穴/墓道大小（米）	洞穴/墓室大小（米）	陶器	铜器	铁器	其他	备注
新乡唐庄M6	西汉中期	椁Aa型	砖椁	2.9×1.15；龛2.05×1.1		壶2、罐4、囷6				
义马新市区M5	西汉中期	室BI式	一棺	2.5×(0.86~1.1)	4×(1.1~1.34)	罐4	俳优俑4、带钩、五铢43	刀	锡质装饰品	
郑州南关外M5	西汉中期	室BI式	不明	不明	最长4.2，最宽2.94	壶3、罐4、囷、灶；铅釉陶壶2	碗4、带钩；五铢若干	环首刀	锡盖弓帽；耳饰；骨盖眼2、骨珠6	
郑州乾元北街空心画像砖墓	西汉中期	室BI式	不明	不明	4.32×1.4	盆2、甑、釜、囷5、灶、狗、院落模型1套；铅釉陶壶	盆、豆、釜；半两			
郑州布厂街M1	西汉中期	室BI式	不明	不明	最长4.86，最宽2.56	罐8、釜2、甑、勺、灶、囷4；铅釉壶4	盆；五铢			
巩义呈盈阁M9	西汉中期	不明	一棺	不明	不明	罐、囷2、灶				
巩义呈盈阁M10	西汉中期	不明	一棺	不明	不明	罐、壶、囷2		环首刀		

(续表)

名称	年代	墓葬形制	葬具	竖穴墓道大小(米)	洞穴/墓室大小(米)	陶器	铜器	铁器	其他	备注
巩义昱盈阁M12	西汉中期	不明	一棺	不明	不明	罐、筒形樽、囷	釜			
曲村 M6057	西汉中期	室BⅡ式	一棺	2.1×0.9	2.9×0.9	壶、罐2			漆盒	
侯马乔村M368	西汉中期	室BⅠ式	一棺	2.2×0.8	2.74×0.8	罐3				
曲村 M6160	西汉中期	室BⅡ式	不明	2×0.9	2.5×1.1	罐3	半两2			
曲村 M6042	西汉中期	室BⅡ式	二棺	2.35×0.8	3.7×1.35	罐3、釜甑				
曲村 M6044	西汉中期	室BⅡ式	无	2.2×0.8	?×0.85	罐				
曲村 M7187	西汉中期	室B型?	二棺	4.2×1.9	2.4×(0.87~1.1)	罐、扁壶		铁块4	漆器残片;海贝	
安阳郭家湾M22	西汉晚期	室Aa型	不明	不明	不明	壶、罐、器盖2、井				

(续表)

名称	年代	墓葬形制	葬具	竖穴/墓道大小(米)	洞穴/墓室大小(米)	陶器	铜器	铁器	其他	备注
安阳梯家口 M43	西汉晚期	室 Aa 型	一棺		4.25×1.65	罐 9,囷 2,灶,井,筒杯,耳杯,盘,勺 3,筒形樽,盆	五铢	铁钩	骨饰品 4	
安阳梯家口 M45	西汉晚期	室 Aa 型	二棺		4×1.8	壶 2,罐 5,筒杯,耳杯 3,方案 5,勺 3,筒形樽,圆炉,博山炉,囷 7,井,灶	货泉 34	剑		
安阳梯家口 M46	西汉晚期	室 Aa 型	二棺		3.25×1.75	壶 6,罐 6,筒杯,耳杯 2,勺 2,筒形樽,囷 2,井,灶	铜镜;五铢			
安阳梯家口 M49	西汉晚期	室 Aa 型	二棺		3.8×1.65	罐 5,瓶 5,耳杯 4,盘,勺 2,筒形樽,盆,囷 5,灶,井	契刀	斧		
安阳梯家口村 M44	西汉晚期	室 Aa 型	一棺		3.4×1.7	壶 5,罐 5,盘,勺,灶,井 2	铜镜			
巩义叶岭西汉墓	西汉晚期	室 B 型?	二棺	不明	前后室通长 5.7,宽 2.24;东西耳室通长 6.8,宽 1.14	罐 2,囷 9;钙釉陶壶 5	盆;铜镜;大泉五十若干	剑,炉		

(续表)

名称	年代	墓葬形制	葬具	竖穴/墓道大小(米)	洞穴/墓室大小(米)	陶器	铜器	铁器	其他	备注
巩义昱盈阁 M14	西汉晚期	室BⅠ式	无	2.3×0.92	3.6×1.2	罐9、盆、釜、灶、囷7	钱币	剑		
巩义昱盈阁 M1	西汉晚期	室BⅡ式	一棺	2.3×1.08	4.8×1.8	罐、耳杯、案、囷、井	大泉五十、货泉、小泉直一			
巩义昱盈阁 M13	西汉晚期	室BⅠ式	一棺	不明	不明	罐2、碗、囷3	五铢			
巩义昱盈阁 M15	西汉晚期	室BⅡ式	二棺	2.7×1.15	5.1×2.3	罐20、甑23、灶2、井、环	车軎2、车饰、带钩；钱币	刀、剑		
李堂画像砖墓 M1	西汉晚期	室BⅠ式	已朽	不明	5.4×2	罐23、甑、灶；铅釉陶盆	五铢若干	刀2		空心墓砖表面模印花纹
洛阳北邙机场 M903	西汉晚期	室BⅡ式	陶棺	1.84×0.9	2.6×(0.9~0.96)	壶8、罐3、甑、灶、釜4、盆2；铅釉陶俑3	釜；铜钱23；铜镜	刀	骨俑；水晶器	
洛阳吉利冶铁工匠墓	西汉晚期	椁Aa型	无	2.1×0.9-2.1			五铢		蚌饰11	
密新商场 M3	西汉晚期	室BⅡ式	不明	不明	3.8×1.35；耳室1×1.1	壶3、罐5、仓5				

（续表）

名称	年代	墓葬形制	葬具	竖穴/墓道大小（米）	洞穴/墓室大小（米）	陶器	铜器	铁器	其他	备注
密新商场M4	西汉晚期	室BⅡ式	不明	不明	3.8×1.1；耳室0.9×0.5	罐4、仓5	带钩；半两钱			
新乡北站M1	西汉晚期	室BⅠ式	不明	不明	不明	罐2、盘				
新乡北站M12	西汉晚期	室BⅠ式	不明	不明	不明	罐2	釜			
新乡北站M16	西汉晚期	不明	不明	不明	不明	壶2、罐3、釜、鸮卣				
新乡丁固城M20	西汉晚期	室BⅡ式	无	不明	2.4×0.96	筒形樽、罐7、盘、壶2、釜、灶、碗、囷6	五铢			
新乡火电厂95M11	西汉晚期	室BⅠ式	一棺	?×1	3.8×1.5	罐、甑、魁2、圈、灶、井		刀		
新乡火电厂95M13	西汉晚期	室BⅠ式	不明	不明	不明	罐2、钫				
新乡火电厂95M25	西汉晚期	室BⅠ式	不明	不明	不明	盉、碗、圈、井				

(续表)

名称	年代	墓葬形制	葬具	竖穴墓道大小(米)	洞穴/墓室大小(米)	陶器	铜器	铁器	其他	备注
新乡火电厂95M3	西汉晚期	室BⅠ式	不明	不明	不明	罐、壶				
新乡火电厂95M37	西汉晚期	室BⅠ式	不明	不明	不明	罐2、囷、筒形樽				
新乡火电厂97M12	西汉晚期	室BⅠ式	不明	不明	不明	罐2				
新乡火电厂97M3	西汉晚期	室BⅠ式	不明	不明	4.4×0.84；2.1×0.8、1.4×0.35	壶、罐11、器盖、灶	印章；五铢			
新乡火电厂97M4	西汉晚期	室BⅡ式	不明	不明	2.8×0.75；1.18×(0.25~0.42)	罐4		刀		
新乡火电厂97M5	西汉晚期	室BⅠ式	不明	不明	不明	罐				
新乡唐庄M3	西汉晚期	室BⅡ式	无	2.04×1	3.1×0.96	罐3				
新乡唐庄M5	西汉晚期	竖Aa型	不明	不明		壶2、筒形樽2、盘、囷5、灶2				

（续表）

名称	年代	墓葬形制	葬具	竖穴/墓道大小(米)	洞穴/墓室大小(米)	陶器	铜器	铁器	其他	备注
新郑东城路 M11	西汉晚期	室 Aa 型	已朽		3.46×0.85	壶、罐、灶、甑、盆、勺	弩机 2；大泉五十 41		骨珌	墓砖表面模印花纹
新郑东城路 M5	西汉晚期	室 Aa 型	已朽		3.5×1.92	罐 2、盘、釜、灶	带钩、弩机 2、铃、铜镜；五铢 78	剑、削、刀、环、簪	石印盒、石板	底铺砖表面模印花纹
新郑东城路 M6	西汉晚期	室 B I 式	不明	不明	4.6×1.32	罐 4	五铢 11	环		筑墓空心砖上模印"米"字纹
新郑河赵 M1	西汉晚期	室 Aa 型	不明		3.74×2.04	壶 3、罐 24、盆、勺、灶、甑	扣；大泉五十 13；铜镜	剑、剪刀		墓砖上有模印的几何纹样
郑州南仓西街 M1	西汉晚期	室 Aa 型	一棺		最长 5，最宽 1.98	囷 5、罐 4、壶 3、甑、灶、钵	弩；铜镜；五铢			
郑州南仓西街 M2	西汉晚期	室 B I 式	不明	不明	最长 4.1，最宽 2.76	罐 3、甑、盘、灶、铅釉：壶 4、囷 5	碗 2、带钩；钱币 2			
郑州南关 M159	西汉晚期	室 B I 式	无	2.12×1.26	4.24×1.5	灶、壶 4、罐 2、扁壶、猪、陶楼模型 1 套；铅釉：壶 2、囷 5、狗	甑、釜、盆、五铢百余枚			

（续表）

名称	年代	墓葬形制	葬具	竖穴/墓道大小（米）	洞穴/墓室大小（米）	陶器	铜器	铁器	其他	备注
孟津朝阳村M8	西汉晚期	室BⅡ式	一棺	2.6×1.2	3.8×2.2；笼1.2×1	筒形樽、罐2、钵2、壶4、盆甑、盒3、器盖5、囷5、灶、釜	饰件3；铜镜2；大泉五十、大布黄千、五铢共16		玉饰	
荥阳赵家庄M4	西汉晚期	室BⅡ式	不明	1.96×1.02	3.18×1.26	罐4、囷5、灶	五铢5			
荥阳赵家庄M16	西汉晚期	室B型？	一棺	1.84×0.76	2.68×0.8	壶、罐3、囷3、灶	五铢10			
荥阳赵家庄M26	西汉晚期	室BⅡ式	不明	2.1×0.9	2.8×1.23	壶3、筒形樽2、盘2、钵				
荥阳赵家庄M6	西汉晚期	室BⅠ式	不明	2.6×0.96	3.8×1	壶3、罐、甑、釜、囷5				
荥阳赵家庄M1	西汉晚期	室BⅡ式	不明	2.46×1.04	3.7×1.84	壶2、罐5、筒形樽、囷8、灶	五铢5			
荥阳赵家庄M3	西汉晚期	室BⅡ式	不明	2.5×1.04	3.6×1.7	壶3、罐7、灶、囷8	五铢5			
荥阳赵家庄M13	西汉晚期	室BⅡ式	不明	2.64×0.94	3.6×1	壶6、罐2、筒形樽、囷6、灶	五铢2			

(续表)

名称	年代	墓葬形制	葬具	竖穴墓道大小(米)	洞穴/墓室大小(米)	陶器	铜器	铁器	其他	备注
荥阳赵家庄M7	西汉晚期	室BⅡ式	不明	2×1	残	壶4、罐、筒形樽、囷4				
侯马乔村M350	西汉晚期	室BⅠ式	无	2.6×0.8	3.8×1.2	罐5、灶				
曲村M7033	西汉晚期	室BⅡ式	不明	2.3×0.8	不明	罐				
曲村M7038	西汉晚期	室BⅡ式	不明	2.7×0.9	3.16×1.1	罐5、壶、灶	带钩；五铢8		漆器残片	
曲村M7039	西汉晚期	室BⅡ式	不明	2.4×0.9	3.48×1.85	罐5、灶	五铢14	残铁器	漆器残片2	
曲村M7042	西汉晚期	室BⅡ式	一棺	2.3×0.85	3.95×1.55	罐8、灶			漆器残片	
曲村M7064	西汉晚期	室BⅡ式	不明	2.25×0.8	3.35×1.1	罐、盆、灶				
曲村M7085	西汉晚期	室BⅡ式	不明	2.25×0.8	2.78×(0.73~1.25)	罐7	五铢6			
曲村M6155	西汉晚期	室BⅡ式	不明	2.18×2	?×1.5	壶6、罐5、灶				

（续 表）

名称	年代	墓葬形制	葬具	竖穴/墓道大小(米)	洞穴/墓室大小(米)	陶器	铜器	铁器	其他	备注
巩义仓西M41	东汉早期	室BⅡ式	不明	不明	7.08×3.08	盘、圆2、甑、井、仓房、方案、耳杯2、罐、鸮2			银手镯	随葬品破坏严重
洛阳吉利区M2365	东汉早期	室B型?	已朽	2.1×0.98	3.6×2	铅釉:壶3、筒形樽、罐4、盆、囷3				
新乡火电厂95M26	东汉早期	室BⅠ式	不明	不明	不明	罐2				
新乡火电厂97M11	东汉早期	室BⅠ式	二棺	不明	3.4×1.75	筒形樽2、罐、灯、耳杯、盆3、方盒、囷5、圈、灶、井	钱币若干	剑		
郑州二里岗CIM32	东汉早期	室BⅡ式	不明	不明	4×2.14	罐8、壶4、甑、碗、囷11、灶2	釜			
偃师姚孝经墓	东汉早期	室BⅤ式	三棺	2.62×1.41	前室7.54×2.56;后室2×1.08	壶8、罐8、奁4、瓦当、囷10、圈2、井2、灶2、狗、鸡2(部分器物为铅釉陶)	五铢			墓砖上有纪年文字
平陆枣园村壁画墓	东汉早期	室Aa型	不明	不明	东西4.65、南北2.25	罐8;铅釉:壶、囷4	车马器模型若干;大泉五十	刀	羊骨架1副	墓室四壁满绘壁画

（续表）

名称	年代	墓葬形制	葬具	竖穴/墓道大小（米）	洞穴/墓室大小（米）	陶器	铜器	铁器	其他	备注
洛阳苗南新村 IM528	东汉中期	室BⅤ式	不明	2.4×1.2	4×2.5	盒2、壶、罐7、筒形樽2、耳杯、案2、盘、囷10、灶2、井2、鸡2、狗2、鸭2、俑2、铅釉壶1组；铅釉壶12	铜镜2			
安阳郭家湾 M11	东汉中期	室BⅡ式	一棺	6.7×(1.5~1.8)	4.35×(1.5~1.8)	壶2、罐2、盘、灶				
安阳郭家湾 M15	东汉中期	室BⅡ式	一棺	6.05×(0.9~1.05)	(1.9~2.2)×(1.3~1.6)	囷				
安阳郭家湾 M20	东汉中期	室Aa型	不明		不明	魁2、镰、圆案；铅釉：壶2、罐			玻璃耳塞	该墓破坏严重
安阳郭家湾 M29	东汉中期	室Aa型	二棺		3.9×1.64	壶4、盆4、罐9、方盒、魁、勺2、筒形樽、甑、鼎、圆形圆炉2、熏炉、筒杯、方案、镰、囷5、井、灶	带钩；铜镜；钱币		铅器	

（续表）

名称	年代	墓葬形制	葬具	竖穴/墓道大小(米)	洞穴/墓室大小(米)	陶器	铜器	铁器	其他	备注
安阳郭家湾M47	东汉中期	室Aa型	一棺		4.75×1.5	壶、罐、盘、筒形樽、耳杯、甑、鼎形圆炉、囷、灶、井2				
安阳梯家口M39	东汉中期	室Aa型	不明		主室4.65×1.8；侧室1.15×1.05	罐9、壶4、盆2、方盒2、耳杯、案、灶、井	环首刀；五铢钱22；铜镜	三足器	铅器	
巩义新华小区M2	东汉中期	室BV式	有棺床	不明	甬道1.6×1.3；墓室2.9×8.4	罐8、勺、耳杯14、盒4、方案、圆案、盆2、盘4、盘、碗4、囷10、盆形樽、熏炉、圈炉2、灶、甑、狗、鸡、猪	熏炉、金、扣、泡钉；钱币若干	剪刀		室内有葱蒜米和木炭
洛阳吉利C9M2367	东汉中期	室BⅠ式	不明	不明	3.8×2.1	壶4、罐、盏3、囷3、百戏俑7		钩		
孟津送庄M55	东汉中期	室BⅡ式	一棺	3.2×1	4.2×2.3	壶、盆、碗、甑、俑、罐、灶、井、圈、俑2、案、勺、鸟首2、囷5、瓦当、圆形陶片	饰件	残铁器	石器	

（续表）

名称	年代	墓葬形制	葬具	竖穴墓道大小(米)	洞穴/墓室大小(米)	陶器	铜器	铁器	其他	备注
新安古路沟汉墓	东汉中期	室BⅡ式	不明	不明	4.2×2.11	罐3、壶4、奁；铅釉壶4	盆、壶、铜镜2			该墓破坏严重，随葬品大部分已失
荥阳河王水库M3	东汉中期	室Aa型	不明	不明	3.5×3.8	案、耳杯、壶、磨、奁、罐、猪、鸡、圈、井、灶、甑、樵米房	铜镜；五铢38	棺钉11		
洛阳吉利炼油厂M445	东汉中期	室BⅡ式	不明	不明	最长7.1，最宽4.2	壶8、罐16、方盒3、奁5、筒形樽、盆4、魁、碗2、耳杯4、耳杯盒、方案5、囷5、井、灶、圈、熏炉	盆、带钩；铜镜；货泉、五铢若干	剑	石臼2、石磨	
巩义北山口汉墓	东汉中期	室BⅡ式	二棺	1.7×1.2	主室4.5×2.1；侧室2.46×1.8、2.9×1.6	壶4、罐7、盘、耳杯2、筒形樽2、方盒、方案3、囷5、灶	盆、带钩	刀2		
侯马乔村M3101	东汉中期	室BⅡ式	不明	2.44×0.94	4.08×0.94	壶2、罐4、灶	五铢	甑、带钩		

(续表)

名称	年代	墓葬形制	葬具	竖穴/墓道大小(米)	洞穴/墓室大小(米)	陶器	铜器	铁器	其他	备注
侯马乔村M625	东汉中期	室BⅡ式	二棺	1.6×(0.88~1)	2.74×1.34	壶、罐4、筒形樽、方案、勺、碗、盘、耳杯2	五铢	棺钉25		
洛阳李屯M1	东汉中期	室BⅡ式	一棺	不明	5×(2~2.2)	罐10、羊形壶、盘4、奁3、灯、甑、釜、盆形樽、勺、熏炉、耳杯3、圈囿4	饰件6、弩机2、刀、盆、镊斗；铜镜；铜钱			随葬陶罐上有纪年文字
洛阳市M3850	东汉晚期	室BV式	有棺床	不明	东西9.3、南北3	罐3、盆形樽、盆、碗	饰件7；钱币	剑2	石案；猪；饼形器	
荥阳河王水库M2	东汉晚期	室Aa型	不明		5.9×(3.78~?)	灶、釜				
荥阳河王水库M4	东汉晚期	不明	不明		2.14×0.66	无	戒指，耳饰；铜镜；五铢82	棺钉4		
安阳郭家湾M23	东汉晚期	室Aa型	不明		不明	壶、盘、三足盘、鼎形圆炉；铅釉壶				
安阳郭家湾M40	东汉晚期	室Aa型	不明		不明	罐、魁、耳杯、高足碗、井、灶				

(续表)

名称	年代	墓葬形制	葬具	竖穴/墓道大小(米)	洞穴/墓室大小(米)	陶器	铜器	铁器	其他	备注
安阳郭家湾M44	东汉晚期	室Aa型	不明		不明	魁、罐	带钩			
洛阳民族路C3M226	东汉晚期	室BV式	不明		7.2×2.9	罐4、方盒、囷、灶、圈	五铢25、剪轮五铢2	铁镜		
洛阳朱村BM2	东汉晚期	室BV式	不明		东西8.48,南北3.1	耳杯8、盘、勺、奁				墓室有壁画,随葬品破坏严重
孟津送庄M38	东汉晚期	室BⅡ式	不明	5.6×1.2	5.5×2	罐4、盘、灯盏、囷、圈、案、猪、狗、鸡	五铢	削		
郑州碧沙公园65M18	东汉晚期	单室墓,墓道不明	一棺		2.74×1.6	罐、奁、案、耳杯、勺、井、楼、灶、圈、猪	铜镜2；五铢、剪轮五铢、货泉	戟		
侯马乔村M7229	东汉晚期	室BV式	二棺	7.3×0.92	2.9×2.9	井、釜、勺2、盘3、仓2、碗、壶、灯3、案、耳杯3、熏炉、筒形樽、灶、盘、炉、碓、磨、猪圈、方盒、钵	五铢、半两钱	剑、削		

（续表）

名称	年代	墓葬形制	葬具	竖穴/墓道大小（米）	洞穴/墓室大小（米）	陶器	铜器	铁器	其他	备注
侯马乔村M5149	东汉晚期	室BⅢ式	不明	14.8×(1~1.2)	3.06×3.06	罐、灶、井	月牙形饰件7；五铢			
离石马茂庄93LM55	东汉晚期	室Aa型	不明		南北长3.3，东西宽1.62	壶、罐4	铜镜			

附表5-1 豫西南鄂北区乙类墓统计表

名称	年代	墓葬形制	葬具	竖穴/墓道大小（米）	洞穴/墓室大小（米）	陶器	铜器	铁器	其他	备注
南阳麒麟岗M8	西汉早期	椁B型	一棺一椁	9.7×(2.4~3)	墓口9×7.42	车轮2、俑头3、漆衣陶壶4	鼎2、钫2、勺2、牙		漆：盒2、盘3、耳杯9；木棍；玉佩	
淅川程凹汉墓	西汉早期	椁Ab型	一棺	不明		鼎、盒、罐、釜、灶	鼎、钫、鉴、铅镂、印章；铜镜2；半两钱			该墓地共14座墓葬
泌阳新客站M1	西汉晚期	室Ad型	不明		不明	罐4、磨、圈、灶				破坏严重

（续 表）

名 称	年代	墓葬形制	葬具	竖穴墓道大小（米）	洞穴/墓室大小（米）	陶 器	铜 器	其 他	备 注
唐河郁平大尹画像石墓	新莽	室 Ad 型	不明		9.5×6.15	罐3、井、方盒、方案、灶、釜、斗形方炉、甑、鸟、俑；铅釉：壶2、盒2、罐、耳杯2、熏炉盖、鸡6、狗4、鸭、俑头3			墓内有画像石，并有纪年文字
南阳教师新村 M10	东汉前期	室 Ac 型	不明		南北8.8、东西6.4	铅釉：盒2、壶4、罐、耳杯、盘、磨、圈、灶、井、鸭、狗	环2、铜构件3		
防爆厂 M62	东汉后期	室 Ac 型	不明		12.2×7.35	彩绘壶、罐7、人物俑7、鸡2、耳杯4、方盒、方案、圆案、魁、杯、熏炉、灯2、器盖3；钙釉陶罐	环3、钉、饰件、弩机3、带钩；连弧蝠纹镜	炭精虎；铅人、铅饰件；水晶石；料珠；漆器2；铁灯、铁镜	
防爆厂 M84	东汉后期	室 Ac 型	不明		11.3×7.2	罐2、耳杯4、方案2、圆案、灯、饰件；钙釉陶罐2	饰件、灯、镜；五铢、大泉五十、货泉、半两		
防爆厂 M208	东汉后期	室 Ac 型	不明		17.69、最宽7.44	方井、圆耳杯、瓦当	弩机、泡钉7、饰件9；蝠形夔纹镜、蝠形对凤纹镜；半两、五铢、货泉等154	石卵2、石条9、三角形石片2；银环、漆盒	

附录 5-2 豫西南鄂北区丙类墓统计表

名称	年代	墓葬形制	葬具	竖穴墓道大小（米）	洞穴墓室大小（米）	陶器	铜器	铁器	其他	备注
南阳新校址 M36	西汉早期	椁 Ab 型	已朽	墓口 5.8×3.8		鼎 2、盒 2、壶 2、虎座钫 2、饰件 2、狗 3	饰件 4；铜镜	钩		
南阳东苑小区 M31	西汉中期	椁 Aa 型	不明	3.1×2.06		鼎 2、盒 2、壶 5、灯、熏炉、圈、磨、斗形方炉、灶、井、权、灯、斗、鸡				
南阳赵寨砖瓦厂画像石墓	西汉中期	室 Ac 型	不明		5.86×5.3	罐、熏炉盖、奁、盖；铅釉：圈、灶、甑、鼎、斗形方炉、盒、囷			玉片饰	墓内有画像石
南阳东苑小区 M14	西汉中期	椁 Aa 型	不明	2.3×1.4		鼎 2、盒 2、壶 4				
桐柏万岗 M1	西汉中期	椁 Aa 型	不明	2.25×1.48		鼎 2、盒 2、壶 3	盆	残铁镢		
南阳环卫处 M1	西汉中期	室 Ab 型	不明		前室 0.96×1.25；后室 2.48×?	鼎、盒、奁、灶、磨、圈、囷	铜镜			

（续表）

名称	年代	墓葬形制	葬具	竖穴/墓道大小（米）	洞穴/墓室大小（米）	陶器	铜器	铁器	其他	备注
唐河罐山汉墓	西汉中期	室BⅡ式	不明	1.34×1.16	3.2×3	鼎2、盒2、罐6、钵2	五铢9	刀		
烟草专卖局M5	西汉中期	椁Aa型	不明		4.15×2.33	鼎2、盒2、壶2	星云纹镜			
烟草专卖局M6	西汉中期	椁Aa型	不明		2.3×1.66	鼎2、盒2、壶2、小环		铁器		
烟草专卖局M7	西汉中期	椁Aa型	不明		3.7×2.93	鼎2、盒2、壶2、罐、环2	铜盆			
辛店熊营M1	西汉晚期	室Ac型	不明		3.16×2.87	罐5；釉陶：鼎、盒、囷3、井、灶、圆磨、圈、狗、鸡2、鸭2	五铢43			
万家园汉墓	西汉晚期	室Ac型	不明		长13.24、宽3.24	釉陶：鼎、壶等；彩绘：纺、樽	四乳四螭镜	刀	漆奁；玉剑璏	
永泰M194	西汉晚期	室Ac型	不明		4.16×2	盒2、囷、井、圈、狗、罐	带钩	削		
审计局M69	西汉晚期	室Aa型	不明		3.26×1.76	鼎4、盒4、壶4、囷；硬陶罐；钙釉陶壶2	车马器、铜饰件若干；铜五铢10；连弧昭明镜		泥五铢146	

（续表）

名称	年代	墓葬形制	葬具	竖穴/墓道大小(米)	洞穴/墓室大小(米)	陶器	铜器	铁器	其他	备注
陈棚 M68	西汉晚期	椁 Aa 型	一棺一椁		4.06×2.5	鼎、盒、壶、囷 7、井、灶、圆磨、灯；钙釉陶盒 2	刷 3、盆、铃、匜；四乳四螭镜；五铢 7	刀	玉蝉；玻璃耳铣；卵石 5；铅饰	
三杰 M49	西汉晚期	椁 Aa 型	一椁、一棺双椁、一棺一椁		东墓道：7.5×4.8；西墓道：7.5×5.2	熏炉；钙釉陶瓿	熏炉、方炉、盆、耳杯、盘 2、行灯、车马器、兵器模型若干			
嘉丰汽修厂 M1	西汉晚期	椁 Aa 型	不明		2.96×2.7	鼎 2、盒 2、壶 2、囷 5、井、灶、圆方磨、狗、熏炉、方炉、灯、权；钙釉陶壶	车马器、铜饰件若干			
邓州穰东 M1	西汉晚期	椁 Aa 型	一棺	墓口（3～3.04）×2		鼎 2、盒 2、壶 2、罐 2	铜镜		石板，石块	
南阳 508 厂 M1	西汉晚期	室 Aa 型	无		2.63×0.9	鼎 2、盒、壶、井、磨、灶、囷 3	铜镜			
淅川简杆岭 M38	西汉晚期	椁 B 型	不明	1.44×(0.55～0.94)	2.72×2.48	鼎 2、壶、罐 6、器盖 9、囷 9、井、灶、盆、磨、甑、筒瓦 2	弩机；五铢若干	剑 2	石片 3	墓壁四周、墓底积石积炭

（续表）

名称	年代	墓葬形制	葬具	竖穴/墓道大小(米)	洞穴/墓室大小(米)	陶器	铜器	铁器	其他	备注
桐柏万岗 M2	西汉晚期	崖 Aa 型	不明	（残）2.5×1.63		鼎、釜、罐	五铢			
桐柏万岗 M7	西汉晚期	不明	一棺		2.7×1.74	鼎 2、罐 2、囷 5、灶	五铢 22	刀、残铁器		
桐柏万岗 M8	西汉晚期	不明	不明	不明		鼎、壶 2、囷、双系罐				
唐河湖阳画像石墓	西汉晚期	室 Ab 型	不明		5.98×5.54	壶 2、方盒 2、甑、釜 3；铅釉：壶 2、盒 2、盆、罐、囷 5、井、灶、猪圈、鸡 6、猪	鎏金凤凰饰件；五铢若干	锸		
南阳东苑 M85	新莽～东汉初	室 Aa 型	不明		3.6×0.74	鼎 2、方盒 2、盒、壶、奁、耳杯 7、钵 3、灯、器盖 2、魁、囷 2、灶	铜镜；五铢 29	刀		
南阳中建七局画像石墓	新莽～东汉初	室 Ab 型	双棺		3.87×4.16	盒、井 2、磨、狗 2、筒杯 3、鸡 2、釜 3、钵、盘 2、圈 2、奁 4、囷、灶 2、尊、耳杯 11、俑 10、案足 2、饼	大泉五十、五铢若干	锸、刀、契刀、匕首		

（续表）

名称	年代	墓葬形制	葬具	竖穴/墓道大小(米)	洞穴/墓室大小(米)	陶器	铜器	铁器	其他	备注
桐柏万岗M9	新莽~东汉初	室Ab型	不明		4.06×1.38	鼎、盒、壶3、双系罐3、方案2、耳杯5、盘2、奁、井、灶、囷4、圈、鸡、狗、鸭、鹅	大泉五十、货泉若干			
南阳陈棚彩绘画像石墓	新莽~东汉初	室Ac型	不明		4.8×4.95	盒3、耳杯3、方案、勺、四系罐、熏炉盖;铅釉：鼎4、鸡2、狗、鸭、囷、灶5、楼、壶、盒、罐	车马器模型若干、铜饰件34;货泉53、大泉五十13;铜镜	剑、刀	石板	墓内有画像石
南阳英庄画像石墓	新莽~东汉初	室Ac型	不明		5.22×3.67	罐5、盒、钵、甑、囷、磨、猪圈、鸡、鸭、狗、猪	大泉五十、五铢若干			墓内有画像石
方城城关画像石墓	新莽~东汉初	室Ac型	不明		4.7×4.93	鼎、瓿、壶、器盖3、器盖2;铅釉：鼎、壶、磨、灶、井	大泉五十、大布黄千若干			墓内有画像石
唐河白庄画像石墓	新莽~东汉初	室Ab型	不明		最长4.68,最宽4.88	罐4、双系罐3、盒、磨、盆、囷	五铢3、货泉2		泥质大泉五十80	

（续表）

名称	年代	墓葬形制	葬具	竖穴/墓道大小(米)	洞穴/墓室大小(米)	陶器	铜器	铁器	其他	备注
南阳军帐营画像石墓	新莽~东汉初	室Ab型	不明		前室3.8×1.78;后室2.9×2.32	鸡2,狗2,磨,炉,灯,奁,熏;铅釉:俑2,圈	五铢、货泉			墓内有画像石;该墓被盗,破坏严重
南阳蒲山M2	新莽~东汉初	室Ab型	不明		4.06×2.8	圈2,灶,井,盆2,釜2,狗4,鸡4,鸭4;铅釉:囷、磨2	盆,货泉,五铢			墓内有画像石并有题32幅字
南阳宛城99WAM2	新莽~东汉初	室Ab型	已朽		4.44×2.84	罐,方案,耳杯6;铅釉:方炉,灶,熏炉,狗	盆,车马模型6;铜镜			墓内有画像石
刘洼汉墓	新莽~东汉初	室Ac型	已朽		3.56×(2.2~2.8)	盒,盆,壶,囷,圈	大泉五十、货泉10			
牛王庙M1	新莽~东汉初	室Ac型	已朽		3.65×2.4		四神博局镜,五铢55,大泉五十15		玛瑙琪	

(续表)

名称	年代	葬墓形制	葬具	竖穴/墓道大小(米)	洞穴/墓室大小(米)	陶器	铜器	铁器	其他	备注
八一路 M49	新莽~东汉初	室Ac型	已朽		前室5.4×1.6	铅釉：鼎2、盒;灰陶壶2、囷2、灶6、井、圆磨、圈楼、狗、耳杯20、魁、方盒4、盏4、碗2、勺3、熏炉、盘4	碗、饰件4、车马器5、带钩、弩机、大泉五十、小泉直一20	剑、刀、矛、戈、镢		
平高台 M1	新莽~东汉初	室Ac型	已朽		2.32×1.8	鼎、罐、碗、囷2、井、灶、鸡、鸭、狗	大泉五十21			
平高台 M3	新莽~东汉初	椁Aa型	已朽		2.2×1.2	鼎、盒、壶2、罐2				
南阳石桥画像石墓	新莽~东汉初	室Ac型	不明		前室4.6×1.04;后室2.8×(2.08~2.14)	罐2、灶、盒、囷2、磨、圈、"大泉五十"3	五铢49			
南阳桑园路画像石墓	东汉前期	室Ac型	不明		4.85×2.92	奁、熏炉、罐、盘、方案、方盒、衣夫俑、胡俑；铅釉：鼎、盒、壶6、囷5、灯				墓内有画像石,后北室壁及顶还有彩绘

（续表）

名称	年代	墓葬形制	葬具	竖穴/墓道大小(米)	洞穴/墓室大小(米)	陶器	铜器	铁器	其他	备注
南阳第二胶片厂汉墓	东汉前期	室 Ac 型	不明		5×3.98	器盖 2、方盒、奁、猪盖、铅釉、壶、囷、灶、圈、井、磨、鸡、狗、青瓷罐	盆；铜镜；五铢	削	银顶针	
南阳汽车制造厂汉墓	东汉前期	室 Ac 型	不明		5.46×4.62	楼、罐 7、盒、壶、囷、三足钵、奁、灶、鸭	铜镜			
南阳西关汉墓	东汉前期	室 Ac 型	已朽		(2~3.2)×4.7	盆形樽、灶、囷、壶、勺、方盒、奁、灯、盒、罐、奁、俑、马灯等	炉；五铢 15			
泌阳新客站 M21	东汉后期	室 Ac 型	不明			罐、奁、鸡、鸭、筒形器	布币 2		漆器残片	
泌阳新客站 M10	东汉后期	室 Ac 型	不明		不明	双系罐、耳杯、奁、狗、鸡；铅釉盘				该墓破坏严重
泌阳新客站 M3	东汉后期	室 Ac 型	不明		不明	方案、圈				该墓破坏严重
新野前高庙村画像石墓	东汉后期	室 Ac 型	不明		全长 5.26，最宽 3.48	奁 2、甑、灶、钵 2、勺、耳杯、圆案、杵臼、猪圈；铅釉盘	钱币 5			

附录 5-3 豫西南鄂北区丁类墓统计表

名称	年代	墓葬形制	葬具	竖穴/墓道大小(米)	洞穴/墓室大小(米)	陶器	铜器	铁器	其他	备注
桐柏万岗 M6	西汉中期	不明	不明		不明	器盖、囷、罐				
方城平高台 M4	西汉中期	椁 Aa 型	不明		2.7×1.4-0.65	釜、罐				
方城平高台 M2	西汉中期	椁 Aa 型	不明			罐				
方城平高台 M5	西汉中期	椁 Aa 型	不明			釜 2、罐 2	五铢			
淅川夏湾 M5	西汉晚期	室 Aa 型	不明		3.76×2.78	罐 2、器盖、囷	车马明器模型 15、带钩；五铢 32			
淅川高庄 M1	西汉晚期	室 Aa 型	不明		3.64×2.28	双系罐、井、磨、囷、鸡 2、鸭 3	五铢若干			前室后壁有 5 块画像砖，后室地砖中有 1 块
泌阳新客站 M2	西汉晚期	室 Ac 型	不明			罐、盆				

（续表）

名称	年代	墓葬形制	葬具	竖穴/墓道大小(米)	洞穴/墓室大小(米)	陶器	铜器	铁器	其他	备注
审计局 M30	西汉晚期	室 Aa 型	不明		3.6×1.54	铅釉：壶2、囷3、方盒3、博山式器盖	泡钉、刷、碗			
审计局 M32	西汉晚期	室 Aa 型	不明		3.9×1.6	壶2、囷5；铅釉：壶2、灯	碗、泡钉			，
邢庄 M7	新莽～东汉初	室 Aa 型	不明		2.96×1.02	盒、罐、囷、博山式盖				
烟草局 M1	新莽～东汉初	椁 Aa 型	已朽		2.56×1.7	彩绘壶2	重圈清白镜；半两10			
桐柏万岗 M5	东汉前期	室 Ab 型	一棺		3.73×2.6	铅釉：罐、釜、囷5、灶、磨、器盖、猪圈、鸡、鸭2、狗		铁块		
桐柏万岗 M3	东汉前期	不明	不明	不明		釜				

(续表)

名称	年代	墓葬形制	葬具	竖穴/墓道大小(米)	洞穴/墓室大小(米)	陶器	铜器	铁器	其他	备注
杨岗码头M8	东汉前期	室Aa型	不明		3.34×0.74	盒、罐、碗、博山式盖、囷、井、灶、圈、磨、碓、鸡、狗				
百里奚村汉墓	东汉前期	室Aa型	不明		面积约9平方米		灯、薰炉、细颈壶、盆;多乳禽兽"长宜子孙"镜			
拆迁办M3	东汉前期	室Aa型	不明		3.66×1.46	铅釉:鼎、壶、囷2、井、灶、磨、圈、鸡、鸭、狗、方盒、奁	饰件;五铢65			
杨岗码头M7	东汉前期					囷、灶				
杨岗码头M17	东汉前期					灶、罐				
杨岗码头M37	东汉前期					壶、罐2				
泌阳新客站M21	东汉后期	室Aa型				奁、筒形器	铜钱5、布币2		漆器朽痕	

(续表)

名称	年代	墓葬形制	葬具	竖穴/墓道大小(米)	洞穴/墓室大小(米)	陶器	铜器	铁器	其他	备注
泌阳新客站M10	东汉后期	室Aa型	不明		不明	筒形器、罐2、耳杯、奁、鸡、狗；铅釉陶盘				
南阳桑园路M3	东汉晚期	室Aa型	不明		最长4.5，最宽2.35	壶、盘、魁、奁、杯、博山熏炉、勺、方案、耳杯7、方盒、灯、囷、井、灶	四乳四鸟镜、镜；带钩		石砚	

参 考 文 献

一、史料

［西汉］司马迁：《史记》，中华书局，1959年。

［西汉］刘向集录：《战国策》，上海古籍出版社，1998年。

［西汉］刘向：《孙卿书录》，载［清］严可均辑《全汉文》卷三十七，商务印书馆，1999年。

［西汉］桓宽：《盐铁论》，《诸子集成》第七册，中华书局，1954年。

［西汉］刘安：《淮南子》，《诸子集成》第七册，中华书局，1954年。

［东汉］班固：《汉书》，中华书局，1962年。

［东汉］荀悦：《汉纪》，载张烈点校《两汉纪》，中华书局，2002年。

［东汉］卫宏：《汉旧仪》，载［清］孙星衍等辑、周天游点校《汉官六种》，中华书局，2012年。

［东汉］许慎：《说文解字》，中华书局，1963年。

［西晋］陈寿：《三国志》，中华书局，1959年。

［晋］常璩、刘琳校注：《华阳国志校注》，巴蜀书社，1984年。

［刘宋］范晔：《后汉书》，中华书局，1965年。

［北魏］郦道元著，陈桥驿校证：《水经注校证》，中华书局，2007年。

［唐］柳宗元：《封建论》，《柳宗元集》卷三，中华书局，1979年。

［清］孙诒让：《周礼正义》，中华书局，1987年。

［清］孙希旦：《礼记集解》，中华书局，1989年。

［清］顾炎武著，黄汝成集释，栾保群、吕宗力校点：《日知录集释（全校本）》卷二十二，上海古籍出版社，2006年。

二、专著

巴黎大学汉学研究所：《汉代画象全集》，学苑出版社，2014年。

陈平:《燕文化》,文物出版社,2006年。
陈苏镇:《〈春秋〉与"汉道"——两汉政治与政治文化研究》,中华书局,
　　2011年。
陈苏镇:《汉代政治与〈春秋〉学》,中国广播电视出版社,2001年。
陈振裕:《战国秦汉漆器群研究》,文物出版社,2007年。
丁兰:《湖北地区楚墓分区研究》,民族出版社,2006年。
高至喜:《楚文物图典》,湖北教育出版社,2000年。
葛剑雄:《西汉人口地理》,人民出版社,1986年。
管东贵:《从宗法封建制到皇帝郡县制的演变:以血缘解纽为脉络》,中华
　　书局,2010年。
郭德维:《楚系墓葬研究》,湖北教育出版社,1995年。
后晓荣:《秦代政区地理》,社会科学文献出版社,2009年。
黄晓芬:《汉墓的考古学研究》,岳麓书社,2003年。
蒋若是:《秦汉钱币研究》,中华书局,1997年。
靳松安:《河洛与海岱地区考古学文化的交流与融合》,科学出版社,
　　2006年。
孔祥星、刘一曼:《中国古代铜镜》,文物出版社,1984年。
黎明钊:《辐凑与秩序:汉帝国地方社会研究》,香港中文大学出版社,
　　2013年。
李发林:《山东汉画像石研究》,齐鲁书社,1982年。
李如森:《汉代丧葬制度》,吉林大学出版社,1995年。
李晓杰:《东汉政区地理》,山东教育出版社,1999年。
李孝聪:《中国区域历史地理》,北京大学出版社,2004年。
刘蔚华等:《齐国学术思想史》,齐鲁书社,1997年。
彭信威:《中国货币史》,上海人民出版社,1958年。
蒲慕州:《墓葬与生死——中国古代宗教之省思》,中华书局,2008年。
容庚:《汉武梁祠画像考释》,燕京大学考古学社,1936年。
孙机:《汉代物质文化资料图说(增订本)》,上海古籍出版社,2011年。
滕铭予:《秦文化:从封国到帝国的考古学观察》,学苑出版社,2002年。
王绵厚等:《东北古代交通》,沈阳出版社,1990年。
王青:《海岱地区周代墓葬研究》,山东大学出版社,2002年。
王仲殊:《汉代考古学概说》,中华书局,1984年。
王子今:《秦汉交通史稿》,中共中央党校出版社,1994年。
巫鸿著,李清泉、郑岩等译:《中国古代艺术与建筑中的"纪念碑性"》,上海

人民出版社,2009 年。

巫鸿著,施杰译:《黄泉下的美术:宏观中国古代墓葬》,生活·读书·新知三联书店,2010 年。

巫鸿著,郑岩、王睿编,郑岩等译:《礼仪中的美术:巫鸿中国古代美术史文编》,生活·读书·新知三联书店,2010 年。

信立祥:《汉代画像石综合研究》,文物出版社,2000 年。

严耕望:《中国地方行政制度史甲部:秦汉地方行政制度》,中研院史语所,1997 年。

杨宽:《杨宽古史论文选集》,上海人民出版社,2003 年。

杨宽:《战国史》,上海人民出版社,1980 年。

杨联陞:《东汉的豪族》,商务印书馆,2011 年。

杨树达:《汉代婚丧礼俗考》,上海古籍出版社,2009 年。

杨哲峰:《汉墓结构和随葬釉陶器的类型及其变迁》,北京大学考古文博学院博士学位论文,2005 年。

印群:《黄河中下游地区的东周墓葬制度》,社会科学文献出版社,2001 年。

余英时著,侯旭东等译:《东汉生死观》,联经出版事业股份有限公司,2008 年。

张弛:《社会权力的起源:中国史前葬仪中的社会与观念》,文物出版社,2015 年。

张荣:《古代漆器》,文物出版社,2005 年。

张午时、冯志刚:《赵国史》,河北人民出版社,1996 年。

赵化成、高崇文等:《秦汉考古》,文物出版社,2002 年。

中国硅酸盐学会:《中国陶瓷史》,文物出版社,1982 年。

中国社会科学院考古研究所:《中国考古学·两周卷》,科学出版社,2004 年。

中国社会科学院考古研究所:《中国考古学·秦汉卷》,中国社会科学出版社,2010 年。

周长山:《汉代地方政治史论》,中国社会科学出版社,2006 年。

周振鹤:《西汉政区地理》,人民出版社,1987 年。

周振鹤:《中国地方行政制度史》,上海人民出版社,2005 年。

邹逸麟:《黄淮海平原历史地理》,安徽教育出版社,1997 年。

邹逸麟:《中国历史地理概述》,上海教育出版社,2005 年。

邹逸麟:《中国历史人文地理》,科学出版社,2001 年。

左言东:《中国政治制度史》,浙江古籍出版社,1986 年。

［英］爱德华·泰勒著，连树声译，谢继胜等校：《原始文化：神话、哲学、宗教、语言、艺术和习俗发展之研究》，广西师范大学出版社，2005年。

［英］彼得·伯克著，蔡玉辉译，杨豫校：《什么是文化史》，北京大学出版社，2009年。

［日］渡边信一郎著，徐冲译：《中国古代的王权与天下秩序：从日中比较史的视角出发》，中华书局，2008年。

三、论文

安金槐：《郑州二里岗空心砖墓介绍》，《文物参考资料》1954年第6期。

白云翔：《汉代积贝墓研究》，山东大学考古系编《刘敦愿先生纪念文集》，山东大学出版社，1998年。

包明军：《漆衣陶器浅谈》，《华夏考古》2005年第1期。

曹家齐：《刘邦分封与西汉统一政权的建立和巩固》，《徐州师范学院学报（哲学社会科学版）》1993年第1期。

陈光：《东周燕文化分期论》，《北京文博》1997年第4期、1998年第2期。

丁兰：《战国末期楚墓随葬陶器的区域特征》，《华夏考古》2004年第1期。

丁士选：《圹砖琐言》，《考古学社社刊》第六期，燕京大学考古学社，1937年。

董作宾：《山东滕县曹王墓汉画像残石》，《大陆杂志》第21卷第12期，1960年。

樊温泉、李卫东：《密县汉画像砖的分期与研究》，《江汉考古》1998年第4期。

高崇文：《西汉诸侯王墓车马殉葬制度探讨》，《文物》1992年第2期。

高敏：《试论西汉前期政治上的安定方针》，《史学月刊》1996年第6期。

高明：《中原地区东周时代青铜礼器研究》，《考古与文物》1981年第2、4期。

高明、俞伟超：《周代用鼎制度研究》，俞伟超著《先秦两汉考古学论集》，文物出版社，1985年。

高炜：《洛阳汉墓的发掘和编年》，中国社会科学院考古研究所编《新中国的考古发现与研究》，文物出版社，1984年。

何德亮：《临淄两周至汉代墓葬概论》，山东大学考古系编《刘敦愿先生纪念文集》，山东大学出版社，1998年。

何驽：《考古学文化因素分析法与文化因素传播模式论》，《考古与文物》1990年第6期。

侯宜杰：《关于西汉前期分封制度的两个问题》，《文史哲》1979 年第 5 期。
呼林贵：《关中两汉小型墓简论》，《文博》1989 年第 1 期。
胡金华等：《河北汉墓出土的陶灶概述》，河北省文物研究所编《河北省考古文集（二）》，北京燕山出版社，2000 年。
黄明兰：《洛阳西汉画像空心砖概述》，《中原文物》1983 年特刊。
黄展岳：《汉代诸侯王墓论述》，《考古学报》1998 年第 1 期。
蒋英炬等：《试论山东汉画像石的分布、刻法与分期》，《考古与文物》1980 年第 4 期。
劳榦：《秦汉时期的中国文化》，《古代中国的历史与文化》，中华书局，2006 年。
李陈广等：《南阳汉代画像石墓分期研究》，《中原文物》1998 年第 4 期。
李如森：《汉代"外藏椁"的起源与演变》，《考古》1997 年第 12 期。
李如森：《略论洛阳地区战国、西汉洞室墓的源流》，《社会科学战线》1988 年第 3 期。
李永敏等：《山西出土的东周两汉陶灶》，山西省考古学会编《山西省考古学会论文集（三）》，山西古籍出版社，2000 年。
李曰训：《试论山东出土的汉代铜镜》，《汉代考古与汉文化国际学术研讨会论文集》，齐鲁书社，2006 年。
梁云：《论秦汉时代的陶灶》，《考古与文物》1999 年第 1 期。
刘德增：《也谈汉代"黄肠题凑"葬制》，《考古》1987 年第 4 期。
刘兴林：《汉代土墩墓分区和传播浅识》，中国社会科学院考古研究所等编《秦汉土墩墓考古发现与研究：秦汉土墩墓国际学术研讨会论文集》，文物出版社，2013 年。
刘振东：《中国古代陵墓中的外藏椁——汉代王、侯墓制研究之二》，《考古与文物》1999 年第 4 期。
柳春藩：《东汉的封国食邑制度》，《史学集刊》1984 年第 1 期。
卢云：《文化区：中国历史发展的空间透视》，《历史地理》第九辑，上海人民出版社，1990 年。
卢云：《西汉时期的文化区域与文化重心》，《历史地理》第五辑，上海人民出版社，1987 年。
卢兆荫：《试论两汉的玉衣》，《考古》1981 年第 1 期。
卢兆荫：《再论两汉的玉衣》，《文物》1989 年第 10 期。
鲁琪：《试谈大葆台西汉墓的"梓宫"、"便房"、"黄肠题凑"》，《文物》1977 年第 6 期。

栾丰实：《史前棺椁的产生、发展和棺椁制度的形成》，《文物》2006 年第 6 期。

罗先文：《近 20 年来秦汉分封制与郡县制讨论综述》，《湘潭师范学院学报（社会科学版）》2002 年第 5 期。

马书波等：《山东长清双乳山汉墓麟趾金刻划符号的判识》，《考古》2005 年第 1 期。

马晓亮：《四川早期崖墓及相关问题探讨》，《考古》2012 年第 1 期。

齐东方：《唐代的丧葬观念习俗与礼仪制度》，《考古学报》2006 年第 1 期。

仇凤琴：《西汉时期河北境内诸侯国的世系和疆域》，河北省文物研究所编《河北省考古文集（二）》，北京燕山出版社，2001 年。

单先进：《西汉"黄肠题凑"葬制初探》，中国考古学会编《中国考古学会第三次年会论文集》，文物出版社，1984 年。

宋岩泉：《鲁东南与苏北汉画像石之比较》，《东南文化》1997 年第 4 期。

宋治民：《论新野樊集汉画像砖墓及其相关问题》，《考古》1993 年第 8 期。

孙广清：《河南汉代画像石的分布与区域类型》，《华夏考古》1991 年第 3 期。

孙华：《中原青铜文化系统的几个问题》，许倬云等主编《中国考古学的跨世纪反思》，商务印书馆有限公司，1999 年。

滕固：《南阳汉画像石刻之历史及风格的考察》，《张菊生先生七十生日纪念论文集》，商务印书馆，1937 年。

滕铭予：《论关中秦墓中洞室墓的年代》，《华夏考古》1993 年第 2 期。

滕铭予：《论秦釜》，《考古》1995 年第 8 期。

佟伟华：《胶东半岛与辽东半岛原始文化的交流》，苏秉琦主编《考古学文化论集（二）》，文物出版社，1989 年。

王德培：《怎样评价秦汉之际的郡县制和分封制》，《历史教学》1986 年第 1 期。

王恺：《苏鲁豫皖交界地区汉画像石墓的分期》，《中原文物》1990 年第 1 期。

王恺：《苏鲁豫皖交界地区汉画像石墓墓葬形制》，南阳汉代画像石学术讨论会办公室编《汉代画像石研究》，文物出版社，1987 年。

王文楚：《历史时期南阳盆地与中原地区间的交通发展》，《史学月刊》1964 年第 10 期。

王仲殊：《空心砖汉墓——在考古工作人员训练班讲》，《文物参考资料》1953 年第 1 期。

吴邦藩、陈淑兰:《南阳的历史地理及发展前景》,《地域研究与开发》1993年第4期。

肖亢达:《汉代南阳郡与南阳汉画像石墓》,南阳汉代画像石学术讨论会办公室编《汉代画像石研究》,文物出版社,1987年。

信立祥:《汉画像石的分区与分期研究》,俞伟超主编《考古类型学的理论与实践》,文物出版社,1989年。

邢义田:《汉画解读方法试探——以"捞鼎图"为例》,《画为心声:画像石、画像砖与壁画》,中华书局,2011年。

徐承泰、蒋宏杰:《南阳战国晚期至秦汉墓葬出土仿铜陶礼器研究》,《江汉考古》2011年第2期。

徐光冀:《汉代崖墓》,中国大百科全书出版社编辑部等编《中国大百科全书·考古学》,中国大百科全书出版社,1986年。

徐苹芳:《考古学简史》,中国科学院考古研究所编《考古学基础》,科学出版社,1958年。

徐苹芳:《中国历史考古学分区问题的思考》,《考古》2000年第7期。

燕生东等:《苏鲁豫皖交界区西汉石椁墓及其画像石的分期》,《中原文物》1995年第1期。

杨爱国:《山东汉画象石研究的历史回顾》,《山东大学学报(哲学社会科学版)》1992年第3期。

杨爱国等:《山东、苏北、皖北、豫东区汉画像石墓形制》,山东大学考古系编《刘敦愿先生纪念文集》,山东大学出版社,1998年。

杨宝成:《楚国青铜礼器组合研究》,《华夏考古》2000年第2期。

杨宽:《论秦汉的分封制》,《杨宽古史论文选集》,上海人民出版社,2003年。

杨孝军:《徐州汉画像石中的瑞兽——"熊"图像考释及其意义》,《四川文物》2011年第2期。

杨哲峰:《汉代陶瓷分类问题管见》,《中国文物报》2006年7月28日,第007版。

杨哲峰:《曲村秦汉墓葬分期》,北京大学考古文博学院编《考古学研究(四)》,科学出版社,2000年。

叶小燕:《秦墓初探》,《考古》1982年第1期。

尤振尧:《略述苏北地区汉画像石墓与汉画像石刻》,南阳汉代画像石学术讨论会办公室编《汉代画像石研究》,文物出版社,1987年。

俞伟超:《关于"考古类型学"的问题》,《考古学是什么》,中国社会科学出版社,1996年。

俞伟超:《汉代诸侯王与列侯墓葬的形制分析:兼论"周制"、"汉制"与"晋制"的三阶段性》,中国考古学会编《中国考古学会第一次年会论文集》,文物出版社,1980年。

俞伟超:《考古学中的汉文化问题》,《古史的考古学探索》,文物出版社,2002年。

张保同:《东汉南阳的历史地位》,《南都学坛》1991年第4期。

赵成甫:《南阳汉画像石墓分期管见》,南阳汉代画像石学术讨论会办公室编《汉代画像石研究》,文物出版社,1987年。

赵化成:《秦统一前后秦文化与列国文化的碰撞及融合》,宿白主编《苏秉琦与当代中国考古学》,科学出版社,2001年。

郑同修:《山东沿海地区汉代墩式封土墓有关问题探讨》,中国社会科学院考古研究所等编《秦汉土墩墓考古发现与研究:秦汉土墩墓国际学术研讨会论文集》,文物出版社,2013年。

郑同修等:《山东汉代墓葬出土陶器的初步研究》,《考古学报》2003年第3期。

郑岩:《一千八百年前的画展——陕西旬邑百子村东汉墓细读》,《中国书画》2004年第4期。

四、考古报告

安徽省文物考古研究所等:《萧县汉墓》,文物出版社,2008年。

安丘县文化馆、安丘县博物馆:《安丘董家庄汉画像石墓》,济南出版社,1992年。

北京大学考古系商周组等:《天马—曲村(1980~1989)》,科学出版社,2000年。

北京市文物研究所:《北京亦庄X10号地》,科学出版社,2010年。

北京市文物研究所:《平谷杜辛庄遗址》,科学出版社,2009年。

大葆台汉墓发掘组:《北京大葆台汉墓》,文物出版社,1989年。

广州市文物管理委员会等:《广州汉墓》,文物出版社,1981年。

河北省文化局文物工作队:《望都二号汉墓》,文物出版社,1959年。

河北省文物研究所:《燕下都》,文物出版社,1996年。

河北省文物研究所等:《高庄汉墓》,科学出版社,2006年。

河南省南阳市文物考古研究所、武汉大学历史学院考古系:《南阳丰泰墓地》,文物出版社,2011年。

河南省商丘市文物管理委员会等:《芒砀山西汉梁王墓地》,文物出版社,2001年。
河南省文物局:《南阳镇平程庄墓地》,科学出版社,2011年。
河南省文物局:《淅川东沟长岭楚汉墓》,科学出版社,2011年。
河南省文物局:《淅川刘家沟口墓地》,科学出版社,2011年。
河南省文物局:《新乡老道井墓地》,科学出版社,2011年。
河南省文物考古研究所:《永城西汉梁国王陵与寝园》,中州古籍出版社,1996年。
河南省文物研究所:《密县打虎亭汉墓》,文物出版社,1993年。
湖北省荆沙铁路考古队:《包山楚墓》,文物出版社,1991年。
湖北省荆州博物馆:《荆州高台山秦汉墓》,科学出版社,2000年。
湖北省荆州地区博物馆:《江陵雨台山楚墓》,文物出版社,1984年。
湖北省文物考古研究所:《江陵望山沙冢楚墓》,文物出版社,1996年。
湖北省文物考古研究所、襄樊市考古队、襄阳区文物管理处:《襄阳王坡东周秦汉墓》,科学出版社,2005年。
湖南省博物馆、中国科学院考古研究所:《长沙马王堆一号汉墓》,文物出版社,1973年。
辽宁省文物考古研究所:《姜屯汉墓》,文物出版社,2013年。
南京博物院、邳州博物馆:《邳州山头东汉墓地》,科学出版社,2010年。
内蒙古自治区博物馆文物工作队:《和林格尔汉墓壁画》,文物出版社,1978年。
山东大学历史系考古专业教研室:《泗水尹家城》,文物出版社,1990年。
山东省文物考古研究所等:《曲阜鲁故城》,齐鲁书社,1982年。
山东省文物考古研究所:《东平后屯汉代壁画墓》,文物出版社,2010年。
山东省文物考古研究所:《鲁中南汉墓》,文物出版社,2009年。
山西考古研究所:《侯马乔村墓地(1959～1996)》,科学出版社,2004年。
陕西省考古研究所:《白鹿原汉墓》,三秦出版社,2003年。
西安市文物保护考古所:《西安东汉墓》,文物出版社,2009年。
西安市文物保护考古所:《西安龙首原汉墓》,西北大学出版社,1999年。
西安市文物保护考古所、郑州大学考古专业:《长安汉墓》,陕西人民出版社,2004年。
咸阳市文物考古研究所:《咸阳塔儿坡秦墓》,三秦出版社,1998年。
襄樊市文物考古研究所、武安铁路复线九里山考古队:《老河口九里山秦汉墓》,文物出版社,2009年。

徐州博物馆等：《徐州北洞山西汉楚王墓》，文物出版社，2003年。
云梦睡虎地秦墓编写组：《云梦睡虎地秦墓》，文物出版社，1981年。
中国科学院考古研究所：《洛阳烧沟汉墓》，科学出版社，1959年。
中国科学院考古研究所：《洛阳中州路：西工段》，科学出版社，1959年。
中国社会科学院考古研究所：《汉杜陵陵园遗址》，科学出版社，1993年。
中国社会科学院考古研究所：《满城汉墓发掘报告》，文物出版社，1980年。
中国社会科学院考古研究所：《陕县东周秦汉墓》，科学出版社，1994年。
淄博市博物馆等：《临淄商王墓地》，齐鲁书社，1997年。

后 记

本书是以我的同名博士论文为基础修改而成的。2000年，我因喜爱"历史"而报考了吉林大学考古系。大学的学习让我看到了书本以外更加丰富多彩的古代社会，也逐渐对东周秦汉这段历史转型期产生了浓厚兴趣。2004年，有幸师从滕铭予教授攻读战国秦汉考古方向的研究生，从细致入微的考古资料分析，到大处落墨的经典研究范例，系统的学习让我对考古学解读历史的方式有了更多的理解。在这个过程中，导师对于秦文化的研究思路以及俞伟超先生的《考古学中的汉文化问题》对我启发很大。硕士期间的一篇习作，又使我看到徐州中小型西汉墓的演变与诸侯国政治环境变迁之间的联系。由此产生了从汉文化的研究出发，探讨汉代王国问题的想法。这一想法得到了导师的鼓励和支持，并将其定为我博士论文的选题。随着资料收集、整理的深入，问题接踵而至，从墓葬分析到具体历史问题的研究，两者之间的结合点如何找？汉墓数量之巨，研究区域如何选？经历了若干次的失败与反复，以及与导师的深入讨论，最后确定了以汉代关东为研究区域，以时间为线索，通过对墓葬面貌地域差异与等级差异的考察，探讨郡国制中文化因素与政治因素互动的研究思路。在导师的悉心指导和帮助下，我终于在2009年完成了论文。

在论文的写作过程中，我想尽力从纷繁的资料中客观地梳理出关东地区汉代社会文化的面貌，但在资料的取舍、驾驭以及理论方法上还有很多不足。答辩结束之后，我将老师们的问题与建议细细整理，制定了论文修改计划。2011年，当我终于可以着手论文修改时，兴奋地发现在这两年中有一大批重要的发掘报告相继出版。新材料的加入，让我对关东西部二区的共性与特性有了新的认识，也为原文中东部沿海地区海路交流的研究充实了新证据。其间，断断续续的阅读，又令我对汉文化的形成、考古学文化与社会文化的关系、墓葬研究方法等问题有了更多的思考。这些内容的修订、补充弥补了论文初成时的一些缺憾，但图像资料涉及甚少的问题仍未能在本书中得到太多改善。墓室结构、器物、图像共同构成了汉代人想象中的生后世界，整合研究会对社会文化的分析更有价值，但限于对图像研究方法知之甚少，只好在分期、地域特征等具体问题的讨论时参考、借鉴已有的研究成果。不过我相信，有了这样的认识和基础，今后可以在这方面做出更为充实的研究。另外，本书最后附有大篇幅附录，书稿送交出版时，我一直在犹豫是否要将其附上。考虑再三，特别是想到这些表格所能提供的量化数据曾在我的研究中发挥了重要作用，因此，我将墓葬名称一栏尽量详细，以便有需要的读者查阅，希望它还能为相关领域的研究提供资料的参考。

这部书稿得以出版，首先要感谢我的导师滕铭予教授。在学期间，对于身处他乡的我，老师给予的不仅是学业上的教导和指引，还有生活上的关怀与支持。论文写作中，每当思路枯竭而困惑、焦虑时，老师总会在关键节点上指点迷津，帮钻入牛角尖的我，重新理清思路。初成文字时，无论多繁忙，老师总会在第一时间审阅，从结构到语言，从引文到用字、标点错误无不一一注出。离开校园后，老师依然关心着我的学习和工作，研究道路上的困惑、工作上的困难，无不牵挂于心。本书出版之际，老师又拨冗赐写序文。十几年来，老师严谨的治学态度和宽容、乐观的处事风格深深感染着我。愿借此机会向老师表达深深的谢意！

还要感谢北京大学李水城教授的信任，将早年发掘的峡江地区汉墓材料交予我整理，正是这次资料的整理和报告的编写让我对汉代的西南地区有了更加直观的感受，丰富了我对汉文化形成问题的认识。

感谢在我的求学和成长道路上，给予指导、帮助和鼓励的师长们。

感谢上海古籍出版社的严格把关和大力支持，使得这部书稿得以通过国家社科基金后期资助项目的遴选，感谢吴长青先生、宋佳女士对本书申请资助和出版所作的努力。

最后要感谢我的父母，他们一直以来默默的包容与支持，给予了我最温暖牢靠的港湾。同时也要感谢我的丈夫，虽然聚少离多，但他的鼓励，给了我在研究道路上坚持下去的勇气和信心。还要感谢伴我一路走来的三位好友，十余年的相知与默契，给了我更多精彩而美好的生活记忆。

宋　蓉

2016 年 9 月

图书在版编目(CIP)数据

汉代郡国分治的考古学观察：以关东地区汉代墓葬为中心／宋蓉著.—上海：上海古籍出版社，2016.11
（国家社科基金后期资助项目）
ISBN 978-7-5325-8206-8

Ⅰ.①汉… Ⅱ.①宋… Ⅲ.①政治制度史—研究—中国—汉代 Ⅳ.①D691

中国版本图书馆 CIP 数据核字（2016）第 209035 号

国家社科基金后期资助项目
汉代郡国分治的考古学观察：以关东地区汉代墓葬为中心
宋 蓉 著

上海世纪出版股份有限公司 出版
上海古籍出版社
（上海瑞金二路272号 邮政编码200020）
（1）网址：www.guji.com.cn
（2）E-mail：guji1@guji.com.cn
（3）易文网网址：www.ewen.co
上海世纪出版股份有限公司发行中心发行经销
上海商务联西印刷有限公司印刷
开本 700×1000 1/16 印张 28 插页 2 字数 487,000
2016年11月第1版 2016年11月第1次印刷
印数：1—1,500
ISBN 978-7-5325-8206-8
K·2239 定价：98.00元
如有质量问题，请与承印公司联系